Tempelkult und Tempelzerstörung (70 n. Chr.)

Judaica et Christiana

Herausgegeben von
Simon Lauer und Clemens Thoma
Institut für jüdisch-christliche Forschung
an der Hochschule Luzern

Band 15

PETER LANG
Bern · Berlin · Frankfurt/M. · New York · Paris · Wien

Tempelkult und Tempelzerstörung (70 n. Chr.)

Festschrift für Clemens Thoma zum 60. Geburtstag

Herausgegeben von
Simon Lauer und Hanspeter Ernst

PETER LANG
Bern · Berlin · Frankfurt/M. · New York · Paris · Wien

Die Deutsche Bibliothek – CIP-Einheitsaufnahme

Tempelkult und Tempelzerstörung (70 n. Chr.) : Festschrift für
Clemens Thoma / hrsg. von Simon Lauer und Hanspeter Ernst.
– Bern ; Berlin ; Frankfurt/M. ; New York ; Paris ; Wien:
Lang, 1995
(Judaica et Christiana ; Bd. 15)
ISBN 3-906753-46-8
NE: Lauer, Simon [Hrsg.]; Thoma, Clemens: Festschrift; GT

© Peter Lang AG, Europäischer Verlag der Wissenschaften, Bern 1995

Printed in Germany

Inhaltsverzeichnis

Zur Einführung 7

Th. Willi: Christliches Beten angesichts jüdischer Praxis 11

   I. Zu den alttestamentlich-jüdischen Voraussetzungen christl. Betens 11

      1. Skizze der Ausgangslage 11

      2. Die beiden Brennpunkte tora und 'avoda 13

   II. Christliches Beten angesichts der jüdischen Gebetslehre und
     Gebetspraxis 15

      1. Dtn 11, 13 und die rabbinische Tradition 15

      2. Das „Höre Israel" und seine eschatologische Komponente 16

      3. Die Berakha 20

S. Rosenkranz: Vom Paradies zum Tempel 27

      1. Das astronomische Henochbuch 29

      2. Das Buch der Jubiläen 35

      3. Die Testamente der zwölf Patriarchen 39

      4. Qumran 43

      5. Das Buch der Bilderreden (äthHen 37-71) 49

      6. Die Apokalypse des Moses/Das Leben Adams und Evas 57

      7. Das slavische Henochbuch 67

      8. Das Buch der biblischen Altertümer (Pseudo-Philo) 75

      9. Die syrische Baruch-Apokalypse 86

      10. Philo von Alexandrien 93

      11. Josephus Flavius 101

W. Wuellner: Der vorchristliche Paulus und die Rhetorik 133

   I. Die Rolle der Rhetorik bei Paulus 135

      1. Der Grammatik-Unterricht in der jüdischen Elementarschule 139

      2. Der Lehrvortrag im pharisäischen Lehrhaus 140

      3. Die Synagogenpredigt 141

      4. Die halakhischen Kontroversen 142

      5. Lehrhaus und Gebetshaus 144

   II. Die Rhetorik im Studium der Literatur 146

     Drei Bereiche der Definition bei der Rhetorik 148

     Wertung der Rhetorik 150

P. Dschulnigg: Die Zerstörung des Tempels in den syn. Evangelien 167

   1. Die Tempelzerstörung im Markusevangelium 167

   2. Die Tempelzerstörung im Matthäusevangelium 171

   3. Die Zerstörung Jerusalems und des Tempels im Lukasevangelium 173

   4. Kurze Zusammenfassung und Wertung 176

J. Neusner / C. Thoma: Die Pharisäer vor und nach der Tempelzerstörung

des Jahres 70 n. Chr. 189

   1. Quellen und Ansatzpunkte 189

   2. Begriffe, Namen und Vorstellungen 191

   3. Eindrücke aus Josephus Flavius 193

      3.1. Politische Partei 194

      3.2. Chavûra 195

   4. Gamaliel der Ältere und sein Sohn Simon 198

      4.1. Gamliel der Ältere 199

      4.2. Simon ben Gamliel 203

   5. Tempelzerstörung 207

      5.1. Ursachen 207

      5.2. Deutungen 208

   6. Neue Sammlung in Javne 212

      6.1. Die Übriggebliebenen 212

      6.2. Die ersten Gottesdienste 214

      6.3. Von der Sekte zu den Fraktionen 215

      6.4. Die mündliche Tora 220

      6.5. Gebetsreform 223

R. Brändle: Die Auswirkungen der Zerstörung des Jerusalemer Tempels auf

Johannes Chrysostomus und andere Kirchenväter 231

J. Maier: Zwischen Zweitem und Drittem Tempel 247

   1. Die Tempelanlage 247

   2. Symbolik 248

   3. Religiöse und politisch-militärische Relevanz im Spannungsfeld 249

   4. Zwiespältige Aspekte der Tempelzerstörung und

      des Tempelwiederaufbaus 252

   5. Zusammenfassung 260

Wenn der Europäer der Neuzeit von einem Tempel hört, denkt er wohl unmittelbar an eines jener eindrucksvollen Denkmäler antiker Baukunst und einstiger Frömmigkeit. Im vorliegenden Band geht es aber nicht um einen der Tempel, deren Ruinen wir bestaunen, sondern um den einen Tempel, dessen Juden und Christen gedenken, wenn sie ihre heiligen Schriften lesen, und wenn sie nach den Wurzeln ihrer kultischen Begehungen fragen.

Die Beiträge dieses Bandes haben es mit dem Tempel in Jerusalem zu tun, besonders mit dem zweiten Tempel, der ca. 500 v. - 70 n.Chr. existierte. Die Autoren suchen Antworten auf folgende Fragen: Wie diente Israel seinem Gott, solange der Tempel stand? Welche sprachlich-literarische Kultur herrschte im Umkreis des Tempels, und wie verhielten sich einzelne Teile der Bevölkerung zu dieser Institution? Was bedeuteten der Tempel und seine Zerstörung für die ersten, was für die frühen Christen? Wie geht das Judentum bis heute mit dem Verlust des Tempels um? Es erweist sich, daß bereits der Tempel, wie er real bestand, die Geister zu scheiden vermochte. Die Tempelzerstörung jedoch war ein noch viel größeres Ereignis: Dem Judentum war sein bisheriger zentraler Kultraum entzogen, das Christentum mußte seinen im Jüdischen wurzelnden Kult ohne (wenn nicht gegen) den Tempel artikulieren. In der Religionsgeschichte von Juden und Christen bedeutet also die Tempelzerstörung eine mindestens ebenso grundlegende Veränderung, wie die konstantinische Wende.

Dieser Tempel stand einst im Mittelpunkt konzentrisch angelegter Heiligkeit. Ursprünglich als Wohnstatt für Gottes räumlich nicht zu fassende Gegenwart gedacht, wurde er mit der Zeit zu einem Repräsentativbau und schließlich zur Festung. Aber können Gottes Gegenwart und irdische (wirtschaftliche, politische, militärische) Macht auf die Dauer am gleichen Ort wohnen? Mußten nicht die gewissermaßen säkularisierten Mauern eines Tages fallen? Diese Fragen reichen weit über einen topographisch bestimmbaren Ort und eine kalendarisch bestimmbare Zeit hinaus. Das *brutum factum*, daß dieser Tempel zerstört worden ist, fordert zur Reflexion heraus und ist insofern von epochaler Bedeutung für die religiöse Entwicklung von Judentum und Christentum. Dies ist der Gegenstand der vorliegenden Untersuchungen.

Welchem Zweck hatte der Tempel zu dienen? Er war wohl zunächst der Ort des Gottesdienstes – worunter sich der antike Mensch kaum etwas anderes als Opferdienst vorstellen konnte. Damit eng verknüpft war die Sühne, die Reinigung von jeder Art der Schuld; die bange Frage, wie wir gereinigt werden, durchbebt die jüdische Liturgie des Versöhnungstages, in der der Jude der tempellosen Zeit einen gewissen Trost findet. Es darf als gewiß gelten, daß im Tempel nicht nur Handlungen stattfanden, sondern auch Worte gesprochen wurden. Das „Bekenntnis" des jüdischen Landmannes in Dtn 26 zeigt die Verknüpfung von Wort und Tat recht deutlich. Bezeugt ist ferner (unter anderem) die Rezitation sowohl des Dekalogs als auch der „Annahme der himmlischen Herrschaft" (Dtn 6,4-9); darin drückt sich wohl zweierlei aus: Die enge Verbindung der ganzen Tora mit dem Tempeldienst und die Hoffnung auf eine Zeit, in der der Ewige allein König über die ganze Erde sein wird (Sach 14,9; Thomas Willi).

Unter ähnlichen eschatologischen Aspekten mögen auch die frühen Christen den Tempel betrachtet haben. Das Zeugnis des Neuen Testaments ist jedenfalls mit größter Sorgfalt zu eruieren, wie der Beitrag von Peter Dschulnigg zeigt. Beruht die Zerstörung des Tempels auf Gottes unerforschlichem Ratschluß, oder ist sie von Menschen verschuldet? In der frühen Kirche scheint sich die Meinung durchgesetzt zu haben, die Tempelzerstörung sei von Gott beziehungsweise von Christus (wohl im Anschluß an Act 6,14) gewirkt worden. Daraus würden sich zwei Folgerungen ergeben: Erstens, daß der von der Tora vorgeschriebene Kult nicht mehr vollzogen werden kann und darf, und zweitens, daß die Tempelzerstörung endgültig ist. Damit wäre Israel auf Zeit und Ewigkeit delegitimiert; die Kirche hätte das Erbe endgültig übernommen (Rudolf Brändle). Eine besondere Untersuchung verdient die Frage, inwiefern die orthodoxe Liturgie den Tempeldienst für sich vereinnahmt. Das Judentum seinerseits hält am Glauben fest, daß es dereinst einen Dritten Tempel geben wird: Aller religionsgeschichtlichen Kommentare ungeachtet, bleiben die Kultvorschriften der Tora so verbindlich wie die Zehn Gebote (so etwa Maimonides). Darüber hinaus ist nicht einzusehen, weshalb nur die Unheilsweissagungen der Propheten eintreffen sollten, die Heilsprophetie jedoch nicht; argumentierte z.B. Rabbi Akiva. Am Rande des Geschehens seit 1967 ist jedenfalls auch eine restaurativ-utopische Bewegung in Israel auszumachen, die nicht weniger gefährlich ist, als es die anarchistisch utopische Bewegung vor der Tempelzerstörung war; aber für das traditionelle Judentum bleibt der zerstörte Tempel ein „Integrationssymbol" (Johann Maier).

Wie las man im frühen und frührabbinischen Judentum die Tora? Gewiß wußte man von der im zeitgenössischen Griechentum so wichtigen Schulrhetorik und ließ sich wohl auch davon beeinflussen; konkrete Übernahmen sind aber kaum nachzuweisen (Wilhelm Wuellner). Immerhin besteht die Möglichkeit, Bereiche wie Liturgie, Predigt und Rechtsprechung unter rhetorischen Gesichtspunkten zu betrachten; nicht alle Rhetorik muß spezifisch hellenistisch sein. Wie weit ist überhaupt die Akkulturation gegangen, deren Trägerin besonders die Rhetorik gewesen sein muß? Hätte gar eine fortgeschrittene Hellenisierung den Untergang des Tempels verhindern können (Martin Hengel)? Oder ist die Tempelzerstörung eine Folge davon, daß die argumentativ-rhetorische Problembewältigung nicht mehr funktionierte? Wer war denn ermächtigt, die Tora autoritativ zu lesen? Es waren ja wohl zunächst die Priester, denen die Kontrolle über den im Tempel bewahrten Archetypus der Tora-Handschriften und dessen Auslegung oblag (vgl. etwa Dtn 17,11). Sie sollten indessen im Laufe der Zeit Konkurrenz bekommen. Eine der konkurrierenden Gruppen war wohl die der Pharisäer; ihr geht der zentrale Beitrag von Jacob Neusner und Clemens Thoma in diesem Band nach. Wer waren die Pharisäer, die im Neuen Testament und bei Flavius Josephus einigermaßen greifbar sind, über die jedoch das nach-tannaitische rabbinische Schrifttum (beredt?) schweigt? Offenbar handelte es sich um Leute, die entweder aufgrund ihrer persönlichen Gelehrsamkeit oder spezifischer Lehrtraditionen besondere Kompetenz in religionsgesetzlichen (halakhischen) Fragen hatten. Aber haben wir es mit einer allgemein volkstümlichen Bewegung zu tun, für welche die Tora im Mittelpunkt allen Interesses stand, oder ist das Pharisäertum eine Familienangelegenheit? Angesichts der Auseinandersetzungen im Zusammenhang mit dem Krieg gegen Rom muß auch die Frage nach der Notwendigkeit oder Entbehrlichkeit des Tempels gestellt werden; immerhin gab es ja schon Leute, die ohne den Jerusalemer Tempel auskamen, ihn gar ausdrücklich ablehnten (wie z.B. die Gemeinde von Qumran). Klar ist auf jeden Fall, daß die Werte sich verschoben: Figurierten einst Tora, Tempeldienst und Wohltätigkeit im gleichen Range nebeneinander, so wurde später der Tempeldienst zugunsten von Tora und Gottesdienst zurückgestuft. Der Tempeldienst wurde als „Dienst des Herzens" (*'avôda scheb-bal-lev*) zum reinen Wortgottesdienst ausgebaut. Die schriftlich überlieferte Tora wurde zur normativen Grundlage der anhand der mündlichen Tradition normierten Gegenwart. Und dennoch: Der Tempel bleibt auch nach seiner Zerstörung kraft symbolischer Setzung wirkmächtig. Als Ort, der Gott zwar nicht zu fassen vermag und ihn doch faßt, bestimmt er Denken, Hoffen und Handeln. Mag die Tora zwar den Tempelkult substituieren, so erhält sie doch ihre Gestalt und Begrenzung durch die im Tempel im Verlaufe der Geschichte grundgelegte Symbolik. Die Halakha basiert nach wie vor auf einer konzentrisch gedachten Heiligkeit, in deren Zentrum der Tempel steht. Ganz auf dieser Linie liegt die Hoffnung auf den zukünftigen Tempel, den Gott erbauen wird und in dem Israel zusammen mit Gott nach der langen Wanderung durch die Exile gemeinsam zur Ruhe kommen werden. Angelegt ist diese Hoffnung bereits zur Zeit des noch bestehenden Zweiten Tempels: Sowohl tempelzentrierte wie auch tempelkritische Gruppierungen gossen ihre Paradiesesvorstellungen zunehmend in Tempelformen, wie der Beitrag von Simone Rosenkranz zeigt.

Die Beiträge dieses Bandes sind Prof. Clemens Thoma gewidmet, der im November des Jahres 1992 seinen 60. Geburtstag feiern konnte. Seit Beginn seiner wissenschaftlichen Laufbahn hat er sich mit den Folgen der Tempelzerstörung auseinandergesetzt, und diese Beschäftigung ist – wie sein Beitrag zusammen mit Jacob Neusner zeigt – bis zum heutigen Tag nicht abgebrochen. Daß er damit eigene, früher von ihm publizierte Ansichten über die Pharisäer erschüttert, zeugt von seiner vitalen und offenen Lernbereitschaft, wie auch von der Bereitschaft, dort anzupacken und mitzuhelfen, wo es not tut.

Zum Schluß möchten wir all jenen danken, ohne deren Bemühen und Arbeit dieser Band nicht zustande gekommen wäre, namentlich aber Frau Rosmarie Isaak-Muri, die mit großer Kompetenz das Manuskript immer wieder von neuem verbessert hat, und dem Verlag Peter Lang für sein großzügiges Entgegenkommen.

Simon Lauer / Hanspeter Ernst

Thomas Willi

CHRISTLICHES BETEN ANGESICHTS DER JÜDISCHEN PRAXIS
Alttestamentliche und jüdische Aspekte zu einer Lehre des Gebets[1]

I. Zu den alttestamentlich-jüdischen Voraussetzungen christlichen Betens

„Mirum dictu est, quanto vehementius soletur atque veneretur precans hebraice, quam si quis graece aut latine precetur. Vim vividam addunt tibi voces sacratissimae, adeoque sonus ille."[2] Das Zitat von Georg Wicel, dem Verfechter einer Erneuerung der Kirche, aber entschiedenen Gegner Luthers, dürfte ein passender Einstieg in diesen Beitrag sein. Die Thematik, die durch eine Tagung[3] vorgegeben war, wird hier leicht modifiziert. Das Gewicht soll auf ausgewählten Aspekten jüdischer Gebetslehre und -praxis[4] liegen, die für eine grundsätzliche Besinnung auf christliches Beten relevant sind. Eine auch nur halbwegs befriedigende Definition dessen, was denn nun spezifisch „christliches" Beten sei, läßt sich nicht liefern. Jedes echte Beten hat, da es im Angesicht des einzig-einen Gottes geschieht, etwas Eschatologisches an sich. Jüdisches Beten ist sich dessen sehr klar bewußt. Zusätzliche Schwierigkeiten erwachsen aus der sowohl religionsgeschichtlich[5] wie systematisch-theologisch[6] höchst unscharfen Eingrenzung dessen, was überhaupt unter „Gebet" verstanden wird. Eine Besinnung auf die alttestamentlich-jüdischen Wurzeln mag dazu beitragen, die Konturen etwas schärfer ins Auge zu fassen.

1. Skizze der Ausgangslage: Anmerkungen zum Verhältnis zwischen Gebet und Opferdienst in alttestamentlich-biblischer Zeit

Das Problem liegt nicht zuletzt darin begründet, daß eine lange unreflektierte Gewöhnung das Gebet dem geistigen, spirituellen Bereich zuordnet und diesen von den materiellen Grundlagen des – oft zusätzlich als überwunden apostrophierten – alten Bundes abhebt. Neuere Untersuchungen heben aber immer deutlicher hervor, daß die Spiritualisierung keineswegs erst ein Phänomen des tempellosen Judentums oder des Urchristentums darstellt, sondern im Grunde genommen von Anfang an da ist, und daß die Betonung der spirituellen Komponente die materiellen Grundlagen nicht etwa in Frage stellt, sondern im Gegenteil voraussetzt und in gewisser Weise erst begründet. Das gilt besonders hinsichtlich des Opfers. Was etwa die Priesterschrift mit der Sublimierung der Reinigungsrituale zum Angebot der Sühne als Heilsgeschehen an der fast entmaterialisierten *Kapporet* begründet hatte, führen die neutestamentlichen Zeugen weiter, wenn sie in Bildern des irdischen Kultes vom Geheimnis des himmlischen Gottesdienstes sprechen.[7] Darum sind zu Eingang einige Worte zum Verhältnis zwischen Gebet (תְּפִלָּה) und Opferdienst, עֲבוֹדָה (עֲבוֹדַת הַקֹּדֶשׁ) in alttestamentlich-biblischer Zeit angebracht.

Das übliche Substantiv für Gebet, תְּפִלָּה, ein deverbalisiertes Nomen, das man etwas unschön mit „die Betung" wiedergeben könnte, leitet sich her von einem nur im Doppelungsstamm vorkommenden, und hier überwiegend im reflexiven Hitp. gebrauchten Verb der Wurzel פלל. Eine Grundbedeutung der nur hebräisch belegten Worte dieser Wurzel hat man immer wieder aus Ex 21,22 herauszuschälen gesucht. Die Wurzel פלל scheint einen öffentlichen Vorgang im Auge zu haben. Sie wäre also etwa mit „notifizieren" wiederzugeben, und Ex 21,22 läßt sich mit „und (aber) er soll (die Geldstrafe) offiziell geben" übersetzen.[8] Das Hitp. der Wurzel hätte also die Grundbedeutung von „sich notifizieren, sich bemerkbar machen, sich vorstellen", mit der Nuance „sich dem Urteil, der offiziellen Prüfung und Einschätzung durch Gott unterziehen". Von daher versteht sich ohne weiteres der juridische Aspekt, die öffentlich-rechtliche Konnotation, der Bekenntnischarakter, den das Gebet, vorab das Gemeinschaftsgebet, im Judentum immer auch hat (Minjan, Gebetszeiten und Gebetsrichtung).

Umso bemerkenswerter ist daher die Tatsache, daß die Wurzel und überhaupt das Gebet selbst von wenigen, eigentlich immer sehr spezielle Fürbitten betreffenden Ausnahmen[9] abgesehen, im Pentateuch nicht vorkommt. Das ist natürlich der jüdischen Tradition schon immer aufgefallen. Sie hat, über eher haggadische Zuschreibungen hinaus,[10] den Platz des Gebets aufgrund von Dtn (10,12 und) 11,13 im Rahmen der עֲבוֹדָה gesucht. Tatsächlich besteht für Israel, zumal in der so prägenden persischen Epoche, zwischen Opfer und Wort ein innerer Zusammenhang.

2. Die beiden Brennpunkte: תּוֹרָה und עֲבוֹדָה

Für das, was in und am Tempel geschieht, haben hebräische Sprache und jüdische Tradition nur einen Ausdruck: עֲבוֹדָה, עֲבוֹדַת הַקֹּדֶשׁ, Werk oder Dienst, Werk des Heiligen. Damit wird der Opferdienst des Tempels bezeichnet.[11] Das Verb עבד hängt mit dem Substantiv עֶבֶד, Diener, Knecht zusammen.

Der Ausdruck scheint nicht an sich auf die Tätigkeit des Kultpersonals, vorab der Priester, zu reflektieren. Denn es läßt sich beobachten, daß die Priester genau dort fehlen,[12] wo Menschen verschiedener Gattung als "Knechte Gottes" genannt und aufgezählt werden: Abraham, Isaak, Jakob, Mose, Kaleb, Josua, David, Hiob, Hiskia, Serubbabel, einzelne Propheten wie Ahia von Silo, Elia, Jona.[13] Vor allem gelten auch die Propheten gesamthaft als „meine Knechte", erst recht dann der ungenannte „Gottesknecht" von Jes 53. Selbst damit ist die Aufzählung noch nicht erschöpft: wie Ps 34,23; 69,37; 113,1; 135,1.14 zeigen, sind es alle Frommen, die die Nähe Gottes suchen und ihm dienen, wie ein Knecht eben seinem Ewigen dient. Die hebräische Sprache hat darum auch nur eine einzige Wortwurzel für „Knecht" und "dienen", und ein "Knecht Gottes" ist letzten Endes jeder, der „Gottesdienst", עֲבוֹדָה, tut. Wenn dieser Gottesdienst auch in erster Linie Israels Sache ist, so schließt er dennoch die übrigen Völker ein, wie Ps 100,1-2 zeigt: „Nun dankt dem Ewigen alle Welt, kommt her, zu seinem Dienst euch stellt." So können denn auch Fremde solche Knechte Gottes werden (Jes 56,6). Darum meinen die „Knechte des Ewigen" etwa im Psalm 134 die ganze zum Gottesdienst im Tempel versammelte Festgemeinde, nicht bloß die Priester (vgl. Jes 65,8f.13-15; 66,14).

Das Verb עבד meint einen Dienst, ein Wirken in höherem Auftrag.[14] Wenn die biblische und mit ihr die jüdische Überlieferung darum jemanden einen „Knecht Gottes" nennt, gesteht sie ihm damit höchste Würde zu. Der Ausdruck wird bezeichnenderweise auch nie für Verehrer von Götzen gebraucht[15]: es ist ein großer Unterschied zwischen einem Gottesknecht und einem Götzendiener.

Wie aber konnte der Vollzug des Opfers wirklich zur Angelegenheit aller, zur Sache des Volkes werden, wenn doch die eigentlichen kultischen Verrichtungen durch die Priester, die Angehörigen des Stammes Levi, vollzogen wurden und werden mußten? In welcher Form war das Volk, die beim Tempel versammelte Gemeinde wirklich am Opfer mitbeteiligt?

Hier nimmt Israel, das jüdische Volk, tatsächlich eine Sonderstellung in der antiken Welt ein. Wenn wir uns das religiöse Leben als eine Ellipse vorstellen, dann ist der Vollzug, das Ritual, das kultische Geschehen, die עֲבוֹדָה nur der eine Brennpunkt. Der andere wird durch Tora (תּוֹרָה) markiert. Die „Belehrung, Unterweisung, Unterrichtung" hat es schon früh mit dem Kult zu tun gehabt. Der Laie ging den Priester, den mit der Materie des Opfers und Heiligtums Vertrauten, um Tora, Anweisung, Belehrung an: Dtn 33,10; Mal 2,6-9; 2Chr 15,3; auch Hag 2,11-13; Zeph 3,4; Ez 22,26; 44,23; Lev 11,46f.; 12,7f.[16] Der Nachdruck liegt bei Tora aber auf dem aktuellen Erteilen und Vermitteln der Lehre, wie das ganz ursprünglich an der elterlichen, besonders der mütterlichen (Spr 1,8; 6,20), Unterweisung abzulesen ist. Genauso bestimmt aber die Tora überhaupt in Form lebendiger Weitergabe Israels Weg und Existenz.

So ergibt sich für den Tempeldienst der nachexilischen, der späteren persischen und der darauffolgenden Zeit eine bemerkenswerte, für antike Verhältnisse recht einzigartige Erscheinung: das, was da zum Heil, zur Sühne als עֲבוֹדָה getan wird, sich vollzieht, empfängt doch seine Kraft und seine Legitimation, wird autorisiert aus dem offenbarten Wort: es geschi(c)ht, weil Gott spricht. Alles, was wir heute darum im Zusammenhang mit dem Kult und dem Opfer im Alten Testament lesen, ist fern von Werkgerechtigkeit, ist kein *opus operatum*, mit dem sozusagen durch einen richtigen Knopfdruck, mit einer magisch aufgeladenen Handlung automatisch Gott beeinflußt würde. Die Menschen sind durch das Wort, durch die Tora einbezogen und mitbeteiligt, sie sind Teil des Geschehens und Vollzugs, sie wandeln sich und gehen anders weg als sie gekommen sind.

Im Einzelnen wissen wir nur andeutungsweise, in welcher Form und in welchem Maß diese Beteiligung des Volkes am Gottesdienst des Tempels geschah. In den uns zur Verfügung stehenden Berichten wird vieles einfach vorausgesetzt, was erst spätere Quellen, vor allem die Mischna, dann ausdrücklich festhalten.[17]

Die Psalmen enthalten in ihren wohl aus spätpersischer und eventuell griechischer (hellenistischer) Zeit stammenden Überschriften manchen Hinweis darauf, wie sich so ein Gottesdienst im Zweiten Tempel vollzog.

Nur sind diese abgekürzten Notizen für uns kaum mehr verständlich, weil sie oft auf Hintergründe und aktuelle Begleitumstände anspielen, die wir nicht kennen. Schon diese wenigen Hinweise genügen aber, um uns die Lebendigkeit, den Reichtum, die Musikalität – sowohl mit dem Wort als Vokalträger wie instrumental mittels Melodie und Rhythmus – und die Freudigkeit dieser Begehungen erahnen zu lassen. Nicht umsonst ist Freude (שִׂמְחָה) (vgl. z.B. Dtn 26,10f.; Ps 100,2; 113,9; 118,24) ein Schlüsselwort der auf den Tempelkult bezogenen Aussagen. Diese Freude ergibt sich aus dem Charakter dieses Gottesdienstes. Er ist einerseits ein fest normierter, in der Tora umschriebener Ablauf und andererseits ein spontaner, inspirierter – was nicht heißt: traditionsvergessener! – Vollzug. So könnte man den Dienst am Zweiten Tempel als gebunden-charismatischen Vorgang beschreiben. Für die klar fixierte kultische Seite im engeren Sinn stehen die aaronitischen Priester, für die worthaft-musikalische Seite die Leviten beziehungsweise die im Laufe der Zeit schließlich zu ihnen gezählten Sänger (Sir 50,20).

II Christliches Beten angesichts der jüdischen Gebetslehre und Gebetspraxis

1. Dtn 11,13 und die rabbinische Tradition

Das 5. Buch Moses, „in jeder Hinsicht die Mitte des Alten Testaments",[18] ist auch für unser Thema grundlegend. Wir lesen hier in (10,12 und) 11,13:

וְהָיָה אִם־שָׁמֹעַ תִּשְׁמְעוּ אֶל־מִצְוֹתַי אֲשֶׁר אָנֹכִי מְצַוֶּה אֶתְכֶם

הַיּוֹם לְאַהֲבָה אֶת־יְהוָה אֱלֹהֵיכֶם וּלְעָבְדוֹ בְּכָל־לְבַבְכֶם וּבְכָל־

נַפְשְׁכֶם:

„Und so wird es sein, wenn ihr ernst hören werdet auf meine Gebote, die ich euch heute gebiete, daß ihr den Ewigen, euren Gott, liebet und ihm dienet mit eurem ganzen Herzen und mit eurer ganzen Seele:..." Es handelt sich um den Eingangssatz des zweiten (mittleren) Abschnittes des „Höre Israel" und ist daher auch von der jüdischen Tradition immer als Kernstelle für die Einordnung des Gebets behandelt worden. SifDev 41 (Finkelstein 87f), und ganz ähnlich der Talmudtraktat bTaan 2a[19] fragen:

לעבדו בְּכָל־לבבכם? וכי יש עבודה שבלב?... זו תפילה

„Was bedeutet eigentlich dieser 'Gottesdienst im Herzen'? Das Gebet!" Die Weisen des Talmud identifizieren also den inneren, verstandesmäßigen (שבלב) und vital (שבנפש) vollzogenen Gottesdienst mit dem Gebet. Sie können sich dabei auf Dan 6,21 berufen, wo es heißt:

15

עָנֵה מַלְכָּא וְאָמַר לְדָנִיֵּאל

דָּנִיֵּאל עֲבֵד אֱלָהָא חַיָּא אֱלָהָךְ דִּי אַנְתְּ [אַנְתָּה] פָּלַח־לֵהּ בִּתְדִירָא....

„... dein Gott, dem du im Gebet Kult darbringst .."

Diese jüdische Gebetslehre ist das Umfeld und die selbstverständliche Voraussetzung für den Obersatz, mit dem der Apostel Paulus, nach kurzer Skizze des israelbezogenen Heilsplans Gottes in Röm 9-11, in Röm 12,1 den ethischen Teil seines Briefes an die Christusgläubigen in Rom eröffnet: „Ich ermahne euch, Brüder, durch die Barmherzigkeit Gottes, daß ihr eure Leiber hingebt als Opfer, das lebendig, heilig und Gott wohlgefällig ist. Das ist euer vernünftiger Gottesdienst." Übereinstimmend mit der jüdischen Lehre wird hier das Gebet als Dienst, den der Mensch Gott mit seinem Verstand entgegenbringt (τὴν λογικὴν λατρείαν), aufgefaßt und unter Bezug auf den Opferdienst (θυσίαν ζῶσαν ἁγίαν) in den gesamten Lebensvollzug eingebettet (παραστῆσαι τὰ σώματα ὑμῶν). Das Opfer Israels erweist sich durch das Wort als sprechender Ausdruck der Befindlichkeit des Menschen vor Gott, und das Gebet ist, wie das Leben überhaupt, dienende Hingabe an Gott.[20]

2. Das „Höre Israel" (שְׁמַע יִשְׂרָאֵל) und seine eschatologische Komponente

In jenen Monaten in Berlin durchlebte ich Stunden tiefer Niedergeschlagenheit. Ich fühlte mich einsam und mit meinen persönlichen Problemen und Sehnsüchten allein gelassen. An den Abenden lief ich allein durch die Prachtstraßen Berlins. Ich bewunderte die kraftvolle Architektur, den mitreißenden Schwung und die Stärke einer dynamischen Zivilisation. Es gab Konzerte, Theater und Vorträge von berühmten Gelehrten über die allerneusten Erfindungen und Theorien, und ich überlegte gerade, ob ich zu dem neuen Stück von Max Reinhardt oder zu einem Vortrag über die Relativitätstheorie gehen sollte.
Da merkte ich plötzlich, daß die Sonne untergegangen war und der Abend hereinbrach.
Von wann an spricht man das Schema' am Abend?

Ich hatte Gott vergessen, ich hatte Sinai vergessen, ich hatte vergessen, daß der Sonnenuntergang mich angeht, daß es meine Aufgabe ist, „die Welt der Königsherrschaft des Ewigen zurückzugeben".
So begann ich, die Worte des Abendgebetes zu sprechen:
Gepriesen bist Du, Herr, unser Gott, König des Alls, Der durch sein Wort den Abend heraufführt ... [21]

Das Qri'at Schma' ist wohl der Punkt des jüdischen Gebets, wo am deutlichsten wird, daß Beten „die Identifikation des Beters mit dem Volk Israel"[22] darstellt. Eine gesellschaftliche, öffentliche, ja eine politische Dimension wohnt dem jüdischen Gebet immer inne. Freilich ist mit A.J. Heschel gleich zu betonen: „Wenn auch die Identifikation mit dem Volk Israel bedeutsam, wesentlich und heilig ist, dürfen wir doch nicht vergessen, daß das, was dieser Identifikation geistliche Bedeutung und Heiligkeit verleiht, Israels einzigartige Bindung an den Willen Gottes ist. Diese Bindung erhebt unsere Beziehung zum Volk Israel über das Niveau eines bloßen Nationalismus."[23]

Diese Einwilligung, diese Hingabe an den Willen Gottes findet ihren Ausdruck im Qri'at Schma'. „Das Höre Israel," das aus den Abschnitten Dtn 6,4-9; 11,13-21; Num 15,37-41 besteht, nimmt in der jüdischen Gebetswelt neben der *Tefilla*, dem Achtzehngebet, den zentralen Platz ein. Es gehört nach geschichtlicher Betrachtung zu den ältesten Bestandteilen der jüdischen Liturgie und bildet den Kristallisationskern für das heutige umfassende Morgen- und Abendgebet.[24]

Mit dem dritten der drei das „Höre Israel" umrahmenden Segenssprüche war in älterer Zeit das gemeinsame Gebet beendet. Sein Inhalt war wesentlich das Lob in Form der בְּרָכוֹת und das Zeugnis in der selbstverpflichtenden Proklamation des „Höre Israel". Eine besondere Stellung nehmen seit der Exilszeit die vom Opferkult unabhängigen öffentlichen Buß- und Fasttage mit dem allgemeinen Bekenntnis der Sünden (וִידּוּי) ein. Bitten waren langezeit der Privatandacht vorbehalten.[25] In diesem Zusammenhang ist die Anfrage der Jünger an Jesus Lk 11,1 zu sehen: „Herr, lehre uns, was wir [auf das „Höre Israel" folgend,] beten sollen."

Nur *cum grano salis* kann man das „Höre Israel" als Bekenntnis, gar als Glaubensbekenntnis bezeichnen. Hebräisch spricht man von קְרִיאַת שְׁמַע. Das ist mit „Rezitation des שְׁמַע" oder noch besser mit „Proklamation des שְׁמַע" wiederzugeben. Mit dem „Höre Israel" proklamiert der Beter zuhanden der ganzen Gemeinschaft die Souveränität Gottes und bekundet er seinen Willen, ihm mit Liebe zu dienen. Durch seine Proklamation der Einheit und der Unsrigkeit im „Höre Israel" anerkennt er gleichzeitig, nicht allein, sondern in Gemeinschaft, ja füreinander vor unserem Gott zu stehen.

Das erklärt den berühmten Satz: „alle Israeliten sind füreinander verantwortlich (כָּל יִשְׂרָאֵל עֲרֵבִין זֶה בָּזֶה)"[26] und andererseits die ihrerseits direkt an die Verantwortung für den irrenden Bruder (Mt 18,15-18) anschließende Gebetslehre Mt 18,19: „Wahrlich, ich sage euch: Wenn zwei unter euch eins werden auf Erden, worum sie bitten wollen, so soll es ihnen widerfahren von meinem Vater im Himmel."[27] Diese Auffassung des Gebets stellt eine Art Demokratisierung der Fürbitte dar, die ursprünglich ganz auf den einzelnen Charismatiker mit besonders inniger Gottverbundenheit beschränkt gewesen war. Was Mose, die Propheten, die Gerechten bewirkt hatten (z.B. Ps 106,23 [vgl. Ex 32,11.32; Dtn 9,25-29]; Ez 13,4.5; 14,14; 22,30[28]), erweist sich als eingebettet in die Gemeinschaft des betenden Israel.

Die Qri'at Schma', die selbstverpflichtende Proklamation des Königtums Gottes, ist schon früh als Quintessenz[29] der Tora verstanden worden. Beleg dafür ist ein Stück letzter Prophetie, Sach 14. Thema des Kapitels ist, wie schon die gliedernde „Formel ביום ההוא (והיה)"[30] zeigt, die Vorbereitung, der Eintritt und das Wesen des Gottestages[31]. Nach seinem Gedankengang liegt das Kapitel in der Linie von Jes 2 // Mi 4.[32] Es bezieht sich auf eine Schrift, die Tora wie Propheten umfaßt und bereits gleichmäßige kanonische Geltung besitzt. Zentral ist aber in unserem Zusammenhang die Stellung und Geltung von Dtn 6,4:

$$\text{שְׁמַע יִשְׂרָאֵל יְהוָה אֱלֹהֵינוּ יְהוָה ׀ אֶחָד}$$

Das erhellt aus der Stellung des Kapitels und aus einer eingehenden Analyse seines Aufbaus und seiner Aussage. Nach Schilderung der Vorbereitung des Gottestages in V.1-5 folgen die Verse 6-9a mit ihrer 5-fachen Anapher:

וְהָיָה בַּיּוֹם הַהוּא	V. 6a
וְהָיָה יוֹם־אֶחָד	V. 7aα
וְהָיָה לְעֵת־עֶרֶב	V. 7bβ
וְהָיָה ׀ בַּיּוֹם הַהוּא	V. 8aα
וְהָיָה יְהוָה לְ מֶלֶךְ	V. 9aα

Damit, nämlich mit der ingressiv gefaßten Anerkennung des Ewigen „z u m K ö -
nig"[33], ist die letzte Stufe der Vorbereitungsphase erreicht. Der Wendepunkt
selbst wird nun bezeichnenderweise durch das leicht abgewandelte Zitat aus Dtn
6,4 markiert:

בַּיּוֹם הַהוּא יִהְיֶה יְהוָה אֶחָד וּשְׁמוֹ אֶחָד (V.9b).

Das יִהְיֶה drückt den Eintritt des Alt-Neuen aus, und der Zusatz וּשְׁמוֹ אֶחָד unterstreicht genau das, was „an jenem Tag" anders ist als jetzt, wo Israel längst יְהוָה
als אֶחָד kennt und bekennt: nicht nur im Wesen wird „der Ewige Einer" sein, sondern auch in der Anerkennung und Anrufung. V.9a, der Mittel- und Höhepunkt
des Kapitels, wird in den Versen 10-11 weitergeführt. In der – aus Jes 2 // Mi 4
längst feststehenden, weil in der Einig-Einzigkeit Gottes begründeten – Völker-
wallfahrt, die ihrerseits in eine durch Jerusalem ausgelöste Krise gerät, bereitet
sich die Wende vor, die sich nun, und zwar ein- für allemal, anbahnt. An die
Stelle des bisherigen irdischen Weltlaufs tritt ein (Gottes-) Tag, der allein durch
das innere Wesen Gottes und sein nun offenbares Wirken bestimmt ist (V.7).

Und damit erfüllt sich Dtn 6,4. Für uns erstmalig faßbar wird in Sach 14,9b
dem Vers des Deuteronomiums ein besonderer Stellenwert beigemessen und eindeutig eschatologisch ausgedeutet.[34] Der Versanfang drückt das, indem er das
Leitmotiv des Kapitels noch einmal anklingen läßt, mit den Worten aus: ... בַּיּוֹם
הַהוּא יִהְיֶה: der Ewige soll und wird für die Völkerwelt erst noch Einer werden, wie
er in und für Israel seit je Einer ist. Ziel und Sinn der Weltenwende erweist sich
als identisch mit der Bestimmung Israels und mit dem Ziel seines Weges. Die
Annahme der תּוֹרָה Gottes und die Anerkennung seines Willens, die Israel konstituiert, wird auf Erden allgemein werden. Das ist das innere Wesen der Wende,
die nach dem Zeugnis des späten Propheten zur Königsherrschaft Gottes über die

ganze Erde führt. Israels Lebensform und Gottesbeziehung hat ihr Ziel erreicht, wo sie einen Erkenntnisvorgang unter der Völkerwelt auslöst. Die hier implizit angelegte Einheit Gottes wird explizit. Sie ist nicht statisch, sondern sie vollzieht sich und wird vollzogen: es handelt sich bei ihr um einen Prozeß. Denn Gottes im „Höre Israel" proklamierte Einheit ist auf Öffentlichkeit angelegt und wird darum spätestens seit Sach 14 als eschatologisch ausgerichtet verstanden.

Für ein christliches Beten angesichts des Judentums gilt daher: Die Anbetung „im Geist und in der Wahrheit" (Joh 4,23) ist Zielpunkt christlichen Betens, weil sie längst Zielpunkt jüdischen Betens ist – der vorausgehende Vers Joh 4,22 spielt darauf an –, wie ihn Jesus Christus in Kraft zu setzen gekommen ist.

3. Berakha: Die weite Welt der jüdischen Segenssprüche als genetisch-historische und bleibend aktuelle Wurzel christlichen Gottesdienstes und Betens

Alles, was wir mit „Segen" und „Segnung" verbinden, hat seinen Grund und Ursprung in einem einzigen hebräischen Wort: ברך. Die Wurzel kommt nur im Pi'el vor. Es geht also nicht um ein Geschehen, sondern darum, einen bestimmten Zustand zu deklarieren oder herzustellen.[35] Diese Befindlichkeit, die da herbeigeführt wird, ist die des „Gesegnetseins" oder der Segensfülle, hebr. בָּרוּךְ. Segnen, לְבָרֵךְ, heißt also eigentlich „als בָּרוּךְ, gesegnet, bezeichnen." Das geschieht in erster Linie durch das vollmächtige und, weil geistgewirkte, auch wirkkräftige, Wort – eben das Segenswort, den Segensspruch.

Damit ein Segen zugesprochen werden kann, muß aber ein begründeter Anlaß vorliegen. Der Segen, auch der Segen Gottes, ist also nicht eigentlich „kreativ", denn er setzt die Schöpfung bereits voraus, erklärt sie aber von höherer Warte und verleiht ihr dadurch eine von außen kommende Förderung. Ein Segen ist daher, sprachlich wie sachlich, ein Urteil über zukunftsweisende, in den Personen, Handlungen, Dingen liegende Anlagen, die oft noch verborgen sind, aber durch die Segnung zutage gefördert und zur Entfaltung gebracht werden. Das geschieht durchaus auch beim alltäglichen jüdischen Segnen: das Stück Brot, über das der Segen: „Gelobt seist du, Ewiger, unser Gott, der du das Brot aus der Erde hervorsprossen läßt" (mBer 6,1) gesprochen wird, der Mensch, der solchen Zuspruch erfährt, bleibt Brot, bleibt Mensch – aber beide haben ihren Platz in Gottes Plan gefunden. Und darum verweist der Segen über den Alltag hinaus auf die kom-

20

mende Königsherrschaft Gottes. Auch sie ist ja in der Anlage längst gegeben, aber sie muß bezeugt und geglaubt werden. Und es ist der Segen, der den Alltag auf das künftige Walten Gottes hin durchsichtig macht.

Anlagen und Fähigkeiten, die ihren Träger als gesegnet erscheinen lassen und danach rufen, ihn zu segnen, finden sich natürlich in unvergleichlichem Maß bei Gott als dem Schöpfer, Erhalter und Erlöser der Welt. Auch von daher ist es die vornehmste Aufgabe des Menschen, das zu bezeugen, Zeuge dafür zu sein, es immer wieder neu zu bestätigen und so gewissermaßen in Kraft zu setzen.[36] Dieses „Für-gesegnet-Erklären" Gottes ist gewiß eine der vornehmsten Aufgaben Israels, aber es war so gut wie das Gebet überhaupt auf Inklusivität,[37] nicht auf Exklusivität angelegt.

Nachdrücklich, schon rein sprachlich[38] und statistisch, bestätigt und bekräftigt das Neue Testament hier, im Herzen des Betens, das Alte Testament und seine jüdische Anwendung. Das Zusammenspiel von Handlung und Wort beim Segnen ist uns aus den Berichten über das Abendmahl vertraut. Es reiht sich dabei an all die Mahlzeiten an, die Jesus im größeren Kreis der Jünger eingenommen hat. Dabei, wie auch sonst immer, „nahm Jesus das Brot, sprach den Segensspruch (die בְּרָכָה) darüber, brach ab und gab ihnen ..." (Mk 14,22f.). Bei der Speisung der 5000, die ja auch ein gemeinsames Essen war, unterstreicht Jesus, wer der Adressat sei, an den sich dieser – und jeder – Segensspruch wendet: er „blickte auf zum Himmel" (Mk 6,41).[39] Und was ist in Emmaus so aufregend? Daß alles war wie vorher: der fremde Wandergefährte nahm die Ehre des Tischvorsitzenden in Anspruch, „segnete und brach, gab hin" (Lk 24,30). Von daher nimmt sich christliches Beten auch heute die Freiheit, ihn einzuladen und aufzufordern: *Komm, Herr Jesus, ... und segne!* Nicht das Segnen als solches ist etwas Besonderes, aber die Art, wie Jesus den bekannten und gängigen Segensspruch sprach, muß charakteristisch gewesen sein. Auch das Brechen des Brotes, wie es in der Urgemeinde (Apg 2,42.46) geschah, vollzog sich offenbar in der Freudigkeit solchen dankbaren Segnens, denn Segnen und Brechen gehören nach jüdischer Auffassung unmittelbar zusammen.[40] Genauso hält es Paulus (Apg 27,35). Auch an manchen weiteren Stellen spricht das NT vom Segnen bei Tisch. Wie aber könnte ein solcher Segensspruch gelautet haben? Wir sind da nicht auf Vermutungen angewiesen. Wer in der jüdischen Tradition steht, weiß ohnehin, was er zu sagen hat, und dem NT sind die Worte, genau wie die Abfolge und die begleitende rituelle Geste, selbstverständlich. Gerade bei den einfachen Speisen wie Brot und Wein ist deutlich, daß sich der Segen auf die materiellen Grundlagen menschlichen Lebens bezieht und somit ganz in den Alltag gehört – aber gleichzeitig darüber hinaus auf die kommende Königsherrschaft Gottes verweist. Erneut gilt: Der Segen macht den Alltag auf Gottes Walten hin durchsichtig. Es versteht sich von hier aus ohne weiteres, daß christlicher Gottesdienst, christliches Beten in der Urform solcher *eucharistia* wurzelt und sich aus diesen neutestamentlichen und urchristlichen alltäglichen, aber durchs Wort geheiligten Mahlgemeinschaften heraus entwickelt hat. Kapitel 9 der Didache handelt denn auch ausdrücklich über die Eucharistie, also über den Tischsegen beim gemeinsamen Mahl, der offenbar so auschlaggebend war, daß er dann der ganzen Handlung den Namen gegeben hat.

Beim Segnen handelt es sich, wie schon die sprachlichen Überlegungen gezeigt haben, um einen deklarativen Akt. Jeder echte Segen bezieht daher das Wesen des zu Segnenden ein und ist darum kein automatisch wirkender Zauberspruch. Der Segen ist, wenn wir der biblischen Konzeption folgen, ein geistgewirktes Urteil, das die Gegenwart und das in der Gegenwart Vorfindliche aus einer inneren Schau der Zukunft heraus deutet. Es ist darum aber auch wichtig, daß dieses Zeugnis aufgenommen und verstanden wird. Die jüdische Tradition und mit ihr das Neue Testament legen größten Wert auf die Akzeptanz des Segens. Das Segenswort muß treffend formuliert und verständlich ausgesprochen sein, damit es entsprechend aufgenommen und quittiert werden kann: „Wenn du Gott lobst im Geist, wie soll der, der als Unkundiger dabeisteht, das Amen sagen auf dein Dankgebet, da er doch nicht weiß, was du sagst?" (1Kor 14,16).

Sofern Beten im Sinne der Berakha ein responsorischer und gesellschaftlicher Akt ist, an dem der den Segen Formulierende und die Gemeinschaft (Tischgesellschaft, Umstehende, Versammlung) komplementär mitwirken, beruft sich die christliche Gemeinschaft auf Jesus Christus als ihren (Tisch-) Vorsitzenden, der nach Hebr 7,25 (vgl. auch 1Joh 2,1) als der Auferweckte „für immer lebt, um (als ihr Fürsprecher) für sie bitten zu können (πάντοτε ζῶν εἰς τὸ ἐντυγχάνειν ὑπὲρ αὐτῶν)."

Anmerkungen

[1] Clemens Thoma zum 60. Geburtstag am 2. November 1992 in Respekt und Verbundenheit zugeeignet.

[2] Georg Wicel, Oratio in laudem Hebraicae linguae (1534), mit einem Widmungsbrief an Bernardus Gualtherus vom 20. März 1534. Vgl. Ludwig Geiger, Das Studium der Hebräischen Sprache. Breslau 1870, 3 mit A.3; S.4 mit A.1 und S.8f.

[3] Die Ausführungen gehen auf einen auf Einladung der Schweizerischen Theologischen Gesellschaft / Société Suisse de Théologie am 20. November 1992 in Luzern gehaltenen Vortrag zurück. Die Tagung stand unter dem Thema „Christentum und Judentum: Bestandesaufnahme und Überlegungen zu ihren Beziehungen" und hatte einen weiteren Schwerpunkt im Referat von Pierre Gisel, „Voie juive et voie chrétienne. Réflexion théologique à partir de Franz Rosenzweig." (erscheint in adaptierter Fassung in: La subversion de l'Esprit. Réflexion théologique sur l'accomplissement de l'homme, Genf 1993).

[4] Neuere Literatur in Auswahl: Sidur Sefat Emet, mit deutscher Übersetzung von R. Selig Bamberger, Basel 1982; Isaak Heinemann, Prayer in the Talmud, Berlin 1977; R. Elie Munk, Die Welt der Gebete. Kommentar zu den Werktags- und Sabbat-Gebeten nebst Übersetzung. Bd.1: Die Werktagsgebete. Basel[2] 1975; Bd.2: Die Sabbat- und Festtagsgebete; mit Anhang: Die Fasttagsgebete, Basel[2] 1975; Abraham Jehoschua Heschel, Der Mensch fragt nach Gott. Untersuchungen zum Gebet und zur Symbolik, aus dem Englischen übersetzt von Uwe Cordt: Information Judentum Bd.3, Neukirchen 1989. - R. Chajim Halevy Donin, Jüdisches Gebet heute. Eine Einführung zum Gebetbuch und zum Synagogengottesdienst, aus dem Englischen übersetzt von Naftali Bar-Giora-Bamberger, Zürich 1986.

[5] Vgl. nur etwa K. Rudolph, Art. Gebet in: EKL Bd 2 [3](1989) 8: „Das dt. Wort Gebet bezeichnet einen zentralen religiösen Tatbestand (sic!), der um die Beziehung von Mensch und Gott kreist."

[6] H.M.Barth, Art.: Gebet ebd.12 : „G. ist der religiöse Begriff für den bewussten Akt, in dem einzelne Menschen oder eine Gemeinschaft von Menschen die Beziehung zu dem gestalten, was ihnen als letzter Grund und Sinn des Lebens gilt.".

[7] Dazu I.Willi-Plein, Opfer und Kult im alttestamentlichen Israel: SBS 153(1993) 155-157.

[8] I.Willi-Plein, Das Buch vom Auszug. 2.Mose: KlBB (1988) 143.

[9] Gen 20,7.17; Num 11,2; 21,7; Dtn 9,20.26, vgl. Gen 25,21; Ex 8,4f.24-26; 9,28; 10,17f.

[10] Nach bBer 26b hat Abraham das Morgengebet, Isaak das Mincha- und Jakob das Nachtgebet gestiftet.

[11] C.Westermann, Art. *'æbæd*, in: THAT Bd.2 (1976) Sp. 199: „*'æbæd* bezeichnet an der Mehrzahl der Stellen den Dienst am Heiligtum, kultischen Dienst. Einen Übergang bilden die Stellen, an denen vom Bau des Heiligtums und der Arbeit daran gesprochen

wird (Ex 27,19; 36,5; 38,21; Num 3,26). Vom Dienst der Priester und Leviten reden Num 4,4.19; 2Chr 8,14; vom Dienst am Heiligtum (Zelt, Wohnung usw.) zahlreiche Stellen in P ... und im chron. Geschichtswerk (vgl. auch Ez 44,14). Unserem „Gottesdienst" entspricht 'abodat Jhwh (Num 8,11; Jos 22,27; 2Chr 35,16)."

[12] C.Westermann, a.a.O. Sp. 192: „Es fällt auf, dass die Priester dabei (bei der Aufzählung verschiedener Menschengruppen, die als Gottes Knechte bezeichnet werden) fehlen; dies ist darin begründet, dass das kultische Handeln der Priester vom Geschichtswirken Gottes mittels der vorher genannten 'abadim unterschieden wird."

[13] Vgl. C.Westermann, a.a.O. Sp. 193.

[14] C.Westermann a.a.O. 191: „'æbæd Gottes zu sein (bedeutet) niemals Knechtschaft im negativen Sinn...".

[15] H.Ringgren, Art.: עָבַד III,6: in: ThWAT Bd. 5 (1986) Sp. 1001: „... können Menschen als 'æbæd- JHWHs (nie dagegen eines fremden Gottes ...; ein Ba'als-Verehrer heisst 'obed ba'al, 2Kön 10,23) bezeichnet werden".

[16] J.Begrich, Die priesterliche Tora, in: BZAW 66(1936) 63-88; G.Östborn, Tora in the Old Testament (1945); R.deVaux, Das Alte Testament und seine Lebensordnungen, Bd. I ([2]1962) 230ff; G.Braulik, Die Ausdrücke für „Gesetz" im Buch Deuteronomium: in: Bib 51 (1970) 39-66; G.Liedke, Gestalt und Bezeichnung alttestamentlicher Rechtssätze: WMANT 39 (1971) 195-200; G.Liedke/C.Petersen, Art. tora Weisung, in: THAT II (1976) Sp. 1031-1043.

[17] Vor allem mTam, vgl. A.34.

[18] L.Perlitt, Art. Deuteronomium, in: EK Bd. 1 [3](1986) Sp. 825 nach G.von Rad.

[19] Vgl. Raschi zur Stelle. Rambam in Hilchot Tefillah 1,1 (vgl. Kessef Mischne) und Semag, Asin §19 leiten aus dem Dtn-Abschnitt daher die Erfordernis ab, Gott täglich im Gebet zu dienen.

[20] Das Gebet wird schon von Hi 21,15; Zeph 3,9 und Ps 100,2 ausdrücklich mit einem Dienst an Gott in Verbindung gebracht.

[21] A.J.Heschel, Der Mensch fragt nach Gott. Untersuchungen zum Gebet und zur Symbolik: Information Judentum Bd. 3 (1989) 67.

[22] Vgl. A.J.Heschel a.a.O. 36.

[23] A.J.Heschel a.a.O. 36.

[24] Schon die sicher nicht später als 300 v.Chr. entstandene griechische Übersetzung des Pentateuch in der Septuaginta schickt Dtn 6,4 einen im hebräischen Text nicht enthaltenen einleitenden Satz voraus, der das Schma' hervorhebt und es auf die Herausführung aus Ägypten und den Vorspruch des Dekalogs bezieht: Und dies sind die Satzungen und Rechte, die der Herr den Söhnen Israels in der Wüste gebot, als sie aus Ägypten ausgezogen waren: Höre Israel ... Derselbe Satz, wiederum das Schma' an die 10 Gebote anknüpfend, findet sich auf Hebräisch in dem wohl in die Zeit vor der Zerstörung des Tempels 70 n.Chr. zu datierenden Papyrus Nash aus Ägypten. Tatsächlich ist ein ent-

sprechender liturgischer Gebrauch der 10 Gebote und des *Schma'* im Jerusalemer Tempel belegt. Die Mischna [Tam 4,3-5,1] schildert den Verlauf nach vollzogenem täglichem Morgenopfer sehr anschaulich: „[Die Priester] gingen [von der Opferrampe] wieder hinunter und begaben sich in die Quaderhalle, um das *Schma'* zu rezitieren. Der Vorgesetzte sagte zu ihnen: 'Sprecht einen Segensspruch!', und sie sprachen den Segensspruch, und dann rezitierten sie die 10 Gebote, die Abschnitte *Schma'* [Dtn 6,4-9], *Wehaja* [Dtn 11,13-21], *Wajjomär* [Num 15,37-41], und schliesslich sprachen sie mit dem Volk drei Segenssprüche, nämlich 'Wahr und feststehend', *'Awoda* [über den Opferdienst] und die [Bitte um Erhörung der später zu spendenden] Priestersegensformel."

[25] Vgl. dazu K.Hruby, Quelques notes sur le Tahanun et la place de la prière individuelle dans la liturgie synagogale, in: Littera Judaica in memoriam Edwin Guggenheim, Frankfurt a.M. (o.J.) 76-104.

[26] bSchevu 39a, vgl. bSanh 27b unter Bezug auf Lev. 26,37.

[27] Vgl. Ign. ad Eph. 5,2 und Did 15,3.

[28] Vgl. das Targum Jonathan zu dieser Stelle, der klar macht, dass jeder Gerechte als ein solcher Fürbitter in Betracht kommt: „ein Mensch guter Werke, der in die Bresche träte und Erbarmen für das Volk des Landes erflehte, damit es nicht zugrunde gehe"; vgl. M.Greenberg, Enc Bibl (Hebr) Bd. 8 (1984) Sp. 905.

[29] Diese Begriffe sind dem Alten Testament wie dann der jüdischen Tradition gemässer als das gängige Reden von einer Mitte der Bibel. Vgl. den Aufsatz von Y.Amir, Die 'Mitte der Schrift' aus der Sicht des hellenistischen Judentums, in: M.Klopfenstein - U.Luz (hrsg.), Mitte der Schrift? Ein jüdisch-christliches Gespräch. Texte des Berner Symposions vom 6.-12. Januar 1985: JudChr 11(1987) 217-236. Vgl. noch den Überblick bei W.H.Schmidt, Altes Testament, in: G.Strecker (hrsg.), Theologie im 20. Jh. (1983) 49-53; A.H.J. Gunneweg, Vom Verstehen des Alten Testamentes. Eine Hermeneutik: ATD E/5 (1977) 185.

[30] I.Willi-Plein, Prophetie am Ende: in: BBB 42 (1974) 60.

[31] Für eine ausführlichere exegetische Erörterung sei auf den Aufsatz „Kirche als Gottesvolk? Überlegungen zu einem Verständnis von Kirche im Kontext alttestamentlich-frühjüdischer Konzeptionen von Gottesvolk, Gebot und Gottesreich.", in: ThZ 49 (1993) verwiesen.

[32] Man beachte die Differenzen der beiden Paralleltexte!

[33] Nicht 'ח ימלך!

[34] In der späteren rabbinischen Tradition ist diese Auffassung gängig, vgl. statt vieler Belege Raschi zu Dtn 6,4:

יְהוָה אֱלֹהֵינוּ יְהוָה ׀ אֶחָד

הַ_שֶׁהוּא אלוהינו עתה ולא אלהי האמות הוא עתיד להיות הַ_אחד

שֶׁנֶּאמר צפ_ג_כִּי־אָז אֶהְפֹּךְ אֶל־עַמִּים שָׂפָה בְרוּרָה לִקְרֹא כֻלָּם בְּשֵׁם יְהוָה

לְעָבְדוֹ שְׁכֶם אֶחָד

וַאֲמַר זֹ יָךְ בְּיוֹם הַהוּא יִהְיֶה יְהֹוָה אֶחָד וּשְׁמוֹ אֶחָד עִ סִפְרִי

Chumash with Rashi's Commentary, Translated into English, hrsg. A.M.Silbermann, Bd. 5, Jerusalem (1985) 37: „יהוה אֱלֹהֵינוּ יְהֹוָה ׀ אֶחָד" means, The Lord who is now o u r God and not the God of the other peoples of the world, He will at some future time be the O n e (sole) 'ה סא it is said, (Zeph. 3,9) „For then I will turn to the peoples a pure language that they may all call upon the name of the Lord", and it is further said, (Zech. 14,9) „In that day shall the Lord be One and His name One" (cf. Siphre). Ausserdem endet der eschatologische Ausblick des jeden jüdischen Gottesdienst abschliessenden עָלֵינוּ Gebets mit dem Zitat von Sach 14,9; vgl. Sidur Sefat Emet (Frankfurt a.M. o.J.= Basel o.J.) 65.

[35] E. Jenni, Das hebräische Pi'el (1968) unterscheidet die faktitive Funktion des Pi:el von der kausativen des Hif'il und spricht daher von der „deklarativen und ästimativen Bedeutung des Pi'el" (a.a.O. 40): „Die Bedeutung des Pi'el ist nicht die eines ... Intensivs oder eines ... Kausativs, sondern es drückt das Bewirken des dem Grundstamm entsprechenden adjektivisch ausgesagten Zustandes aus. Bei intransitiver Grundbedeutung ist das Pi'el faktitiv: es bezeichnet das Bewirken des adjektivischen Zustandes ohne Rücksicht auf den Hergang und als vom Objekt akzidentiell erlittene Handlung. Der Unterschied zwischen eigentlich faktitiver und deklarativ-ästimativer Bedeutung beruht darauf, ob der adjektivisch auszusagende Zustand allgemein oder nur subjektiv einsichtig ist." (a.a.O. 275).

[36] Daher erklärt sich, dass in der Bibel sowohl Alten wie Neuen Testamentes weit öfter Gott Objekt menschlichen Segnens ist als umgekehrt: im AT sind es 174mal Menschen, die Gott als „gesegnet" erklären (im NT 46mal); dagegen „segnet" Gott nur 130mal Menschen oder andere Geschöpfe und Erscheinungen (im NT 19mal).

[37] Ausdrücklich statuiert in dem wohl deuteronomistisch verfassten, für die jüdische Gebetslehre aller darauffolgenden Zeiten als das grosse Gebetsmodell geltenden Tempelweihgebet Salomos 1Kön 8, 41-43 //2Chr 6,32f.

[38] Vgl. H.W.Beyer, Art. εὐλογειν εὐλογία in: ThWBNT Bd. 2 (1935) 751f: „Bei wenigen Wörtern der neutestamentlichen Sprache wird so deutlich wie bei eujlogein und eujlogiva, dass sie ihren Gehalt als Übersetzung hebräischer Wörter erhalten haben, die im Alten Testament und im jüdischen Schrifttum ihre religiöse Bedeutung gewonnen haben."

[39] Vgl. bBer 31a: „Wer betet, muss sein Herz zum Himmel wenden."

[40] Vgl. R. Schlomo Ganzfried, Kizzur Schulchan Aruch, Bd. 1 [2](1978) 232: „Man lasse das (angeschnittene) Stück mit dem Brot verbunden, spreche die Beracha המוציא, und nachdem man die Beracha vollendet hat, trenne (breche) man es los, damit die Beracha zu Ende ist, während das Brot noch ganz ist". Zum Ganzen K.Hruby, Le geste de la fraction du pain ou les gestes eucharistiques dans la tradition juive, in: Gestes et paroles dans les diverses familles liturgiques, Rom 1978, 123-133.

26

Simone Rosenkranz

VOM PARADIES ZUM TEMPEL

In der vorliegenden Untersuchung geht es um die neben- und nachalttestamentliche Ausformung von Paradiesesvorstellungen bis zur Zeit kurz nach der Zerstörung des zweiten Tempels (70 n.Chr.). Die frühjüdischen Paradiesesvorstellungen orientieren sich sporadisch an ähnlichen Vorstellungen aus dem altorientalischen und griechischen Raum sowie an alttestamentlichen Vorgaben. Darüber hinaus enthalten sie auch ursprüngliches Gedankengut, das nicht in den Kanon aufgenommen wurde und in der Hebräischen Bibel nur andeutungsweise aufscheint. Dies trifft insbesondere auf die Henochliteratur zu.

Das Paradies kann als Idealisierung des Irdischen, als „Wiederholung des alltäglichen Daseins ohne dessen erschwerende leidvolle Umstände"[1] definiert werden. In frühjüdischer Zeit steht das Paradies in engem Bezug zu idealen Tempel- und Jerusalemvorstellungen. Eine Untersuchung der frühjüdischen Paradiesesvorstellungen zeigt daher auf, welche herausragende Bedeutung dem Zionsberg mit dem Tempel in der frühjüdischen Vorstellungswelt zukommt.

Das Paradies in der Hebräischen Bibel

Die Paradieseserzählung in Gen 2,8-25 ist nicht genuin israelitisches Überlieferungsgut. Israel hat die Vorstellung vom Paradies wahrscheinlich erst im Kulturland bei den Kanaanäern kennengelernt, wobei der vorgefundene Stoff entscheidend umgeprägt wurde.[2] Wie groß der gemeinorientalische Einfluß auf die israelitische Paradiesesvorstellung tatsächlich war, kann hier nicht diskutiert werden,[3] fest steht jedoch, daß es im Alten Testament keine einheitliche Konzeption gibt. So können zwei Strömungen unterschieden werden: einerseits die Paradieseserzählung in Gen 2,8-25, andrerseits die Schmähreden gegen den König von Tyros in Ez 28,11-19.

Gemäß Genesis ist das Paradies, das im Alten Testament als Garten Eden bezeichnet wird, ein Garten von Bäumen mit verlockenden und wohlschmeckenden Früchten, der im Osten liegt. In seiner Mitte stehen der Baum des Lebens und der Baum der Erkenntnis von Gut und Böse. Vom Garten Eden geht ein Strom aus, der sich in vier Arme teilt. Adam, der erste Mensch, pflegte und bebaute den Garten, bevor er nach der Übertretung des ihm von Gott auferlegten Gebotes daraus vertrieben wurde. Als Wächter vor dem Paradies stehen seither Cherubim. Steht hinter der Erzählung in Genesis die Vorstellung vom Garten am Rande der Welt, liegt Ezechiel die Idee des Gottesberges[4] mit Attributen des Tempels zugrunde: Das Paradies liegt auf dem heiligen Berg und ist mit phantastischen Elementen ("feurige Steine") ausgeschmückt. Der König von Tyros, der als Urmensch über göttliche Weisheit und Schönheit verfügt, wird wegen seiner Überheblichkeit gestürzt:

„Auf dem heiligen Berg der Götter bist du gewesen, zwischen den feurigen Steinen gingest du umher." (Ez 28,14)

Von der eschatologischen Bestimmung des Paradieses als Ort der Belohnung für die Gerechten ist im Alten Testament noch keine Rede. Diese Idee wird jedoch vorbereitet indem das Paradies an mehreren Stellen auf die Zukunft bezogen wird; so etwa in Jes 51,3, wo das zukünftige Aufblühen des Landes zum Paradies geschildert wird, oder in Ez 36,35, wo es um die Erneuerung Israels durch Gott geht. Besonders erwähnenswert ist auch das Gesicht von der zukünftigen Gottesstadt in Ez 47,12, wo an den Ufern des Stromes, der aus dem Tempel fließt, Bäume in paradiesischer Fülle sprießen. Eine Verbindung zwischen Tempel (Zion, Jerusalem) und Paradies (wunderbare Fruchtbarkeit des Landes) findet sich auch in Jes 51,3 und Joel 2,3.

In der Weisheitsliteratur sind erste Ansätze zu einer Allegorisierung des Paradieses feststellbar: Im Buch der Sprüche ist der Baum des Lebens ein Bild für die Weisheit (3,18) oder die Gerechtigkeit (11,30). Es dürfte sich aber dabei nur um Redensarten handeln.

1. Das astronomische Henochbuch

Das astronomische Buch gehört mit dem Buch der Wächter zu den ältesten jüdischen Henochdokumenten.[5] Bereits Ende des dritten vorchristlichen Jahrhunderts ist es in Qumran belegt. Das Buch wird durch sein Interesse an den Gestirnen und am Sonnenjahr geprägt. Der entrückte Henoch wird vom Engel Uriel über die Stellungen der Sterne, die Winde und die vier Regionen der Erde unterrichtet:

> Die vierte Richtung, Norden genannt, ist in drei Teile geteilt: der erste ist der Wohnsitz der Menschen, der zweite besteht aus Meeren, Seen Wäldern, Flüssen, Dunkelheit und Wolken. Der dritte Teil ist der Garten der Gerechtigkeit. (äthHen 77,3)

Mit dem Garten der Gerechtigkeit ist zweifellos das Paradies gemeint. Es handelt sich um einen Exklusiv-Begriff der Henoch-Tradition. Die aramäische, ausführlichere Fassung aus Qumran lautet etwas anders:

> Ich sah drei Abteilungen der Erde: eine war die Wohnstätte der Menschen, eine war für alle Seen und Flüsse und eine für die Wüsten, die Sieben und für das Paradies der Gerechtigkeit (pardes quschta)[6]. (Enastr[b] 23)

Milik und Puech nehmen für diese Stelle babylonischen Einfluß an: Im Gilgamesch-Epos durchquert Gilgamesch zuerst die Gefilde der Menschen, dann den bitteren Fluß, worauf er zu den „sieben Regionen" gelangt, wo der Aufenthaltsort Utnapishtims liegt.[7] Milik zeichnet das vom Verfasser des astronomischen Henochbuches vorgestellte Weltbild folgendermaßen:[8]

Obwohl zwischen äthHen und Enastr einige Unterschiede bestehen, läßt sich doch ein Grundschema erkennen: Wohnstätte der Menschen – Hindernisse (Seen, Flüsse, Wüsten, Berge) – Paradies. Eine solche Dreiteilung taucht bei Paradie-

29

sesbeschreibungen immer wieder auf, so im Buch der Wächter, im Jubiläenbuch, im Gilgamesch-Epos, in der Odyssee, oder, viel später im volkstümlichen Bereich, bei der Schilderung des Schlaraffenlandes.[9]

Die Situierung des Paradieses ist in dieser ältesten uns schriftlich faßbaren jüdischen Paradiesesvorstellung außerhalb der Bibel sehr ungenau. Die Knappheit und zugleich Selbstverständlichkeit mit der das Paradies an dieser Stelle erwähnt wird, läßt aber die Vermutung aufkommen, daß das Paradies zur damaligen Geographie gehörte. So finden sich Paradiese sowohl in außerjüdischen Weltbildern wie der babylonischen Weltkarte als auch in anderen jüdischen Vorstellungen, etwa dem Jubiläenbuch (Jub 8,16), obwohl sie von verschiedenen Ausgangspunkten ausgehen: Jub schließt an eine griechische, Hen hingegen an eine babylonische Weltkarte an.[10] Die Bezeichnung „Garten der Gerechtigkeit" könnte auf die Funktion des Paradieses als Aufenthaltsort der entrückten Gerechten (z.B. Henoch) hinweisen.

Das Buch der Wächter (äthHen 1-36)

Eine viel ausführlichere und entwickeltere Paradieses- und Jenseitsvorstellung als das astronomische Buch enthält das Buch der Wächter.[11] Der Aufbau des Buches ist ziemlich verwickelt,[12] eine logische Verknüpfung der verschiedenen Stücke ist dem Verfasser offensichtlich nicht immer gelungen, was sich auch auf die Paradiesesvorstellung auswirkt. Das Buch der Wächter enthält Vorstellungen, die später wieder auftauchen und entscheidend für die weitere Entwicklung sind. Wichtig in diesem Zusammenhang sind die Annahme einer differenzierten Scheol-Vorstellung (äthHen 22,1-14) sowie die Zweiteilung des Paradieses (äthHen 24-25; 32,3-6).

Die Sche'ol-Vorstellung

Der Verfasser stellt zwei verschiedene Vorstellungskomplexe nebeneinander, nämlich einerseits die Hoffnung auf die Heilswelt in der Endzeit, die eher in der jüdischen Tradition steht, und andrerseits der Glaube an eine Vergeltung unmittelbar nach dem Tode, die von der griechischen Unsterblichkeitslehre beeinflußt ist. Gemäß der letzteren Auffassung werden die Seelen der Toten bis zum Gericht

30

in Hohlräumen im Westen aufbewahrt. Die Seelen der Gerechten weilen bei einer lichtüberfluteten Wasserquelle, während diejenigen der Gottlosen in dunklen Gewölben eingesperrt sind (äthHen 22,1-14). Es scheint sich um eine durch ägyptischen oder griechischen Einfluß[13] ausgeschmückte alttestamentliche Sche'ol-Vorstellung zu handeln. Zum ersten Mal im jüdischen Bereich wird hier das Schicksal der Toten als für die Guten und Schlechten je verschieden ausgemalt[14], denn die alte Auffassung über das Ergehen der Verstorbenen kennt ja nur das für alle gleiche Schattendasein.[15]

Das eschatologische Paradies

Die eher der altisraelitischen Tradition verhaftete Vorstellung vom Paradies erscheint in äthHen 24-25. Auf seiner zweiten Reise gelangt Henoch nach Nordwesten. ÄthHen 24,2-5 enthält folgende Schilderung:

(2) Und ich ging dorthin und sah sieben herrliche Berge, und alle waren – einer vom anderen – verschieden, und prachtvolle schöne Steine, und alle prachtvoll, und von herrlichem Aussehen waren sie und von schönem Anblick: Drei in Richtung Osten, einer gestützt auf den anderen, und drei in Richtung Süden, einer auf dem anderen, und tiefe zerklüftete Abgründe, von denen keiner den anderen berührte. (3) Und der siebente Berg lag zwischen ihnen und seine Höhe übertraf sie alle wie ein Thronsitz, und duftende Bäume umgaben ihn. (4) Und unter ihnen war ein Baum, wie ich ihn noch nie gerochen hatte, und keiner von diesen noch andere Bäume waren so wie er: Er duftete stärker als jeder Wohlgeruch, und sein Blattwerk, seine Blüten und sein Holz werden in Ewigkeit nicht welken. Und seine Frucht ist schön, und seine Frucht gleicht den Trauben einer Palme.

Henoch erhält in 25,3-6 vom Engel folgende Erklärungen über diesen wunderbaren Ort:

(3b) Dieser hohe Berg, den du gesehen hast, dessen Gipfel dem Thron des Herrn gleicht, ist sein Thron, wo sich der Heilige und Große[16], der Herr der Herrlichkeit, der König der Welt niedersetzen wird, wenn er herabkommt, um die Erde mit Gutem heimzusuchen. (4) Und dieser wohlriechende Baum: Kein Sterblicher hat die Macht, ihn zu berühren, bis zum großen Gericht; wenn er alles vergelten und vollenden wird für die Ewigkeit, dann wird er den Gerechten und Demütigen[17] übergeben werden. (5) Von seiner Frucht erwächst den Auserwählten das Leben, und er wird nach Norden hin an den heiligen Ort gepflanzt werden, bei dem Haus des Herrn, des Königs der Welt. (6) Da werden sie sich freuen voller Freude und fröhlich sein, am heiligen Ort werden sie eintreten, seinen Wohlgeruch in ihren Gebeinen, und sie werden ein langes Leben auf der Erde leben, wie es deine Väter lebten, und in ihren Tagen wird sie weder Trauer noch Leid, noch Bedrängnis noch Plage erreichen.

Dieser Text ist in mehrerer Hinsicht für die Henochapokalyptik sowie für spätere Paradiesesvorstellungen aufschlußreich:

1. Die Schilderung des Paradieses erinnert an Ezechiel 28,14. Noch mehr spielt Ps 48,2-4 in äthHen hinein: Dort liegt „der Berg Zion weit im Norden" (V.3). Allerdings ist dieser Berg „nur" die Stadt Gottes, nicht der Thron Gottes. In Ezechiel und Ps 48 sind jedoch nur Spuren einer Gottesberg-Paradies-Vorstellung erkennbar. Die Beschreibungen im 24. und 25. Kapitel von äthHen dagegen sind eine ausführliche und originelle Schilderung. Diese um den Komplex Thron Gottes-Paradies kreisenden Vorstellungen wurden also in den Qumran nahestehenden Gruppen mehr gepflegt als in den die hebräische Bibel verfassenden Jerusalemer Kreisen.[18]

2. Das Paradies mit dem Thron Gottes wird offensichtlich im Eschaton auf dem Zion sein, der schon nach Ps 48,3 im Norden liegt. Henoch befindet sich im Nordwesten. Ihm wird verheißen, daß der Thron Gottes samt dem Baum des Lebens (also das Paradies) „nach Norden an den heiligen Ort" verpflanzt werden wird, zum „Haus des Herrn, des Königs der Welt". Damit ist eindeutig, daß der Tempel von Jerusalem das eschatologische Paradies sein wird. Ein Teil des eschatologischen Geschehens besteht also darin, daß das Paradies vom Nordwesten (vom Berge Horeb?) nach Jerusalem transferiert werden wird. Das 25. Kapitel von äthHen unterscheidet sich damit von äthHen 1, wo die endzeitliche Parusie Gottes zum Gericht auf dem Berg Sinai, nicht auf dem Zion, stattfinden wird. Damit ist wohl ein Indiz dafür gegeben, daß äthHen 1 nicht zum Wächterbuch gehört. Allerdings ist zu beachten, daß Sinai, Zion, Horeb, Tempel und Paradies im eschatologischen Zusammenhang austauschbare Begriffe sein können. Die Vorstellung, daß in äthHen 25,3-6 Paradies und Tempel praktisch miteinander verschmelzen, ist im Alten Testament in Ansätzen enthalten, voll ausgestaltet

begegnet er aber nur in der außerbiblischen Apokalyptik, die mehr kultsymbolische Überlieferungen enthält.[19]

3. Das Paradies zählt zu den kosmischen Beweisen, daß die Botschaft der Henoch-Apokalyptiker tatsächlich stimmt und ihr Dasein somit seine Berechtigung, ja Notwendigkeit hat: Denn durch die Existenz des für die „Auserwählten", d.h. in erster Linie für die Henoch-Apokalyptiker selbst, bereiteten Paradieses, wird die Wahrheit ihrer Offenbarung proleptisch bestätigt. Ihnen als den Gerechten und Demütigen wird ja der Baum des Lebens übergeben werden und sie werden aus seiner Frucht leben (V.4-5). Damit wird das Versagen des ersten Menschenpaares aufgehoben sein, das zu seinem Unheil vom Baum der Erkenntnis gekostet hat und dem die Frucht des Lebensbaumes versagt blieb (Gen 2,8-3,24). Die Kosmologie dient somit der Eschatologie und zugleich der Legitimierung der Trägerkreise der Henochliteratur.

4. Der Baum des Lebens wird hier als Palme gesehen, die im Orient als Zeichen des ewigen Lebens gilt und den Göttern geweiht ist.[20] Die Frage nach der Art der beiden Bäume, des Baumes des Lebens und des Baumes der Erkenntnis, wurde später von den Rabbinen ausgiebig diskutiert (bBer 40a; BerR 15).

5. Das Paradies steht in unmittelbarer Nähe der Straforte: Gemäß äthHen 18,6-16 befindet sich vor dem Paradies die flammende Grube der sieben Engel. Nach seiner Verpflanzung nach Jerusalem aber wird das Paradies direkt neben dem „verfluchten Tal" liegen (äthHen 27,3). Im Mittelpunkt von äthHen 6-36 steht ja das durch die Engel verursachte Böse, das durch deren Bestrafung überwunden wird. Durch die Gegenüberstellung vom Belohnungsort der Guten und dem Bestrafungsort der Bösen wird Gottes Gerechtigkeit endgültig offenbar. Dies wird in späteren Schriften noch deutlicher, wo das in der Gegenwart verkehrte Verhältnis, nämlich die Verfolgung der Gerechten durch die Frevler, durch das Erscheinen von Paradies und Hölle richtiggestellt wird (IVEsr 7,36). Auch in der rabbinischen Literatur und im Neuen Testament liegen Paradies und Hölle einander gegenüber (so z.B. SifDev § 357; MTeh 146 §9; Lk 16,19-31).

Der Verfasser von äthHen 1-36 hat die verschiedenen Jenseitsvorstellungen aber noch nicht miteinander verbunden[21]: So besteht in äthHen 24-25 kein Bezug zu den Seelen der Gerechten in den Hohlräumen (äthHen 22), ebenso fehlt im

Kontext der Paradiesschilderung jegliche Anspielung auf ihre Auferstehung. Deshalb ist das Paradies hier nicht eigentlich ewiger Aufenthaltsort für alle Gerechten, sondern eher eine Kulisse für ihr glückseliges, wahrscheinlich aber endliches Leben auf Erden.[22] Ihnen wird ja in V.6 „ein langes Leben auf der Erde" verheißen, wie dies „früher den Vätern" vergönnt war.

Das Paradies Adams

Das vom eschatologischen Paradies getrennte Paradies Adams liegt laut äthHen 32,3-6 im Osten, jenseits des eriträischen Meeres:

> (3) Und ich kam zum Garten der Gerechtigkeit[23] und ich sah über jene Bäume hinaus viele und große Bäume dort wachsen, von gutem Duft waren sie und groß, sehr schön und herrlich; und ich sah den Baum der Weisheit[24], von dem die, die davon essen, große Weisheit kennenlernen. (4) Und er glich dem Johannisbrotbaum[25], und seine Frucht war wie die Traube des Weinstocks – sehr gut. Und der Geruch jenes Baumes verbreitete sich und drang weit hin. (5) Und ich sprach: Wie schön ist dieser Baum, und wie schön und erfreulich ist sein Anblick! (6) Und es antwortete der heilige Engel Rufael, der bei mir war und sprach zu mir: Dies ist der Baum der Weisheit, von dem dein alter Vorfahre und deine alte Vorfahrin, die vor dir waren, gegessen haben und Weisheit kennenlernten, und ihre Augen wurden geöffnet, und sie erkannten, daß sie nackt waren, und sie wurden aus dem Paradies vertrieben.

Auffallend am Adamsparadies ist die Vorherrschaft von Bäumen und Früchten, und unter ihnen besonders der Johannisbrotbaum. Er findet sich in der Bibel erst in Lk 15,16 und dort auch nur andeutungsweise (vertrocknete Schoten). Er gilt dem Verfasser der äthiopischen Version als Weisheitsbaum. Der griechische Verfasser betont diese Verwandtschaft ebenfalls, ist aber ausführlicher. Weil der Johannisbrotbaum offenbar zu wenig hoch und erhaben ist, fügt er noch die Pinie hinzu. Beachtenswert ist die Frucht des Johannisbrotbaumes: ein Traubenbüschel. Es handelt sich bei dieser Fruchtvertauschung offenbar um einen erwählungstheologischen Hinweis (vgl. Ps 80). Auffallend am Adamsparadies ist auch das Fehlen von Ungehorsam und Sünde. Laut äthHen 6-9 kam die Sünde nicht durch Adam in die Welt, sondern durch die Engel. Durch die Trennung vom Paradies der endzeitlichen Erfüllung ist hier das Adamsparadies ferner ohne Beziehung zur Eschatologie. Das endgültige Heil ist keine Rückkehr zu den urzeitlichen idealen Bedingungen!

Grélot hat versucht, das Paradies Adams wie das endzeitliche Jerusalem als irdisches Abbild des göttlichen Thrones von äthHen 24-25 darzustellen.[26] Dies überzeugt aus mehreren Gründen nicht ganz: Das Paradies wie der Tempel sind Orte, wo die irdische und die himmlische Welt *zusammenfallen*. Die Annahme eines Urbild-Abbild-Verhältnisses wird dieser Vorstellung nicht gerecht.[27] Ferner muß, wie bereits erwähnt, das protologische Paradies nicht unbedingt mit dem eschatologischen identisch sein, es kann von diesem überboten werden oder es werden andere Schwerpunkte, wie hier auf den Tempel gelegt. Wahrscheinlich ist die Trennung in zwei Paradiese vielmehr ein Versuch, verschiedene Traditionen miteinander zu verbinden, hinter denen die Gottesberg- bzw. Gottesgartenidee steht[28], wobei für den Verfasser des Wächterbuches die Tempel- Gottesberg-Vorstellung entscheidend ist.

2. Das Buch der Jubiläen

Das Buch der Jubiläen entstammt ähnlichen Kreisen wie Henoch. Fragmente davon wurden ebenfalls in Qumran gefunden. Mit Qumran teilt es den Sonnenkalender, die Hervorhebung des Priestertums Levis über Juda und die anderen Jakobssöhne, das Interesse an den Engeln und den Versuch, das Böse durch die Sünden der Engel zu erklären. Zeitlich ist es kurz vor oder während der Religionsverfolgung unter Antiochos IV anzusetzen.[29] Jub versteht sich als autoritative Aktualisierung der Genesis. Daher steht über verschiedenen Manuskripten der Titel „leptê Genesis" bzw. „parva Genesis". Sein Ziel ist es, angesichts der durch die Konfrontation mit dem Hellenismus entstandenen Identitätskrise, die Gebote so zu lehren, daß die erwartete Heilszeit kommen kann (23,26-32). Diese Gebote haben ewige Gültigkeit, ja sie sind die Schöpfungsordnung schlechthin: Sie sind wie in äthHen auf himmlische Tafeln geschrieben (3,31) und wurden bereits von den ersten Menschen eingehalten (z.B. 3,9 -14). Die himmlischen Tafeln sind als eine Art kosmisches Gesetz zu verstehen. Dieses steht in Spannung zu den Gesetzestafeln des Moses.

Auch die Paradieseserzählung dient in Jub, wie die Vätergeschichten überhaupt, der Legitimierung der Gesetze von der Schöpfung her. So heißt es in Jub 3,9-12 über Adams und Evas Versetzung vom Ort ihrer Erschaffung ins Paradies:

> (9) Und nachdem vollendet waren für Adam 40 Tage auf der Erde[30], auf welcher er geschaffen worden war, brachten wir[31] ihn in den Garten Eden.[32] (10) Und deswegen ist geschrieben ein Gebot auf den Tafeln des Himmels[33] in bezug auf die Gebärende[34]: Wenn sie ein Männliches geboren hat, soll sie sieben Tage bleiben in ihrer Unreinheit entsprechend den anfänglichen sieben Tagen. Und 30 Tage und drei Tage soll sie bleiben im Blut ihrer Reinheit. Und alles Heilige soll sie nicht berühren. Ins Heiligtum soll sie nicht hineingehen, bis sie vollendet hat die Tage, die bei einem Männlichen angeordnet sind.(11) Und was das Weibliche betrifft: Zweimal sieben Tage entsprechend den zweimal sieben anfänglichen ihrer Unreinheit. 60 Tage und sechs Tage soll sie bleiben im Blute ihrer Reinheit. Und es sollen sein im ganzen 80 Tage. (12) Und als sie beendet hatte diese 80 Tage, brachten wir sie in den Garten Eden. Denn dieser ist heilig unter allem Land. Und jeder Baum, der gepflanzt ist in ihm, heilig ist er. (13) Deswegen wird angeordnet für die, die ein Männliches oder ein Weibliches geboren hat, die Rechtsbestimmungen für diese Tage. Alles Heilige soll sie nicht berühren, und ins Heiligtum soll sie nicht hineingehen, bis daß vollendet sind jene Tage für ein Männliches oder für ein Weibliches.

Auch die Gesetze über die Landwirtschaft wurden Adam im Paradies von Gott gelehrt (Jub 3,15/ 3,35).

Durch den Rückgriff auf die Schöpfung und auf das urzeitliche Paradies verleiht Jub den Gesetzen ihre Legitimation. Der Inhalt der Gesetze stimmt mit Lev 12,2-5 überein. Wie Adam 40 Tage und Eva 80 Tage nach ihrer Erschaffung von Gott ins Paradies, das als Heiligtum verstanden wird, gebracht wurden, so ist es einer Frau nach der Geburt eines Knaben 40 Tage, nach der Geburt eines Mädchens 80 Tage lang nicht erlaubt, das Heilige (d.h. das rituell Geschützte) zu berühren und den Tempel zu betreten. Dieses Gesetz ist laut V.10 auch auf den Tafeln des Himmels aufgezeichnet. Daß der Inhalt der Gesetze der himmlischen Tafeln sich auch in Lev 12,2-5 findet, ist für den Verfasser von Jub ziemlich unerheblich. Mose ist für ihn nur der Verkünder und Verbreiter der Schöpfungsgesetze[35], er spielt wie allgemein in der Henochapokalyptik nur eine untergeordnete Rolle.

Das Paradies ist nicht nur als schöpfungsnaher Enthüllungsort der Gesetze wichtig, sondern hat auch große Bedeutung als Ort der Entscheidung über Heil und Unheil. So betätigt sich der ins Paradies entrückte Henoch in Jub 4,23 als Gerichtsschreiber über die bösen Taten der Menschen:

> Und er (= Henoch) wurde genommen aus der Mitte der Menschenkinder. Und wir führten ihn in den Garten Eden zu Größe und Ehre. Und siehe, er schreibt dort das Gericht und das Urteil der Welt und alle Bosheit der Menschenkinder.

Die in Gen 5,24 erwähnte Hinwegnahme Henochs von den Menschen wird also in Jub als seine Entrückung ins Paradies gedeutet. Von dort aus bereitet er das Endgericht vor (vgl. Dan 12,1). In der Henochtradition fungiert Henoch häufig als Gerichtsschreiber, so in slHen 40,13; 53,2; 64,5 u. a.

Gemeinsam ist Jub und Hen die Anschauung, daß der Zion und das Paradies als Wohn- und Offenbarungsorte Gottes zu den von der Schöpfung her begründeten Heiligtümern gehören. So heißt es in Jub 4,26:

> Denn vier Orte auf der Erde gehören dem Herrn: der Garten Eden und der Berg des Morgens[36] und dieser Berg, auf dem du (=Henoch) heute bist, der Berg Sinai, und der Berg Sion wird geheiligt werden in der neuen Schöpfung zur Heiligung der Erde.

Henoch scheint sich hier nicht im Garten Eden zu befinden wie einige Verse zuvor (4,23), sondern auf dem Berg Sinai. Dieser ist ähnlich wie der rätselhafte Berg des Morgens und der Zion irgendwie paradiesisch. Wichtig ist hier aber, daß der Zionsberg dem Garten Eden, dem Berg des Morgens und dem Sinai gegenübergestellt wird. Nur der Zion wird in der neuen Schöpfung geheiligt werden. Schlußendlich wird er das einzige Paradies sein. Er wird die „Paradiesischkeit" der übrigen drei Berge erben. Es kann jedoch sein, daß der Verfasser nicht an die endzeitliche Abschaffung der drei ersten Paradiese denkt. Sie sind ihm aber für seine Verkündigung momentan nicht wichtig. Die Bedrängnisse gegen den Tempel unter Antiochos IV und dem Hohenpriester Menelaos bewegen den Verfasser nämlich, den Tempel für das Eschaton besonders hervorzuheben.

Die Zahl der angeführten Heiligtümer ist sich in Jub nicht immer gleich. In Jub 8,19 werden nur drei erwähnt:

> Und er (=Noah) erkannte, daß der Garten Eden das Heilige des Heiligen sei und Wohnung des Herrn und der Berg Sinai die Mitte der Wüste und der Berg Sion die Mitte der Erde. Und diese drei, dieses gegenüber jenem, sind zu Heiligtümern geschaffen.

Hier fehlt der Berg des Morgens. Am unbedeutendsten von den drei restlichen Bergen ist der Sinai (die Mitte der Wüste). Der Garten Eden ist der heiligste Berg. Als Mitte der Erde ist aber der Zion der bedeutendste Berg. Alle drei Heiligtümer (= Paradiese) bleiben als Höchstwerte der Schöpfung in Beziehung zueinander.

Vielleicht liegt hier auch eine gegen die in äthHen 24-25 und 32 enthaltene Zweiteilung des Paradieses gerichtete Polemik vor, indem der Verfasser den schwierig zu bestimmenden „Berg des Morgens" und den Garten Eden, der ja auch im Osten liegt, in Jub 8,19 zusammenfallen läßt.[37]

Die drei bzw. vier Heiligtümer scheinen kombinier- oder austauschbare Größen zu sein. Anders als in äthHen wird aber Eden nicht ausdrücklich als eschatologisches Heilsgut erwartet. Nur der Zion wird im Eschaton erneuert werden (4,26). Implizit scheinen aber die drei bzw. vier Heiligtümer oder „Paradiese" im Eschaton in den erneuerten Zion hineingezogen zu werden.

Entsprechend seines auf die Urzeit zurückgreifenden Ansatzes zeigt Jub kein großes Interesse an der Eschatologie. Die wenigen eschatologischen Stellen (1,5-17; 23,14-31) sind zudem in der Forschung umstritten.[38] Besonders die Verse 23,30-31 geben zu Kontroversen Anlaß.[39] Wahrscheinlich glaubt aber der Verfasser von Jub, ähnlich wie äthHen 24-25, an ein glückseliges Leben der (dann noch lebenden) Gerechten auf der erneuerten Erde.[40] Neben der Ruhe, dem Frieden und der Austilgung des Bösen werden die Gerechten der Endzeit laut Jub 1,17 mit einem neuen Tempel beschenkt werden:

Und ich werde erbauen mein Heiligtum in ihrer Mitte, und ich werde wohnen mit ihnen, und ich werde ihnen Gott sein, und sie werden mein Volk sein, welches in Wahrheit und welches in Gerechtigkeit.

Hier liegt, ähnlich wie in 11QTR 29,1-10 und anderwärts[41] eine eschatologische Bundesformel vor. Das Erbauen des eschatologischen Tempels auf dem Zion als Paradies, in dessen Mitte Gott weilt, wird also eine Bundesbestätigung sein. Da das Paradies, der Zion, der Tempel und der Sinai in Bezug auf das Eschaton austauschbare Begriffe sind, wird durch das Fehlen des Paradieses an dieser Stelle der *Gehalt* der eschatologischen Hoffnung nicht geändert: Erwartet wird die uneingeschränkte, universale Gottesherrschaft auf dem Zion sowie das paradiesisch-glückselige Leben der Gerechten.

3. Die Testamente der zwölf Patriarchen

Die Entstehungsgeschichte der TestXII ist sehr kompliziert und umstritten.[42] Die Forscher sind sich uneinig, ob die TestXII in die Nähe des Essenismus, des hellenistischen Judentums oder des frühen Christentums gehören. Der Kern der TestXII ist im Gefolge eines alten aramäischen TestXII.Lev entstanden, das in Qumran (1Q21; 4Q213; 4Q214) und in Fragmenten aus der Geniza bezeugt ist.[43] Ein essenisch-henochischer Einfluß steht also am Anfang der TestXII. Diese alten aramäischen Fragmente verhalten sich zur griechischen Übersetzung wahrscheinlich wie eine Urschrift zur Zusammenfassung.[44] Die uns heute vorliegende Form ist aber sicher christlich überarbeitet.[45]

Die Eschatologie der TestXII ist nicht einheitlich: TestXII.Sim 6,7 nimmt eine Auferstehung der Patriarchen an, während TestXII.Benj 10,5-10 von einer allgemeinen Auferstehung ausgeht. TestXII.Ass 6,4-6 dagegen spricht möglicherweise von einer Vergeltung unmittelbar nach dem Tod.

Die heutige Form des TestXII.Lev ist in der jetzigen redaktionell bestimmten Sammlung der TestXII das älteste Testamentum. Es ist aber jünger als die in Qumran und in der Kairoer Geniza gefundenen aramäischen Fragmente des TestXII.Lev. Die aramäischen Fragmente enthalten keine Paradiesvorstellung, wohl aber die uns vorliegende griechische Fassung. Laut TestXII.Lev 17,11-18,12 wird nach der Befleckung der Priester im siebten Jubiläum im achten ein neuer Priester aufstehen. Ab TestXII.Lev 18,1 lautet der Text:

(1) Und nachdem ihre Bestrafung vom Herrn erfolgt ist, wird das Priestertum zu Ende gehen. (2) Dann wird der Herr einen neuen Priester erwecken, dem alle Worte des Herrn offenbart werden. Und er wird ein Gericht der Wahrheit[46] auf Erden halten in einer Fülle von Tagen. (3) Und sein Stern wird am Himmel aufgehen wie ein König[47], leuchtend als Licht der Erkenntnis wie durch die Sonne ein Tag erleuchtet wird. Und er wird verherrlicht werden in der Welt.[48] (4) Er wird aufleuchten wie die Sonne auf der Erde, und alle Finsternis wird er unter dem Himmel wegnehmen, und es wird Friede auf der ganzen Erde sein.[49] (5) Die Himmel werden in seinen Tagen jauchzen, und die Erde wird sich freuen, und die Wolken werden frohlocken, und die Erkenntnis des Herrn wird auf der Erde ausgegossen werden wie Wasser der Meere, und die Engel der Herrlichkeit des Angesichts des Herrn werden sich über ihn freuen. (6) Die Himmel werden geöffnet werden, und aus dem Tempel der Herrlichkeit wird über ihn Heiligkeit kommen mit väterlicher Stimme von Abraham zu Isaak. (7) Und die Herrlichkeit des Höchsten wird über ihm gesprochen werden, und der Geist der Einsicht und der Heiligung wird auf ihm im Wasser ruhen.[50] (8) Er selbst wird die Majestät des Herrn seinen Söhnen geben in Wahrheit bis in Ewigkeit. Und er wird keinen Nachfolger haben für alle Geschlechter bis in Ewigkeit.(9) Und unter seinem Priestertum werden die Völker erfüllt werden mit Erkenntnis auf der Erde und erleuchtet werden durch die Gnade des Herrn. Israel jedoch wird in Unwissenheit abnehmen und verfinstert werden in Trauer.[51] Unter seinem Priestertum wird die Sünde aufhören, und die Gesetzlosen werden ruhen, Böses zu tun. Die Gerechten jedoch werden in ihm Ruhe finden. (10) Und er wird die Tore des Paradieses[52] öffnen und wird das gegen Adam drohende Schwert entfernen. (11) Und er wird den Heiligen vom Baum des Lebens zu essen geben, und der Geist der Heiligung wird auf ihnen ruhen. (12) Und Beliar wird von ihm gebunden werden, und er wird seinen Kindern Macht geben, auf die bösen Geister zu treten. (13) Und der Herr wird sich über seine Kinder freuen, und wird an seinen Geliebten Gefallen haben in Ewigkeit.(14) Dann werden auch Abraham und Isaak und Jakob jubeln, und auch ich werde mich freuen, und alle Heiligen werden sich mit Jubel bekleiden.[53]

Der endzeitliche Priester, der hier auftritt, ist eine messianische Gestalt. Dies wird u.a. durch V.3 bezeugt, wo die klassische messianische Stelle Num 24,17 auf ihn angewendet wird. Auch die Zitierung von Jes 11,2f. in V.6 weist in dieselbe Richtung. Entscheidender aber ist die Vollmacht, die diesem endzeitlichen Hohenpriester zukommt. Er wird seinen Söhnen für immer die Gegenwart Gottes vermitteln (V.8). Auch die Völker werden daran Anteil haben (V.9). Die Sünde wird unter seiner Ägide aufhören (V.9) und der Teufel gebunden werden (V.12). Für unseren Zusammenhang ist aber wichtig, daß der messianische Priester das Tor des Paradieses öffnen und das Schwert von Adams Nacken entfernen wird. Welche Befreiung Adams hier gemeint ist, ist nicht klar. Werden etwa nur die Schwerter der Cheruben von ihm abgewandt? Oder wird er vom Zustand des Todes und der Sünde befreit? Für Letzteres würde V.9 sprechen. Das Paradies wird in V.10 bis V.14 geschildert. Becker meint, es handle sich um einen Einschub. Es finde nämlich in V.10 ein Subjektwechsel statt (vgl. A.53). Beckers Argumentation reicht aber meines Erachtens nicht aus, ich gehe deshalb von der Einheitlichkeit des Textes aus. In diesem Falle wird hier zum ersten Mal einer messianischen Gestalt die Vollmacht zugeschrieben, das Paradies zu öffnen, Adam aus seiner bedrohten Situation zu befreien, den Heiligen die Frucht des Baumes des Lebens zu geben und den Teufel zu binden. Diese messianischen Taten im Paradies finden das volle Wohlgefallen Gottes und können als Vollendung des Bundesverhältnisses Gottes mit Israel interpretiert werden. Die paradiesische Wonne wird als Triumph über die bösen Geister und als Freude aller Heiligen und Gottes beschrieben. Im Gegensatz zu bisherigen Stellen in äthHen und Jub spielt hier der Ort des Paradieses keine Rolle. Aber dem Paradies verbleibt ein gewisser Heiligtumscharakter. Der messianische Hohepriester bürgt dafür. Vielleicht wird man auch von einem Kultcharakter des Paradieses sprechen können: Es herrscht Jubel und Lobpreis Gottes. Das Paradies ist demnach ein vollkommener Gottesdienst.

Die zweite Stelle in den TestXII, in der vom Paradies die Rede ist, findet sich in TestXII.Dan 5,9-13. Dort wird die eschatologische Erfüllung folgendermaßen beschrieben:

(9) Und wenn ihr so umkehrt zum Herrn, werdet ihr Erbarmen finden, und er wird euch zu seinem Heiligtum bringen und wird euch Frieden geben. (10) Und aus dem Stamm Juda und des Levi wird euch das Heil des Herrn aufge-

41

hen. Und er[54] wird gegen Beliar Krieg führen und siegreiche Rache über seine Feinde geben. (11) Und die Gefangenen wird er Beliar abnehmen und die Seelen der Heiligen.[55] Und er wird die ungehorsamen Herzen zum Herrn hinwenden. Und er wird ewigen Frieden denen geben, die ihn anrufen. (12) Und die Heiligen werden in Eden[56] ausruhen, und über das neue Jerusalem werden sich die Gerechten freuen, dieses ist die ewige Herrlichkeit Gottes.[57] (13) Und Jerusalem wird nicht länger Verwüstung erdulden, noch Israel in Gefangenschaft bleiben, denn der Herr wird in ihrer Mitte sein und mit den Menschen wandeln[58], und der Heilige Israels wird über ihnen König sein.[59]

Auch in diesem Text wird man zwischen der eschatologischen Tätigkeit Gottes und jener des priesterlich-königlichen (aus Juda und Levi stammenden) messianischen Repräsentanten unterscheiden müssen: In V.9 ist von Gott die Rede, der die Israeliten ins Heiligtum bringen und so Frieden schaffen wird. Ab V.10 ist von seinem endzeitlichen Priesterkönig die Rede, der den Krieg gegen Beliar führen, die Ungehorsamen bekehren und ewigen Frieden schaffen wird. Im Gegensatz zu TestXII.Lev 18 wird hier nichts von der Wieder-Öffnung des Paradieses gesagt. Das Paradies wird vielmehr als im Eschaton stehend vorausgesetzt. Die Heiligen werden dort ausruhen (anapauein). Das Paradies befindet sich in Jerusalem, als Paradies wird Jerusalem die Stätte der Freude der Gerechten sein. Gott wird dort Wohnsitz nehmen. Diese Paradiesesschilderung ist zweifellos von Dtn 12,10f. her inspiriert: „Wenn ihr den Jordan überschritten habt und in dem Land wohnt, das der Herr, euer Gott, an euch als Erbbesitz verteilt, wenn er euch Ruhe vor all euren Feinden ringsum verschafft und ihr in Sicherheit wohnt, dann sollt ihr alles, wozu ich euch verpflichte, an die Stätte bringen, die der Herr, euer Gott auswählt, indem er dort seinen Namen wohnen läßt." Auch Dtn 25,19, wo teilweise dieselben Termini benützt werden, spielt hier hinein. Die Vorstellung, Gott werde in der Mitte des Paradieses sein, muß hier wiederum als Hinweis auf den endzeitlichen endgültigen Bundesschluss verstanden werden.

Im Gegensatz zu TestXII.Lev 18 ist hier in TestXII.Dan 5 die eschatologische Heilsgestalt nicht nur ein Priester, sondern auch ein König, und zwar zu gleichen Teilen. Allerdings wird in TestXII.Lev 18,3 das königliche Element des Priesters auch angedeutet. In TestXII.Dan haben wir es aber mit einer Weiterentwicklung zu tun. Hier drängt sich ein Vergleich mit 11QMelk auf. Der Priesterkönig Melkisedek (Gen 14,18-20; Ps 110,4) ist dort endzeitlicher Hoherpriester (II 7-8), er führt den Kampf gegen Belial an (II 13.25), richtet die Heiligen (II 23) und stiftet Frieden (II 15). Wie der endzeitliche Priester in TestXII.Lev 18,1 eröffnet er das letzte Jubiläum (II 7 und III 14). Laut TestXII.Dan 5,9-13, im Gegensatz zu TestXII.Lev 18,10-14, hat der endzeitliche Priesterkönig keine Funktion im Zusammenhang mit dem Paradies. Er bereitet aber das Paradies durch seine Taten vor.

TestXII.Lev 18,10 ist der einzige frühjüdische Beleg, daß eine messianische Gestalt das Paradies für die Gerechten öffnen werde.[60] Eine Parallele findet sich aber in Apk 2,7. Dort sagt der Menschensohn:

Wer Ohren hat, der höre, was der Geist der Gemeinde sagt: Wer überwindet, dem will ich zu essen geben von dem Baum des Lebens, der im Paradies Gottes ist.

Diese Ähnlichkeit zwischen TestXII.Lev 18,10 und Apk 2,7 hat einige Forscher dazu veranlaßt, in TestXII.Lev 18,10 ff. eine christliche Interpolation zu sehen.[61] Das muß aber nicht notwendigerweise so sein, denn die Entwicklung in TestXII.Lev kann als innerjüdische Entwicklung begriffen werden: In den bisher besprochenen Texten, die TestXII.Lev nahestehen, wurde das Paradies mit dem Tempel bzw. Zion stets in eine enge Beziehung gesetzt. Daßelbe ist in TestXII.Dan der Fall. So ist es denkbar, daß die priesterliche Rettergestalt neben ihren sonstigen heilsschaffenden Funktionen als Friedensbringer, Entsühner usf. auch das Paradies-Heiligtum öffnen wird.[62]

4. Qumran

Trotz des häufigen Vorkommens des Paradieses in den pseudepigraphischen Werken, die in Qumran gefunden wurden (s. oben), wird das Paradies in den Qumran eigenen Schriften ausdrücklich nur in den Lobliedern erwähnt. Diese sollen deshalb den Ausgangspunkt für die folgende Untersuchung bilden.

Die Loblieder sind in einer teilweise schwer beschädigten Handschrift (1QH) und mehreren Fragmenten (4Q^{a-f}) erhalten, die auf die zweite Hälfte des zweiten vorchristlichen Jahrhunderts datiert werden[63]. Abgesehen von der Verfasserfrage[64] haben die Hymnen in der Frage der Auferstehung bzw. Unsterblichkeit[65] und des Problems der präsentischen Eschatologie[66] die Forscher zu unterschiedlichsten Ergebnissen geführt. Beide Bereiche, sowohl die Auferstehung als auch die präsentische Eschatologie betreffen die Paradiesvorstellung. Die folgende Übersetzung der für die Paradiesesvorstellung relevanten Stelle aus den Lobliedern 1QH 8,4-20 stützt sich auf Maier:[67]

(4) Ich[68] preise dich Herr, denn Du hast mich an[69] einen Quellort von Bächen im trockenen Land gegeben, eine Wasserquelle in dürrem Land und eine Bewässerung des (5) Gartens in der Wüste. Du pflanztest eine Pflanzung von Zypressen und Tidhar, zusammen mit Kiefern[70] zu deiner Ehre, Lebensbäume (6) an der Quelle des Geheimnisses, verborgen unter allen Wasserbäumen. Sie sollen Sprosse[71] treiben für die ewige Pflanzung. (7) Und Wurzeln schlagen ehe sie blühen und ihre Wurzeln sollen sie zum Wasserlauf strecken und ihren Wurzelstock dem Lebenswasser öffnen. (8) Und es wird zur ewigen Quelle. An seinem sprießenden Laub werden alle Tiere des Waldes weiden, und ein Tretplatz ist sein Wurzelstock für alle Vorübergehenden und seine Zweige für alle Vögel.[72] Aber es erheben sich über ihn alle Wasserbäume, denn sie gedeihen in ihrer Pflanzung. (10) Aber zum Wasserlauf strecken sie ihre Wurzel nicht. Und derjenige, der heiligen Sprößling treibt[73] zur Pflanzung der Wahrheit ist so verborgen, (11) unbeachtet und unerkannt bleibt der Siegel seines Geheimnisses. Du Gott hast seine Frucht beschützt durch das Geheimnis kraftvoller Helden und der (12) heiligen Geister. Und die Feuerflamme zuckt[74], damit niemand an die Lebensquelle komme und mit den ewigen Bäumen nicht (13) heiliges Wasser trinke, damit seine Frucht nicht mit dem Samen des Himmels gedeihe, denn er[75] sieht ohne zu erkennen (14) und er denkt ohne der Lebensquelle zu trauen. Er gibt...der Ewigkeit und ich wurde zu...(15) flutenden Strömen[76], wenn sie ihren Schlamm auf mich werfen. (16) Du, mein Gott, legtest es in meinen Mund wie Frühregen für alle Dürstenden und eine untrügliche Quelle lebendigen Wassers, zu öffnen (17) unaufhörliche Quellen. Sie werden zum reißenden Strom gegen alle Wasserbäume und zu unermeßlichen Meeren. (18) Plötzlich dringen die im Geheimen Verborgenen hervor... und werden zur Flut für jeden Baum, ob grün oder dürr und eine Tiefe für alle lebendigen Wesen, die Wasserbäume versinken wie Blei in den gewaltigen Wassern (20)...Feuer und verdorren, aber die Pflanzung der Frucht der Wahrheit, verborgen an der Quelle der Ewigkeit, wird zum Eden der Herrlichkeit[77] und zur Frucht der Pracht. (1QH 8,4-20)

Hier geht es um eine verborgene Wasserquelle, von der sich unscheinbare Bäume von geringer Größe nähren, die zuerst Wurzeln schlagen (Z 5/6: 'azê chayyim bema'ayan raz mechuba'îm). Zwischen diesen Bäumen wachsen auch schnell aufschießende falsche Bäume ohne rechte Wurzeln, die ihren Nährsaft nicht aus der verborgenen Quelle haben und die die wahren Bäume zu verdecken und zu verdrängen suchen (Z 9-10). Damit die wahren ewigen Bäume nicht von den falschen zerstört werden, und damit die falschen Bäume nicht zum Schaden der ewigen Bäume an die Lebensquelle (Z10: ma'ayan chayyim; Z 14: meqôr chayyim) gelangen, „zuckt" eine Feuerflamme zum Schutze der ewigen Bäume. Die zuckende Feuerflamme ist aus Gen 3,24 genommen. Ab Z 12 wird die Metapher teilweise aufgelöst: Niemand soll an die Lebensquelle herankommen können. Irgendein Eindringling (vgl. A. 75) versucht dies trotzdem und verursacht dadurch einem „Ich" große Pein. Leider ist der Text an dieser Stelle verderbt. Dieser „Ich" wird ab Z 16 wieder metaphorisiert. Er gehört offensichtlich zu den verborgenen ewigen Bäumen (vgl. schon Z4). Ihm wird von Gott die Macht gegeben, die verborgene Quelle zu öffnen (Z16). Dadurch wächst die verborgene Quelle zur reißenden Flut, die die falschen Wasserbäume stürzt. Das reißende Wasser wird vom Feuer zum Verderben der falschen unterstützt. Nachdem die Bäume gefallen sind, werden sie verbrannt. Jetzt kommt die große Stunde der verborgenen ewigen Bäume, die in Z 20 „Pflanzung der Frucht der Wahrheit" genannt werden. Die ganze Landschaft mit den Wassern und den Bäumen wird zum „Eden der Herrlichkeit" und zur „Frucht der Pracht".

Viele Bibelstellen lassen sich aufzählen, die dieses Bild inspiriert haben: Ps 92,13 (der Gerechte als grünender Baum), Ez 31 (der Pharao als Wasserbaum), Jes 44,1-5 (endzeitliche Wasser- und Geistausgiessung) und Gen 2-3 (Paradieserzählung). Die von Gott an der Lebensquelle (ma'ayan chayyim = rechte Offenbarung)[78] gepflanzten Bäume des Lebens ('azê chayyim = Mitglieder der Gemeinde), vorerst noch von den rasch aufschießenden, sich am gewöhnlichen Wasser (= falsche Erkenntnis) nährenden Wasserbäumen (= Widersacher der Gemeinde) verdeckt, werden nach dem Wasser- und Feuergericht an denselben zum Paradies werden. Das Bild von den sprießenden Lebensbäumen steht im Zusammenhang mit der Selbstbezeichnung der Qumranleute als Pflanzung (z.B. 1QS 8,5; 11,8; CD 1,7). Der Begriff stammt aus dem Alten Testament (z.B. Jes

60,21) und wurde von der Apokalyptik aufgenommen und von der Bezeichnung für das ganze Volk Israel auf die Bezeichnung der eigenen Gruppe als Kern des vollendeten Gottesvolkes umgedeutet. So heißt es beispielsweise in Jub 1,16 über Gottes Wirken am Rest des Volkes, der umkehrt:

> Und ich werde sie umpflanzen als Pflanze der Gerechtigkeit mit meinem ganzen Herzen und mit meiner ganzen Seele. Und sie werden zum Segen sein und nicht zum Fluch, Kopf und nicht Schwanz.

Ähnliche Vorstellungen enthalten auch äthHen 93,2; TestXII.Sim 6,2 u.a. Wie in äthHen, Jub, TestXII ist das Paradies in den Lobliedern mit dem Tempel kombiniert: Die Lebensbäume, die 1QH 8,5 als „Zypressen, Tidhar und Kiefern" aufgezählt werden, entsprechen den Edelhölzern, die gemäß Jes 60,13 das Heiligtum der Endzeit schmücken.

Eine Verbindung von „Bau" (Tempel) und „Pflanzung" (Paradies) findet sich auch in 1QS 11,8:[79]

> ...und Anteil hat er ihnen gegeben am Los der Heiligen, und mit den Söhnen des Himmels hat er ihre Versammlung verbunden zu einem Rat der Gemeinschaft und Kreis des heiligen Gebäudes (mavnît qôdesch), zu ewiger Pflanzung für alle künftigen Zeiten.

Die Aussagen über den Tempel in den Qumranschriften können deshalb für die Interpretation unserer Stelle hilfreich sein, denn wie als (vorläufigen) Tempel sieht sich die Gemeinde selbst als Lebensbäume, die auf das Paradies als Endpunkt hin wachsen. Dabei muß gefragt werden, wie weit die Zukunftshoffnung sich nach Ansicht der Qumraner bereits verwirklicht hat, in welchem Sinne also von „präsentischer Eschatologie" zu sprechen ist.[80] Die vor allem von Klinzing vertretene These, daß sich die Gemeinde als *von Gott verheißener* Tempel verstand, mit einer zum großen Teil bereits verwirklichten Eschatologie[81], wurde kürzlich von Puech in Frage gestellt. Mit der durch 4QDeutero-Ez und 4Q521 nun auch für Qumran bezeugten Auferstehung[82], den über das ganze qumranische Schrifttum verteilten Schilderungen des endzeitlichen Krieges, den Gerichtsszenen mit Vergeltung für die Frevler und die Gerechten sowie den Messiaserwartungen (z.B. in 1QH 6,29-36; 1QS 4,18-23; 1QM; 11QMelk, 4QFlor usf.) hält er die Eschatologie der Qumraner den zeitgenössischen jüdischen Vorstellungen recht nahe, die die Realisation der endzeitlichen Ereignisse noch erwarteten.[83] Der Unterschied besteht vielmehr darin, daß der Eintritt in die Gemeinde eine nötige Vorbedingung zum Heil ist; daß durch die Gemeinde die eschatologischen Ereignisse vorbereitet werden und teilweise anbrechen und in der Gemeinde auf das Eschaton hingeführt wird. Da durch die Verunreinigung des Jerusalemer Tempels dort keine Sühne mehr erwirkt werden kann, sieht sich die Gemeinde selbst als Tempel, durch den die notwendige Sühne erlangt werden kann. (vgl. 1QS 8,1-10). Trotzdem steht für die Qumrangemeinde ein beträchtlicher Teil der eschatologischen Ereignisse noch aus. Die These von Puech überzeugt in weiten Teilen: Gemäß 4QFlor I 1ff erwartet die Gemeinde ja noch einen Tempel, der von Gott selbst errichtet sein wird, sich selbst sieht sie als Vorbereitung dazu.[84] Auch die Tempelrolle spricht schließlich für eine Auslegung dahingehend, daß die Qumraner den eschatologischen Tempel noch erwarteten (vgl. 11QTR 29).

Wenn die Gemeinde von Qumran also ein eschatologisches Szenario mit Gericht, Vergeltung und einem neuen Tempel annahm, gibt es dann im qumranischen Schrifttum Hinweise auf ein Paradies, das am Ende erscheinen wird? Tatsächlich wird die Belohnung der Guten meist ähnlich derjenigen in Dan 12,3 oder äthHen 104,2.6 beschrieben:

Und die Heimsuchung aller, die in ihm (= Geist der Erkenntnis) wandeln, geschieht zu Heilung und Übermaß des Friedens, solange die Tage währen, und Fruchtbarkeit des Samens mit allen ewigen Segnungen und ewiger Freude in immerwährendem Leben und einem Kranz der Herrlichkeit mit prachtvollem Gewand in ewigem Licht. (1QS 4,6-7)

Eine indirekte Anspielung auf das Paradies findet sich lediglich in 1QS 4,23; 1QH 17,15 und CD 3,20, wo im Zusammenhang mit der Belohnung der Gerechten von der „Wiederherstellung der Herrlichkeit Adams (kevôd adam)" die Rede ist.[85] Die durch den Sündenfall verlorene Herrlichkeit Adams begegnet in der frühjüdischen Literatur mehrmals, so in Sir 49,16; Weish 10,1ff.; ApkMos 21,6 usf. Hier könnte deshalb eine Rückkehr zu den urzeitlich-paradiesischen Zuständen gemeint sein.

Einen deutlicheren Hinweis auf die qumranische Paradiesesvorstellung vermag aber die Begräbnispraktik in Qumran zu geben: Die Gräber unterscheiden sich von anderen frühjüdischen Gräbern durch ihre sorgfältige Anlegung in Nord-Süd-Richtung, wobei der Kopf im Süden liegt. Dies ist sicher mit der in Hen 24-25 erhaltenen Vorstellung des Paradieses im Nordwesten in Zusammenhang zu bringen. Bei ihrer Auferstehung sehen sich die Auferstandenen so dem Paradies gegenüber.[86] Die Begräbnissitten in Qumran deuten also darauf hin, daß die ansonsten nur durch die gefundenen Pseudepigraphen bezeugte Paradiesesvorstellung in Qumran tatsächlich verbreitet war.

Wie ist auf diesem Hintergrund nun 1QH 8,4-20 zu verstehen, das auf den ersten Blick eine durchaus bereits verwirklichte Zukunftshoffnung zu enthalten scheint? Die obigen Ausführungen müssen davor warnen, die Stelle vorschnell zu interpretieren: Erst die vollendete Gemeinde wird als Paradies bezeichnet (8,20). Die Gemeinde ist noch im Wachsen begriffen, die Verse 6-7 zeigen deutlich, daß die Pflanzung erst „Wurzeln schlagen" muß „bevor sie blüht".[87] Nicht nur das Hervortreten aus der Verborgenheit, die Vernichtung Belials und seiner Gegner, sondern auch das Reif-Werden der Pflanzung selbst, die in ihren Wurzeln schon besteht, das in der Erfüllung der Gebote, der Vervollständigung der bereits angebrochenen Reinigung[88] und der Verherrlichung der Gemeindemitglieder besteht, machen die eschatologische Vollendung aus!

Der Eintritt in die Gemeinde ist allerdings notwendige Bedingung und Versicherung, am Heil teilzuhaben, das in den Gemeindemitgliedern bereits wurzelhaft angelegt ist. In diesem Sinne ist also anstelle von „präsentischer" eher von „sich realisierender" Eschatologie zu sprechen. Während die ältere Forschung (Kuhn, Klinzing, Nickelsburg) den präsentischen Aspekt zu sehr hervorhob, muß zusammen mit den neuen Erkenntnissen und Funden aus Qumran doch darauf hingewiesen werden, daß die Gemeinde einen Großteil der eschatologischen Ereignisse, darunter das Kommen des Paradieses, erst für die Zukunft erwartete.

Eine Entsprechung zu 1QH 8,4-20 findet sich in den in der Mitte des ersten vorchristlichen Jahrhunderts entstandenen Psalmen Salomons, die viele Affinitäten zu Qumran[89] aufweisen:

> Die Frommen des Herrn werden durch das Gesetz ewig leben, der Lustgarten des Herrn, die Bäume des Lebens sind seine Frommen. Ihre Pflanzung ist verwurzelt für die Ewigkeit, sie werden nicht ausgerissen alle Tage des Himmels. (PsSal 14,3-4)

Wie in 1QH 8,4-20 sind Pflanzung und Paradies hier miteinander verbunden. Die Gerechten, die das Gesetz Gottes einhalten (vgl. die Bäume, die sich an der Lebensquelle speisen in 1Q 8,5-6!), sind die Bäume des Lebens und das Paradies des Herrn. Nach dem Gericht (PsSal 3,12; 15,10-13) werden die Gerechten ewiges Leben erhalten, die Frevler aber vernichtet werden. Wie in Qumran wird die Vollendung zwar noch erwartet, die Gerechten sind aber ihres Anteiles daran versichert, sie sind das in seinen Fundamenten bereits angelegte Paradies.[90]

5. Das Buch der Bilderreden (äthHen 37-71)

Die Bilderreden sind das einzige Buch des äthHen, das in Qumran nicht belegt ist. An seiner Stelle findet sich im qumranischen „Henochpentateuch"[91] das „Buch der Riesen". In dieser fünfteiligen Form, mit dem Buch der Riesen anstelle der Bilderreden lag äthHen dem Verfasser der Bilderreden wahrscheinlich vor. Er selbst wollte eine Fortsetzung zu dieser „ersten Vision Henochs" schaffen. So nennt er sein Werk in äthHen 37,1 „zweite Vision Henochs".[92]

Uneinigkeit besteht in der Forschung über das Alter der Bilderreden. Während Milik das Buch für das Werk eines christlichen Autors hält, der Ende des dritten Jahrhunderts gelebt haben soll[93], werden die Bilderreden heute von den einen Forschern in die vorchristliche Zeit datiert[94], während die anderen das erste nachchristliche Jahrhundert als Entstehungsdatum annehmen. Das Werk ist auf jeden Fall vor 70 n. Chr. entstanden.[95] Anlaß zu seiner späten Datierung gab Milik u.a. die in den Bilderreden erscheinende Gestalt des präexistenten Menschensohnes (äthHen 46,1-2; 48,3). Nach seiner Ansicht ist die Vorstellung vom Menschensohn von den Evangelien (Mt 9,6; 10,23; 12,8 usw.) beeinflußt.[96] Neuere Untersuchungen haben jedoch ergeben, daß der Verfasser der Bilderreden Jesus nicht gekannt haben kann.[97]

Das Buch der Bilderreden bietet kein einheitliches Bild: Während der redaktionellen Komposition wurden fremde, nicht zur eigentlichen Schrift gehörende Texte eingefügt. So gehören die noachitischen Stücke (54,7-55,2; 60; 65-69) nicht zu den eigentlichen Bilderreden. Auch die Kapitel 70 und 71 sind wahrscheinlich fremde Teile.[98] Doch auch nach Abzug dieser Stücke sind die Bilderreden kein einheitliches Werk. Es ist mit Überarbeitungen, Überschreibungen, Hinzufügungen und Neuinterpretierungen innerhalb des Buches zu rechnen.[99] So nennen die Bilderreden beispielsweise verschiedene eschatologische Heilsorte, die in einer Spannung zueinander stehen: In 39,4f. weilen die Gerechten mit den Engeln und Auserwählten im Himmel. Die in 41,2 erwähnten „Wohnungen" liegen möglicherweise auch im Himmel.

Nach 62,14 leben die Gerechten nach dem Gericht auf der erneuerten Erde, wo sie „mit jenem Menschensohn speisen und sich zur Ruhe niederlegen und sich erheben von Ewigkeit zu Ewigkeit". Vielleicht handelt äthHen 62,13-16 vom Leben im Paradies. In den V.15 und 16 ist vom „Gewand der Herrlichkeit" und vom „Gewand des Lebens", das die Gerechten tragen, die Rede. Von letzterem wird ausdrücklich gesagt, daß es angesichts des Herrn der Geister nicht alt werden wird. Der Text gibt aber hier zuwenig her; man kann keinen sicheren Bezug auf das Paradies aus ihm herauslesen. Hier zeigt sich wieder einmal, daß die Schilderungen des Himmels, des Paradieses und der erneuerten Erde in frühjüdischer Zeit nahe beieinander liegen und zum Teil ineinander übergehen.

Eindeutig auf das Paradies verweist in den eigentlichen Bilderreden (also ohne die noachitischen Fragmente) nur Kapitel 61,1-13. Dort wird dem entrückten Henoch folgende Vision zuteil:

(1) Und ich sah in jenen Tagen: Und jenen Engeln wurden lange Schnüre gegeben, und sie übernahmen ihre Aufgabe[100] und flogen davon und zogen nach Norden[101] zu. (2) Und ich fragte den Engel, indem ich zu ihm sprach: Weshalb haben jene die Schnüre genommen und sind weggegangen? Und er sprach zu mir: Sie sind gegangen, um zu messen. (3) Und der Engel, der mit mir ging, sprach zu mir: Diese da bringen die Masse der Gerechten für die Gerechten[102], daß sie sich auf den Namen des Herrn der Geister für immer und ewig stützen.

(4) Die Auserwählten werden anfangen zu wohnen bei den Auserwählten; und das sind die Masse, die der Treue (oder: dem Glauben) gegeben werden und die die Gerechtigkeit stärken. (5) Und diese Masse werden alle Geheimnisse der Tiefe der Erde offenbaren und die, die durch die Wüste vernichtet wurden und die von den Fischen des Meeres gefressen wurden und die von den wilden Tieren gefressen wurden, daß sie wiederkommen und sich auf den Tag des Erwählten stützen, denn es gibt niemanden, der vertilgt werden wird vor dem Herrn der Geister, und niemanden, der vernichtet werden kann...(8) Und der Herr der Geister hat den Erwählten auf den Thron der Herrlichkeit gesetzt, und er wird alle Werke der Heiligen oben im Himmel richten, und ihre Taten werden auf der Waage gewogen werden. (9) Und wenn er sein Angesicht erheben wird, um ihre verborgenen Wege entsprechend der Rede des Namens des Herrn der Geister und ihren Pfad entsprechend dem Weg des gerechten Gerichtes des Herrn der Geister zu richten, werden sie alle mit einer Stimme reden und preisen und verherrlichen und erhöhen und heiligen den Namen des Herrn der Geister. (10) Und er wird das ganze Heer der Himmel rufen und alle Heiligen in der Höhe[103] und das Heer Gottes und die Kerubim, Serafim und Ofanim und alle Engel der Gewalt und alle Engel der Herrschaften, den Erwählten und die anderen Mächte, die auf dem Festland und über dem Wasser sind, an jenem Tage; (11) und sie werden eine Stimme erheben und werden preisen, verherrlichen, erhöhen im Geist der Treue, im Geist der Weisheit, im Geist der Geduld, im Geist der Barmherzigkeit, im Geist des Rechtes und des Friedens und im Geist der Güte, und sie werden alle mit einer Stimme sprechen: Gepriesen sei er und gepriesen sei der Name des Herrn der Geister für immer und ewig! (12) Alle werden ihn preisen: die, die nicht schlafen in der Himmelshöhe[104], preisen werden ihn alle Heiligen, die im Himmel sind, und alle Auserwählten, die im Garten des Lebens wohnen, und jeder Geist des Lichtes, der deinen gepriesenen Namen preisen, verherrlichen, erhöhen und heiligen kann.

Der Text ist schwer verständlich und nicht klar. Es kann aber gesagt werden, daß es um das Gericht über die Gerechten geht: In V.1-5 wird über die mysteriösen Messungen der Engel berichtet, in V.5 geht es um die Auferstehung. V.8f. handeln vom Gericht über die Engel, das durch den Erwählten ausgeführt wird. In V.10-12 ist schließlich vom eschatologischen Lobpreis Gottes durch alle Himmels- und Erdenbewohner die Rede. Daß es sich hier eindeutig um das Paradies handelt, wird vor allem aus dem V.12 deutlich, wo die Wendung „Garten des Lebens" vorkommt.

Das Bild der Messungen ist von Ez 40,3-6 und von Sach 2,5-9 her beeinflußt. In Ez 40,3-6 sieht der Prophet in einer Vision, wie ein Engel die Masse des neuen Tempels nimmt. Der Zweck der Messungen in 60,1-5 scheint ein mehrfacher zu sein. Einerseits fliegen die Engel mit den Meßschnüren nach Norden, wo das Paradies liegt (V.1). Sie messen also das Paradies aus. Diese Messungen haben zur Folge, daß die neuen Auserwählten anfangen, bei den bereits „installierten" Auserwählten zu wohnen (V.4), sie werden ins Paradies aufgenommen werden. Die Messungen scheinen also das Paradies für die Gerechten vorzubereiten indem ihnen der angemessene Platz ausgemessen wird. In eine ähnliche Richtung wie äthHen 61,1-5 weist äthHen 70,3f., wo es ebenfalls um das Ausmessen des Paradieses geht:

> (3) Und von jenem Tag an wurde ich (=Henoch) nicht mehr unter sie gezählt; und er setzte mich zwischen zwei Winden, zwischen den Norden und den Westen nieder, dort, wo die Engel die Schnüre nahmen, um für mich den Ort der Auserwählten und Gerechten zu messen. (4) Und dort sah ich die Erzväter und die Gerechten, die seit uralter Zeit an diesem Ort wohnen.

Gemäß V.3 messen die Engel für Henoch den Ort der Gerechten aus, damit er sich darin niederlassen kann. Obwohl nicht ausdrücklich genannt, ist mit dem Ort, wohin Henoch versetzt wird, sicher das Paradies gemeint. Dieses liegt ähnlich wie in 60,1 im Nordwesten bzw. im Norden. Zwischen Norden und Nordwesten scheint kein großer Unterschied zu bestehen. Auch in äthHen 24-25 liegt das Paradies im Nordwesten. Die Kapitel 61 und 70 der Bilderreden stehen also in Bezug auf die Paradiesesvorstellung zunächst in der Tradition des Wächterbuches.[105] Das Motiv des Ausmessens des Paradieses, damit der Einzug neuer Gerechter nicht durch Platzmangel oder Ähnliches behindert wird, ist jedoch eine direkte Übernahme aus Ez 40,3-6 und Sach 2,5-9. Aus diesen beiden biblischen Vorlagen kann man schließen, daß der Verfasser von äthHen 61 und 70 mit „Norden" bzw. „Nordwesten" als Ort des Paradieses an Jerusalem (Sach) oder an den Tempel (Ez) gedacht hat. Explizit sagt er dies allerdings nicht.

Neben einer (wie auch immer zu verstehenden) Vorbereitung des Paradieses für die Gerechten dienen die Messungen in V.5 andrerseits dazu, die an abgelegenen Orten umgekommenen Toten ans Tageslicht zu bringen. Möglicherweise wird mit dem Ausdruck „von den wilden Tieren gefressen" in V.5 auf Märtyrer und deren Verfolger angespielt. In diesem Falle wäre hier eine Beeinflussung seitens des Danielbuches (Dan 7,1-8) gegeben. Auf jeden Fall bildet V.5 eine Anspielung auf die Auferstehung der gewaltsam Umgekommenen: Nach 51,1 besteht die Auferstehung darin, daß die Erde das ihr Anvertraute zurückgibt:

Und in jenen Tagen wird die Erde zurückgeben, was ihr anvertraut ist, und die Unterwelt wird das zurückgeben, was sie empfangen hat, und die Hölle wird zurückgeben, wozu sie verpflichtet ist.[106]

Mit Hilfe der Messungen sollen also die aufgrund von Gewalt umgekommenen Toten „aufgespürt" werden, damit sie an der Auferstehung und am endzeitlichen Heil teilnehmen können.

In 61,1 und 61,5 sind die Messungen dazu da, daß sich die Gerechten „auf den Namen des Herrn der Geister für immer und ewig stützen" (V.3), und daß „sie sich auf den Tag des Erwählten stützen" (V.5). Es geht also um die Gerechtigkeit Gottes und um den Gerichtstag. Die Masse sind „dem Glauben gegeben" und sie „stärken die Gerechtigkeit", sie bekräftigen das Vertrauen auf den Herrn der Geister und auf das durch ihn und seinen Erwählten gewirkte Heil. Die Messungen sind ein Garant für die Auferstehung und für die endzeitliche Belohnung der Gerechten im Paradies.

Nach dem Gericht durch den Auserwählten (V.8-9) werden die Mächte des Himmels und der Erde einstimmig zum Lobpreis Gottes ansetzen (V.10). Die ganze Hierarchie der Engel, der Erwählte und die Gerechten im Paradies werden den Herrn der Geister im Einklang lobpreisen. Das eschatologische Heil besteht demnach im einstimmigen, vollendeten Lobpreis Gottes durch die Gerechten in Gemeinschaft mit den Engeln und allen Mächten der Natur. Die eschatologische Erfüllung ist die vollkommene Gottesanbetung, der ideale Gottesdienst unter Einbeziehung des gesamten Kosmos. In V.13 wird abschließend der Grund für den Lobpreis Gottes angegeben: seine Barmherzigkeit.

Die endzeitliche Erfüllung wird an mehreren Stellen der Bilderreden (39,4f.; 51,4 u.a.) als gemeinsamer Lobpreis Gottes durch die Gerechten und Engel bezeichnet, wobei sich die Gerechten an diesen Stellen nicht im Paradies, sondern bei den Engeln im Himmel aufhalten. Da das Paradies eindeutig nur in Kapitel 61 der Bilderreden[107] auftaucht, ist die Vermutung berechtigt, daß die Paradiesesvorstellung hier eingefügt wurde, ohne daß sie jedoch vollständig in das ganze Buch integriert wurde.

Die noachitischen Teile von äthHen 37-71 sind für die Geschichte der Paradiesesvorstellung ebenfalls von Belang, obwohl in ihnen das Paradies nur nebenbei aufscheint. Die Bedeutung der betreffenden Passagen ergeben sich aus ihrer rabbinischen Nachgeschichte. Im noachitischen Stück der Bilderreden findet sich die älteste ausserbiblische Behemoth-Leviathan-Vorstellung. Die Traditionen um die Urmonster Behemoth und Leviathan gehen wahrscheinlich auf kanaanäische Wurzeln zurück.[108] Sie fanden im biblischen Schöpfungsbericht einen Anhaltspunkt, wo von der Erschaffung der Seeungeheuer am fünften Tag die Rede ist (Gen 1,21). An mehreren Stellen des AT sind Spuren eines alten Schöpfungsmythos enthalten, die auf einen Kampf zwischen Gott und dem Drachen anspielen. Als Beispiel sei Ps 74,13-14 angeführt:

> Du hast das Meer gespalten durch deine Kraft, zerschmettert die Köpfe der Drachen im Meer. Du hast dem Leviathan die Köpfe zerschlagen und ihn zum Fraß gegeben dem wilden Tier.

Wurde gemäß Ps 74 der Leviathan von Gott in der Urzeit besiegt, steht gemäß Jes 27,1 seine Vernichtung durch Gott noch bevor. Eine ausführliche Beschreibung des Behemoth enthält Hi 40,15-41,26. Wie im AT taucht die Vorstellung von den beiden Ungeheuern in der pseudepigraphischen Literatur selten auf (außer äthHen 60 nur noch in IVEsr 6,49; syrBar 29,4 und ApkAbr 21,25). Erst die Rabbinen haben die Behemoth-Leviathan-Tradition durch viel z.T. legenden- und anekdotenhaftes Material ausgeschmückt.

Leviathan und Behemoth sind also schon im AT furchteinflößende, drachengleiche Ungeheuer, die entweder von Gott in einem Urkampf geschlagen wurden oder deren Vernichtung am Ende erst noch erfolgen wird. In äthHen 60,5-8 und 60,23-24[109] werden dem Noah[110] durch den Engel Michael folgende geheimen Offenbarungen zuteil:

(5) Und Michael sprach zu mir: Was hast du gesehen, was dich so erschüttert? Bis heute dauerte der Tag seiner Barmherzigkeit, und bis heute war Er barmherzig und langmütig gegen die, die auf dem Festland wohnen. (6) Wenn aber der Tag und die Macht und die Vergeltung und das Gericht kommen werden, das, was der Herr der Geister denen bereitet hat, die sich nicht dem gerechten Gericht beugen und die das gerechte Gericht leugnen und die seinen Namen umsonst tragen – dieser Tag ist für die Auserwählten zum Bund und für die Sünder zur Untersuchung bereitet. (7) Und an jenem Tage werden zwei Ungeheuer getrennt werden: [111] ein weibliches mit Namen Leviathan, daß es in der Tiefe des Meeres und über den Quellen der Wasser wohne, (8) das männliche heißt Behemoth, das mit der Brust die unübersehbare Wüste einnimmt, Dendain [112] genannt, im Osten des Gartens [113], wo die Auserwählten und Gerechten wohnen, wohin mein Großvater aufgenommen worden ist, der Siebente von Adam an, der erste Mensch, den der Herr der Geister geschaffen hat. (9) Und ich bat einen anderen Engel, daß er mir die Macht jener Ungeheuer zeige, wie sie an einem Tage getrennt und eins in die Tiefe des Meeres und eins in das Land der Wüste gesetzt wurden. (10) Und er sprach zu mir: Du Menschenkind, willst hier wissen, was verborgen ist...(24) Und der Engel des Friedens, der bei mir war, sprach zu mir : Diese beiden Ungeheuer, entsprechend der Größe Gottes bereitet, erhalten Nahrung, damit das Strafgericht des Herrn der Geister auf ihnen ruhen kann, auf daß das Strafgericht des Herrn der Geister nicht umsonst hervorbreche. Und er wird die Kleinen mit ihren Müttern und die Kinder mit ihren Vätern töten, wenn das Strafgericht des Herrn der Geister auf ihnen ruhen wird. (25) Danach wird das Gericht stattfinden nach seiner Barmherzigkeit und seiner Geduld.

Das Paradies liegt hier wie in äthHen 32 und Jub 4,23 im Osten. Wie in Jub 4,26 ist es der Aufenthaltsort Henochs. In der Nähe davon ist die Wüste Dendain. Das Paradies ist demnach wie in äthHen 77,3 durch Wüsten und andere Hindernisse vom bewohnten Land getrennt. Dort wird der landlebige Behemoth aufbewahrt, während Leviathan, der ein Wassertier ist, im Meere wohnt. Die Lokalisierung des Paradieses im Osten zeigt, daß der Verfasser der noachitischen Teile der Bilderreden eher im Westen des Landes wohnt. Auch er denkt wohl an Jerusalem als Ort des Paradieses. Außerdem lag ihm die Einführung eines Wüsten- und eines Meeresmonsters von seiner geographischen Lage her eher näher als dem Verfasser der Bilderreden, der in der wüstenhaften Jordansenke anzusiedeln ist.

Die Trennung der beiden Tiere ist eine verbreitete Auffassung und findet sich sowohl im pseudepigraphischen als auch im rabbinischen Schrifttum (z.B. IVEsr 6,49ff; bBB 74b). Dahinter steht wohl die Vorstellung, daß die Tiere zu groß sind, als daß sie vom gleichen Element getragen werden könnten. Auf seine erste Frage an den Engel (V.9) erhält Henoch keine Antwort, denn die Urmonster gehören zu „den verborgenen Dingen" (vgl. V.10). Sie gelten also als Mysterium.[114] In V.24 erklärt der Engel aber, daß diese Ungeheuer aufgezogen werden, weil sie einen Zweck im eschatologischen Strafgericht zu erfüllen haben. Obwohl die Stelle nicht klar ist und der Text zudem verderbt ist (vgl. Knibb II 148), ist doch zu erkennen, daß die beiden Monster eine zerstörerische Funktion innehaben. Sie werden nämlich im Zusammenhang mit den endzeitlichen Drangsalen, mit der Zeit *vor* dem eschatologischen Gericht erwähnt. Es ist deshalb anzunehmen, daß sie Gott beim Strafgericht als ihm angemessene (vgl. V.24) Werkzeuge dienen werden. Anders als in IVEsr, syrBar und im rabbinischen Schrifttum sind Behemoth und Leviathan in den Bilderreden noch nicht als Belohnung für die Gerechten in der Form eines Mahles gedacht.[115] Sie haben vielmehr einen ursprünglicheren Sinn bewahrt, der möglicherweise auch an Jes 27,2 anklingt, wo von den Urtieren ebenfalls im Zusammenhang mit dem Endgericht die Rede ist.

Die Behemoth-Leviathan-Vorstellung von äthHen 60 hat also noch keinen direkten Zusammenhang mit dem Paradies. Sie ist aber hilfreich, um die im rabbinischen Judentum geläufige Vorstellung vom Verspeisen der Urtiere durch die Gerechten im Paradies oder in der messianischen Zeit besser zu verstehen. Das Verzehren der Monster, die das Bedrohliche, Widergöttliche oder Böse repräsentieren, war wohl ursprünglich im Sinne eines Sieges des Guten über das Böse, der Gerechten über die Frevler gemeint. Die Idee, daß die Gerechten der Überwindung des Bösen sinnbildlich Ausdruck geben, gehört zur Paradiesvorstellung. So wird in TestXII.Lev 18,12 den Gerechten die Macht gegeben, „die bösen Geister mit ihren Füßen zu treten".

6. Die Apokalypse des Moses / Das Leben Adams und Evas

ApkMos und VitAd bilden einen Teil einer eigenen „Adamsliteratur", die das Frühjudentum und das frühe Christentum durch ihre Beschäftigung mit Adam hervorgebracht haben.[116] Dazu gehören außerdem das eng mit vitAd und ApkMos verwandte altslavische Adamsbuch, die v.a. in christlichen Kreisen entstandene Schatzhöhle, das ebenfalls christliche Testament Adams und die gnostische Adamsapokalypse. Die lateinisch erhaltene vitAd, die griechisch erhaltene ApkMos und das altslavische Adamsbuch dürften auf eine gemeinsame hebräische Grundschrift zurückgehen. Die Bedeutung dieser semitischen Quelle darf aber nicht überschätzt werden: So diente sie dem auf griechisch schreibenden, jüdisch-hellenistischen Verfasser der ApkMos nicht als direkte Vorlage, sondern vielmehr als „Inspirationsquelle", die er bei der Komponierung seines Werkes benutzte. VitAd dagegen ist wahrscheinlich die Übersetzung einer verlorenen griechischen Version, die in Palästina entstanden war und ebenfalls aus semitischen Traditionen schöpfte.[117] Die slavische Fassung entstand wesentlich später als ApkMos und VitAd und weist mehr christliche Interpolationen auf als diese.

Das Werk ist schwierig zu datieren, da es keine Anspielungen auf zeitgenössische Ereignisse enthält. Aufgrund von Ähnlichkeiten zu slHen und zum rabbinischen Schrifttum kann aber angenommen werden, daß die Entstehungszeit von ApkMos/vitAd ungefähr in den Zeitraum zwischen dem ersten vor- und dem ersten nachchristlichen Jahrhundert fällt. Als terminus ante quem kann wohl das Jahr siebzig angenommen werden.[118]

ApkMos/vitAd erzählt das Leben und den Tod Adams und Evas, die Verführung durch Satan sowie den Sündenfall und seine Folgen. Dabei ist zu beachten, daß drei in vitAd enthaltene Episoden keine Entsprechung in ApkMos haben: nämlich die Reue Adams und Evas (1-11), Satans Fall (12-16) sowie Adams Aufstieg ins himmlische Paradies (29). Dagegen ist Evas Erzählung vom Fall nur in ApkMos 15-30 vollständig enthalten.

Das Paradies spielt in ApkMos/vitAd eine wichtige Rolle. Die das Paradies betreffenden Stellen sind jedoch über das ganze Buch verteilt. Als Ausgangspunkt soll die Erzählung vom Sündenfall in ApkMos 15-20 dienen. Sie nimmt in ApkMos/vitAd eine zentrale Stellung ein:

(15,1) Da sagte Eva zu ihnen: Hört nun, alle meine Kinder und Kinder meiner Kinder, ich will euch verkünden, wie uns der Feind getäuscht hat. (2) Es geschah, als wir das Paradies[119] behüteten, jeder von uns behütete den Teil, den Gott ihm zugeteilt hatte. Ich bewachte meinen Ackerteil, den Süden und den Westen. (3) Der Teufel begab sich in den Teil Adams, wo die männlichen Tiere waren: Gott hatte nämlich die Tiere getrennt: alle männlichen hatte er eurem Vater, alle weiblichen hatte er mir gegeben.[120] (16,1) Der Teufel sprach folgendes zur Schlange[121]: Steh auf[122] und komm zu mir. Da stand die Schlange auf und ging zu ihm. (2) Und der Teufel sprach zu ihr: Ich höre, daß du klüger bist als alle Tiere.[123] Ich komme, um mich mit dir zu unterhalten.[124] (3) Warum ißt du vom Unkraut Adams und nicht von den (Früchten) des Paradieses? Komm, wir wollen ihn aus dem Paradies vertreiben wie auch wir seinetwegen vertrieben wurden.[125] (4) Die Schlange sagte zu ihm: Ich fürchte, daß Gott gegen mich zürnen wird. (5) Der Teufel antwortete: Fürchte dich nicht, sei mir das Werkzeug, ich werde durch deinen Mund sprechen, um sie zu vertreiben. (17,1) Sogleich hing sie sich an die Mauern des Paradieses.[126] Und als die Engel Gottes zum Lobpreis hinaufkamen, erschien der Satan in der Gestalt eines Engels und besang Gott wie die Engel. (2) Da lehnte ich mich über die Mauer und sah ihn ähnlich einem Engel. Er fragte mich: Bist du Eva? Ich antwortete: Ja! (3) Er sprach: Was tust du im Paradies? Ich erklärte ihm: Gott hat uns hierhin gesetzt, damit wir es bewachen und von ihm essen. (4) Der Teufel antwortete durch den Mund der Schlange: Ihr tut gut daran, aber ihr eßt nicht von allen Pflanzen. (5) Ich sagte ihm: Doch, wir essen von allen, ausgenommen einer einzigen, die inmitten des Paradieses steht[127], und von der zu essen Gott uns verboten hat, daß wir nicht des Todes sterben.[128] (18,1) Da sprach die Schlange zu mir: Beim Leben Gottes, ich bin betrübt wegen euch, denn ich möchte nicht, daß ihr unwissend seid. Wohlan, iß und erkenne den Wert des Baumes. (2) Ich antwortete ihm: Ich fürchte, daß Gott gegen uns zürnen wird, wie er es gesagt hat. (3) Da sagte er: Fürchte dich nicht. Sobald du gegessen hast, werden deine Augen geöffnet werden und du wirst wie Gott sein, der Gut und Böse kennt. (4) Da Gott wußte, daß ihr ihm (dann) gleich wäret, wurde er eifersüchtig[129] und sagte: Eßt nicht davon. (5) Vertraue der Pflanze und du wirst große Herrlichkeit sehen.[130] (6) Ich fürchtete mich aber, von der Frucht zu nehmen. Da sagte er zu mir: Vorwärts, folge mir, ich will dir davon geben. (19,1) Ich öffnete und er betrat das Paradies[131] und lief vor mir her. Er ging ein wenig umher, wandte sich mir zu und sprach: Ich habe es mir nochmals überlegt, ich gebe dir nicht zu essen, wenn du mir nicht schwörst, daß du auch deinem Gatten davon geben wirst. (2) Ich antwortete ihm: Ich weiß nicht, mit welchem Eid ich dir schwören soll, aber was ich weiß, sage ich dir: Beim Thron des Herrn, bei den Cheruben und dem Baum des Lebens, ich gebe davon auch meinem Mann. (3) Nachdem er mir den Eid abgenommen hatte, ging er und spritzte auf die Frucht, die er mir gab, das Gift seiner Schlechtigkeit, das heißt der Begierde.[132] Die Begierde ist nämlich der Anfang jeder Sünde. Da bog ich den Zweig zur Erde, nahm von der Frucht und aß. (20,1) Und in diesem Moment wurden meine Augen geöffnet und ich erkannte, daß ich der Gerechtigkeit entblößt war, mit der ich bekleidet gewesen war.[133] (2) Ich begann zu weinen und sprach: Warum hast du dies getan und mich meiner Herrlichkeit[134] beraubt? (3) Ich weinte auch wegen des Eides. Jener aber stieg von der Pflanze herab und verschwand. (4) Ich aber suchte in meinem Abteil Blätter, um meine Schande zu bedecken, aber ich fand keine, denn von allen Pflanzen meines Abteiles waren die Blätter abgefallen[135], außer vom Feigenbaum.[136] (5) Ich nahm von seinen Blättern und machte mir einen Schurz.

Dieser Ausschnitt aus ApkMos kann als haggadischer Midrasch zu Gen 3,1-24 bezeichnet werden. In vielen wesentlichen Punkten weicht ApkMos jedoch von der biblischen Erzählung ab, schmückt diese aus, bringt zusätzliches Material sowie neue Interpretationen hinein und ändert ab, was sie als problematisch empfindet.

Die Beschreibung des Paradieses

Die Beschreibung des Paradieses hält sich in den allgemeinen Zügen an den biblischen Rahmen: Es wird als Garten geschildert, in dessen Mitte der Baum der Erkenntnis und der Baum des Lebens stehen (Gen 2,9; ApkMos 17,5; 22,4). Dazu gibt ApkMos/vitAd aber eine Reihe von zusätzlichen Informationen: Das Paradies ist von Mauern umgeben (V.17,1), um es von der gewöhnlichen Erde abzugrenzen. In der Henochliteratur geschah diese Abgrenzung durch die Situierung des Paradieses jenseits von Wüsten, Wäldern und Dunkelheit. Die Mauern sind also ein weiteres Mittel, das Paradies vom normalen, „profanen" Bereich abzuheben.

Das Paradies ist ferner durch eine Art von Abschrankung (V.19,1) in einen Teil für die weiblichen und einen Teil für die männlichen Bewohner geteilt. Diese Vorstellung ist meines Wissens singulär. Dabei geht es wohl weniger um asketische Tendenzen, denn ApkMos/vitAd steht dem Genuß der Gaben des Paradieses ansonsten positiv gegenüber (V.17,3). Es handelt sich hier vielmehr um einen, wenn auch versteckten, Hinweis darauf, daß das Paradies in

ApkMos/vitAd für ein Heiligtum gehalten wird. Auch im Tempel sind die Frauen nämlich während des Gottesdienstes von den Männern getrennt. Während die Frauen nur bis zum sog. „Frauenvorhof" zugelassen sind, stehen die Männer im weiter nach innen liegenden Israelitenvorhof.[137] Selbst die nach innen zunehmende Heiligkeit des Tempels scheint in ApkMos angesprochen zu sein: Obwohl in ApkMos/vitAd nirgends ausdrücklich erwähnt, haftet der Adam zugeteilten Himmelsrichtung, dem Norden, auf dem Hintergrund von Ez 1,4; äthHen 24-25; 61,1; 70,3 u.a. besondere, größere Heiligkeit an als Evas Teil, dem Süden. In der nach Geschlechtern erfolgten Teilung des Paradieses in ApkMos scheint also der Gedanke der steigenden Heiligkeit vom Frauen- zum Israelitenvorhof auf. Trotz dieser Parallelen zum Tempel ist das Paradies von ApkMos/vitAd aber nicht mit dem Jerusalemer Tempel identisch, es wird im Gegenteil von diesem unterschieden: Nach seiner Vertreibung aus dem Paradies bringt Adam am Ort, wo er erschaffen wurde (also nicht im Paradies!) ein Opfer aus vier verschiedenen Gewürzen dar (29,3-6). Diese Gewürze stammen aus dem Paradies (38,4; 40,2.7). Dieses Gewürzopfer erinnert an das Räucheropfer im Tempel, das gemäß Ex 30,34 ebenfalls aus vier Gewürzen besteht.[138] Adam handelt hier also quasi als Priester. Diese Behauptung erhält weiteres Gewicht durch die Tatsache, daß an eben dieser Stelle später Adams Altar (ApkMos 33,4) bzw. sein Gebetshaus (ApkMos 5,3/ vitAd 30,2) steht. In vitAd 45,2 bittet Adam seine Kinder vor seinem Tod, ihn im Osten, „bei der großen Wohnstatt Gottes" zu beerdigen. Nach ApkMos 40,6 wurde Adam dort beerdigt, wo er erschaffen wurde, und wo nach den eben angeführten Stellen seine Gebets- und Opferstätte liegen. Mit diesem Ort, der klar außerhalb des Paradieses liegt, wird zweifellos auf den Tempel angespielt. Erst die Rabbinen haben Adams Gebetshaus jedoch explizit auf dem Moriyah lokalisiert (MTeh 92,6; PRE 23; 31). Das Paradies und der Tempel sind also ähnlich wie in Jub 26,4 beides Heiligtümer, die voneinander getrennt sind, jedoch nahe beieinander liegen. Anders als in Jub spielt in ApkMos/vitAd aber in der Endzeit nicht der Zion, sondern das Paradies die entscheidende Rolle (s. unten).

Bei der Beschreibung des Paradieses wird in ApkMos/vitAd wie im Buch der Wächter die Art der beiden wichtigsten Paradiesbäume bestimmt. Der Baum der Erkenntnis ist ein Feigenbaum. Diese Auffassung wird in 20,4 aus Gen 3,7 begründet: Nur der Baum, der Adams Nacktheit verursacht hat, kann seine Blöße wieder bedecken (vgl. BerR 15). Der Baum des Lebens ist dagegen ein Ölbaum. Der Ölbaum ist als Lebensbaum geradezu prädestiniert: Seine lange Lebensdauer ist fast sprichwörtlich, seine Früchte gehören zu den Grundnahrungsmitteln im mediterranen Raum, das aus seinen Früchten gewonnene Öl schließlich dient nicht nur als Heil- und Pflegemittel, sondern spendet auch Licht. Die Gabe des Lebensbaumes in ApkMos/vitAd besteht nicht in seiner Frucht, sondern in seinem Öl, das heilend wirkt. Dieses Öl ist dem Menschen jetzt versagt. Erst in der Endzeit, nach der Auferstehung, wird er wieder davon erhalten. So bittet der kranke Adam in ApkMos 9,3 Seth und Eva, ihm das heilende Öl zu holen:

> (9,3) Adam antwortete ihr: Mach dich auf und geh mit unserem Sohn Seth in die Nähe des Paradieses; streut Erde auf euer Haupt und weint, indem ihr Gott bittet, daß er sich meiner erbarmt und seinen Engel ins Paradies schickt, um mir vom Baum, in dem das Öl fließt[139], zu geben. Davon bringst du mir, und ich salbe mich damit und werde von meiner Krankheit geheilt werden... (13,2) Gott schickte den Erzengel Michael, der zu Seth sprach: Mensch Gottes[140], bemühe dich nicht vergeblich mit der Bitte um den Baum, in dem das Öl fließt, um deinen Vater Adam zu salben: Es wird dir jetzt nicht zukommen, sondern erst am Ende der Zeiten. (Dann wird alles Fleisch von Adam an bis zu jenem großen Tag erweckt werden, alle, die das heilige Volk sind. (4) Dann wird ihnen jede Freude des Paradieses gegeben werden und Gott wird in ihrer Mitte sein).[141]

Das heilende Öl wird Adam und den Menschen also erst am Ende der Zeiten zusammen mit dem Paradies wiedergegeben werden. Wenn Adam, falls er sich im Leben bewährt hat und durch den Tod hindurchgegangen ist (ApkMos 28,4), das Paradies wieder betreten darf, wird er mit dem Öl gesalbt werden. Dieses Öl ist sicher mit Ex 30,22-32 in Zusammenhang zu bringen. Auf Ex 30 hat der Verfasser von ApkMos ja schon in 29,6 in Bezug auf das Räucheropfer angespielt. In Ex 30,22-32 wird Mose aufgetragen, heiliges Öl aus Gewürzen und Olivenöl herzustellen. Auch beim Öl vom Baum des Lebens handelt es sich um eine Art Gewürzöl: In ApkMos 40,2 wird es nämlich „Öl des Wohlgeruchs" (elaion tês euôdîas[142]) genannt. Das von Mose gefertigte Öl dient dazu, die Lade und den Altar zu salben, sowie Aaron und seine Söhne zu Priestern zu weihen. Durch die

Salbung wird also eine Heiligung, eine direkte Unterstellung in Gottes Dienst bewirkt. Wie in Ex 30 dient das Öl des Lebensbaumes in ApkMos dazu, den Menschen zu heiligen, ihn über den profanen Bereich zu erheben, damit er ins Paradies- Heiligtum und in die eschatologische Erfüllung des Bundes mit Gott treten kann.

Das Böse

Der frappanteste Unterschied zwischen der biblischen Paradieseserzählung in Gen 3,1-24 und ApkMos/vitAd besteht in der Erklärung der Herkunft des Bösen. Während in Gen 3,1-6 Adam und Eva durch die Schlange, die aus eigener Initiative handelt, verführt werden, kommt das Böse in ApkMos/vitAd durch eine ganze Kette von Ereignissen in die Welt, die durch Satans Weigerung, den Menschen anzubeten, ausgelöst wird. Die Verfasser von ApkMos/vitAd empfanden Gen 3,1-6 als unbefriedigend, da der Text offen läßt, wer hinter der Schlange als letzte Ursache des Bösen steht. Die Verführung durch die Schlange bzw. den Teufel ist also gemäß ApkMos/vitAd nicht der absolute Anfangspunkt des Bösen. Dieses hat seinen Beginn bereits in Satans Auflehnung gegen Gott und seinem Sturz aus der Hierarchie der Engel genommen. Es kann deshalb mit einiger Vorsicht behauptet werden, daß die Paradieseserzählung von Gen 3,1-24 schon früh in Kombination mit der Engelssünde (äthHen 6-18) interpretiert wurde, so daß zwischen dem Sündenfall in Gen und dem Engelsfall kein großer Unterschied mehr bestand: Die letzte Ursache des Bösen wird in beiden Fällen auf die Überheblichkeit und den daraus folgenden Sturz der Engel zurückgeführt.

In ApkMos/vitAd finden drei Verführungen[143] bis zur Vertreibung aus dem Paradies statt: Die Schlange wird durch den Teufel (16,1-5), Eva durch die Schlange (18,1-6) und Adam schließlich durch Eva (21,1-6) verführt. In Wahrheit werden jedoch alle durch den Teufel zu Fall gebracht, da er es ist, der durch den Mund der Schlange und Evas spricht (16,5; 21,3). Die Dreizahl taucht in ApkMos immer wieder auf: In 13,6 dauert es noch drei Tage bis zu Adams Tod, in 37,3 wird Adams Seele dreimal gewaschen, in 40,2 bereiten drei Engel den Leichnam Adams zum Begräbnis vor usw. Die Drei bedeutet Vollkommenheit. So ist durch die dreimalige Verführung möglicherweise darauf hingewiesen, daß das Böse die Welt vollkommen durchdrungen hat, sich Eingang in alle Bereiche verschaffen hat. Die Verführung erfolgt in allen drei Fällen nach dem gleichen Muster: Auf die Aufforderung Satans zur Sünde ist die Reaktion des Opfers zunächst ablehnend mit der Begründung, daß Gott zürnen werde (16,4; 18,2; 21,4). Die ermunternde Antwort des Teufels, eingeleitet durch „Fürchte dich nicht!" (16,5; 18,3; 21,4) bewirkt dann schließlich doch die (zögerliche) Verfehlung. Die Verführung erscheint dabei in mancher Hinsicht als verkehrte, pervertierte Erlösung, in der der Teufel als Anti-Gott und Anti-Erlöser fungiert. So erhält Eva die paradiesische Frucht statt aus der Hand Gottes oder einer Rettergestalt (z.B. TestXII.Lev 18,10) aus der Hand des Teufels (18,6). Durch das Essen der Frucht wird keine Verherrlichung (z.B. äthHen 24-25), sondern eine Deprivation Adams und Evas bewirkt (20,1-2). Die Frucht bewirkt keine moralische Vervollkommnung (vgl. IVEsr 7,113f.), sondern das Schwinden der Gerechtigkeit (20,1). Das Verspeisen der Frucht hat kein Aufblühen der Schöpfung zur Folge (z.B. Jes 51,3), sondern eine Verminderung der Lebenskraft derselben (11,29) und bringt statt des ewigen Lebens (z.B. IVEsr 8,52f.) den Tod über die Menschen (14,2).

Es fällt auf, wie in dieser Version des Sündenfalles Gott sorgsam von allem Bösen ferngehalten wird. Mit feinem Gespür hat der Verfasser von ApkMos die „problematischen Stellen" von Gen 3,1-24 erfaßt und in seinem Midrasch umgedeutet. So wird kein Zweifel daran gelassen, daß das Böse von außen, durch eine widergöttliche Macht, in das von Gott gepflanzte und somit durch und durch gute Paradies, das eigentlich das Ziel der Schöpfung ist, hineingetragen wurde. Die Schlange, ein harmloser Paradiesbewohner, ist selber ein Opfer und dient nur als Werkzeug des Teufels (16,5). Adam und Eva, in Gottes Bild erschaffen (ApkMos 33,5), werden durch die wahrhaft teuflischen Ränke Satans überlistet und geben erst nach Zögern und Widerstand nach. Auch die Früchte des von Gott gepflanzten Baumes der Erkenntnis sind nicht die Ursache für den Verlust der Herrlichkeit Adams und Evas (ApkMos 20,1f.) und der Deprivation der Schöpfung (ApkMos 21,2.6; vitAd 44), sondern das vom Teufel auf die Frucht gespritzte Gift (19,3). Dem Verfasser geht es also bei seiner Version der Paradieseserzählung darum, zu zeigen, daß Gott mit dem Bösen in keiner Weise in Verbindung gebracht werden darf. Gott ist vielmehr der Barmherzige, der nur das Gute für seine Geschöpfe will. Daß die Schöpfung auf Abwege geriet und das Paradies verschlossen wurde, ist weder sein Wille noch seine Schuld. Auch seine Geschöpfe, der Mensch und die Tiere des Paradieses, sind nicht in erster Linie daran schuld. Das Böse ist zuallererst und hauptsächlich auf die anti-göttliche Macht, den Teufel, zurückzuführen.

Die Erlösung besteht in ApkMos/vitAd in einer Rückgängigmachung des durch den Teufel herbeigeführten Verminderungsprozesses, d.h. in der Wiederherstellung des Paradieses und der paradiesischen Lebensbedingungen (vgl. oben 13,2-4) sowie in der Bestrafung des Teufels. So heißt es in ApkMos 39,1-3, wo Gott um den toten Adam trauert:

(1) Gott trat zum Körper Adams und trauerte heftig um ihn. Er sagte zu ihm: Adam, warum hast du das getan? Wenn du mein Gebot beachtet hättest, würden sich diejenigen, die dich an diesem Ort zu Fall gebracht haben, nicht freuen. (2) Aber ich sage dir: Ich werde ihre Freude in Kummer verwandeln, deinen Kummer aber werde ich in Freude verwandeln. Und ich werde deine Herrschaft wiederherstellen und dich auf den Thron deines Verführers setzen.[144] (3) Jener aber wird an diesen Ort geworfen werden, damit er dich über sich thronen sieht. Er wird verdammt sein und ebenso diejenigen, die auf ihn gehört haben. Und er wird bekümmert sein, wenn er dich über sich auf dem Thron sieht.[145]

Auch hier zeigt sich die Absicht des Verfassers, die Barmherzigkeit Gottes an Adam kund zu tun. Trotz der Sünde Adams wird die Schöpfung von Gott schließlich wieder in ihre rechten Bahnen geleitet und das Paradies wiederhergestellt werden. Denn das Paradies ist Gottes Ziel für die Welt. Der vom Teufel betrogene, im Grunde aber nur wenig schuldige Adam, wird für sein durch den Teufel verursachtes Leiden entschädigt werden, indem er am Ende auf dessen Thron erhoben werden wird. Das eschatologische Paradies unterscheidet sich also vom protologischen durch die endgültige Verbannung des Teufels. Dadurch wird garantiert, daß der Sündenfall sich nicht wiederholen kann.

Mit dem Jubiläenbuch teilt ApkMos/vitAd die Auffassung, daß das Paradies und der Tempel heilige Orte sind (s. oben). Anders als der Verfasser von Jub, der angesichts der Verunreinigung des Tempels unter Antiochos IV schrieb, und für den die eschatologische Vollendung hauptsächlich in der Verherrlichung des momentan geschändeten Zion besteht, spielt in ApkMos/vitAd das Paradies Adams im Eschaton die entscheidende Rolle. Dies weist darauf hin, daß der Verfasser von ApkMos/vitAd in einem Milieu schrieb, in dem der Tempel – sei es durch die Zeitumstände oder sei es durch seine dem Tempel gegenüber distanziertere Gesinnung – nicht so sehr im Mittelpunkt stand wie für den Verfasser von Jub. In ApkMos/vitAd geht es vielmehr um den Erweis der – trotz des durch widergöttliche Mächte „entgleisten" Schöpfungsplanes – ungebrochenen Heilswilligkeit und Heilsmächtigkeit des Schöpfergottes. Er lebte daher möglicherweise in einem Milieu, wo diese angezweifelt[146], oder zumindest die Diskrepanz zwischen Gottes guter Macht und der Bosheit der Welt als problematisch empfunden wurde.

Das himmlische Paradies

Nur in einigen Handschriften kennt ApkMos/vitAd nicht nur das irdische Paradies mit den beiden Bäumen, das nach dem Sündenfall verschlossen wurde und nach dem Gericht wieder geöffnet werden wird, sondern auch die Vorstellung eines himmlischen Paradieses, wo die Seele Adams nach seinem Tode aufbewahrt werden wird. Der Tod wird in ApkMos, weniger deutlich auch in vitAd 45,3, als Trennung von Körper und Geist aufgefaßt. In ApkMos wird Eva von einem Engel folgendermaßen über den Tod ihres Mannes benachrichtigt:

> Erhebe dich Eva, höre auf mit der Reue, denn siehe, Adam, dein Mann hat seinen Körper verlassen (exêlthen apo toû sômatos autoû). Steh auf und sieh, wie sein Geist (pneuma) emporsteigt (anapheresthai), um zu seinem Schöpfer zu gelangen.

Während der Körper Adams von den Engeln und Gott selbst in der Nähe des irdischen Paradieses sorgfältig begraben wird (ApkMos 38-42), wird sein Geist in ApkMos 37,1-6 ins himmlische Paradies aufgenommen:

> (1)...siehe, da stieß ein Engel in die Trompete. Alle Engel erhoben sich und riefen mit einer schrecklichen Stimme: (2) Gepriesen sei die Herrlichkeit des Herrn von seinen Geschöpfen, daß er sich des Gebildes seiner Hände erbarmt. (3) Nachdem die Engel diese Worte gesagt hatten, siehe da kam ein Seraph

mit sechs Flügeln und trug Adam zum See Acheron[147], wusch ihn drei Mal und brachte ihn vor Gott. (4) Und Adam blieb drei Stunden liegen. Danach streckte der Herr des Universums, sitzend auf seinem Thron, seine Hand aus, hob Adam auf und übergab ihn dem Erzengel Michael mit den Worten: Trag ihn hinauf (aron auton) ins Paradies (im dritten Himmel)[148] und laß ihn dort bis zum großen und schrecklichen Tag, an dem ich mit der Welt abrechnen werde. (6) Da hob Michael Adam auf und brachte ihn weg, wie Gott ihm gesagt hatte, während alle Engel eine Engelshymne anstimmten in Bewunderung über die Vergebung Adams.

Auffällig ist die Sorge Gottes um den toten Adam sowie die Teilnahme des ganzen himmlischen Hofstaates an seiner Beerdigung. Damit ist wohl wieder der barmherzige Wille Gottes angesprochen, Adam öffentlich, vor den Engeln, zu verzeihen und ihm zurückzugeben, was er verloren hat. Adam steht ganz im Zentrum der liebenden Fürsorge Gottes, die Engel sind dabei nur Seine Helfer. Adam steht also bei Gott höher als die Engel.

Das himmlische Paradies dient hier nur als vorläufiger Aufenthaltsort des Geistes Adams bis zur Auferstehung und zur eschatologischen Vollendung im irdischen Paradies. Doch geschieht bereits hier, während des Zwischenzustandes, teilweise die Rehabilitierung Adams. Das Paradies ersetzt in ApkMos die in äthHen 22 erwähnten Hohlräume, wo die Geister der Verstorbenen bis zum Gericht ruhen. Bereits in äthHen 22 wurde zwischen verschiedenen Abteilungen je für die Geister der Gerechten und der Frevler unterschieden. ApkMos geht nun noch einen Schritt weiter: Sie ersetzt die Hohlräume durch das (zwischenzeitliche) Paradies. Es ist also eine Tendenz erkennbar, die zunächst für alle gleiche Scheol als Ort des Zwischenzustandes zunehmend zu differenzieren, bis schließlich die Gerechten schon während des Zwischenzustandes ins Paradies aufgenommen werden. Diese Tendenz ist freilich nicht im Sinne einer streng chronologischen Entwicklung aufzufassen. Die Hohlräume, die auch als „Ozar" und „Guph" bezeichnet werden, tauchen auch in späteren Texten noch auf (z.B. SifDev 344; bNid 13b; bAZ 5a usw.).

7. Das slavische Henochbuch

Die slavische Henochapokalypse wirft in der Forschung in mancher Hinsicht Probleme auf.[149] Sie ist uns nur in altslavischen Handschriften überliefert, nämlich in einer längeren Rezension A und einer kürzeren Rezension B. Die Frage nach dem Ursprungsmilieu von slHen ist eng mit der Datierung dieser beiden Versionen verknüpft. Während heute weitgehend Übereinstimmung herrscht, daß B die ältere Fassung ist und aus dem ersten nachchristlichen Jahrhundert stammt[150], besteht hinsichtlich der ursprünglichen Sprache und der Herkunft von slHen noch keine Klarheit: Die einen tendieren zur Annahme eines semitischen Originals[151], andere halten Griechisch für die ursprüngliche Sprache und siedeln slHen entsprechend in der Diaspora an.[152] In der älteren Forschung, neuerdings durch Miliks These[153] wieder aktuell geworden, wurde auch die Frage diskutiert, ob slHen jüdischen, judenchristlichen oder mittelalterlich-christlichen Kreisen zuzuschreiben sei.[154] Durch die frühe Datierung von B dürfte diese Frage aber entschieden sein: slHen ist ein jüdisches Werk. Eine genauere Zuteilung zu einer der verschiedenen frühjüdischen Strömungen erweist sich jedoch als sehr schwierig, da slHen keine „typischen" Merkmale aufweist, die eine Zuordnung erlauben würden. Dies zeigt wieder einmal, daß das Spektrum der frühjüdischen Gruppen und Gesinnungen eben farbiger war, als man oft anzunehmen geneigt ist.

Die längere Version A entstand im 5.-6. Jh. in der griechischen Welt.[155] Sie enthält lange Zusätze und Erweiterungen. A wird in dieser Arbeit nur ganz am Rande behandelt, da es hier ja um das Frühjudentum geht.

Sicher ist, daß slHen stark von äthHen beeinflußt ist, zugleich aber offen ist für vielfältigen Einfluß iranischer, ägyptischer, griechischer und gnostischer Prägung. SlHen besteht aus einer Reise Henochs durch die sieben Himmel (3-36), Reden und Ermahnungen Henochs an seine Söhne nach seiner Rückkehr zur Erde (36-66) und schließlich der Erzählung von Henochs Entrückung (67f.). In den beiden besten Handschriften der kürzeren Version ist zudem eine Legende über das Priestertums Methusalems, Nirs und Melkizedeks überliefert.

Das Paradies in 8,1-9,1 und 42,3

Die ausführlichste Paradiesesbeschreibung findet sich auf der Himmelsreise im ersten Teil des slavischen Henoch. Sie hat im zweiten Teil, in 42,3-14, eine Entsprechung. Da die beiden Texte in Bezug auf die Paradiesesbeschreibung nicht übereinstimmen, sollen beide angeführt werden. In 8,1-9,1 wird das Paradies folgendermaßen geschildert.

(8,1) Und die Männer[156] nahmen mich weg von dort und brachten mich hinauf in den dritten Himmel. Sie setzten mich in der Mitte des Paradieses ab. Das Aussehen dieses Ortes ist von einer noch nie gesehenen Schönheit. (2) Jeder Baum stand in voller Blüte. Jede Frucht war reif, jede Nahrung gab es in überreicher Ernte, jeder Duft war angenehm. Und die vier Flüsse[157] flossen in ruhigem Lauf dahin. Alle Gewächse des Gartens brachten jegliche Art von guter Nahrung hervor. (3) Und der Baum des Lebens ist dort, unter dem der Herr sich ausruht, wenn Er ins Paradies kommt.[158] Jener Baum ist unbeschreiblich wegen seines ausgezeichneten Duftes. (5) Und daneben steht ein anderer Baum, ein Ölbaum, der ständig von Öl überfliesst.[159] (7) Und jeder Baum trägt gute Frucht. Es gibt dort keinen Baum ohne Frucht, und jeder Ort ist gesegnet. (8) Die Engel, die das Paradies bewachen, sind herrlich. Mit nie ablassender Stimme und schönem Gesang preisen sie Gott den ganzen Tag. Da sagte ich: Wie wunderschön ist dieser Ort! Die Männer antworteten mir: (9,1) Dieser Ort, Henoch, wurde für die Gerechten bereitet[160], die alle Arten von Widerwärtigkeiten erdulden in diesem Leben[161], und die ihre Seelen anfechten[162], die ihre Augen von der Ungerechtigkeit abwenden[163] und gerechtes Gericht vollbringen[164], den Hungernden Brot geben und die Nackten mit Kleidern bedecken[165], die Gefallenen aufrichten, den Gekränkten helfen[166], vor Gottes Angesicht wandeln und ihm dienen.[167] Ihnen ist dieser Ort zum ewigen Erbteil bereitet.

Nach seiner Rückkehr zur Erde erzählt Henoch in 42,3-14 seinen Kindern, was er im Himmel gesehen hat. Seinen Eindruck vom Paradies gibt er folgendermaßen wieder:

(3) Und von da ging ich hinauf[168] ins Paradies der Gerechten. Dort sah ich einen gesegneten Ort, jedes Geschöpf (darin) ist gesegnet, und alle leben in Freude, Fröhlichkeit, in unermeßlichem Licht und ewigem Leben. (6) Da sagte ich, und nun, meine Kinder, sage ich es euch: Glücklich ist, wer den Namen des Herrn in Ehren hält, wer beständig vor Seinem Angesicht dient, wer Ga-

ben spendet, lebendige Opfer, und wer sein Leben lebt und stirbt. (7) Glücklich ist, wer gerechtes Gericht ausführt. (8) Glücklich ist, wer die Nackten bekleidet und den Hungrigen sein Brot gibt... (Es folgen weitere Makarismen, die wie in Kap. 9 die Gerechtigkeit gegenüber Gott und dem Mitmenschen beinhalten.)[169]

Die beiden Paradiesschilderungen in 8,1-8 und 42,3 unterscheiden sich voneinander durch die Art der Freuden, derer sich die Gerechten erfreuen. Während in 8,1-8 die sinnlichen Freuden wie Essen, Riechen, Schauen und Hören (vgl. den Engelsgesang in 8,8) angesprochen werden, geht es in 42,3 eher um geistige Genüsse: Es ist von Freude, Licht und ewigem Leben die Rede.

Das Paradies von 8,1-8 trägt „schlaraffische" Züge. Bei seiner Beschreibung wird großes Gewicht auf die wunderbare, üppige Fruchtbarkeit der Paradiesbäume und der daraus erwachsenden, recht diesseitig vorgestellten Genüsse für die Gerechten gelegt: Die Bäume tragen zugleich Blüten und Früchte aller Art (V.2.7), diese Früchte sind jederzeit essensbereit (V.2). Nicht nur die Früchte des Baumes des Lebens, sondern die Früchte von allen Paradiesbäumen gehören also zu den paradiesischen Gaben. Auch der Verfasser der Rezension A hat 8,1-8 als schlaraffenlandähnliches Paradies aufgefaßt. So hob er die Fruchtbarkeit und Üppigkeit in seiner Version noch stärker hervor, indem er die vier Flüsse durch Ströme von Honig, Milch, Öl und Wein ersetzte (A8,5) und den Lebensbaum zu einer Art Weltenbaum machte, an dem jede Blütenart und jede Fruchtsorte wächst (A8,4).

Demgegenüber gleicht das Dasein der Gerechten im Paradies in 42,3 der himmlisch-jenseitigen Existenzweise der Engel. In 20,4 wird beschrieben, wie sich die Engel im siebten Himmel um den Thron Gottes versammeln und ihn lobpreisen. Dabei werden dieselben Ausdrücke gebraucht, die in 42,3 für die Gerechten verwendet werden: Die Engel strahlen während ihres Lobpreises in „Freude, Fröhlichkeit und unermeßlichem Licht" (20,4). Die Gerechten im Paradies sind also den Engeln gleich. In den selben Zusammenhang scheint auch die Verwandlung Henochs in einen Engel zu gehören: Bevor Henoch im siebten Himmel als Schreiber eingesetzt wird, um vor dem Thron Gottes die Schöpfungsgeheimnisse aufzuschreiben, wird er in 22,8f. mit einem kostbaren himmlischen Öl gesalbt:

(8) Der Herr sagte zu Michael: Nimm Henoch und zieh ihm die irdische Kleidung aus. Salbe ihn mit dem kostbaren Öl und bekleide ihn mit den Kleidern der Herrlichkeit. (9) Und Michael zog mich aus: Er salbte mich mit dem kostbaren Öl; das Aussehen dieses Öles ist größer als das hellste Licht, seine Salbung wie süßer Tau und sein Duft wie Myrrhe. Und es scheint wie die Sonne. Da schaute ich mich selber an: Ich war wie einer von den Herrlichen geworden, es bestand kein erkennbarer Unterschied mehr.

Dieser Text beschreibt den Aufstieg Henochs durch die Himmel bis vor den Thron Gottes, es handelt sich also um „ma'aseh merkavah". Bevor Henoch seine Aufgabe als Schreiber vor Gott beginnen kann, wird er gesalbt, um damit dem himmlischen Hofstaat um den Thron Gottes gleich zu werden. Diese Salbung ist sicher in Beziehung zum priesterlichen Salböl von Ex 30,22-32 und zum Gewürzöl von ApkMos 40,2 zu setzen. Das heilige Öl wird in Ex 30,23 u.a. aus Myrrhe hergestellt. Auch das in 22,9 verwendete himmlische Öl riecht nach Myrrhe. Bevor Henoch sich also ins „himmlische Allerheiligste", d.h. in den Bereich um den Thron Gottes begeben kann, muß er „geweiht" werden, um den „Priestern", d.h. den Engeln, die den himmlischen Gottesdienst durch ihren Lobgesang bestreiten, gleich zu werden. Den Engeln gleich werden bedeutet also auch Eintreten in den heiligen Bereich um Gott. Auch die Gerechten im Paradies haben an dieser Heiligkeit Anteil: Ihr Aussehen gleicht demjenigen der Engel (42,3; vgl. 20,4). Das himmlische Salböl scheint auch an ihnen zu wirken: Wie das Öl in 22,9 strahlen sie in „großem Licht" und „scheinen wie die Sonne" (65,11). Möglicherweise ist sogar das Öl des paradiesischen Ölbaumes (8,5) mit dem himmlischen Salböl identisch. Dies ist allerdings nirgends ausdrücklich festgehalten. Das Öl in 8,5 könnte im Kontext der üppigen Paradiesschilderung auch als Zeichen des Überflusses interpretiert werden.

Der Heiligtumscharakter des Paradieses, der in äthHen sehr deutlich hervortritt, scheint also auch in slHen durch, das ja von äthHen abhängt, allerdings in abgeschwächter Form: Während in äthHen 24-25 das Paradies mit dem Thron Gottes zusammenfällt, ist es hier von diesem, dem unmittelbaren Heiligtum, durch die drei dazwischen liegenden Himmel gleichwie durch drei „Stockwerke" getrennt. Nur Henoch wird in den siebten Himmel zum Thron Gottes aufgenommen (24,1). Die jenseitig-geistig geprägte Paradiesesvorstellung von slHen 42,3 (auch 65,10, s. unten) steht also in der Tradition der Thron-Gottes-Heiligtum-Paradies-Vorstellung.

Gleichzeitig wird in slHen eine neue Tendenz spürbar, die mit der diesseitig-sinnlichen Paradiesbeschreibung zusammenhängt, wie sie in 8,1-8 enthalten ist, und die die Heiligtum-Paradiesesvorstellung zu überlagern beginnt. Das Paradies tritt nun stärker in den Dienst der moralischen Ermahnung. Durch den Hinweis auf ein dem menschlichen Tun in dieser Welt entsprechendes Ergehen im Jenseits soll der Mensch zu gerechtem Tun aufgerufen werden. Der Zusammenhang von Tun in diesem Leben und Ergehen im Jenseits oder schon in dieser Welt gehört zu den immer wiederkehrenden Grundaussagen von slHen (vgl. 2,2; 44,1-5; 45,2; 50; 51,3; 59; 62 usf.). Der Gerechtigkeit der Frommen entspricht in 8,1-9,1 die Schönheit und Behaglichkeit ihres eschatologischen Wohnortes. Je schöner und üppiger das Paradies beschrieben wird, desto größer ist die Kraft der anschließenden Paränese. Zur Beschreibung der Paradiesfreuden werden nun verstärkt die diesseitigen, weltlichen Freuden herangezogen, die überhöht und idealisiert werden. Da die Aussicht auf die paradiesischen Wonnen die Menschen motivieren soll, erscheint es verständlich, daß aus der Erfahrung in der Welt bekannte Annehmlichkeiten aufgenommen werden. SlHen 8,1-8 steht allerdings erst ganz am Anfang eines stetigen Ausschmückungsprozesses, der dann v.a. in der rabbinischen Literatur beobachtet werden kann.

Analog zur Paradiesbeschreibung soll die Schilderung der Hölle eine Abschreckung vor bösem Tun bewirken. Eine große Wirkung wird durch die Kontrastierung des Wesens des Gerechten mit demjenigen des Frevlers bzw. des Paradieses mit der Hölle erzielt. Dies ist in Kap 8-10 der Fall. So haben die Taten des Gerechten in den Untaten des Frevlers eine negative Entsprechung: Während der Gerechte die Hungernden speist und die Nackten kleidet (9,1), bringt der Frevler die Hungerleidenden um, indem er ihnen die Nahrung vorenthält und den Nackten auch noch das letzte Hab und Gut raubt (10,5f.). Der Gottesfürchtigkeit des Frommen (9,1) wird der Götzendienst des Gottlosen gegenübergestellt (10,6) usw. Ebenso hat das Paradies in der Hölle eine dunkle Parallele: Anstelle der vier plätschernden Flüsse (8,2), gibt es in der Hölle einen Feuerstrom mit kaltem Eis (10,2). Die singenden, herrlichen Paradiesengel (8,8) haben ein Gegenbild in den grausamen Engeln der Hölle, die die Frevler mit spitzen Folterinstrumenten quälen (10,3). Die paränetische Kraft wird durch diese Kontrastierung in Kap. 8-10 sehr wirkungsvoll. In diesem Sinne ist slHen 8-10 ein klassisches Beispiel für die moralische Ermahnung mit Paradies- und Höllenschilderung. Ziemlich häufig ist diese Form dann aber bei den Rabbinen, die stärker im pastoralen Bereich engagiert waren als die frühjüdischen Apokalyptiker.

Das Paradies und die Lehre von den zwei Äonen

Das Paradies kann im Frühjudentum verschiedene „Funktionen" im Ablauf der endzeitlichen Ereignisse haben. Während in äthHen 24-25 und TestXII.Lev 18 das Paradies erst am Ende der Zeiten nach dem Gericht den Gerechten übergeben wird, kennt ApkMos 37 ein himmlisches Paradies als zwischenzeitlicher Aufenthaltsort der Seelen der Gerechten, bis nach dem Gericht das irdische Paradies für die Auferweckten wiedergeöffnet wird. Welche Stellung hat das Paradies nun im eschatologischen Szenario von slHen? Als Ausgangspunkt zur Beantwortung dieser Frage soll slHen 65,1-11 dienen, wo Henoch seinen Söhnen die Schöpfungsgeheimnisse mitteilt, die er im Himmel erfahren hat:

(65,1) Hört meine Kinder! Bevor alle Dinge existierten, bevor die ganze Schöpfung erschaffen wurde, errichtete der Herr den Äon der Schöpfung. Danach erschuf er seine ganze Schöpfung, das Sichtbare und das Unsichtbare. (2) Und nachdem er den Menschen in Seinem Bild erschaffen hatte, setzte er in ihn Augen um zu sehen, Ohren um zu hören, ein Herz um zu denken und Vernunft um zu überlegen. (3) Dann übergab Gott den Äon dem Menschen und teilte ihn um seinetwillen in Zeiten und Stunden, so daß der Mensch über die Wechsel der Zeiten und ihr Ende, über Anfang und Ende der Jahre, Monate, Tage und Stunden nachdenken kann, und damit er den Tod seines eigenen Lebens berechnen kann.[170] (6) Wenn die ganze Schöpfung, die der Herr erschaffen hat, zu ihrem Ende kommen wird, wenn jeder Mensch zu Gottes Gericht kommen wird, dann werden die Zeitenläufe untergehen. Dann werden weder Jahre noch Monate noch Tage noch Stunden gezählt werden. (8) Vielmehr werden sie einen einzigen Äon darstellen. Und alle Gerechten, die Gottes großem Gericht entkommen, werden zusammen mit dem großen Äon versammelt werden. Und der große Äon wird sich mit den Gerechten vereinigen, und sie werden ewig sein. (9) Dann wird es unter ihnen weder Schwäche noch Leiden, Betrübnis, Angst vor Gewalt, noch die Schrecken der Nacht und der Dunkelheit geben. (10) Vielmehr werden sie ein großes Licht für die Ewigkeit haben, eine unzerstörbare Mauer, und sie werden ein großes Paradies haben, die Zuflucht einer ewigen Wohnung. (11) Wie glücklich sind die Gerechten, die Gottes Gericht entkommen, denn ihre Gesichter werden wie die Sonne scheinen.[171]

In diesem Abschnitt geht es um Schöpfungsspekulationen (ma'aseh bereschit), die in slHen einen breiten Raum einnehmen (vgl. auch 25,1-30,8). Obwohl einiges unklar bleibt, so sind doch zwei voneinander verschiedene Größen erkennbar: Einerseits geht es um den präexistenten „Äon der Schöpfung" (V.1), der auch „großer Äon" und „einziger Äon" (V.8) genannt wird. Dieser Äon wird nach dem Gericht weiterexistieren (V.8), die Gerechten werden in ihm versammelt werden (V.8). Er ist frei von Leid und Dunkelheit (V.9), und erfüllt von Licht. Er ist unzerstörbar (V.10). Auch das Paradies ist ein Teil des großen Äon (V.10). Andrerseits ist in 65,1-11 von der „Schöpfung" die Rede, die irgendwie aus dem großen Äon hervorgegangen ist (V.1). Die Bezeichnung „Äon der Schöpfung" weist darauf hin, daß in ihm die Schöpfung enthalten war.[172] Das Hauptkennzeichen der Schöpfung ist die Zeit (V.3.6). Hierin ist slHen eindeutig platonisch gefärbt. Die Zeit dient dem Menschen dazu, seine Lebensspanne zu berechnen. Sie wird also eher negativ bewertet, denn durch ihre Funktion haftet ihr der Todesgeruch an. Die Schöpfung wird von Schmerzen, Leid und Dunkelheit heimgesucht (V.9). Nach dem Endgericht wird sie untergehen (V.6).

Vom „großen Äon" heißt es in 25,1, daß er aus dem Bauche Adoels hervorging. Adoel ist wahrscheinlich eine Verballhornung aus El (= Gott) und 'ad (= Ewigkeit).[173] Adoel ist also eine Personifikation der göttlichen Ewigkeit. Der aus Adoel hervorgegangene große Äon ist nach 25,5 das Fundament für die oberen Dinge und des Lichtes, d.h. er ist das Fundament der himmlischen Welt. Dies stimmt überein mit 65,10, wo das Licht ebenfalls zu den Merkmalen des großen Äons gehört. Gleichzeitig entstand aus ihm und aus seinem Gegenstück, dem Fundament der unteren Dinge und der Dunkelheit (26,1-3), die Schöpfung, d.h. die irdische Welt. Der endlichen, todgeweihten, von Schmerz und Leid geplagten Erde[174] steht also der ewige, lichtdurchflutete Himmel mit dem Paradies gegenüber. Am Ende wird die Erde mit ihren Zeitabläufen durch das Gericht vernichtet werden (V.6), der zeitlose Äon wird jedoch mit dem Paradies und den Gerechten ewig weiterbestehen (V.8).

Welche Schlußfolgerungen ergeben sich daraus nun für das Paradies im eschatologischen Geschehen?

Als Bestandteil des großen Äons ist das Paradies eine transzendent-himmlische Größe. Es ist bereits vor dem Beginn der Schöpfung ins Dasein getreten[175] (V.1) und daher nicht rein futurisch-eschatologisch. Vielmehr ist es bereits jetzt schon wirklich da, sodaß anzunehmen ist, daß die Gerechten bereits nach ihrem Tod ins Paradies gelangen. Tatsächlich weist 42,3 darauf hin, daß das Paradies schon jetzt von den verstorbenen Gerechten bewohnt ist, wenn es heißt, daß „jedes Geschöpf darin gesegnet ist". Diese Vermutung wird durch das Fehlen von „Schatzkammern" oder anderer zwischenzeitlicher Aufenthaltsorte für die Gerechten bestätigt. Ein Übergehen dieser Ruhestätten durch den Verfasser von slHen ist unwahrscheinlich, da slHen sehr an der himmlischen Welt interessiert ist. Das Paradies ist also, anders als in äthHen 24-25 und TestXII.Lev 18, bereits während des Zwischenzustandes von den Gerechten bewohnt.

Nach dem Vernichtungsgericht an der irdischen Schöpfung[176] werden die Gerechten im großen Äon versammelt werden (V.8) und das Paradies endgültig in Besitz nehmen (V.10). Ob dem Gericht eine Auferstehung vorangeht, ist aus slHen nicht zu erschließen. Der große Äon wird mit dem Paradies aus der Transzendenz hervortreten und vollkommen offenbar werden. Die Gerechten werden also in slHen nicht wie in ApkMos am Ende ein *anderes* Paradies erhalten. Der Unterschied zwischen dem zwischenzeitlichen und dem endzeitlichen Paradies besteht vielmehr in der Vernichtung des Zeitlichen und Bösen sowie im Übergang vom vorläufigen Zwischenzustand in den ewigen Endzustand. Dieser Unterschied ist allerdings in Bezug auf die *Beschaffenheit* des Paradieses kaum zu spüren. In slHen sind das zwischenzeitliche und das endzeitliche Paradies mehr oder weniger identisch. Der Unterschied besteht darin, daß das Paradies im Zwischenzustand noch von der es umgebenden, schlechten Welt verdeckt wird.

8. Das Buch der biblischen Altertümer (Pseudo-Philo)

Das früher fälschlicherweise Philo zugeschriebene LibAnt kann als „fortgeschriebene Bibel" (rewritten bible)[177] über Genesis bis zum ersten Buch Samuel bezeichnet werden. Es endet mit Sauls Tod. Der Verfasser läßt einen großen Teil seiner biblischen Vorlage aus, darunter besonders die gesetzlichen Teile (Levitikus fehlt fast ganz), dafür fügt er umfangreiche Stücke aus der mündlichen und anderen Traditionen ein. Es geht ihm darum, die Geschichte des jüdischen Volkes als Geschichte des Bundes zwischen Gott und Israel darzustellen: Gott hat einen Bund mit Israel geschlossen, der ewig bestehen bleibt. Wenn Israel sich von Ihm abwendet, das Gesetz vernachlässigt und seinen Bund vergißt, überläßt Gott das Volk eine gewisse Zeit lang den Feinden, um es zu läutern. Doch er verläßt es nicht (19,1.6). Der Verfasser schreibt also im Rahmen des deuteronomistischen Geschichtsbildes. Dabei hat er sein Buch gegliedert indem er die Erzählungen um die verschiedenen Führer Israels gruppiert, die von Gott erwählt wurden und mit denen er einen besonderen Bund geschlossen hat.[178] Dazu gehören Abraham, Josua, Kenaz Samuel u.a. Der Führer und Gottesvertraute par excellence aber ist Moses, dem am Sinai die Tora gegeben wurde, durch die der Bund konstituiert wurde. Selbst Abraham und die Aqedah (32,1-4) sind nur eine Hinführung zu Moses und der Sinaioffenbarung (32,7-18)[179], deren Hauptstück der Dekalog ist (11,6-13; 25,7-14; 44,6f.). Das Gesetz ist in LibAnt *der* Heilsfaktor, es ist Grund und Mittel für die Rettung Israels. Das Einhalten des Bundes besteht in erster Linie im Befolgen des Gesetzes (15,6; 19,2-5; 28,4).

Durch seine starke Betonung der Tora, der gegenüber der Kult zurücktritt (22,5), unterscheidet sich LibAnt von der priesterlichen Henoch- und Qumranapokalyptik. Trotzdem hat der Tempel in LibAnt eine relativ große Bedeutung. So werden oft die kultischen Handlungen der Patriarchen und Richter erwähnt (z.B. 3,8; 4,5; 11,15; 13,2), der Stiftshütte und dem Heiligtum von Silo wird viel Aufmerksamkeit geschenkt. In 52,1 und 53,9 wird zwar die Verunreinigung und Korruption einiger Priester kritisiert, der Wert des Tempels an sich wird aber nirgends in Frage gestellt. LibAnt entstand also nicht in Opposition zum Tempel.

LibAnt entstand im ersten nachchristlichen Jahrhundert in Palästina. Unklarheit besteht aber darüber, ob es vor oder nach dem Jahre siebzig verfaßt wurde. Aufgrund des ungebrochenen Verhältnisses zum Tempel sowie dem Fehlen von

eindeutigen Anspielungen auf die Tempelzerstörung erscheint eine Entstehungszeit vor siebzig jedoch wahrscheinlicher[180]. Auch die Abwesenheit von Klagen
über einen zerstörten Tempel, was LibAnt deutlich von dem ihm in mancher Hinsicht ähnlichen syrBar und IVEsr unterscheidet, wären bei dem von LibAnt am
Kult bezeugten Interesse unverständlich.

LibAnt ist, obwohl es apokalyptische Traditionen aufnimmt, kein apokalyptisches Werk: Es ist weder polemisch noch esoterisch, die Geschichte wird als
kontinuierliche Heilsgeschichte aufgefaßt, die Rettung für ganz Israel bringen
wird. Die Trägerkreise von LibAnt sind deshalb am ehesten in pharisäisch-
synagogalen, nicht akut endzeitlich gesinnten Gruppen zu suchen.[181]

LibAnt war ursprünglich Hebräisch geschrieben. Es ist uns über eine griechische Zwischenübersetzung jedoch nur noch in einer lateinischen Fassung erhalten.[182]

Das Paradies reicht in LibAnt in verschiedene Bereiche hinein, die im folgenden gesondert behandelt werden sollen. Die Grundlage für die Ausführungen soll
19,10-13 bilden, wo Gott dem Mose vor dessen Tod vom Berg Abarim aus das
gelobte Land zeigt (vgl. Num 27,12-14; Dtn 32,48-52). Anders als im biblischen
Text, wo Mose als *Strafe* für sein mangelndes Gottvertrauen in Kaddesch Barnea
und in der Wüste Zin das Land nicht betreten darf (Num 27,14; Dtn 32,51), hält
Gott Mose in LibAnt 19,7 vom Betreten des Landes ab, um ihn zu *schonen* und
ihm den Anblick des Götzendienstes des Volkes zu ersparen. Für den Autor von
LibAnt war ein Fehltritt des schlechthin idealen Menschen Moses undenkbar:

> (19,10) *Da zeigte ihm der Herr das Land* und alles, was darin ist *und sagte:
> Dieses ist das Land, das ich* meinem Volk *geben werde.*[183] Und er zeigte ihm
> den Ort, von dem die Wolken das Wasser aufnehmen, um die ganze Erde zu
> bewässern, und den Ort, von dem der Fluß die Bewässerung erhält, und das
> Land Ägypten[184], und den Ort des Firmaments, von dem nur das heilige Land
> trinkt.[185] Und er zeigte ihm den Ort, von dem das Manna für das Volk herab-
> regnete bis zu den Pfaden des Paradieses (usque ad semitas paradysi). Und er
> zeigte ihm die Masse des Heiligtums (mensuras sanctuarii)[186], die Zahl der
> Darbringungen und die Zeichen, in denen sie beginnen werden, den Himmel
> zu betrachten. Und er sprach: Dieses ist es, was dem Menschengeschlecht ver-
> boten ist, da sie gegen mich[187] gesündigt haben. (11) Und dein Stock nun
> (virga tua), durch den die Zeichen (signa) gewirkt wurden, wird ein Bundes-

zeichen (testimonium) zwischen mir und meinem Volk sein. Und wenn sie sündigen werden, werde ich mich an deinen Stab erinnern, und werde sie gemäß meiner Barmherzigkeit schonen. Dein Stab wird in meinem Angesicht zur Erinnerung dienen während allen Tagen.[188] Er wird dem Bogen gleichen, in dem ich einen Bund (testamentum) mit Noah geschlossen habe, als er die Arche verließ: *Ich will meinen Bogen in die Wolke geben, und sie wird ein Zeichen* (signum) *sein zwischen mir und den Menschen, damit in Zukunft das Wasser der Sintflut nicht mehr auf der ganzen Erde sei.*[189] (12) Dich aber werde ich von da aufnehmen und dich mit deinen Vätern verherrlichen.[190] Und ich werde dir Ruhe geben in deinem Schlummer und dich mit Frieden begraben. Alle Engel werden dich betrauern, und die Heerscharen des Himmels werden sich betrüben. *Keiner aber,* weder von den Menschen noch von den Engeln, *wird dein Grab kennen.*[191] Und ich werde dich und deine Väter vom Land Ägypten, in dem sie ruhen, erwecken (excitabo). Und ihr werdet zugleich kommen und eine unsterbliche Wohnstatt (inhabitationem immortalem), die nicht von der Zeit festgehalten wird, bewohnen. (13) Dieser Himmel aber wird in meinem Angesicht wie ein flüchtiger Nebel und gleichwie der vorübergehende gestrige Tag sein. Und es wird sein, wenn (die Zeit) sich nähern wird, die Welt heimzusuchen, dann werde ich den Jahren befehlen, den Zeitläufen gebieten: Dann werden sie verkürzt werden und die Gestirne werden sich beschleunigen. Das Licht der Sonne wird zum Untergang eilen, und das Licht des Mondes wird nicht bestehen bleiben; weil ich nämlich eilen werde, euch Schlafende zu erwecken (excitare), damit alle, die Leben können, den Ort der Heiligung (locum sanctificationis), den ich dir gezeigt habe[192] bewohnen.

Mose und das Paradies

Es ist augenfällig, daß der biblische Text in LibAnt 19,10-13 nur als Anknüpfungspunkt und Rahmen für die speziellen Offenbarungen dient, die Mose vor seinem Tod erteilt werden. Diese sind dreifacher Art: 1. Meteorologische und kosmologische Spekulationen (V.10), 2. Neue Zusicherung des Bundes Gottes mit Israel durch die Einsetzung eines neuen Bundeszeichens (V.11), 3. Enthüllungen über das postmortale Ergehen und das Eschaton (V.12f.). Das Schauen des gelobten Landes tritt völlig zurück: So verzichtet Pseudo-Philo darauf, die in Dtn 34,1-3 erwähnten Städte und Landstriche aufzuzählen. Statt dessen fügt er Offenbarungen über den Himmel, das Paradies und den zukünftigen Jerusalemer Tempel ein, Offenbarungen also, die einen großen Teil der Henochapokalyptik ausmachen. Dort ergehen diese Enthüllungen allerdings an Henoch oder Noah. Indem Pseudo-Philo nun auch Mose diese geheimen Erkenntnisse zukommen läßt, zeigt er, daß Mose dem Henoch gegenüber in keiner Weise nachsteht.[193] Wie Henoch auf seinen Reisen der ganze Kosmos mit dem Paradies gezeigt wird, so erhält auch Mose Einblick in die himmlische Welt und das Paradies. Dabei wird Moses aber in LibAnt nicht zum reinen Apokalyptiker wie beispielsweise in assMos. Vielmehr ist Moses neben seiner Funktion als Führer und Fürbitter des Volkes, als Empfänger der Tora, Vertrauter Gottes usw. *auch* aber nicht *nur* Apokalyptiker. Der Verfasser von LibAnt, der mit apokalyptischen Vorstellungen vertraut war, läßt Mose hier typisch apokalyptische Offenbarungen zuteil werden, um ihn noch stärker zu erhöhen und um ihn mit dem in gewissen apokalyptischen Kreisen übermächtigen Henoch „konkurrenzfähig" zu machen. In einem gewissen Sinn übertrifft Moses den Henoch sogar: Während in der Henochapokalyptik das geheime Wissen über das Paradies dem Apokalyptiker durch einen Offenbarungsmittler, den angelus interpres, zukommt, wird es Moses direkt durch Gott mitgeteilt. Hier macht sich wohl die im AT enthaltene Auffassung bemerkbar, daß Moses mit Gott „von Mund zu Mund" spricht („os ad os", vgl. LibAnt 11,14; Num 12,8).

Es fällt auf, daß das Paradies in LibAnt mit einer Ausnahme[194] nur im Zusammenhang mit Moses erwähnt ist. Von diesen vier Mose und das Paradies betreffenden Stellen wird in dreien über eine Paradiesesschau des Mose berichtet (11,15; 13,8; 19,10). Auch anderen herausragenden Führern, so beispielsweise Kenaz, werden geheime Offenbarungen zuteil (28,6-9). Doch diese schließen keine Paradiesesschau ein. Nur Mose, der größte Mensch in LibAnt, ist also würdig, das Paradies zu sehen. Das Paradies gehört somit zu den besonders erwählten Bereichen der jenseitigen Welt, die nur Gott speziell ergebenen und ihm nahestehenden Menschen gezeigt werden.

Die Sonderstellung, die dem Paradies in LibAnt im Rahmen der apokalyptischen Offenbarungen zukommt, weist darauf hin, daß die Paradiesesschau als Herzstück der kosmologischen Offenbarungen der Henochliteratur empfunden wurde. Durch die Paradiesesschau wird Mose in LibAnt also einerseits als hervorragendster Führer Israels ausgezeichnet. Andrerseits wird er dadurch Henoch gegenüber „aufgewertet": Die Paradiesesschau ist ein Zeichen für das Ansehen eines Offenbarungsträgers vor Gott, sie gilt als „Prestige-Symbol" für dessen Wahrhaftigkeit. So ist es verständlich, daß Pseudo-Philo und später auch die Rabbinen, Mose eine Paradiesesschau zuschrieben (vgl. SifDev 357).

Das Paradies als neues Jerusalem

In 19,10-13 werden Mose aber nicht nur meteorologisch-kosmologische Offenbarungen zuteil, sondern auch Enthüllungen über die eschatologischen Ereignisse. Am Ende der Zeiten wird diese Welt untergehen. In der Zwischenzeit ruhen die Gerechten in Frieden (V.12; 23,13), die Bösen werden jedoch in dunklen Kerkern aufbewahrt (15,5). Nach der Auferstehung werden sie in völliger Gottferne endgültig sterben (16,3). Die Gerechten jedoch werden die „unsterbliche Wohnstatt" bzw. „den Ort der Heiligung" (V.13) in Besitz nehmen. Damit ist das Paradies gemeint, wie aus dem Hinweis „den ich dir gezeigt habe" (V.13) hervorgeht. Im folgenden soll versucht werden zu zeigen, daß das Paradies zugleich das neue Jerusalem ist. Da LibAnt in Bezug auf das Eschaton, wohl absichtlich, keine genauen, eindeutigen Angaben macht, können diese Ausführungen aber kaum mehr als Vermutungen sein.

Zwei Faktoren scheinen darauf hinzuweisen, daß das Paradies in LibAnt als neues Jerusalem verstanden wird: einerseits das Urquell-Motiv, andrerseits die eschatologische Dimension der zwölf die Stämme Israels symbolisierenden Edelsteine in Kapitel 26.

Das Paradies wird in LibAnt stets in Zusammenhang mit dem Wasser erwähnt, und zwar in dessen zweifacher Bedeutung: sowohl als lebensspendendes Element (11,15; 13,8; 19,10) als auch als zerstörerische Kraft (26,3; 32,8). Am deutlichsten zeigt sich dies in 19,10. Bevor Moses das Paradies sieht, werden ihm vier Wasserquellen gezeigt, aus denen die ganze Erde bewässert wird. Zwei davon befinden sich im Himmel und zwei auf der Erde. Die Vermutung drängt sich auf, daß es sich hier, im Kontext des Paradieses, um eine „universalisierende" Neuinterpretation der vier Ströme von Gen 2,10-14 handelt, die im Paradies entspringen. Auch in Gen sind diese in zwei Paare geteilt: Während der Euphrat und der Tigris zwei genau lokalisierbaren irdischen Flüssen entsprechen, handelt es sich bei Gihon und Pischon um unbekannte, mythische Namen.[195] Pseudo-Philo sieht also, wohl wie der Verfasser von Gen 2,10-14, im Paradies den ursprünglichen Quellort des lebensspendenden Wassers, das die ganze Erde bewässert und befruchtet. Die Propheten des AT haben diese paradiesische Urquelle mit dem Thron Gottes, dem Tempelberg und Jerusalem kombiniert. So heißt es in Sach 14,8:

> Zu der Zeit werden lebendige Wasser aus Jerusalem fließen, die eine Hälfte zum Meer im Osten und die andere Hälfte zum Meer im Westen, und so wird es sein im Sommer und im Winter.

Gemäß Ez 47,12 wachsen am Ufer dieses Tempelstromes nicht welkende, fruchttragende Bäume. Dabei handelt es sich sicher um eine Reminiszenz an den Garten Eden. Die zwischen 81-96 n. Chr. entstandene, stark aus der jüdischen Tradition schöpfende Offenbarung des Johannes zeigt, daß im ersten nachchristlichen Jahrhundert, der Entstehungszeit von LibAnt, die Idee von Jerusalem als Paradies mit der Quelle zum Repertoire der eschatologischen Vorstellungen gehörte. In Apk 22,1f. wird das neue Jerusalem nämlich folgendermaßen beschrieben:

> (1) Und er zeigte mir einen Strom lebendigen Wassers, klar wie Kristall, der ausgeht von dem Thron Gottes und des Lammes; (2) mitten auf dem Platz und auf beiden Seiten des Stromes Bäume des Lebens (xylon zoês), die tragen zwölfmal Früchte, jeden Monat bringen sie ihre Frucht, und die Blätter der Bäume dienen zur Heilung der Völker.

Wie in LibAnt das Paradies-Heiligtum, ist in Apk das neue Jerusalem, das mit paradiesischen Zügen geschildert wird, der Quellort des fruchtspendenden Wassers. Damit ist selbstverständlich kein Beweis dafür erbracht, daß das Paradies in LibAnt genau dem himmlischen Jerusalem von Apk entspricht. Doch die Bezeichnung des Paradieses in LibAnt als „Ort der Heiligung" einerseits, sowie seine auffällige „Wasserbezogenheit" andrerseits legen die Vermutung nahe, daß Pseudo-Philo von ähnlichen Vorstellungen des himmlischen Jerusalem, wie sie in Apk enthalten sind, inspiriert war.

Diese These wird durch die Rolle, die die zwölf Edelsteine von Kapitel 26 in der Endzeit spielen, erhärtet. In 25,1-26,12 wird erzählt, wie Kenaz[196] die bei den Sündern der zwölf Stämme gefundenen frevlerischen Bücher und die sieben Edelsteine aus den Götzenbildern der Ammoniter nach Gottes Anweisungen vernichtet. Die sieben Edelsteine können aber nicht zerstört werden, sondern werden von Engeln im Meer, d.h. wohl in der Unterwelt, versenkt und durch zwölf neue Steine aus dem Jenseits ersetzt (26,4). Diese neuen Edelsteine symbolisieren die Stämme Israels.[197] Sie werden zuerst in der Bundeslade zusammen mit den Gesetzestafeln verwahrt. Später sollen sie auf den beiden Cherubim im Tempel plaziert werden (26,12). Vor der Zerstörung des Tempels werden sie von Gott entfernt:

(26,13) Und wenn die Sünden meines Volkes erfüllt sein werden, und die Feinde beginnen werden, sich ihres Hauses zu bemächtigen, dann werde ich diese Steine und jene früheren zusammen mit den Tafeln nehmen und sie an den Ort legen, von wo sie am Anfang hervorgeholt wurden.[198] Und sie werden dort sein, bis ich der Welt gedenke und die Bewohner der Erde heimsuche. Dann werde ich diese (Steine) nehmen und noch andere, viel schönere, von dem, was *kein Auge gesehen hat noch ein Ohr gehört hat*,[199] und was keinen Eingang ins Herz des Menschen hatte, bis daß solches in der Welt geschehen wird. Und es Wird den Gerechten nicht an Sonnenlicht fehlen noch am Schein des Mondes, denn das Licht der sehr kostbaren Steine wird ihr Licht sein.

Die zwölf Steine, die nach der Zerstörung des Tempels von Gott an einem jenseitigen, paradiesischen Ort aufbewahrt werden, werden den Gerechten zusammen mit der ganzen jenseitigen Welt, die ihnen bereitet ist, der „unsterblichen Wohnstatt", dem „Ort der Heiligung" (19,13) übergeben werden. Die Edelsteine, die die zwölf Stämme symbolisieren und die ewige Wohnstatt der Gerechten durch ihren hellen Glanz schmücken werden, weisen wohl zugleich auf die endzeitliche Sammlung ganz Israels hin.

Edelsteine sind im alttestamentlichen und pseudepigraphischen Schrifttum im Bereich des Gottesthrones zu finden (vgl. Ex 24,9f.; äthHen 24-25). Eng verbunden mit dem Thron Gottes und dem Tempel ist das neue Jerusalem. So heißt es in Jes 54,11f:

Du Elende, über die alle Welten gehen, die keinen Trost fand! Siehe, ich will deine Mauern auf Edelsteine stellen und will deinen Grund mit Saphiren legen und deine Zinnen aus Kristallen machen und deine Tore von Rubinen und alle deine Grenzen von erlesenen Steinen.

Auch in der in Bezug auf die paradiesische Quelle schon zitierten Apk 21,18-20 sind die Grundsteine der Mauern des himmlischen Jerusalem, wie in LibAnt, aus zwölf Edelsteinen. Die zwölf Steine, die die „ewige Wohnstatt" der Gerechten in LibAnt schmücken, sind also ein weiterer Fingerzeig darauf, daß das Paradies des Pseudo-Philo als neues Jerusalem zu verstehen ist.

Pseudo-Philo ist zwar kein Apokalyptiker. Dies zeigt u.a. die Unbestimmtheit, in der er von den letzten Dingen redet. Doch durch diese Vagheit hindurch schimmern apokalyptische Ideen vom neuen, paradiesischen Jerusalem, die seine eschatologischen Hoffnungen inspiriert haben. Dies könnte ein Hinweis darauf sein, dass die Grenzen zwischen Apokalyptikern und Nicht-Apokalyptikern nicht immer scharf gezogen waren, und dass schon in früher Zeit, wie später auch im rabbinischen Judentum, apokalyptisches Gedankengut von nicht eigentlich apokalyptisch gesinnten Kreisen aufgenommen und in ihre eigenen Traditionen eingefügt wurde.

Die Pfade des Paradieses

In 19,10 ist von den „Pfaden des Paradieses" die Rede, wobei nicht ganz klar wird, was damit gemeint ist. Deshalb soll hier 13,8f. angeführt werden, wo die Wege des Paradieses deutlicher beschrieben werden. Nachdem Moses in 13,1-7 das Bundeszelt angefertigt und die Gesetze über die Festzeiten empfangen hat, wird er von Gott über Noah und Adam belehrt.

Dann belehrte er (praecepit[200]) ihn über die Lebensjahre Noahs und sagte zu ihm: Das sind die Jahre, die ich nach Wochen (post ebdomadas) angeordnet habe[201], in denen ich das Geschlecht der Menschen heimgesucht habe, als ich ihnen[202] den Ort der Schöpfung (locum generationis) und die Schlange gezeigt hatte. Und Er sagte: Dieser Ort ist es, über den ich den Erstgeschaffenen mit folgenden Worten unterrichtet habe: Wenn du nicht übertrittst, was ich dir anvertraut habe, wird alles dir untertan sein. Jener aber hat meine Wege (vias meas) übertreten, er ließ sich von seiner Frau überreden; diese war von der Schlange verführt worden.[203] Und damals wurde der Tod für die Geschlechter der Menschen bestimmt. (9) Und der Herr zeigte ihm (= Mose) dazu noch die Wege des Paradieses (vias paradysi)[204] und sagte ihm: Dies sind die Wege (viae), die die Menschen verloren haben, indem sie nicht auf ihnen wandelten, da sie sich gegen mich versündigten. (10) Und Gott unterrichtete ihn über die Rettung des Lebens des Volkes und sagte: Wenn sie auf meinen Wegen (in viis meis) wandeln, werde ich sie nicht verlassen, sondern mich ihrer immer erbarmen, und ich werde ihre Nachkommen segnen. Und die Erde wird eilen, um die Frucht zu geben, und der Regen wird ihnen zum Segen gereichen und nicht ohne Wirkung bleiben. Ich weiß aber wohl, daß sie ihre Wege (vias suas) verderben werden und ich werde sie verlassen. Und sie werden die Bundesschlüsse (testimonia), die ich mit ihren Vätern geschlossen habe, vergessen, ich aber werde sie in Ewigkeit nicht vergessen. Sie selbst werden am Ende der Tage wissen, daß wegen ihrer Sünden ihre Nachkommenschaft verlassen wurde, denn ich bin treu in meinen Wegen (in viis meis).

Es geht dem Verfasser von LibAnt in diesem Text darum, zu zeigen, daß Gott in seinem Heilswirken an Israel treu und zuverlässig ist. Wenn die Menschen, wie beispielsweise Adam oder die Generation der Sintflut, sündigen, wendet sich Gott von ihnen zeitweilig ab, um sie zu strafen (V.8). Doch er verläßt sie nicht, vielmehr wird er sich ihrer schlußendlich erbarmen (V.9). Dabei spielt der Gedanke der Wege, wie in LibAnt überhaupt, eine zentrale Rolle. LibAnt ist hierin wohl von Dtn 30,15-20 beeinflußt, wo es um den Weg des Gesetzes, der zum Leben führt, sowie um den todbringenden Weg der Sünde geht. So kam der Tod gemäß LibAnt über die Menschen, weil Adam Gottes Gebot übertreten hatte (V.9). Wenn die Menschen auf Gottes Wegen wandeln, wird er sie nicht verlassen (V.10). Doch die Menschen verderben ihre Wege indem sie die Bundesschlüsse Gottes vergessen (V.11). Auf der einen Seite stehen also die Wege Gottes, die im Einhalten des Gesetzes (V.10; 9,7f.; 16,5; 33,3 usw.) und Eingedenksein des Bundes (13,10) bestehen und zum Heil, d.h. ins Paradies führen (V.9; 20,3f.; 52,2 usw.). Denn ebenso wie Adam durch sein Übertreten von Gottes Gebot das Paradies verloren hat (V.8; 19,10), und auch die übrigen Menschen sich durch ihre Sünde davon entfernen (V.9), wird die Menschheit auf dem Weg des Gottesgehorsams zum Paradies zurückgeführt (V.9f.). Der Weg ins Paradies zurück ist den Menschen also durch das Gesetz gegeben. Die Wege derer aber, die das Gesetz nicht beachten (V.9f.; 28,4; 30,1), die Götzen anbeten (63,1) und mit fremden Frauen Unzucht treiben (30,1), führen ins Verderben und in die Vernichtung (16,3; 18,8).

Die Wege werden dabei sowohl als tatsächliche Pfade als auch als Metapher für das moralisch-ethische Verhalten verstanden. Dies wird besonders in V.9 deutlich: Gott zeigt Moses die Wege des Paradieses, womit die wirklichen Wege, die zum Paradies führen, gemeint sind. Andrerseits erklärt er ihm, dass die Menschen diese verloren haben, da sie nicht auf ihnen wandelten, d.h. da sie sich gegen Gott versündigten.

Das Verständnis des Weges in Bezug auf das jenseitige Ergehen in diesem zweideutigen Sinne findet sich im Frühjudentum oft. So werden beispielsweise Abraham in TestAbr 11,1-12 im Osten, am ersten Tor des Himmels, vom Engel Michael zwei Wege gezeigt, von denen der eine schmal, der andere weit und geräumig ist. Am Ende des schmalen Weges befindet sich eine enge, niedrige Pforte, die breite Straße wird dagegen von einem großen, prächtigen Tor abgeschlossen. Auf diesen beiden Wegen gehen die Seelen der Verstorbenen. Während durch das enge Tor nur wenige eintreten, werden die meisten Seelen von Engeln durch das breite hindurchgetrieben. Auf seine Frage hin erklärt Michael Abraham, daß der schmale Weg durch die enge Pforte hindurch ins Paradies führt, die breite Straße durch das mächtige Tor dagegen in die Hölle. Auch in TstAbr sind der reale Pfad und der im Sinne des moralischen Verhaltens bildlich verstandene Weg ineinander verquickt: Der dornenvolle Weg des Gesetzesgehorsams führt ins Paradies, die bequeme Straße der Sünde endet in der Hölle.[205] Die Qualifizierung des Weges, der zum Paradies führt, als besonders beschwerlich fehlt jedoch in LibAnt im Gegensatz zu TestAbr. Der Weg des Gottesgehorsams bringt im Gegenteil schon Heil auf dieser Welt und ist von allen begehbar (V.10). Für den Verfasser von LibAnt haben also die meisten am eschatologischen Heil teil. Dadurch zeigt sich wieder, daß Pseudo-Philo trotz seiner Aufnahme von apokalyptischen Motiven kein Apokalyptiker war.

In 19,11 wird der Stab des Mose, durch den die Wunder in der Wüste gewirkt wurden, als neues Bundeszeichen zwischen Gott und dem Volk Israel eingesetzt. Dieser Stab wird auch in 11,15 erwähnt, wo Moses nach der Offenbarung der zehn Gebote noch einmal auf den Sinai steigt, um zusätzliche Weisungen zu empfangen:

„(11,15) *Und das ganze Volk stand in einiger Entfernung da, Moses aber stieg zur Wolke hinauf, wissend, daß Gott dort war.*[206] Und dann sagte ihm Gott seine Vorschriften und Gebote, und behielt ihn bei *sich vierzig Tage und vierzig Nächte.*[207] Dort vertraute er ihm viel an, *und er zeigte ihm das Holz* des Lebens (lignum vitae), von dem er (=Moses) etwas herausschlug, mitnahm und (ins Wasser) *von Myrra warf, und das Wasser von Myrra wurde süss.*[208] Und es (= das Wasser) folgte ihnen in der Wüste vierzig Jahre lang, es stieg mit ihnen auf die Berge hinauf und in die Ebenen hinunter.[209]“

Mose wird also auf dem Berg Sinai[210] nach der Herabsendung der Gesetze das Paradies mit dem Lebensbaum gezeigt. Da Moses ein Stück vom Lebensbaum abschneiden kann, ist anzunehmen, daß er das Paradies nicht nur sieht, sondern ins Paradies entrückt wird. Damit bildet 11,15 den Höhepunkt der drei Paradiesoffenbarungen des Mose in LibAnt.

Auffallend ist, daß Moses ein Stück des Lebensbaumes aus dem Paradies mitnehmen und auf der Erde gebrauchen kann. Hier unterscheidet sich LibAnt von ApkMos, wo das Öl des Lebensbaumes erst im Eschaton den Menschen übergeben wird (13,2). In LibAnt ist das Paradies im Gegensatz dazu durch den Mosesstab – allerdings in beschränktem Masse – jetzt schon wirksam. Auch die zwölf paradiesischen Edelsteine werden in 26,12 ein Bundeszeichen genannt. Der strenge Dualismus zwischen jetziger und kommender Welt ist in LibAnt also etwas gelockert, indem das Jenseits ein wenig ins Diesseits hereingenommen wird. Dadurch wird die Kontinuität der Heilsgeschichte hervorgehoben: Obwohl Adam sich und dem ganzen Menschengeschlecht das Paradies verscherzt hat (13,9; 19,10), erinnert sich Gott durch die bereits jetzt den Menschen übergebenen eschatologischen Gaben seines Heilsplanes, der ganz Israel wieder ins Paradies zurückführen wird. Dadurch, daß die Gaben des Eschatons als Bundeszeichen eingesetzt werden, wird versichert, daß Gott sein Volk ins eschatologische Heil führen wird.

9. Die syrische Baruch-Apokalypse

Die syrische Baruch-Apokalypse bildet einen Teil der Literatur, die als Reaktion auf die Zerstörung des Tempels im Jahre siebzig entstand. Sie soll hier exemplarisch für die Apokalyptik nach der Zerstörung des zweiten Tempels behandelt werden. SyrBar versucht, eine Antwort auf die Frage zu geben, warum Gott zuließ, daß Jerusalem zerstört wurde, warum es den Völkern, die doch nicht besser als Israel sind, gut geht und wie dies alles mit den Bundesschlüssen, die Gott mit den Urvätern geschlossen hat, zu vereinbaren ist. Zu dieser Literatur, die die Tempelzerstörung verarbeitet, gehören auch ApkAbr, die Paralipomena Jeremiae, grBar und IVEsr. Diese Werke sind zum Teil von syrBar abhängig. Besonders mit IVEsr ist syrBar nahe verwandt, doch aufgrund der großen theologischen Unterschiede können die Beziehungen zwischen den beiden Büchern nicht näher bestimmt werden.[211] So ist IVEsr viel pessimistischer eingestellt als syrBar: Während syrBar davon ausgeht, daß Israel durch das Gesetz gerettet werden kann (54,14 u.a.), sind es nach IVEsr nur ganz wenige, die am eschatologischen Heil teilhaben. Das Gesetz gilt dem Verfasser von IVEsr nicht als Heilsfaktor (IVEsr 3,20; 7,77; 4,23 u.a.).

Der Verfasser von syrBar schreibt unter dem Pseudonym von Baruch, dem Schreiber des Propheten Jeremia (vgl. Jer 36). Die Tempelzerstörung durch Nebukadnezar wird so zum Paradigma für die Zerstörung durch Titus. In dieser verzweifelten Situation wendet sich Baruch an sein Volk, um es zum Gesetzesgehorsam aufzurufen und ihm dadurch neue Heilswege zu eröffnen. In diese Paränesen flicht er viele apokalyptische Bilder und Visionen ein.[212]

SyrBar ist in Palästina entstanden.[213] Es ist nur noch in einer syrischen Übersetzung erhalten, der ein griechischer Text zugrunde lag.[214] Diese griechische Fassung geht eventuell auf ein hebräisches oder aramäisches Original zurück. Da sich syrBar jedoch an die Gemeinden der Diaspora wendet, kann nicht ausgeschlossen werden, daß Griechisch die ursprüngliche Sprache von syrBar war.[215]

Bei der Datierung von syrBar spielt vor allem die Frage eine Rolle, ob syrBar vor oder nach IVEsr entstanden sei. Beide Werke stammen sicher aus der Zeit zwischen ca. 70-132 n. Chr. Da die Klage um Zion in syrBar noch sehr aktuell ist, scheint ein Entstehungsdatum gegen Ende des ersten Jahrhunderts annehmbar zu sein.[216]

Die Paradiesesvorstellung von syrBar hat viele Gemeinsamkeiten mit derjenigen von LibAnt und IVEsr sowie von einigen neutestamentlichen Schriften (Apk, Hebr). Doch es lassen sich auch bedeutsame Unterschiede feststellen. Die eschatologischen Hoffnungen von syrBar stellen neben den eben erwähnten Büchern *einen* Versuch dar, die Tempelzerstörung zu bewältigen.

SyrBar geht, wie auch IVEsr, von einer ziemlich klaren Abfolge der eschatologischen Ereignisse aus: Auf die Vorzeichen des Messias (27) folgt die messianische Ära, die als Zeit üppiger Fruchtbarkeit mit paradiesischen Zügen geschildert wird (29). Während dieser Zeit wird der letzte Herrscher der Völker vom Messias besiegt (40). Doch die messianische Zeit gehört noch zum diesseitigen, vergänglichen Äon und geht, nachdem der Messias „in die Herrlichkeit zurückgekehrt ist" (30,1), zusammen mit der irdischen Welt zu Ende (40,3). Nach der Auferstehung, nachdem alle Toten in ihren alten Körpern auferstanden sind, geschieht in Kapitel 51,1-12 an ihnen eine Verwandlung, damit die Gerechten und Frevler das ihnen je Bestimmte in Empfang nehmen können:

(1) Wenn dieser festgesetzte Tag vorüber ist, (dann) wird sich die Gestalt derer verändern, die schuldig erfunden sind, und auch die Herrlichkeit von denen, die als Rechtschaffene gelten können.[217] (2) Das Aussehen derer, die hier frevelhaft gehandelt haben, wird schlimmer gemacht werden, als es jetzt ist, weil sie Martern erleiden müssen. (3) Die Herrlichkeit von denen, die sich jetzt rechtschaffen gezeigt haben, wie mein Gesetz es will, und die in ihrem Leben Einsicht hatten und die in ihrem Herzen hier der Weisheit Wurzel pflanzten – ihr Glanz wird dann verherrlicht sein in unterschiedlicher Gestalt. Ins Licht ihrer Schönheit wird verwandelt sein das Ansehen ihres Angesichts. So können sie die Welt bekommen und empfangen, die nicht vergeht, so wie sie ihnen versprochen ward. (4) Besonders darum werden, die dann kommen, traurig sein, weil sie mein Gesetz gering geachtet und ihre Ohren so verstopft haben, daß sie Weisheit nicht hören und Einsicht nicht empfangen konnten. (5) Darum – wenn sie sehen werden, daß die, über die sie sich jetzt hoch erhaben dünkten, alsdann erhoben und verherrlicht werden weit mehr als sie und

verwandelt werden diese wie auch jene – zum Glanz der Engel diese, jene
aber zu bestürzenden Erscheinungen und gräßlichen Gestalten – noch schlimmer werden sie vergehen. (6) Zuschauen werden sie zuerst, dann aber gehen
sie dahin, um Pein zu leiden. (7) Die aber, die gerettet sind durch ihre Werke
und denen das Gesetz jetzt eine Hoffnung war und denen Einsicht ihre Hoffnung und Weisheit ihr Vertrauen war – ihnen werden Wunder erscheinen
dann, wenn ihre Zeit gekommen ist. (8) Sie werden sehen jene Welt, die noch
unsichtbar für sie ist; sie werden sehen eine Zeit, die ihnen noch verborgen ist.
(9) Und weiter wird die Zeit sie nicht mehr altern lassen. (10) Denn in den
Höhen jener Welt[218] wird ihre Wohnung sein; sie werden den Engeln gleichen
und den Sternen ähnlich sein.[219] Sie werden sich wandeln in jegliche Gestalt,
die sie nur wünschen – von Schönheit bis zur Lieblichkeit, vom Licht zum
Glanz der Herrlichkeit. (11) Des Paradieses weite Räume werden für sie aus-
gebreitet; gezeigt wird ihnen die hoheitsvolle Schönheit der lebendigen Wesen
werden, die unter meinem Thron sind, und aller Engel Heere, die nun durch
meine Worte festgehalten werden, so daß sie sich nicht sehen lassen;[220] von
meinem Befehl sind sie zurückgehalten, so daß sie stehen an ihren Orten, bis
die Zeit ihrer Ankunft einst angebrochen ist. (12) Dann wird Vortrefflichkeit
bei den Gerechten noch größer sein als bei den Engeln.

Die Beschreibung des Paradieses

Das Paradies wird in syrBar – im Gegensatz zur messianischen Friedenszeit – nur
sehr zurückhaltend geschildert. Dies hängt damit zusammen, daß es, anders als
das messianische Reich, zur noch verborgenen jenseitigen Welt gehört (V.8), die
in syrBar wie in LibAnt nur andeutend beschrieben wird. Dadurch unterscheidet
sich syrBar von der Henoch- und Qumranapokalyptik, die an der Beschaffenheit
der himmlischen, jenseitigen Welt sehr interessiert ist.

Es kann jedoch trotz der undeutlichen Beschreibung gesagt werden, daß das
Paradies in syrBar mit dem himmlischen Heiligtum bzw. dem himmlischen Jerusalem (s. unten) identisch ist. Darauf deuten verschiedene Hinweise:

1. Nach V.11 sind die „Räume des Paradieses" um den Thron Gottes angelegt.
Die Bezeichnung „Raum" mutet im Kontext des Paradieses auf den ersten Blick
merkwürdig an. Doch könnte der syrische Ausdruck auf ein ursprüngliches hêk-
hal/ aulê zurückgehen, das im AT „Tempelhalle" bedeutet (vgl. Ez 41). In den
Sabbatliedern von Qumran, die das himmlische Heiligtum ausführlich beschreiben, erscheint der Begriff „hêkhal" wie in syrBar mehrmals in Pluralform zur

Bezeichnung der himmlischen Tempelhallen.[221] Diese Vorstellung wurde später in der „Hekhalothliteratur" weiter ausgebildet.[222] Mit dem Ausdruck „Räume des Paradieses" sind also möglicherweise die Tempelhallen, die den Thron Gottes umgeben gemeint.

2. Den Gerechten wird in V.11 „die Schönheit der lebendigen Wesen", die sich unter dem Thron Gottes befinden gezeigt. Diese Lebewesen sind sicher mit den Keruben zu identifizieren[223], die den Thronwagen Gottes (merkavah) tragen (Ez 1,5-28) und im Allerheiligsten des Tempels den thronenden Gott bezeichnen (1Chr 28,18). Das Paradies besteht also wie der Tempel aus der Halle und dem Allerheiligsten mit dem Gottesthron. Dadurch daß den Gerechten diese Keruben gezeigt werden, erhalten sie Einsicht in die Geheimnisse des göttlichen Thronwagens. Ihr Aufenthalt im Paradies kann demnach als ewig dauernde, vollendete Schau des Thronwagens (ma'aseh merkavah) charakterisiert werden. Andrerseits weist diese Gottesschau auch darauf hin, zumal da nach V.12 die Vortrefflichkeit der Gerechten größer als diejenige der Engel ist, daß sich die Gerechten in unmittelbarer Nähe zu Gott, sozusagen im „Allerheiligsten" des paradiesischen Heiligtums befinden. Die paradiesischen Freuden bestehen also nach syrBar in der uneingeschränkten Gemeinschaft der Gerechten mit Gott.[224]

3. Der Thron Gottes ist gemäß V.11 von den Heerscharen der Engel umgeben. Die Gott lobpreisende, hierarchisch gegliederte Engelschar ist ein fester Bestandteil der Vorstellungen über das himmlische Heiligtum (TestXII.Lev 3,8; 4Q403 I ii 11-27; slHen 20,1.3; Hebr 12,22). Auch in syrBar besteht eine Rangordnung unter den Engeln, die um den Gottesthron stehen[225] (59,11). Obwohl syrBar, entsprechend seiner Zurückhaltung über die himmlischen Dinge, keine Angaben über die Tätigkeit dieser Engel macht, kann wohl angenommen werden, daß sie Gott lobpreisen. Am Ende werden die Gerechten in engelgleiche Wesen verwandelt werden (V.10), ja sie werden die Engel sogar übertreffen (V.12), d.h. sie werden in der Hierarchie der Engel an der Spitze und somit Gott am nächsten stehen.

Die Überlegenheit der Gerechten über die Engel wird in syrBar nirgends ausdrücklich begründet. Wegen der starken Betonung des Gesetzes, die das ganze Buch beherrscht, kann aber angenommen werden, daß sich die Gerechten durch ihren Entscheid für Gottes Bund und sein Gesetz (V.3; 7) „Weisheit gepflanzt"

(V.3), „Schätze angesammelt" (14,12) und „Leben erworben" (38,2) haben, während sich die Engel, die ja nie vor diese Entscheidung gestellt wurden, sich auch keine besonderen Verdienste erworben haben.[226]

Das Paradies fällt also in syrBar wie in LibAnt und Apk mit dem himmlischen Heiligtum bzw. dem himmlischen Jerusalem zusammen. Die Vorstellung des himmlischen Jerusalem entwickelte sich nicht erst als Folge der Zerstörung des irdischen Jerusalem (vgl. auch Gal 4,26), durch die Verwüstung der irdischen Stadt mit dem Tempel erhielt die Vorstellung des himmlischen Heiligtums jedoch eine neue, zusätzliche Aktualität.

Auffällig ist, daß die Auffassungen von syrBar/LibAnt über die jenseitige Welt sich in den Grundzügen nicht sehr von denjenigen der Qumran- und Henochapokalyptik unterscheiden. Der Unterschied besteht vielmehr darin, daß die himmlische Welt in diesen späteren, dem mosaischen Gesetz anhangenden und somit dem rabbinischen Judentum näher stehenden Schriften, nur andeutend-zurückhaltend beschrieben wird. Anders als die Henochliteratur, die die Legitimität ihrer Gesetze aus dem kosmisch-himmlischen Bereich herleitet und daher dieser jenseitigen Welt viel Aufmerksamkeit widmet, begnügen sich syrBar, LibAnt u.a. mit relativ undeutlichen Ausblicken auf die jenseitige Vergeltung: Das Jenseits ist hier keine kosmologisch-legitimierende, sondern nur noch eine ethisch-eschatologische Größe.

Das irdische und das himmlische Jerusalem

Obwohl LibAnt und syrBar die Vorstellung des mit dem Paradies verbundenen himmlischen Jerusalem teilen, besteht zwischen ihnen ein bedeutender Unterschied in Bezug auf die Lage der himmlischen Stadt im Eschaton. Während in LibAnt das himmlische Jerusalem am Ende das irdische ersetzen wird, also auf dem Zion stehen wird, bleibt es gemäß syrBar im Himmel, indem es den Gerechten „in den Höhen jener Welt" (V.10) eine Wohnung sein wird. Dadurch wird in syrBar der starke Äonendualismus und die pessimistische Sicht der irdischen Welt gegenüber (vgl. 15,8; 16,1; 21,13f. usw.) konsequent zu Ende geführt: Zion als Teil der irdischen, verderbten Welt hat für die endgültige, eschatologische Rettung keine Bedeutung mehr, abgesehen eventuell von einem befri-

steten Aufblühen während der messianischen Zeit.[227] Der Schauplatz des eschatologischen Heils ist vielmehr die himmlische Welt, der ewige Äon, wozu das paradiesische Jerusalem nach 4,1-6 gehört:

(4,1) Und der Herr sprach zu mir (= Baruch): Diese Stadt wird eine Zeitlang
preisgegeben, das Volk wird eine Zeitlang gezüchtigt, und die Welt wird nicht
vergessen werden. (2) Oder meinst du vielleicht, dies sei die Stadt, von der ich
gesagt habe: *In meine Handflächen habe ich dich gezeichnet?*[228] (3) Nicht ist
es dieser Bau, der nun in eurer Mitte aufgebaut. Es ist bei mir, was offenbar
werden wird, was hier seit der Zeit bereitet ward, in der das Paradies zu schaffen ich beschlossen hatte. (4) Und ich habe es Adam gezeigt, bevor er sündig-
te; als er aber das Gebot übertreten hatte, wurde es ihm weggenommen, genauso wie das Paradies.[229] (5) Und danach zeigte ich es meinem Knechte Abraham, in der Nacht zwischen den Opferhälften.[230] (6) Und weiter zeigte ich es
Mose auf dem Berg Sinai[231], als ich ihm *das Bild des Stiftszeltes zeigte und
aller seiner Geräte.*[232] (7) Siehe, so ist es nun bewahrt bei mir gleichwie das
Paradies. (8) Geh also fort von hier und tu, wie ich dir aufgetragen habe.

Das irdische, nun zerstörte Jerusalem, über das Baruch so sehr trauert (3,1-9), ist
also nicht die wahre Gottesstadt, die von Gott ins Eschaton geführt werden wird
(V.3, Jes 49, 16-26). Diese ist vielmehr bei Gott als präexistente Größe verwahrt
(V.3). Das jenseitige, himmlische Paradies-Heiligtum ist es, das in Gottes Hand-
fläche gezeichnet ist, und das den Gerechten übergeben werden wird. Das irdische Jerusalem ist das zeitgebundene, unvollkommene Gegenstück des paradiesischen, ewigen Heiligtums. Das Problem der Tempelzerstörung wird also von
syrBar teilweise dadurch gelöst, daß er das nunmehr zerstörte Jerusalem als blo-
ßes „Abbild" der wahren, paradiesischen Gottesstadt entlarvt. Die von syrBar
vorgeschlagene Lösung besteht in einer Verlegung des wirklichen Heiligtums in
die Transzendenz, in einer Identifizierung von Himmel-Thron Gottes-Jerusalem-
Paradies. Dadurch wird die Bedeutung des irdischen Zion jedoch verringert, allerdings wird so sein Verlust auch leichter erträglich.[233]

Damit steht syrBar nicht nur im Gegensatz zu früheren apokalyptischen Vorstellungen (z.B. äthHen 24-25: das Paradies wird am Ende nach Jerusalem verpflanzt), sondern auch zur rabbinischen Auffassung über das Verhältnis von obe-
rem und unterem Jerusalem. Für die Rabbinen ist das obere Jerusalem nur ein

„Platzhalter" für das untere, bis dieses nämlich wiedererbaut sein wird. Die Heiligkeit des irdischen Jerusalem wird somit von den Rabbinen im Gegensatz zu syrBar höher bewertet als diejenige des himmlischen (vgl. bTaan 5a; MTeh 122 § 4). Diese Auffassung wurde wohl in polemischer Absicht gegen Kreise, die die Heiligkeit des Zion leugneten (z.B. Christen) formuliert. SyrBar scheint davon noch nicht betroffen zu sein.

Zugleich ist aber die Relativierung des irdischen Jerusalem in syrBar auch in seiner Theologie begründet, für die der Kult – trotz der heftigen Klagen über den zerstörten Tempel – im Grunde keine wesentliche Rolle spielt: Nicht der rechte Kult, sondern die Befolgung der Gesetze führt den Menschen ins eschatologische Heil (32,1; 38,1; 46,3 usw.). Die Sühne wird durch Züchtigung und Leiden erwirkt (13,9f.), ja in diesem Sinne ebnet die Tempelzerstörung sogar den Weg für die endzeitliche Erlösung (20,2).

Für syrBar ist der Schauplatz des eschatologischen Heiles mit der Offenbarung des wahren, paradiesischen Jerusalem der Himmel. Die damit verbundene Abwertung des Zion ist einerseits eine Folge des radikalen Pessimismus von syrBar der irdischen Welt gegenüber, andrerseits hängt sie mit seinen theologischen Ansätzen zusammen, in denen der Kult keine zentrale Rolle spielt. Es zeigt sich auch hier, daß die Akzentuierung der Paradiesesvorstellung eng mit der Haltung dem Jerusalemer Tempel gegenüber verknüpft ist.

Dies wird durch einen Vergleich von syrBar mit IVEsr bestätigt. Die Theologie von IVEsr mißt dem Kult höhere Bedeutung zu als syrBar und sieht im Gesetz – im Gegensatz zu syrBar – keinen Heilsweg für Israel: Das Gesetz kann keine Früchte tragen, da das Herz des Menschen böse ist (3,20). Deshalb besteht der Trost für Esra nur darin, daß das gegenwärtig zerstörte Jerusalem bald in größerer, paradiesischer Pracht, jedoch am selben Ort, wiedererstehen wird (vgl. 7,36; 8,52), während syrBar Zuversicht aus der Erkenntnis schöpft, daß nicht das wahre Heiligtum, sondern dessen Abbild verwüstet wurde, und der Zugang zu diesem wahren, himmlischen Tempel durch das Gesetz jedem Israeliten offensteht.

10. Philo von Alexandrien

Philo von Alexandrien (ca. 25-15 v.Chr. bis 42-45 n.Chr.) ist der bekannteste Vertreter der jüdisch-hellenistischen Diaspora. Er ist jedoch nicht als isolierter Einzelgänger zu betrachten – obwohl die Quellenlage dies vermuten lassen könnte – sondern vielmehr als Repräsentant einer geistigen Strömung des alexandrinischen Judentums, die den Pentateuch mit Hilfe der hellenistisch-allegorisierenden Auslegungsmethode aktualisierte und interpretierte.[234] Philo war freilich der Höhepunkt und zugleich der letzte Vertreter dieser exegetischen Tradition.

Über Philos Leben ist nicht viel bekannt: Er gehörte den führenden Kreisen des alexandrinischen Judentums an[235] und nahm wohl am öffentlichen und sozialen Leben teil (vgl. z.B. Spec 3,3). Er hatte eine sehr gute Ausbildung sowohl im griechischen als auch im jüdischen Bereich genossen und verfügte über ein breites Wissen.[236]

Das Bild Philos, das sich aus seinen Schriften ergibt, hat in der Forschung zu Kontroversen geführt. Während Philo von der älteren Forschung in erster Linie als hellenistischer Philosoph in jüdischem Gewand angesehen wurde, der in scharfem Kontrast zum normativen rabbinischen Judentum gestanden habe, interpretiert die neuere Forschung Philo eher von seinem Judentum und der konkreten politischen Situation der Juden in Alexandria zu Beginn des ersten nachchristlichen Jahrhunderts ausgehend.[237] Durch die mittlerweile allgemein bekannte Tatsache, daß auch das palästinische Judentum hellenisiert war, wurde zudem die Kluft zwischen palästinischem und hellenistischem Judentum verringert: So kann festgehalten werden, daß Philo etwa über die kosmische Tragweite der Erwählung Israels[238] (vgl. LegGai 4f.) oder über die welterhaltende Wirkung des Jerusalemer Kultes (vgl. LegGai 225-235) ähnliche Ansichten vertrat wie gewisse rabbinische Kreise. Auch dort, wo Philo die griechische Philosophie übernimmt, ist zu bedenken, daß er keine jüdisch-hellenistische Synthese schaffen will, sondern daß seine Absicht darin besteht, das Gute seiner hellenistischen Umwelt aufzunehmen und zugleich zu zeigen, daß dieses ursprünglich jüdisch ist und auf Moses zurückgeht.[239]

Philos umfangreiches Werk wird gewöhnlich in vier Gruppen geteilt, von denen die ersten drei seine Kommentare zum Pentateuch umfassen (1. Erklärung zum Gesetz des Moses, 2. Allegorische Gesetzesauslegung, 3. Quaestiones et solutiones), während die letzte aus historischen, philosophischen und apologetischen Schriften besteht.[240] Obwohl Philo teilweise an eine heidnische Leserschaft dachte, ist sein Werk in erster Linie an ein jüdisches Publikum gerichtet.

Aus Philos Schriften wird ersichtlich, daß er sich v.a. gegen drei Gruppen von Interpreten wandte, die in Alexandrien aktiv waren: 1. Gegen Literalisten, die dem Judentum treu gegenüberstanden, 2. gegen Literalisten, die Nichtjuden oder Apostaten waren und das Judentum durch ihre wörtliche Auslegung lächerlich machen wollten, sowie 3. gegen Exegeten, die das Gesetz durch ihre extreme allegorische Interpretation spiritualisierten. Philo selber hält fast immer am wörtlichen Verständnis fest, dem er allerdings als tiefere, höhere Bedeutung eine allegorische Auslegung folgen läßt (vgl. Migr 89-93).[241]

Die Paradiesesvorstellung nimmt in Philos drei Bibelkommentaren eine wichtige Stellung ein und muß im Zusammenhang seines ganzen Werkes beurteilt werden. Dies ist jedoch im Rahmen dieser Arbeit nicht möglich. Deshalb können im folgenden nur einige Ansätze von Philos Paradiesesvorstellung anhand der Paradiesbeschreibung, also nicht der ganzen Sündenfallserzählung, gezeigt werden.

Das Paradies als Garten der Tugend

In seinen großen Bibelkommentaren betrachtet Philon das Paradies als von Gott in der Seele des Menschen gepflanzten „Tugendgarten". So deutet er das Paradies in All 1,43-60 folgendermaßen:

(43) 'Und Gott pflanzte einen Garten (paradeisos) in Eden nach Sonnenaufgang zu und setzte dorthin den Menschen, den er gebildet hatte' (Gen 2,8). Die Schrift hat die erhabene, himmlische Weisheit (sophîa) mit vielen Namen bezeichnet, um ihre Vielnamigkeit darzutun[242], sie hat sie Anfang (archê), Urbild (eikôn) und Schauen Gottes (horasîs theoû)[243] genannt. Hier aber stellt sie durch die Erzählung von der Pflanzung des Paradieses das Abbild (mimêma) des Urbildes (archétypos), nämlich die irdische Weisheit (epigeia sophîa)[244] dar. Denn der Mensch möge nicht von einer solchen Gottlosigkeit (asebeîa)

ergriffen werden, zu glauben, daß Gott Feldarbeit tue in Gärten pflanze;...solches Märchengerede (mythopoiîa) möge uns nie in den Sinn kommen![245]...(45) Die irdische Tugend (epigeios aretê) also sät und pflanzt Gott für das Menschengeschlecht, die Nachahmung und das Abbild der himmlischen. Denn er hatte Mitleid mit unserem Geschlecht, da er sah, welch ungemeine Fülle des Schlechten in ihm enthalten ist, und so begründete er als Schutz und Hilfe gegen die Krankheiten der Seele die irdische Tugend, die Nachahmung der urbildlichen himmlischen, wie ich sagte, die die Schrift mit vielen Namen bezeichnet. In übertragener Redeweise nun wird die Tugend Paradies genannt, der dem Paradies angemessene Ort aber Eden, was „Genuß" (tryphê[246]) bedeutet. Zur Tugend gehören nämlich Friede, Wohlbehagen und Freude, die den Genuß in Wahrheit ausmachen. Das Paradies wurde in der Richtung des Sonnenaufganges gepflanzt, weil das Natur- und Sittengesetz (orthos logos[247]) weder untergeht noch erlöscht, sondern stets aufgeht: Ich meine, wie die Sonne, wenn sie aufgeht das Dunkel der Luft mit Lichtglanz erfüllt, so erhellt auch die Tugend, wenn sie in der Seele aufleuchtet, deren Dunkel und zerstreut die tiefe Finsternis[248]... (47)...Denn da Gott gut ist und unser Geschlecht zur Tugend als der angemessensten Betätigung erziehen will, setzt er den Geist in die Tugend ein, damit er sie natürlich wie ein guter Landwirt warte und pflege...(49)... Selbstgefällig (philautos) und gottlos (atheos) ist der Geist, der glaubt, er sei Gott gleich und der sich einbildet, selbst zu schaffen, während ihm nur das Erleiden zukommt. Da Gott nämlich in der Seele das Schöne sät und pflanzt, begeht derjenige, der sagt: 'Ich pflanze!'eine Gottlosigkeit... (56) 'Und Gott ließ aus der Erde emporspriessen alle Arten von Bäumen, schön für das Auge und gut zum Genießen, und den Baum des Lebens mitten im Garten, und den Baum der Erkenntnis des Guten und des Bösen'(Gen 2.9). Hier beschreibt die Schrift die Bäume der Tugend (dendra aretês), die Gott in der Seele pflanzt. Dies sind die Einzeltugenden und die ihnen entsprechenden Betätigungen, die vollkommenen und die bei den Philosophen sogenannten zweckmäßigen Handlungen.[249] Dies sind die Pflanzen des Paradieses...(59) Der Baum des Lebens aber bedeutet allgemeine Tugend, die einige das Gutsein (agathotês) nennen, aus welcher die Einzeltugenden abgeleitet sind.[250] Deswegen ist sie in die Mitte des Gartens gepflanzt worden, damit sie den wichtigsten Platz innehat und auf beiden Seiten wie ein König ihre Untertanen hat...(60) Während nun von ihm die Schrift ausdrücklich sagt, daß er in der Mitte des Gartens gestanden habe, gibt sie von dem anderen Baume, dem der Erkenntnis des Guten und Bösen, nicht an, ob er sich innerhalb oder außerhalb des Gartens befand; vielmehr bricht die Schrift gleich nach den Worten 'und den Baum der Erkenntnis des Guten und Bösen' ab, ohne anzugeben wo er war...Was ist zu sagen? Dieser Baum steht sowohl im Garten als auch außerhalb, nämlich in Bezug auf sein Dasein (ousîa) drinnen, in Bezug auf sein Wirken (dynamei) jedoch draußen. Wie das?...Auf die eine Seele wirken nämlich die zahllosen Eindrücke all der Dinge im Weltall. Nimmt sie nun das Gepräge der vollendeten Tugend auf, so wird sie zum Baum des Lebens; nimmt sie das der Schlechtigkeit auf, so wird sie zum Baum der Erkenntnis des Guten und des Bösen.[251]

Durch seine allegorische Interpretation von Gen 2,8-14 dechiffriert Philo die Paradieseserzählung als Beschreibung der menschlichen Seele und der ihr von Gott gegebenen Heilsmöglichkeit. In ungewöhnlich scharfer Weise wird ein wörtliches Verständnis von Gen 2,8-14 zurückgewiesen. Dies läßt die Vermutung aufkommen, daß sich Philo hier an Gegner wendet, sei es an Juden, die durch ihre literale Auslegung Philos transzendenten Gottesbegriff gefährden, sei es an nichtjüdische Kreise und Apostaten, die anhand der Paradieseserzählung das Judentum lächerlich machen wollen. Die Allegorese der Paradieseserzählung hat demnach für Philo auch ein praktisch-politisches Ziel: Es geht unter anderem um die Apologetik des Judentums.

Philo sieht im biblischen Paradies also ein Sinnbild für die göttliche Wirkungsweise im menschlichen Geist (45). Zur Umschreibung dieses göttlichen Wirkens verwendet er die platonische Terminologie von Ur- und Abbild. Diese platonische Vorstellung ist in Philos Philosophie mit stoischem Gedankengut über den die Welt durchdringenden vernünftigen Geist sowie mit dem jüdischen Bild vom sich herabneigenden und sich offenbarenden Gott vermischt.[252] Diese Anschauungen werden von Philo in seinem schwierigen Begriff des Logos zusammengefaßt, der zwischen der Sinnenwelt und dem transzendenten Gott (to on) vermittelt. Auch das himmlische Urbild, dessen Abbild das (symbolisch verstandene) Paradies ist, ist ein Aspekt des Logos. Dabei ist Philo aber in Bezug auf seine Bezeichnung nicht ganz konsequent: Er nennt es sowohl „himmlische Weisheit" (sophîa) als auch „himmlische Tugend" (aretê) und bringt es mit dem kosmischen Natur- und Sittengesetz (orthos logos) in Verbindung (45). Tugend und Weisheit sind für Philo austauschbare Begriffe (vgl. auch All 2,82), die vom orthos logos, den Philo mit dem mosaischen Gesetz identifiziert (vgl. op 4f.) abhängen. Die Paradiesbäume sind somit nach Philo Wirkkräfte der göttlichen Weisheit in der Sinnenwelt, nämlich die menschlichen Tugenden. Diese bestehen gemäß dem weisheitlichen Charakter ihres himmlischen Vorbildes im Befolgen

96

des kosmischen Naturgesetzes bzw. der Tora (vgl. auch vitMos 2,44). Bei der Wahl der Paradiesbäume als Bild für die irdische Weisheit mag Philo von der stoischen Vorstellung der Pilosophie als Ackerfeld beeinflußt gewesen sein (vgl. Agr 14).[253] Andrerseits erinnert seine Auffassung an die jüdische Weisheitsliteratur, wo die Weisheit bzw. die Tora als Lebensbaum bezeichnet werden kann (vgl. Prov 3,17f.). Die allegorische Interpretation der Paradiesbäume als Einzeltugenden findet in der jüdischen Tradition also durchaus gewisse Anhaltspunkte!

Durch die Anwendung des Urbild-Abbild-Verhältnisses auf die Beziehung zwischen göttlicher Weisheit und menschlicher Tugend weist Philo zudem darauf hin, daß die in der Tugend gebildete, paradiesische Seele göttlichen Charakter hat. Die gute Seele, nicht der vergängliche Körper, ist nach Philo das Ebenbild Gottes (vgl. op 69).

Philo weitet nun seine allegorische Interpretation auf die Beschreibung des ganzen Paradieses aus: So werden die die einzelnen Tugenden symbolisierenden Paradiesbäume in Eden, das „Genuß" bedeutet gepflanzt, da die Pflege der Bäume, d.h. die Befolgung der Tugend den wahren Genuß, nämlich Freude und Frieden zur Folge hat (45). Durch die Pflanzung der Tugend wird die Seele zudem erleuchtet und von Lichtglanz erfüllt (45). Dunkelheit symbolisiert bei Philo oft die wollüstige, schlechte Sinnlichkeit, während das Licht die durch die Tugend bewirkte Befreiung davon versinnbildlicht (vgl. Abr 78-80). Indem die paradiesischen Tugendbäume durch die Güte Gottes in der Seele gepflanzt werden, befreit sich diese von der schlechten Körperlichkeit und schwingt sich in Freude in die himmlischen Regionen hinauf, wo sie nach op 70f. die Urbilder und Ideen betrachtet und sogar bis zum „höchsten Gipfel des rein Geistigen emporgetragen wird und glaubt bis zum Großkönig selbst vorzudringen" (op 71). Die Pflege der „Paradieshaftigkeit" der Seele ermöglicht ihr also den Aufstieg in den göttlichen Bereich. Hierin ist Philo bestimmt von stoischen und platonischen Ideen, etwa der Lehre vom Eros beeinflußt. Gerade die paradiesischen Züge dieses Aufstieges lassen aber die Vermutung aufkommen, daß Philo hier auch von der Merkavah-Mystik inspiriert war, wo paradiesische Motive ja ebenfalls eine Rolle spielen.

Daß Philo bei seiner Interpretation des Paradieses – trotz seiner hellenistisch beeinflußten Allegorese – auf allgemeinjüdische Vorstellungen zurückgriff und diese neu deutete, zeigt sich auch am Bild des pflanzenden Gottes in All 1,43-60: Gott pflanzt die Tugenden in der Seele des Menschen, um ihm eine Möglichkeit zu geben, die Schlechtigkeit der sinnlichen Welt und der Lüste zu überwinden und dadurch gerettet zu werden (45; 47; 60). Die Tätigkeit des Pflanzens kann nur von Gott ausgesagt werden (49), denn *Er* gibt dem Menschen durch das Einsetzen der paradiesischen Tugendbäume die Möglichkeit und Fähigkeit zum Heil. Der Mensch kann nicht pflanzen, seine Aufgabe besteht vielmehr darin, die von Gott gepflanzten Bäume zu pflegen und sie zum Blühen zu bringen, d.h. der Seele die vollkommene Tugend anzueignen (47, vgl. auch vitMos 1,159). Philo nimmt hier also das bereits aus dem Alten Testament bekannte Bild vom Heilswirken Gottes als Pflanzen auf (vgl. Jes 27,1-6). Wie der Verfasser der qumranischen Loblieder verbindet er es mit dem Paradies (vgl. 1QH 8,4-20). Dadurch wird die eschatologische Dimension seiner anthropologischen Konzeption offenbar: Wer die Paradiesbäume in seiner Seele hegt, d.h. wer sich über die Körperlichkeit erhebt und die Tugend vollkommen in sich aufnimmt, wird selbst zum Baum des Lebens, der ja zugleich die höchste Tugend, das Gutsein (All 1,60) symbolisiert. So erhält der tugendhafte Mensch gemäß op 154 bereits jetzt Anteil an der Unsterblichkeit:

... mit dem Baum des Lebens deutet er (= Moses) auf die größte aller Tugenden hin, die Gottesfurcht, durch die die Seele unsterblich wird.

Der aus Erde gebildete, gesetzestreue Mensch wird also am Ende dem Gott ebenbildlichen idealen, dem Logos zugehörenden Menschen gleich, der in plant 44 ja auch mit dem Lebensbaum identifiziert wird.

Während andere frühjüdische Richtungen, beispielsweise die Henoch- und Qumranapokalyptik, die Pflanzung nicht mehr auf ganz Israel, sondern nur noch auf die eigene Gruppe bezogen, deutet Philo die Pflanzung auf den einzelnen Menschen. Dadurch gelingt ihm einerseits eine Individualisierung, andrerseits eine Universalisierung, ohne daß er dabei die Sonderstellung Israels aufgibt: Denn indem Gott in jedem Menschen eine paradiesische Pflanzung anlegt, kann grundsätzlich jeder gerettet werden, falls er seine Verantwortlichkeit wahrnimmt und die gepflanzten „Paradiesschösslinge" nicht verschüttet, sondern sie pflegt (All

1,47). Der Schlüssel zur richtigen Pflege der paradiesischen Pflanzung ist jedoch das kosmisch-mosaische Gesetz, das Israel den anderen Menschen vermitteln soll (vgl. vitMos 2,44). Auf diese Funktion Israels ist wohl auch in All 1,43 angespielt, wenn als einer der Namen der himmlischen Weisheit, deren Abbild das Paradies ist, das „Schauen Gottes" (= Israel) angeführt wird. Jeder Mensch ist demnach „paradiesisch veranlagt". Er kann aber seine Veranlagung nur durch das Gesetz des Mose aktualisieren.

Durch seine Auslegung der Paradieseserzählung aktualisiert Philo das Bild des pflanzenden Gottes – wie es auch andere frühjüdische Richtungen taten – auf seine eigene historische Situation hin. Veranlaßt durch seine wenigstens teilweise erfolgte Integration in die hellenistische Welt, universalisierte und individualisierte er das durch das Pflanzen ausgedrückte Heilsgeschehen. Zugleich bestätigt sich hier die von der neueren Forschung vertretene Auffassung, daß Philo gemäßigten Kreisen des alexandrinischen Judentums angehörte[254], die wohl von der hellenistischen Kultur sehr beeinflußt waren, im Grunde jedoch ihre jüdische Identität nicht aufgegeben hatten.

Der ganze Kosmos als Paradies

Philos Paradiesesvorstellung bewegt sich auf mehreren Ebenen. Neben der psychologisch-eschatologischen Interpretation betrifft ein weiterer Aspekt seiner Paradiesauslegung die Vorstellung, der ganze Kosmos sei das Paradies. So heißt es in plant 45 über die Versetzung des Menschen ins Paradies:

> In das Paradies, in die ganze Welt (en tô paradeisô tô pantî kosmô), muß also der mittlere Geist (mesos noûs[255]) eingesetzt und verwurzelt werden und, da seine Seelenkräfte zu den entgegengesetzten (Lebenszielen) hinstreben, zu ihrer Unterscheidung aufgerufen werden, damit er, nach Aneignung und Ablehnung strebend, falls er das Bessere wählt, durch Unsterblichkeit und Ruhm belohnt wird, falls aber das Schlechtere, schmachvollen Tod findet.

Gott setzte also Adam nach seiner Erschaffung in den Kosmos, der zugleich als Paradies bezeichnet wird.[256] Dieses anfängliche, paradiesische Dasein Adams schildert Philo in op 142-144, wie folgt:

Wir werden uns aber ganz der Wahrheit entsprechend ausdrücken, wenn wir jenen Urahn (= Adam) nicht nur den ersten Menschen, sondern auch den einzigen Weltbürger (kosmopolitês) nennen. Denn Haus und Stadt war ihm die Welt, da noch kein Gebäude von Menschenhand aus Baumaterial von Stein und Holz gezimmert war;[257] in ihr wohnte er wie in der Heimat in vollkommener Sicherheit und ohne Furcht, da er der Herrschaft über die Erdenwelt gewürdigt wurde und alle sterblichen Wesen sich vor ihm duckten und belehrt oder gezwungen waren, ihm als ihrem Gebieter zu gehorchen. So lebte er ohne Sünde im frohen Genuß eines kampflosen Friedens (eirênê apolemos). Da aber jeder wohlgeordnete Staat eine Verfassung hat, so mußte der Weltbürger natürlich nach derselben Verfassung leben wie die ganze Welt. Diese Verfassung ist das vernünftige Natur- und Sittengesetz (orthos logos), das man besser göttliche Satzung (thesmos) nennt...(144)...Ganz nahe verwandt (syngenês kai anchisporos) mit dem Weltenlenker, da doch der göttliche Geist voll in ihn geflossen war, bestrebte er sich alles nur zum Wohlgefallen des Vaters und Königs zu reden und zu tun, indem er seinen Spuren auf den Heerstraßen folgte, die die Tugenden (aretai) bahnen, da nur die Seelen, die sich als Ziel die Ähnlichkeit mit dem göttlichen Schöpfer setzen, sich ihm nähern dürfen.

Vor dem Sündenfall, als Adam noch in völliger Übereinstimmung mit dem kosmisch-göttlichen Gesetz lebte und danach strebte, Gott möglichst ähnlich zu werden, war sein Verhältnis zum Kosmos unverdorben. Die den Menschen umgebende Natur zeigte sich ihm als Paradies, da er, indem er sich an das gottgewollte kosmische Gesetz hielt, als „Weltbürger" lebte. Adam selbst war auch sozusagen Paradies, indem er an seiner paradiesischen Umgebung Anteil und mit ihr Austausch hatte. Diese paradiesische Existenzweise zeigte sich vor allem in der friedlichen Gefügigkeit der Tiere und Pflanzen ihm gegenüber. Durch seine Tugendhaftigkeit und sein gesetzeskonformes Leben lebte der Mensch ja in verwandtschaftlicher Nähe zu Gott. Dadurch wurde ihm Anteil an Gottes Herrschaft über den Kosmos gegeben. Tugendhaftigkeit hat also nicht nur den Aufstieg der Seele zu Gott, sondern auch Teilhabe an seiner Macht über die irdische Welt zur Folge, was sich im anfangs paradiesischen Dasein Adams äußerte.

Entsprechend wurde nach dem Sündenfall dieses ideale paradiesische Leben korrumpiert: Indem Adam das kosmisch-göttliche Gesetz übertrat, entfernte er sich von Gott, was zugleich den Verlust seiner Herrschaft über die Natur und deren Gehorsam ihm gegenüber bedeutete (op 167). Die Vertreibung aus dem Paradies fand also in doppeltem Sinne statt: Einerseits hatte die Sünde den Verlust des Tugendgartens, d.h. die sittliche Verminderung Adams zur Folge, andrerseits bewirkte sie die Korrumpierung des ursprünglich paradiesischen Kosmos, d.h. den Übergang vom Goldenen ins Eherne Zeitalter.

Ebenso wie sich der Kosmos Adam gegenüber nach seiner Übertretung zum Schlechten veränderte, kann er sich für den Tugendhaften wieder in ein Paradies verwandeln.[258] So heißt es über Moses, den tugendhaften Menschen par excellence, daß ihm „wie einem Herrn jedes der Naturelemente gehorchte" (vitMos 1,156), daß Gott ihm „Teilhabe an Seiner eigenen Macht" gab (vitMos 1,155), da er „als Weltbürger lebte" (conf 106). Aber nicht nur Moses, auch die tugendhaften Menschen im allgemeinen werden schon während ihres irdischen Daseins mit einem paradiesartigen Naturverhältnis belohnt (praem 79-97). Auch hier wird Philos Tendenz zur Universalisierung einerseits (der ganze Kosmos ist das Paradies) und zur Individualisierung andererseits (der paradiesische Urzustand wird für den einzelnen wiederhergestellt) spürbar. Die Gesetzestreuen haben also in zweifacher Hinsicht Anteil am paradiesischen Zustand: Nämlich sowohl in Bezug auf ihre Seele, die zum Lebensbaum geworden ist (op 154), d.h. sich in die göttlichen Regionen erhoben hat, als auch in Bezug auf ihre äußere Daseinsweise, die sich wiederum den paradiesischen Urverhältnissen angeglichen hat.[259] Zudem zeigt sich bei Philos Paradiesvorstellung, daß das Paradies im Frühjudentum nicht überall als streng transzendente Größe galt. Eine gewisse, wenn auch minimale, Hereinnahme des Paradieses ins Diesseits (vgl. LAB 13,8; vitMos 1,155) bzw. eine Teilhabe an jenseitigen paradiesischen Zuständen schon in der Gegenwart (op 154) waren in bestimmten Kreisen des Judentums durchaus denkbar.

11. Josephus Flavius

Josephus Flavius (37/38 – kurz nach 100 n. Chr.) ist unsere wichtigste Quelle für die Geschichte des jüdischen Volkes während des ersten vor- und nachchristlichen Jahrhunderts.[260] Zugleich wirft die Beurteilung der Zuverlässigkeit seiner Werke aufgrund seiner tendenziösen Darstellung und seiner teilweise widersprüchlichen Angaben viele Probleme auf.[261]

Aus einer vornehmen Priesterfamilie stammend (vgl. Vita 2. 422; Bell 5,419), nahm Josephus im Jahre 63-64 n. Chr. an einer Gesandtschaft nach Rom teil, wo er Gelegenheit hatte, Kontakte zu hohen römischen Kreisen zu knüpfen (Vita 13). Während des ersten jüdischen Krieges gegen Rom war Josephus als Gouverneur und Militärbefehlshaber in Galiläa tätig. Dieser höchst umstrittene Lebensabschnitt endete mit seiner Kapitulation und Kriegsgefangenschaft.[262] Nachdem sich seine Prophezeiung, Vespasian werde Kaiser werden, erfüllt hatte, erhielt er das römische Bürgerrecht. Josephus führte fortan ein Leben in bescheidenem Wohlstand in Rom, wo er seine Werke, für die er verschiedene Quellen benutzte[263] verfaßte: 1. Der jüdische Krieg (entstanden 75-79 n. Chr.[264]), wo er in sieben Büchern die Zeitspanne von Antiochus IV bis zur Rückkehr des Titus nach Italien schildert. 2. Die jüdischen Altertümer (93-94 n. Chr.), in denen die gesamte jüdische Geschichte dargestellt wird. Neben diesen beiden Hauptwerken schrieb Josephus ein autobiographisches Werk, um seine Aktivitäten während des jüdischen Krieges gegen Vorwürfe des Justus von Tiberias zu rechtfertigen sowie einen polemisch-apologetischen Trakt gegen den Judenfeind Apion.

Das Paradies spielt im Werk des Josephus nur eine untergeordnete Rolle: Es erscheint bei der Wiedergabe der Paradieseserzählung in Ant 1,37-51, die sich im Wesentlichen an die biblische Erzählung vom Sündenfall hält, und in seiner Beschreibung der essenischen Jenseitsvorstellung innerhalb seines ausführlichen Exkurses über die Essener in Bell. In Ant weicht Josephus vor allem darin von Gen 2f. ab, daß er die vier Paradiesesflüsse etymologisch deutet und mit einem bekannten Fluß identifiziert. Der Phison ("Menge") wird bei Josephus zum Ganges, der Euphrat ("Zerstreuung" oder „Blume") und der Tigris ("scharf und eng") bieten in Bezug auf die Lokalisierung keine Probleme, der Geon schließlich ("von Osten her uns zuströmend") wird in Ant mit dem Nil gleichgesetzt. Außerdem fügt Josephus Details in die Sündenfallserzählung ein, die schon aus anderen Werken bekannt sind, so beispielsweise die Vorstellung, daß die Schlange vor dem Fall Arme und Beine hatte (vgl. ApkMos 26,2; Ant 1,50). Durch ihren stark diesseitig gefärbten Charakter unterscheidet sich die Paradiesesvorstellung von Ant 1,37-51 beträchtlich von derjenigen in Bell 2,154-158. Dieser Unterschied ist wohl darauf zurückzuführen, daß Josephus entweder voneinander divergierende

Quellen benutzte, oder daß er die schon aus äthHen 6-36 bekannte Teilung des Paradieses in den Garten Adams und in das eschatologische Paradies annahm.

In Bell 2,154-158 beschreibt Josephus das Paradies der Essener folgendermaßen:[265]

(154) Denn kräftig lebt bei ihnen (= den Essenern) die Überzeugung: Vergänglich seien zwar die Leiber und ihr Stoff sei nichts Bleibendes, die Seelen aber seien unsterblich und würden immer bestehen; sie seien zwar, nachdem sie, aus feinstem Äther bestehend, in einem Schwebezustand waren, mit den Leibern (155) wie mit Gefängnissen verbunden, durch sinnlichen Liebeszauber (iynx physikê) herabgezogen worden; wenn sie aber aus den fleischlichen Fesseln befreit seien, wie aus langer Knechtschaft erlöst, dann würden sie Freude haben und sich in die Höhe schwingen (meteoroûs pheresthai). In Übereinstimmung mit den Söhnen der Griechen tun sie dar, daß den guten Seelen ein Leben jenseits des Ozeans beschieden sei und ein Ort, der *von Regen und Schnee* und Hitze nicht belästigt wird, dem *vielmehr vom Ozean her ein ständig wehender Zephyr Frische spendet.*[266] Den schlechten dagegen sprechen sie eine dunkle und winterliche Schlucht zu, voll von unablässigen Strafen. (156) Es scheint mir die gleiche Vorstellung zu sein, der entsprechend die Griechen ihren Tapferen, die sie Heroen und Halbgötter (hêmitheoi) nennen, die Inseln der Seligen (tâs makarôn nêsoûs) zuweisen, den Seelen der Schlechten aber den Hades, den Ort der Frevler, wo nach ihrem Mythos gewisse Personen gezüchtigt werden, Männer wie Sisyphus und Tantalus, Ixion und Tityus.[267] So setzen sie erstlich die Lehre von der ewigen Dauer der Seele voraus, und spornen damit die Menschen zu Tugend und zur Abwehr des Schlechten an. (157) Sie meinen nämlich, die Guten würden zu Lebzeiten noch besser werden durch die Hoffnung auf Ehre auch nach dem Tod, die Triebkräfte der Schlechten würden durch Furcht gehemmt, da sie erwarteten, daß sie, selbst wenn sie zu Lebzeiten unentdeckt blieben, ewigen Strafen verfallen sein würden. (158) Dies ist also die heilige Lehre der Essener über die Seele; in die Herzen derer, die einmal von ihrer Weisheit gekostet haben, senken sie damit eine Idee wie einen Köder ein, von dem sich fürder niemand mehr freimachen kann.

Josephus referiert hier die Jenseitshoffnung der Essener im Zusammenhang ihrer als dualistisch geschilderten Anthropologie.[268] Die Intention des Josephus bei der Darstellung der essenischen Jenseitshoffnung besteht zunächst darin, zu zeigen, daß diese mit der griechischen Jenseitshoffnung übereinstimmt.[269] Dies wird aus dem zweimaligen Hinweis „wie bei den Griechen" (vgl. 155, 156) ersichtlich.

Bei genauerem Hinsehen fallen aber einige Ungereimtheiten innerhalb der Passage auf, die darauf schließen lassen, daß sie aus mehreren Stücken zusammengesetzt ist. So ist es in der Forschung schon länger bekannt, daß die Essenerberichte des Josephus nicht aus eigenen Erfahrungen schöpfen, sondern sich auf verschiedene Quellen stützen.[270] In einer neueren Arbeit hat R. Bergmeier[271] nun nachgewiesen, daß Josephus in seinen Essenerberichten hauptsächlich vier Quellen verwendet hat, nämlich: 1. Nikolaus von Damaskus, 2. eine stoische, doxographische Drei-Schulenquelle, die schon vor Josephus auf Pharisäer, Sadduzäer und Essener adaptiert worden war, 3. eine hellenistisch-jüdische Essäerquelle, die an die makkabäische Märtyrertradition anknüpft, sowie 4. eine pythagoraisierende Essenerquelle, die für Josephus die wichtigste Vorlage war und die wahrscheinlich auch Philo benützt hat. Nach Bergmeier stammt 154f. aus der pythagoraisierenden Essenerquelle[272], die Ausführungen über die Inseln der Seligen und den Hades seien dagegen von einem literaturbeflissenen Gehilfen des Josephus eingefügt worden, während der verbleibende Rest mit dem Homerzitat auf die doxographische Quelle zurückgehe.[273]

Diese Ergebnisse sollen im folgenden für Bell 2,154-158 präzisiert werden. Die in 155 zitierten Homerverse können als Gemeinplatz der damaligen griechischen Literatur bezeichnet werden, die oft angeführt werden, wenn von den Elysischen Gefilden die Rede ist.[274] Diese Verse, die das ewige Leben an einem wunderbaren Ort jenseits des Ozeans beschreiben, stehen jedoch in einer gewissen Spannung zur vorhergehenden Aussage, wo es heißt, daß die Seele, sobald sie sich vom Körper gelöst hat, in die Höhe aufsteigt (154). Dies muß nicht auf eine Ungeschicklichkeit des Josephus bei der Redaktion der ihm vorliegenden Quellen zurückgeführt werden. Vielmehr dürfte Josephus dadurch bewogen worden sein, die Quelle mit dem Zitat an dieser Stelle anzuführen, daß in stoischen und pythagoräischen Kreisen Homer allegorisch ausgelegt wurde, und das Eingehen der Verstorbenen in die Inseln der Seligen als Aufstieg der Seele zu den Sternen interpretiert wurde.[275] So schreibt Josephus in der Titusrede, die wie Bell 2,154f. davon ausgeht, daß die aus dem Äther bestehende Seele nach der Trennung vom Körper in die Höhe steigt, daß sie dort „gastlich aufgenommen und zu den Sternen hingesetzt wird" (Bell 6,47). Das Homerzitat fügt sich also durchaus in die Vorstellung vom Aufstieg der ätherischen Seele ein, wenn man die allegorische Auslegungsmethode der Stoiker und Pythagoräer berücksichtigt.[276]

Was veranlaßte Josephus bzw. seine Quelle nun, im Essenerbericht die Inseln der Seligen anstelle der in Bell 6,47 erwähnten Sterne einzusetzen? Es ist eine Tatsache, daß Josephus (bzw. seine Quellen) die Lehren der verschiedenen frühjüdischen Gruppen bis zur Unkenntlichkeit schematisiert und verfälscht indem er sie hellenistischen Ideen angleicht. In den Unterschieden, die Josephus bei der Darstellung der verschiedenen Lehren macht, zeichnen sich jedoch trotzdem teilweise historisch gegebene Grundlagen ab. So weist die in Bell 2,163 den Pharisäern zugeschriebene Palingenese wohl auf deren Auferstehungsvorstellung hin.[277] Es dürfte also kein Zufall sein, daß die paradiesischen Inseln der Seligen gerade im Essenerbericht auftauchen: Da die Paradiesesvorstellung in Josephus' Werk nur an dieser Stelle erscheint, wird das Paradies von Josephus bzw. seiner Quellen als besonderes Charakteristikum der Essener hervorgehoben. Die Josephus vorliegende Quelle[278] wußte demnach von der relativ großen Bedeutung, die dem Paradies in der Henochliteratur zukommt, die ja in Qumran gefunden wurde und wohl auch in anderen, ähnlich strukturierten Gruppen mit priesterlicher Führung gelesen wurde. Die Einfügung einer Paradiesesvorstellung in Bell 2,155 wäre in diesem Falle als sehr geschickt zu bezeichnen: Sie nähme nämlich einerseits die tatsächliche Bedeutung des Paradieses in qumranisch-essenischen Kreisen auf. Andrerseits wird durch sie das pythagoräisch-stoische Ideal, das die Essener nach Bell 2,119-166 verkörpern, vervollkommnet.

Diese Gemeinsamkeiten zwischen den qumranischen Henochfragmenten und Bell 2,154f. dürfen jedoch nicht darüber hinwegtäuschen, daß es sich bei den Essenerberichten des Josephus bzw. seiner Quellen nicht um ein *historisches*, sondern um ein *literarisches* Phänomen handelt, das freilich gewisse Anregungen von historischen Tatsachen empfangen hat. Als historische Quelle zur Erforschung der Lehren der Essener und Qumraner ist Bell 2,119-166 jedoch nur sehr beschränkt brauchbar.[279] Hingegen können aus Bell 2,154-158 gewisse Folgerungen über die Anschauungen von Josephus selbst sowie der Trägerkreise der von ihm verwendeten Quellen gezogen werden. Da die Essener nämlich als jüdisches, stoisch-pythagoräisch geprägtes Ideal geschildert werden, das es so historisch aber nie gegeben hat, widerspiegelt die Darstellung der Essener wohl vor allem die Vorstellungen jener Kreise, die dieses Ideal in ihrer Literatur verbreiteten. Die den Essenern in Bell 2,154-158 zugeschriebene, allegorisch ausgelegte Vorstellung der Inseln der Glückseligen könnte demnach ein Hinweis darauf sein, daß es auch in Palästina Juden gab, zu denen Josephus gehörte, die eine stoisch-pythagoräisch gefärbte Paradiesesvorstellung aufgenommen hatten.[280] In diesem Sinne ist der Bericht über die Paradiesesvorstellung der Essener in Bell 2,154f. in erster Linie als Zeugnis für die teilweise weitgehende Hellenisierung von jüdisch-hellenistischen Kreisen in Palästina, gerade auch in Bezug auf die Jenseitshoffnung, zu bewerten.

Die obigen Ausführung zeigen, daß das Paradies im Frühjudentum als Heiligtum betrachtet wird. Dadurch steht es in enger Beziehung zum Tempel, mit dem es identifiziert oder analog gesetzt werden kann; bisweilen überbietet das Paradies den Tempel sogar. Die Paradiesesvorstellungen widerspiegeln demnach das Verhältnis der jeweiligen Vorstellungsträger zum Tempel und sind daher für Untersuchungen über den Tempel und seine integrative Funktion von Belang. Die Rabbinen haben diese älteren frühjüdischen Paradiesesvorstellungen zweifellos gekannt und aus ihnen geschöpft. So finden sich in der rabbinischen Literatur zahlreiche Parallelen zu den frühjüdischen Schriften. Diese übernommenen Vorstellungen haben die Rabbinen umgeformt und uminterpretiert. Dies gilt auch für die Beziehung zwischen dem Paradies und dem Tempel: Mit der zunehmenden Differenzierung zwischen einer messianischen Heilswelt und einem transzendenten paradiesischen Glückszustand verlagerten sich die idealisierten Jerusalem- und Tempelvorstellungen eher in die messianische Zeit, die als letzte geschichtliche Epoche eng an territoriale und politische Faktoren gebunden ist. Trotzdem bleibt der Heiligtumscharakter des Paradieses im rabbinischen Judentum erhalten, wenn auch oft verwischt und zurückgedrängt. Dies zeigt sich beispielsweise an den sieben Abteilungen des Paradieses, die in SifDev 1,10 in Analogie zum Tempel als in ihrer Heiligkeit konzentrisch abnehmende Kreise dargestellt werden.

[1] Hahn Alois, Soziologie der Paradiesesvorstellung, Trier 1976, 11.

[2] vgl. Haag Ernst, Der Mensch am Anfang, Trier 1970, 3.

[3] vgl. dazu Lambert Wilfred G., Babylonien und Israel, TRE 5, Berlin 1980, 67-79.

[4] vgl. Anspielungen auf den Gottesberg im Norden in Jes 14,13 und Ps 48,3. Zum Gottesberg im AT vgl. Maier Johann, Vom Kultus zur Gnosis, Kairos St. 1, 1964, 97-101.

[5] Die Forschung ist sich nicht ganz einig, ob das astronomische Buch oder das Buch der Wächter das älteste sei: Für das astronomische als ältestes sind Milik Josef, The Books of Enoch, Fragments of Qumran Cave 4, Oxford 1976, 8 und Puech Emile, La croyance des esséniens en la vie future, 2 Bde., EtB 21.22., 1993, I 4f. Das Buch der Wächter als älteres Dokument nimmt dagegen Sacchi (Paolo, Henochgestalt/ Henochliteratur, in: TRE 15, Berlin 1986, 42-54, 43) an. Uhlig (Siegbert, Das äthiopische Henochbuch, JSHRZ V.6, Gütersloh 1984, 463-780, 494) nimmt an, daß beide Bücher etwa zur selben Zeit entstanden sind.

[6] Statt „Garten der Gerechtigkeit" könnte man auch übersetzen „Garten der Wahrheit", „Garten der Erwählung". Vgl. Beyer Klaus (ed.), Die aramäischen Texte vom Toten Meer, Göttingen 1984) s.v. qscht/ qschit, 687 f sowie Knibb (Michael/Ullendorf Edward (ed), The Ethiopic Book of Enoch, 2 Bde., Oxford 1978) II 180.

[7] vgl. Milik, Books, Puech, La croyance, und Grélot, La géographie, 33-69 . Ob auch ein Zusammenhang mit äthHen 24 (s. unten) besteht, ist wegen der Unklarheit der Stelle nicht zu entscheiden.

[8] Milik, Books 18

[9] vgl. Müller Martin, Das Schlaraffenland, Wien 1984, 15.

[10] vgl. dazu Alexander Philip S., The imago mundi of Jubilees, JJS 33 (1982), 197-212 und Milik, Books, 16-18.

[11] Die Fragmente 4QEn᷎ stammen aus der ersten Hälfte des 2.Jhs.v.Chr., das demnach als Terminus ante quem gilt. Milik, Books, 28ff. datiert das Wächterbuch ins 4. Jh., ein frühes Entstehungsdatum nimmt auch Sacchi, Henochliteratur, 42-44 an. Uhlig hält den Zeitraum zwischen Ende des dritten bis Mitte des zweiten Jahrhunderts für die Entstehungszeit. Isaac E., Enoch: OTP I 7 nimmt die vormakkabäische Zeit als Entstehungsdatum an.

[12] vgl. Sacchi, Henochliteratur, 44-45

[13] vgl. Sacchi, Henochliteratur, 42-54 bzw. Hengel Martin, Judentum und Hellenismus. Tübingen [2] 1976, 361.

[14] vgl. Hengel, Judentum, 361

[15] vgl. Charles R.H., Eschatology. The Doctrine of a Future Life in Israel, Judaism and Christianity, New York 1963, 1-50.

[16] aram.: qadîschâ rabbâ. Dieser Titel für Gott ist in äthHen dominant und taucht besonders bei Schauungen des kommenden Gottes auf: vgl. äthHen 1,3; 10,1; 12,3 etc. Dazu Knibb II 58.

[17] griech.: dikaiois kai hosiois: den Gerechten und Heiligen, vgl. PsVTGr III 35.

[18] vgl. Maier Johann, Die Texte vom Toten Meer, 2 Bde., München 1960, II 90.

[19] Maier Johann, Tempel und Tempelkult, in: ders./Schreiner Josef (ed.), Literatur und Religion des Frühjudentums, Würzburg 1973, 383f.

[20] vgl. Forstner Dorothea/ Becker Renate, Lexikon christlicher Symbole, Innsbruck 1991, 277.

[21] Puech I 122 f. versucht allerdings, äthHen 22 mit 24-25 zu verbinden indem er analog zu Daniel eine Auferstehung der Gerechten annimmt. Diese Annahme stützt er teilweise auf äthHen 20,8, wo es heißt, daß Remiel über diejenigen, „die sich erheben" gesetzt ist. Dieser Vers ist allerdings nur in einer einzigen Handschrift bezeugt (Gr p 2 add.). Die von Puech vorgenommene Verbindung überzeugt aber auch sonst nicht, da sie nur bestehen kann, wenn äthHen aus ähnlichen Texten (Dan) ergänzt wird.

[22] So Aalen Sverre, Heilsverlangen und Heilsverwirklichung. Studien zur Erwartung des Heils in der apokalyptischen Literatur des antiken Judentums und im ältesten Christentum, Leiden 1990, 28.

[23] aram.: pardes qscht, vgl. Beyer 242; griech.: paradeisos tês dikaiosynês, vgl. PsVTGr III 36.

[24] aram.: (wohl) Baum der Erkenntnis, jedenfalls kommt d^e vor; griech.: dendron tês phronêseôs. Daß sich die griechische Wendung in äthHen 32,3 stark von der biblischen Wendung in Gen 2,9 abhebt („der Baum der Erkenntnis von Gut und Böse", griech. „to xylon toû eidenai gnôston kaloû kai ponêroû"), kann darauf hinweisen, daß der griech. Verfasser die äthiopische Version vor sich hatte. Die qumranische Version (s. A. 23) steht der biblischen Version näher.

[25] Die griechische Version (PsVTGr III 36) weicht vom Äthiopischen ab: V 4 lautet: „Der Baum der Einsicht (tês phronêseôs) ist an Größe ähnlich der Pinie (strobilea). Seine Blätter gleichen den Schoten des Johannisbrotbaumes. Seine Früchte sind wie Trauben, sehr wohlschmeckend."

[26] vgl. Grélot Pierre, La géographie (mythique d'Hénoch et ses sources orientales, in: RB 65, [1958] 33-69) 43.

[27] Ähnlich argumentiert Bietenhard Hans, Die himmlische Welt im Spätjudentum und im Urchristentum, Zürich 1960, z.B. 13-18. Dagegen Ego Beate, Im Himmel wie auf Erden, WUNT 2.34, Tübingen 1989,12.

[28] vgl. Grélot, la géographie, 43

[29] So Schelbert, Jubiläenbuch, in TRE 17, Berlin 1988, 285-289. Etwas später (145-140 v. Chr.) datiert Berger, Das Buch der Jubiläen, JSHRZ II 3, Gütersloh 1981, 275-575, und Wintermate, Jubilees, OTP II, 43f. (161-140 v.Chr.).

[30] griech. (Syncellus, Chronographia) macht hier detaillierte Angaben über die Stellung der Sterne zum Zeitpunkt, als Adam bzw. Eva ins Paradies gebracht wurden, vgl. PsVTGr III, 7.

[31] wohl die Engel

[32] griech.: paradeisos, vgl. PsVTGr III, 77.

[33] griech.: „Und deshalb hat Gott aufgetragen durch Moses in Levitikus" (vgl. ebd.). Für den griechischen Übersetzer haben die himmlischen Tafeln offenbar keine Gültigkeit als Quelle der Gesetze. Er ersetzt sie deshalb durch Mose, der für ihn der wahre Offenbarungsträger ist. Als Anhaltspunkt dient ihm Lev 12,2-5, wo die Gesetze über die Unreinheitszeiten der Frau nach der Geburt ebenfalls erscheinen. Es scheint in der griech. Übersetzung eine Abweichung von den ursprünglichen Tendenzen des Jub vorzuliegen.

[34] Der ganze Abschnitt will die Unreinheitsfristen für die Frau nach der Geburt begründen, vgl. Berger, Jubiläen 332.

[35] vgl. Müller Karlheinz, Die hebräische Sprache der Halacha als Textur der Schöpfung: Bibel in jüdischer und christlicher Tradition, FS für Johann Maier, Merklein Helmut/ Müller Karlheinz / Stemberger Günter (ed.), Frankfurt 1993, 157-176.

[36] Über die Identifikation des Berges des Morgens ist sich die Forschung nicht einig, vgl. Berger, Jubiläen 346.

[37] vgl. Grélot, la géographie, 45-47. Dies wäre möglich, da Jub Teile aus Hen kennt.

[38] vgl. Davenport Gene L., The Eschatology of the Book of Jubilees, StPB 20, 81.

[39] Hengel, Judentum 362 sieht hier die Unsterblichkeit der Seele, die er überhaupt für die vorherrschende Auffassung in der essenischen Richtung der Chasidim hält. Ebenso Nikkelsburg George, Resurrection, Immortalitiy, and Eternal Life in Intertestamental Judaism, HThS 26, Cambridge 1972, 41 und Cavallin Hans, Life after Death. Paul's argument for the resurrection of the dead in 1Cor 15, Part I: An enquiry into the Jewish background, CB.NT 7.1, Uppsala 1974, 36-38, der diese Stelle für einen Beweis der Zuverlässigkeit des Josephus in Bell 2,154 hält. Davenport, Eschatology, 81 und Berger, Jubiläen, 446 A.30e meinen dagegen, daß weder von der Unsterblichkeit der Seele noch von der Auferstehung die Rede ist.

[40] Martin Francois, Le Livre des Jubilés: but et procédés de l'auteur - ses doctrines, in: RB 8 NS (1911), 502-533 spricht in diesem Zusammenhang vom Paradies. Doch fehlen an den auf das Eschaton bezogenen Stellen jegliche Anspielungen auf das Paradies. Auch Puech, I 103 spricht von „ère paradisiaque". Dabei muß aber m.E. zwischen „paradiesisch", das das eschatologische Glück in jeder Ausformung meinen kann, und „Paradies" im eigentlichen Sinne unterschieden werden. (Vgl. den Sprachgebrauch von „messianisch" und „Messias").

[41] vgl. Lev 26,11 f.; Jer 31,33; Ez 37,27; 1Kor 3,16; 2Kor 6,16-18 u.ä.

[42] Becker (Jürgen, Die Testamente der zwölf Patriarchen, JSHRZ II 3, Güterloh 1974, 1-163) meint TestXII seien eine nur mäßig christlich überarbeitete jüdisch-hellenistische Schrift; Kee H. C., Testaments: OTP I 777f. hält TestXII für eine dem hellenistischen Milieu entstammende jüdische, christlich überarbeitete Schrift; Hultgaard Anders (L'eschatologie des Testaments des Douze Patriarches, 2 Bde., Stockholm 1977-1982) meint, TestXII seien im wesentlichen im ersten vorchristlichen Jahrhundert in levitischen Kreisen entstanden und ursprünglich hebräisch geschrieben; Milik Josef T.(Le Testament de Lévi en araméen. Fragments de la grotte 4 de Qumran, in: RB 62 [1955] 398-406), glaubt, TestXII seien in einem judenchristlichen Milieu entstanden.

[43] vgl. Milik, Le Testament; Charles, Robert H., The Greek Versions of the Testaments of the twelve Patriarchs, Oxford 1908, Hildesheim [2]1960, 245-256.

[44] So Puech, I 120. Anders Kee, OTP I 777, nach dessen Ansicht zwischen 4QTestLev und TestXII kein großer Zusammenhang besteht.

[45] Es besteht dabei aber die Gefahr, jede Parallele zu den Evangelien als christliche Interpolation zu werten. Solche Parallelen können aber auch mit der Entwicklung aus derselben jüdischen Tradition erklärt werden, vgl. Hultgaard, 268-286.

[46] vgl. Ez 18,8; Sach 7,9 und Sir 4,15

[47] vgl. Num 24,17

[48] Becker, Testamente, 60 A. 3d, hält den ganzen Vers ohne Angabe von Gründen für einen christlichen Einschub.

[49] Zum endzeitlichen Frieden vgl. Mal 3,20; Jes 11,1ff.; Hos 2,20ff.; äthHen 1,7 u.a.

[50] Bei „im Wasser" handelt sich hier wahrscheinlich um einen christlichen Einschub. Zum ganzen Vers vgl. Jes 11,2.

[51] Dieser Teilvers ist sicher christlicher Einschub, vgl. Becker, Testamente, 61 A. 9a.

[52] griech.: paradeisos, vgl. PsVTGr I 2, 49

[53] Becker, Testamente, 61 A. 10a meint, Gott werde anstelle des Priesters die Paradiestore öffnen. Mit Sparks H.F.D.(The Apocryphal OT, Oxford 1984, 537) und anderen ist aber eher anzunehmen, daß der endzeitliche Priester das Tor öffnet und das Schwert von Adam entfernen wird.

[54] sc. der messianische Repräsentant aus Juda und Levi, nicht Gott, wie Becker, Testamente 95, meint.

[55] „die Seelen der Heiligen" ist eine Glosse, vgl. Becker, Testamente 96, A. 11a.

[56] griech.: Edem, vgl. PsVTGr 1,2, 109. Im Gegensatz zu TestXII.Lev 18,10, das die in der LXX enthaltene griechische Übersetzung von „Gan Eden", nämlich „paradeisos" übernimmt, behält TestXII.Dan den hebräischen Begriff bei.

[57] Der letzte Teilvers ist eine Glosse, vgl. Becker, Testamente 96, A. 12d.

[58] „…und mit den Menschen wandeln" ist christlicher Einschub, vgl. Becker, Testamente 96, A. 13c.

[59] Es folgt noch ein Einschub, der sicher christlich ist (vgl. Becker, Testamente 96, A. 13f): „…in Erniedrigung und Armut; und wer auf ihn vertraut, wird in Wahrheit im Himmel herrschen."

[60] Das rabbinische Judentum kennt allerdings die Vorstellung, daß der Messias das Paradies wiederbringen wird. Gemäß TanB 18 kehren mit dem Kommen des Messias sechs Dinge, darunter das Paradies wieder.

[61] So z.B. Haupt Detlev, Das Testament des Levi, Halle 1969 (Diss.), 109.

[62] Hultgard, 325, sieht hier dagegen ein Weiterleben der altorientalischen Königstradition, gemäß der der König der Herr über den Garten ist.

[63] Puech II 336

[64] Insbesondere die Frage, ob der Lehrer der Gerechtigkeit als Autor einiger oder aller Lieder zu gelten habe, wird diskutiert. Vgl. Puech II 338-417.

[65] Rabin Chaim, Qumran Studies, SJ 2, Oxford 1957 und neuestens Puech, La croyance II: Auferstehung; Laurin R.B., The question of Immortality in the Qumran Hodayoth, in: JSS 3, 344-355: weder Auferstehung noch Unsterblichkeit. Van der Ploeg Johannes, The Belief in Immortality in the writings of Qumran: BO 18 (1961), 118-124: Unsterblichkeit. Kuhn Heinz-Wolfgang, Enderwartung und gegenwärtiges Heil, Göttingen 1966 (StUNT 4) und Nickelsburg, Resurrection: ewiges Leben bereits in der Gegenwart.

[66] Während Nickelsburg, und ähnlich Kuhn von „highly realized eschatology" (Nickelsburg, Resurrection 167) sprechen, schränkt Puech diese massiv ein: "Avec sa communauté il (= Maitre de la Justice) est à l`abri…, mais c`est davantage au plan de la foi et de l`espérance que de la réalisation effective." (Puech II 417).

[67] Maier, Texte, I 93-95

[68] Diese Hymne wird von den meisten (Puech, Kuhn u.a.) zu den sog. „Lehrerliedern" gerechnet.

[69] Puech II 339 übersetzt „tu as fait *de moi* une source…" und bezieht die Quelle auf den Lehrer der Gerechtigkeit. Anders Maier, Texte, II 98 , für den sie „eine esoterische Größe, verbunden mit der Wohnstatt Gottes, dem Ursprungsort der Erkenntnis…" ist. Für Maier spricht 1QH 6,16, wo der Quellort des Wassers Eden (Wohnstatt Gottes!) ist. Vgl. auch Ez 47.

[70] Die Baumarten entsprechen den in Jes 60,13 aufgezählten Bäumen.

[71] So auch Lohse Eduard, Die Texte aus Qumran, Darmstadt[4] 1986, 143; dagegen übersetzt Dupont-Sommer (Die essenischen Schriften vom Toten Meer, Tübingen 1960) „einen Schößling", den er auf den Messias bezieht (246).

[72] Dieses Bild ist stark von Ez 31,14 beeinflußt.

[73] Lohse, Texte 143 faßt „nezer" als Subjekt und übersetzt dementsprechend: „Aber der heilige Sproß treibt Blüten zur Pflanzung der Wahrheit...".

[74] vgl. Gen 3,24

[75] Lohse (Texte 143) und Dupont-Sommer (Schriften 246) übersetzen unpersönlich „man", was jedoch keinen rechten Sinn gibt. Mit „er" ist ein Eindringling gemeint.

[76] Lohse (ebd.) und Dupont-Sommer (ebd.) übersetzen „ich war den flutenden Strömen ausgesetzt".

[77] Lohse (ebd.) übersetzt 'eden' mit „Wonne", Puech II 341 mit „délice". Die deutlichen Anklänge ans Paradies der gesamten Passage (Lebensbäume: Gen 2,9, Cherubim/Feuerschwert: Gen 3,24) legen aber eine Übersetzung durch „Eden" nahe.

[78] Wasser als Bild für Offenbarung und Erkenntnis begegnet häufig, so z.B. in CD 1,14-15; CD 6,3-4; Sir 24,29ff.; bBQ 62a.

[79] vgl. dazu Maier, Texte, II, 93-94. 97

[80] Es fragt sich, ob man das Schwergewicht auf „präsentisch" oder auf „Eschatologie" legen will, denn der Begriff an sich wird von allen angenommen.

[81] vgl. Klinzing Georg, Die Umdeutung des Kultes im Neuen Testament und in der Qumrangemeinde, StUNT 7, Göttingen 1971, 85. 92.150. 151. Klinzing versucht aufzuzeigen, daß „...die Einzelzüge der Vorstellung (von der Gemeinde als Tempel) mit denen vom zukünftig erwarteten Tempel weithin übereinstimmen." (151).

[82] vgl. Puech, La croyance, II 605-692. Dadurch wurde der Bericht des Hippolytus, Elenchus 9 § 27 im Gegensatz zu demjenigen des Josephus in Bell 2, 154 - obwohl dieser älter ist - bestätigt.

[83] vgl. Puech, La croyance, II 800: „La présentation de l'eschatologie essénienne...montre combien celle-ci est dépendante de l'eschatologie biblique et proche de celle des courants religieux juifs de l'époque."

[84] vgl. Puech, La croyance, 572-591: „miqdash-adam" wird mit „Tempel von Menschen", nicht „Tempel unter Menschen" übersetzt, damit ist die Gemeinde gemeint, die als „Tempel von Menschen" als Interimstempel auf den endgültigen, von Gott erbauten Tempel hinführt. Selbst Klinzing, Umdeutung 143, muß einräumen, daß „es neben der aufgezeigten Linie (Gemeinde als eschatologischer Tempel) noch eine andere gibt, die nicht ganz mit ihr harmoniert... Man verfaßte oder überleitete Anweisungen über den eschatologischen Kult..." Wise Michael O., 4QFlorilegium and the temple of Adam, in: RQ 15 (1991), 103-132 dagegen hält den miqdasch adam und den von Gott erbauten Tempel für identisch indem er „adam" auf den ersten Menschen bezieht. Der Tempel Adams wird also nach seiner Ansicht die verlorene ideale Urzeit wiederbringen.

[85] vgl. von der Osten-Sacken Peter, Gott und Belial, StUNT 6, Göttingen 1968, 180-182.

[86] vgl. Puech, La croyance II 693-702; Milik, Books, 41 ; Stemberger Günter, Auferstehung im Judentum; TRE 4, Berlin 1979, 445.

[87] Auch sonst wird von der gegenwärtigen Pflanzung als „sprossender" gesprochen, z.B. 1QH 6,14.

[88] vgl. 1QH 17,14, wo von einer Reinigung nach dem Gericht die Rede ist; auch die Funktion von Melchizedek in 11QMelk als endzeitlicher Entsühner ist zu beachten.

[89] vgl. Schwartz V., OPT II, 648-649: beispielsweise CD 4,15-18 und PsSal 8,8-12 über die Sünden der Usurpatoren des Tempels oder 1QS 8,12-14 und PsSal 17,15-17 über die Flucht der Gerechten aus Jerusalem usw.

[90] Das heißt aber nicht, daß die PsSal essenischen Ursprunges sind. Ähnlichkeiten zwischen Pharisäern und Essenern sowie unsere ungenauen Kenntnisse erlauben eine eindeutige Zuteilung nicht, vgl. Wright B.R., OTP II, 642.

[91] Die These vom Henoch-Pentateuch in Qumran vertritt z.B. Milik (vgl. Books, 89) und auch Sacchi (vgl. Henochliteratur, 46). Vorbehalte gegen diese These hat Uhlig, Henochbuch 574f., da bereits in Qumran Fragmente von mehr als fünf Henochbüchern bezeugt seien. Die Annahme eines Henochpentateuch könne erst für die nachqumranische Zeit gelten. Hier soll mit dem Begriff „Henochpentateuch" jedoch der vom bibl. Pentateuch verschiedene „Henoch-Kanon" bezeichnet werden, der als Offenbarungsträger nicht Mose, sondern Henoch annimmt.

[92] vgl. Sacchi, Henochliteratur, 46

[93] vgl. Milik, Books, 91f.

[94] vgl. Uhlig, Henochbuch 494; Sacchi, Henochliteratur 47; Puech, La croyance I 107f.

[95] vgl. dazu auch Charlesworth J.H., From Jewish Messianology to Christian Christology, Some Caveats and Perspectives, in: Neusner Jacob/ Green William S. / Fredrichs Ernest, Judaism and their Messiahs. At the Turn of the Christian Era, Cambridge 1987, 225-264.

[96] vgl. Milik, Books, 92

[97] vgl. Sacchi, Henochliteratur 46

[98] So Uhlig, Henochbuch 573. Müller Karlheinz, Menschensohn und Messias, in: BZ 16 (1972) 161-187; 17 (1973) 52-66 zählt auch die Verse 38,1.2a zu den Noah-Stücken.

[99] Der literarische Entstehungsprozess der Bilderreden ist noch kaum erforscht. Die Quellenscheidungsdiskussion nach dem Vorbild der Pentateuchkritik hat sich als fruchtlos erwiesen (vgl. Uhlig, Henochbuch 573f.). Eine literarkritische Untersuchung in Bezug auf den Menschensohn hat Müller, Menschensohn, erbracht.

[100] Uhlig übersetzt als einziger mit „Aufgabe". Er liest statt „kenfa"(= Flügel) „kefla"(= Teil). Charlesworth, OTP I, 42 liest auch „kefla", übersetzt aber: „... and hoisting up their own portions (of the ropes)...". Alle anderen (Charles, Robert H., The Apocrypha and Pseudepigrapha of the Old Testament in English, Oxford 1913 (2 Bde), II 225; Knibb II 148; Milik, Books 97) belassen den äthiopischen Text und übersetzen: „...nahmen sich Flügel und flogen davon...". Nach Milik, Books, 97 ist diese Stelle ein

Beweis für die Spätdatierung der Bilderreden, da geflügelte Engel in der christlichen Ikonographie erst ab dem 4. Jh. auftauchen. Diese Behauptung ist aber sehr unwahrscheinlich: Geflügelte Himmelswesen (z.B. Seraphim) sind schon aus dem AT bekannt (Ez 1,5f.; Jes 6,1).

[101] Im Norden liegt gemäß äthHen 24-25 und 70,3 das Paradies.

[102] Es ist auch möglich mit „zu den Gerechten" zu übersetzen, vgl. Knibb II 148: „...the ropes of the righteos to the righteos...".

[103] Die „Heiligen" ist eine geläufige Bezeichnung für die Engel, vgl. äthHen 12,2; 14,23; 39,5; 60,1 usf.

[104] Gemeint sind die Engel, auch in 39,12 werden die Engel als „diejenigen, die nicht schlafen" bezeichnet.

[105] Nach Sacchi, Henochliteratur 46 stehen die Bilderreden dem Wächterbuch näher als dem später entstandenen Brief Henochs und dem Buch der Traumgesichte. Dies zeigt sich deutlich in Bezug auf die Paradiesvorstellung: sowohl äthHen 60 und 71 als auch äthHen 24-25 lokalisieren das Paradies im Norden bzw. im Nordwesten. Die Traumgesichte und der Brief Henochs enthalten dagegen keine Paradiesvorstellung.

[106] Es handelt sich bei diesem Vers um eine freie Zitierung von Jes 26,19. Dies beweist auch, daß diese Jesajastelle damals als Belegstelle für den Glauben an die Auferstehung der Toten galt.

[107] äthHen 70 gehört, wie in der Einleitung zu diesem Kapitel erwähnt, nicht zum Kern der Bilderreden. Es kann daher hier unberücksichtigt bleiben.

[108] So Stone Michael (Fourth Ezra. A Commentary on the Book of Fourth Ezra, Minneapolis 1990, 186) und Délcor Mathias (Etudes bibliques et orientales de religions comparés, Leiden 1979, 228-262). Für babylonische Wurzeln der Urmonster-Tradition tritt die ältere Forschung ein: vgl. Gunkel Hermann, Israel und Babylonien, Göttingen 1903, 41-69.

[109] Die Verse 9-22 enthalten meteorologische Erklärungen, die eingeschoben sind und das Leviathan-Behemoth-Stück unterbrechen, vgl. dazu Knibb II 148.

[110] Im äthiopischen Text steht in 60,1 anstelle von Noah Henoch. Doch passen die in 60,1 gemachten Zeitangaben nach Gen 5,22f. 32 zum Leben Noahs, nicht zum Leben Henochs.

[111] Die Handschrift BM 491 liest „wurden getrennt". Dies würde mit IVEsr 6,49 übereinstimmen, wo Gott die beiden Monster sofort nach ihrer Erschaffung trennt, da weder das Wasser noch das Festland groß genug sind, um beide aufzunehmen. Auch V.60,9 spricht von der Trennung der Urtiere als Akt der Vergangenheit. Nach Knibb II 143 enthält die Handschrift 491 aber nicht die ursprüngliche äthiopische Lesart. Eine zeitliche Diskrepanz zwischen den Versen 7 und 9 bleibt jedenfalls bestehen.

[112] Die Etymologie des Namens „Dendain" ist umstritten: Nach Dillmann A., Das Buch Henoch, Leipzig 1853,184 handelt es sich um eine freie Wortschöpfung des Autors.

Charles Robert H., The Book of Enoch, Oxford 1893, 115 hält Dendain für das in Gen 4,16 erwähnte Land Nod. Milik, Books, 29f. übersetzt Dendain durch „die beiden Brüste", die einen mesopotamischen Ort namens Maschu bezeichnen. Knibb II 144, hält eine Verbindung von Dendain mit dem in äthHen 10,4 erwähnten Dudael für möglich.

[113] Hier wird das Paradies nur als „Garten" bezeichnet, die Benennungen des Paradieses in äthHen variieren: „Garten der Gerechtigkeit" (32,3; 77,3), „Garten des Lebens" (61,12), „Garten der Gerechten" (60,23).

[114] vgl. Volz Paul, Die Eschatologie der jüdischen Gemeinde im ntl. Zeitalter, Tübingen[2] 1934, 389.

[115] Anders Volz, Eschatologie 389, der in V.24 anstatt „sie erhalten Nahrung" „sie werden verspeist" übersetzt und daher auch diese Stelle im Sinne des eschatologischen Mahles interpretiert.

[116] vgl. Schäfer Peter, Adam, TRE 1, Berlin 1977, 425.

[117] So Bertrand Daniel, La vie grecque d'Adam et Eve. Introduction, texte, traduction et commentaire, Paris 1987, 35. Dagegen meint Johnson, Life: OTP II 251, ApkMos sei in Palästina entstanden und ursprünglich auf Hebräisch geschrieben worden. Aufgrund der distanzierten Haltung zum Tempel, gewissen Ähnlichkeiten zu Philo sowie ziemlich guten Kenntnissen von griechischen Mythen ist jedoch für ApkMos ein Entstehungsort in Alexandrien wahrscheinlicher.

[118] Nach Johnson, OTP II 252, ist ApkMos/vitAd zwischen 100 v.Chr. bis 200 n.Chr. entstanden, am wahrscheinlichsten gegen Ende des 1. Jh.n.Chr. Bertrand, 29-30, datiert das Werk in die Zeit zwischen 100 v.Chr. und 50 n.Chr. Die Briefe des Paulus hält er für den terminus ante quem, da diese verschiedene Lehren der ApkMos/vitAd bereits voraussetzen und zudem eine Abwertung Adams kennen, die in ApkMos/vitAd noch nicht existiert.

[119] ApkMos gebraucht die griechische Übersetzung „paradeisos" zur Bezeichnung des Paradieses.

[120] Auch in vitAd 32,2 ist von der Trennung des Paradieses in einen Teil für Eva mit den Weibchen und einen Teil für Adam mit den Männchen die Rede.

[121] Bei der Schlange handelt es sich also um ein männliches Tier: Sie befindet sich im Teil des Paradieses, wo die männlichen Tiere und Adam sind.

[122] Vor dem Sündenfall glich die Schlange dem Menschen: sie hatte Arme und Beine. Als Strafe für ihr Mitwirken bei der Verführung Adams wurde sie ihrer beraubt (vgl. ApkMos 26,2). Das ist ein verbreitetes Motiv, vgl. Josephus Ant 1, 50; BerR 19,1; 20,5.

[123] Vgl. Gen 3,1, wo die Schlange als listigstes Tier bezeichnet wird. ApkMos übernimmt die Übersetzung der LXX, die das hebräische 'arûm durch phronimôtatos wiedergibt.

[124] Der von Johnson (OTP II 277) benützte Text weicht von Bertrands Text ab. Er ist hier ausführlicher und fügt noch folgenden Satz an : „I found you greater than all the beasts, and they associate with you, but you are prostrate to the very lost."

[125] Nach vitAd 12-16 war der Teufel ursprünglich ein Engel, der dadurch zu Fall kam, daß er sich weigerte, den ihm – nach seiner Ansicht – unterlegenen Adam anzubeten. Er brachte auch andere Engel gegen Gott auf. Als Strafe dafür wurden er und seine Anhänger von Gott aus ihrer Herrlichkeit vertrieben. Diese Erzählung fehlt zwar in ApkMos, sie ist aber hier vorausgesetzt. Der Fall Satans ist eine verbreitete Legende. VitAd ist eines der frühesten Zeugnisse dafür. Gewisse Stellen im AT weisen aber auf die Existenz einer solchen Legende schon in früher Zeit hin, vgl. Weish 2,24.

[126] Die Mauern des Paradieses erwähnt auch vitAd 31,2; 40,2. Das rabbinische Schrifttum kennt die Vorstellung des ummauerten Paradieses ebenfalls: vgl. bKet 77b; bShab 119b.

[127] Nach Gen 2,17 und 3,3 stehen der Baum des Lebens und der Baum der Erkenntnis inmitten des Paradieses. Vgl. ApkMos 22,4; vitAd 40,1; 42,1

[128] vgl. Gen 2,17 und 3,3. ApkMos übernimmt den Ausdruck der LXX „thanatô apothaneisthai".

[129] vgl. Gen 3,5. Nach dem biblischen Text ist Gott aber nicht eifersüchtig. Das Motiv der Eifersucht des Schöpfers auf das von ihm erschaffene Geschöpf ist gnostisch-antijüdisch. Hier erscheint es im Munde des Teufels.

[130] griech.: doxa. Der Text von Johnson (OTP II 279) hält sich enger an den biblischen Text indem er die Herrlichkeit auf den Baum bezieht: „...and I turned to the plant and I saw its great glory. And I said to him: It is pleasing to consider with the eyes." Nach Gen 3,6 sieht Eva, daß der Baum schön zu schauen ist. Der Text von Bertrand besagt aber, daß Eva nach dem Essen der Frucht vom Baum der Erkenntnis selbst Herrlichkeit erhalten wird.

[131] Nach 15,3 befindet sich der Teufel schon im Paradies, nämlich im Teil Adams. Daher handelt es sich bei der Türe, die Eva dem Teufel öffnet, vielleicht um die Pforte einer Abschrankung, die ihren Teil von demjenigen Adams trennt.

[132] griech.: epithymîa. Eigentlich würde man hier Stolz oder Auflehnung gegen Gott als Ursprung des Bösen vermuten: Denn durch die Weigerung Satans, Adam auf Gottes Befehl hin anzubeten, kam ja die Sünde in die Welt (vgl. vitAd 12-16). Da „epithymîa" jedoch auch bei Philon der Ursprung der Sünde ist, könnte dies ein weiterer Hinweis darauf sein, daß ApkMos in Alexandrien entstanden ist.

[133] In Gen 3,7 erkennen Adam und Eva, daß sie nackt sind, ohne daß sie zuvor mit etwas bekleidet gewesen wären. Hier hingegen werden sie der Gerechtigkeit beraubt, mit der sie vorher bekleidet waren. Die Nacktheit, die der Übertretung folgt, wird hier also moralisch interpretiert. Zum Bild der Gerechtigkeit als Kleid vgl. Ps 132,9 und Weish 5,19.

[134] Zur Herrlichkeit des ersten Menschen vgl. Ps 8,6: „Du hast ihn (= den Menschen) wenig niedriger gemacht als Gott, mit Herrlichkeit (kavôd) und Pracht (hadar) hast du ihn gekrönt."

[135] Die Pflanzen werden erst bei der Ankunft Gottes im Paradies wiederhergestellt, vgl. ApkMos 22,3: „Als Gott ins Paradies kam, blühten alle Pflanzen auf, diejenigen von Adams Teil und diejenigen von meinem Teil wurden wieder hergestellt."

[136] Johnsons Text (OTP II 281) fügt noch hinzu: „...they (= the leaves) were from the same plant of which I ate." Die Ansicht, beim Baum der Erkenntnis handle es sich um den Feigenbaum, findet sich auch im rabbinischen Schrifttum: BerR 15.

[137] vgl. Bell 5, 198: „...denn da nach dieser Himmelsrichtung hin für die Frauen ein eigener Raum zum Gottesdienst durch eine Trennungswand abgeteilt war...".

[138] Die vier in ApkMos 29,6 aufgezählten Gewürze Safran, Narde, Kassia und Zimt entsprechen aber nicht denjenigen von Ex 30,34, sondern den in Hoh 4,13f. erwähnten Gewürzen: „ Du bist gewachsen wie ein Lustgarten (pardes) von Granatäpfeln mit edlen Früchten, Zypressen, mit Narde, Safran, Kassia und Zimt, mit allerlei Weihrauchsträuchern, Myrrhe und Aloe, mit allen feinen Gewürzen." Der paradiesische Charakter von Hoh 4,13f. (LXX übersetzt „pardes" durch „paradeisos", das in LXX bekanntlich auch die Bezeichnung für das Paradies ist) veranlaßte den Verfasser von ApkMos wahrscheinlich, die in Ex 30,34 aufgezählten Spezereien durch diejenigen von Hoh 4,13f. zu ersetzen.

[139] Diese Episode wird auch in vitAd 36 erzählt. In vitAd 36,2 wird das Öl „Öl des Lebens" genannt.

[140] Mit der Anrede „Mensch Gottes" werden in Dt 33,1 Mose und in slHen 7,4 Henoch angesprochen. Durch diese Anrede wird Seth in denselben Rang wie Henoch und Mose aufgenommen. Tatsächlich hat Seth in ApkMos/vitAd eine Sonderstellung inne, er wirkt ähnlich wie Henoch in der Henochliteratur und Mose in der Tora als Offenbarungsmittler, vgl. ApkMos 3,2; 36,1.3.

[141] Die Verse in der Klammer finden sich nur in Johnsons Text. Vgl. aber auch vitAd 41-42.

[142] LXX gebraucht in Ex 30,22f. den Begriff „euôdos" zweimal in Bezug auf das Öl.

[143] Auch Jesus wurde dreimal vom Teufel versucht, vgl. Lk 4,1-13; Mt 4,1-11; Mk 1,12f.

[144] Dieselbe Vorstellung findet sich in vitAd 47,3.

[145] vgl. Lk 16,19-31. Auch nach rabbinischer Vorstellung sehen die Gerechten die Frevler in ihrer Qual und umgekehrt die Frevler die Gerechten in der Seligkeit, vgl. SifDev 357; MTeh 146, 9.

[146] Da sich der Verfasser von ApkMos/vitAd so darum bemüht, den Schöpfergott als vollkommen unberührt von jeglichem Bösen darzustellen (vgl. 19,3), sind seine Gegner eventuell in frühen gnostischen Kreisen zu suchen. Darauf weist auch das gnostische Argument über die Eifersucht des Schöpfers, das in 18,4 dem Teufel (!) in den Mund gelegt wird.

[147] Nach Platon, Phaidon 112e-113d gehört der Acheron zu den vier großen Strömen der Welt, der hauptsächlich unterirdisch fließt und sich in einem großen See, dem acherusischen See, unter der Erde staut. Die Seelen der Mittelmäßigen gelangen über den Fluß Acheron zum acherusischen See, wo sie sich reinigen und ihre Vergehen büßen, bevor sie wieder in neuen Körpern auf die Erde gesandt werden. Dem Verfasser von ApkMos war also der Zweck des acherusischen Sees bekannt. Er bezieht allerdings den Namen des Flusses auf den See.

[148] „Im dritten Himmel" erscheint nur in Johnsons Text. Nach Bertrand, 139f. handelt es sich dabei um eine christliche Interpolation, die in Anlehnung an 2Kor 12,2.4 eingefügt wurde. Nach seiner Ansicht kennt ApkMos nur das irdische Paradies, das auch der Aufbewahrungsort der Seele Adams während des Zwischenzustandes ist. Gegen diese Auffassung spricht aber, daß ApkMos die Vorstellung von den sieben Himmeln kennt (vgl. ApkMos 35,2). Zudem weisen die Ausdrücke, die das Weggehen von Adams Geist beschreiben, auf ein Aufsteigen der Seele Adams in den Himmel (32,4: anapheresthai; 37,5f.: airein). Auch vitAd kennt, allerdings im Zusammenhang einer Himmelsreise, das himmlische Paradies, vgl. vitAd 25,3f.; 29,2

[149] vgl. Andersen F.I., 2 Enoch: OTP I, 97: „In every respect 2 Enoch remains an enigma."

[150] So Sacchi, Henochliteratur, 48; Fischer Ulrich, Eschatologie und Jenseitserwartung im hellenistischen Diasporajudentum, BZNW 44, Berlin 1978, 41; Puech, La croyance I 176; Cavallin, Life, 163. Für die Frühdatierung spricht v.a. die Tatsache, daß slHen den äthHen in einer älteren als der uns überlieferten Gestalt mit dem Buch der Riesen anstelle der Bilderreden kennt.

[151] Diese Auffassung vertritt Sacchi, Henochliteratur 50.

[152] So Fischer, Eschatologie 41 und Puech, La croyance I, 176

[153] Milik, Books 110, datiert slHen ins 9.-10. Jh. Er hält einen christlichen Mönch für den Verfasser. Diese These ist jedoch aus dem in A.150 genannten Grund höchst unwahrscheinlich. Milik stützt seine Behauptung durch seine extreme Spätdatierung der Bilderreden, die jedoch sehr umstritten ist und von uns nicht geteilt werden kann. Zudem weisen der Charakter von slHen sowie die Ähnlichkeiten zu anderen Pseudepigraphen und zum NT auf frühjüdische Trägerkreise.

[154] Ein jüdisches Ursprungsmilieu nehmen die meisten neueren Forscher (Puech, Sacchi, Cavallin, Fischer) sowie Charles, Pseudepigrapha II 429, an. Vaillant A. (Le livre des secrets d'Henoch, Paris 1952, 15-22) schreibt slHen judenchristlichen Kreisen zu, Milik schließlich datiert das Werk, wie erwähnt, ins christliche Mittelalter.

Es muß darauf hingewiesen werden, daß Parallelen zum NT nicht genügen, slHen, wie auch jedes andere frühjüdische Werk, als judenchristlich oder christlich zu bezeichnen. Solche Ähnlichkeiten sind auf die gemeinsamen frühjüdischen Wurzeln und Voraussetzungen zurückzuführen. Vielmehr müssen sich eindeutige Bezüge auf Jesus finden, damit ein Werk christlichen Kreisen zugeschrieben werden kann. Solche fehlen aber in slHen durchwegs.

[155] vgl. Sacchi, Henochliteratur 48. Vaillant dagegen meint, daß die Zufügungen und Ergänzungen in A von einem phantasievollen slavischen Abschreiber des 15. Jh. stammen.

[156] Gemeint sind die Engel, die Henoch durch die sieben Himmel führen. Die Engel werden auch anderswo, z.B. in Dan 8,15, als Männer beschrieben.

[157] vgl. Gen 2,10: „ Und es ging aus von Eden ein Strom, den Garten zu bewässern, und teilte sich von da in vier Hauptarme."

[158] Der Spaziergang Gottes im Paradies scheint in slHen zu seinen Gewohnheiten zu gehören. Er steht in der Tradition von Gen 3,8: „Und sie hörten Gott den Herrn, wie er im Garten ging, als der Tag kühl geworden war." Gott wohnt nach slHen 20,1 im siebten Himmel. Die Vorstellung, daß er sich unter dem Baum des Lebens aufhält, wenn er ins Paradies kommt, kennt auch ApkMos 22,4: „Und der Thron Gottes wurde dort aufgestellt, wo der Baum des Lebens war." Der Baum des Lebens, die größte Kostbarkeit des Paradieses, ist der für Gott angemessene Ort bei seinen Paradiesbesuchen.

[159] Der Baum der Erkenntnis von Gut und Böse von Gen 2,9 ist hier also durch einen Ölbaum ersetzt! Auch im Paradies von ApkMos/vitAd gab es einen Ölbaum, dort handelte es sich allerdings um den Baum des Lebens. Durch das Ersetzen des Baumes der Erkenntnis, der beim Sündenfall eine wichtige Rolle spielte, wird der Zusammenhang des Paradieses von slHen mit der Paradieserzählung von Gen 3,1-24 sehr abgeschwächt. Adam und sein Paradies spielen für slHen B überhaupt keine Rolle: Seine Schöpfungsspekulationen enden mit der Erschaffung des Menschen (30,8). Erst der Verfasser von A hat dies als Mangel empfunden und die Adamserzählung eingesetzt (A 30,8-32,2). Das fehlende Interesse an Adam und seinem Paradies in slHen B ist möglicherweise auf den Einfluß von äthHen zurückzuführen, wo Adam ja nur eine untergeordnete Rolle spielt.

[160] Vaillant, Livre 9, hält die ganze Paradiesschilderung mit den Seligpreisungen aufgrund der Ähnlichkeiten zu Mt 25,34 für christlich. Gemeinsamkeiten zwischen Mt und slHen bestehen zweifellos: Die Idee des „bereiteten Ortes", die ethischen Maßstäbe, die Nebeneinanderstellung des Wesens der Gerechten und Frevler mit den eschatologischen Bestimmungen. Dabei dürfen aber die Unterschiede nicht übersehen werden: In slHen bildet eine Himmelsreise den Rahmen, in Mt jedoch eine Gerichtsszene mit dem Menschensohn. Die Preisungen in Mt beziehen sich nur auf den Dienst gegenüber dem Mitmenschen, in slHen schließen sie auch die Gerechtigkeit gegenüber Gott ein. Die ausführliche Paradies- und Höllenschilderung von slHen 8 und 10 fehlt in Mt usw. Eine Abhängigkeit des slHen von Mt (oder umgekehrt) erscheint daher unwahrscheinlich. Vielmehr ist sowohl slHen als auch Mt durch Ez 18 und Jes 58 sowie durch frühjüdisch-apokalyptische Gerichts- und Jenseitsvorstellungen inspiriert.

[161] Die Widerwärtigkeiten, die die Gerechten zu erdulden haben, erscheinen in slHen mehrmals: vgl. 50,2f.; 51,3; 66,6. Vielleicht entstammt slHen einem Milieu, wo die „Gerechten" verfolgt oder zumindest schikaniert wurden.

[162] Alle Handschriften außer B korrigieren in „und man wird ihre Seelen anfechten" (vgl. Vaillant, Livre 9). Diese Korrektur scheint sekundär zu sein, da die Schreiber nicht mehr sahen, daß 9,1 auf Num 29,7 zurückweist: „we-'innitem et-nafschotêkhem" übersetzt LXX: „kai kakôsête tâs psychâs hymôn". Gemeint ist damit das Fasten, das ja die Lebenskraft angreift.

[163] vgl. Jes 33,15f.

[164] vgl. Ez 18,7

[165] vgl. Ez 18,7; 18,16; Jes 58,7f.; 58,10

[166] vgl. Jes 1,17; Jer 22,3. Die Rezension A fügt im Sinne von Jes 1,17 und Jer 22,3 „und die Waisen" hinzu.

[167] vgl. Ps 14,2

[168] Zuvor war Henoch die Hölle gezeigt worden (41,1-42,2). Die Hölle liegt hier also tiefer als das Paradies. Diese Auffassung unterscheidet sich von 10,1, wo die Hölle im Norden (!) des dritten Himmels, auf gleicher Ebene also wie das Paradies liegt. In 42,3 beginnt sich die Vorstellung abzuzeichnen, daß die Hölle unter der Erde liegt.

[169] Auch hier besteht eine Ähnlichkeit zum NT: Die Seligpreisungen in slHen 42,6-13 erinnern an Mt 5,3-10. Die Gemeinsamkeiten gehen indes nicht über das Formale hinaus: Inhaltlich stimmen die Preisungen in keinem Falle überein. Seligpreisungen finden sich in Ansätzen bereits im AT und sind auch aus Qumran (vgl. 4Q525) bekannt. Es handelt sich dabei also um eine frühjüdische Tradition. Direkte Abhängigkeiten zwischen slHen und Mt sind deshalb unwahrscheinlich. (Vgl. A. 160)

[170] Diese Auffassung über die Zeit und die Ewigkeit ist von platonisierendem Gedankengut beeinflußt, das in hellenistischen Kreisen gepflegt wurde (vgl. Philon Mut 267). Diese Ideen gehen auf Platons Timaios zurück. In Tim 37d wendet Platon seine Lieblingsmetapher, das Urbild-Abbild-Verhältnis auf die Zeitbegriffe an. Die Ewigkeit (aiôn) ist demzufolge das Urbild, die Zeit (chronos) das „bewegliche, in Zahlen fortschreitende Abbild der Ewigkeit". Vgl. dazu Gloy Karen, Studien zur platonischen Naturphilosophie im Timaios, Würzburg 1986, 44-67. SlHen verbindet also den aus der Apokalyptik bekannten Äonendualismus mit der platonischen Urbild-Abbild-Idee.

[171] vgl. oben slHen 22,9, wo es vom himmlischen Öl heißt, daß es wie die Sonne scheint. Die Gerechten haben also Anteil an diesem Öl, dessen Wirkungskraft an ihnen sichtbar wird. Auch in Mt 13,43 heißt es, daß die „Gesichter der Gerechten wie die Sonne scheinen".

[172] vgl. slHen 25,3: „Und er (= der große Äon) trug die ganze Schöpfung, die ich (= Gott) erschaffen wollte."

[173] vgl. Fischer, Eschatologie 55

[174] Die Erde wird in slHen auch als Gegensatz zum „großen Äon" als „schmerzvoller Äon" bezeichnet, vgl. 66,6. „Jetzt meine Kinder,...in Langmut und Sanftmut und in der Anfechtung eurer Leiden geht aus diesem schmerzvollen Äon."

[175] Ausdrücklich ist die Präexistenz des Paradieses allerdings nirgends erwähnt. Aber auch in 49,2 wird gesagt, daß die Gerichtsutensilien schon „vor der Zeit" bereitet worden sind.

[176] SlHen kennt also ein doppeltes Gericht: das Gericht unmittelbar nach dem Tode und das endzeitliche Vernichtungsgericht.

[177] vgl. dazu Martin.J. Mulder/Harry Sysling (ed.), Mikra. Reading, Translation and Interpretation of the Hebrew Bible in Ancient Judaism and Early Christianity, CRI II.1, 1988.

[178] vgl. George W.E. Nickelsburg, Good and Bad Leaders in Pseudo-Philo's Liber Antiquitatum Biblicarum, in: ders./ John J. Collins, Ideal Figures in Ancient Judaism, SCSt 12, Michigan 1980, 49-65.

[179] vgl. dazu Delling Gerhard, Von Morija zum Sinai, in: JSJ 2 (1970), 1-18.

[180] Dies ist die Auffassung von Puech I 131 und Harrington Daniel J., Pseudo-Philo: OTP II, 299 und SC 229, 166-174. Nach Dietzfelbinger Christian (Pseudo-Philo: Antiquitates Biblicae, JSHRZ II 2, Gütersloh 1975, 91-127) ist das Buch dagegen zwischen 70 und 132 entstanden. Dietzfelbinger meint, daß in 19,7, wo es um die Zerstörung des salomonischen Tempels durch Nebukadnezar geht, auch auf die Tempelzerstörung durch Titus angespielt ist. Dies ist zwar in den eindeutig nach siebzig entstandenen und LibAnt in manchem ähnlichen syrBar und IVEsr der Fall. Doch unterscheiden sich diese von LibAnt gerade durch ihre heftige Klage um den zerstörten Tempel. 19,7 schließt also nicht notwendigerweise die Tempelzerstörung durch Titus ein. Außerdem finden sich in LibAnt auch Stellen, die den Bestand des (salomonischen) Tempels annehmen, vgl. 26,15.

[181] Diese Ansicht vertreten die meisten Forscher, vgl. Puech, La croyance I 131, Dietzfelbinger, 91, Perrot, SC 230, 28-39. Cavallin, Life 75, dagegen schreibt LibAnt der palästinischen Apokalyptik zu.

[182] vgl. Dietzfelbinger, 92f. und Harrington, SC 230, 75-77

[183] vgl. Dtn 34,1-4

[184] Das Land Ägypten erscheint hier, wo es um die Bewässerung der Erde geht, natürlich, da es seine Lebensgrundlage aus dem Fluß Nil hat.

[185] Das Heilige Land wird also von einem anderen Ort aus beregnet als die übrige Welt. Parallel zur Erwählung des Volkes (vgl. 31,3), geht die Erwählung des Landes, die hier durch die Vorstellung vom besonderen Regen ausgedrückt wird. Eine ähnliche Idee findet sich in bTaan 10a, wo es heißt, daß Gott selbst den Tau auf das Land Israel regnen läßt. Den Rest des Taus läßt ein Engel dann auf die übrige Welt herabregnen.

[186] Mit dem Heiligtum ist nicht, wie Hofius Otfried (Katapausis, Die Vorstellung vom endzeitlichen Ruheort im Hebräerbrief, WUNT 11, Tübingen 1970, 65) meint, das himmlische Heiligtum gemeint. Aus dem vorangehenden Vers 19,7 wird klar, daß es sich vielmehr um den Tempel handelt, den das Volk in Zukunft im Land Israel erbauen wird. Auf eine solche Deutung weisen auch die nun folgenden Worte hin, deren Wechsel ins Futur sonst unverständlich bleibt. Damit sind wahrscheinlich die Berechnungen der Festzeiten gemeint, die ja in Jerusalem ausgeführt wurden.

[187] Im lateinischen Text steht „sibi". Dies geht wahrscheinlich auf einen Abschreibfehler schon in der hebräischen Originalfassung zurück: statt lî (= mir) wurde lô (= ihm) gelesen und entsprechend übersetzt.

[188] vgl. Lat.: „Et erit virga tua in conspectu meo in commemorationem omnium dierum." Die gleiche Formulierung findet sich in 26,12 in Bezug auf die zwölf Edelsteine, die die sieben götzendienerischen, von Kenaz nach göttlicher Anweisung zerstörten Steine ersetzt haben und nun in der Lade aufbewahrt werden. „Et (lapides) erunt in conspectu meo in memoriam domus meae." LibAnt kennt also eine ganze Reihe von Bundeszeichen, die besonders herausragenden Führern wie Moses und Kenaz zukommen.

[189] vgl. Gen 9,13-1

[190] Trotz der Erhöhung und Verherrlichung des Mose in LibAnt wird er nicht etwa entrückt wie z.B. in Ant 4,326, sondern stirbt wie alle Menschen. Josephus läßt Mose in Ant 4,326 anstatt sterben in einer Wolke entschwinden.

[191] vgl. Dtn 34,6

[192] vgl. oben 19,10. Damit ist das Paradies gemeint. Die Bezeichnung „Ort der Heiligung" deutet darauf hin, daß das Paradies als Heiligtum aufgefaßt wird.

[193] Obwohl Pseudo-Philo hier bestimmt von der Henoch-Apokalyptik beeinflußt war, konnte er doch auch auf ältere Moses-Traditionen zurückgreifen: In Ex 24,9 erscheint Moses als Merkavah-Mystiker.

[194] Das Paradies ist in LibAnt fünfmal erwähnt. Nur einmal taucht es im Kontext von einem anderen Führer als Moses auf, nämlich bei Kenaz (26,8: eine Wolke holt Eis vom Tau des Paradieses, um die von Kenaz beschlagnahmten frevlerischen Bücher zu zerstören).

[195] Eine Aktualisierung von Gen 2,10-14 hat auch Josephus in Ant 1,39 vorgenommen, indem er die vier in Gen genannten Flüsse durch die vier größten ihm bekannten Ströme ersetzte. Einer davon ist, wie bei Pseudo-Philo, der Nil.

[196] Kenaz wird in LibAnt neben Mose am meisten Aufmerksamkeit gewidmet. Kenaz zeichnet sich durch seine Kämpfe gegen die Ammoniter sowie durch eine von ihm durchgeführte „Inquisition" unter den zwölf Stämmen aus. Hierbei werden bei den Sündern des Stammes Dan die frevelhaften Bücher über die ammonitischen Gottheiten sowie ihre Götterstatuen mit den Edelsteinen gefunden (25,9-12).

[197] Die in LibAnt 26,9-11 aufgezählten Edelsteine entsprechen denjenigen von Ex 28,15-21. In Ex dienen sie als Schmuck auf der Brusttasche des Hohenpriesters.
Die Aufzählung der Steine in 26,9-11 ist möglicherweise ein weiterer Hinweis dafür, daß LibAnt nicht in priesterlichen Kreisen entstand. Der Stein Levis wird nämlich nicht besonders hervorgehoben, im Gegenteil: Die Steine von Gad, Ascher, Joseph und Benjamin sind kostbarer als derjenige Levis.

[198] Das Problem, daß die heiligen Geräte des Tempels durch die Feinde bei der Eroberung entweiht werden, wird dadurch gelöst, daß sie von Gott aus dem Tempel entfernt werden, bevor die Feinde Hand an ihn legen, vgl. auch syrBar 6,4-10. Mit dem Ort, wo die Steine am Anfang hervorgeholt wurden, ist dies jenseitige Welt, genauer das Paradies gemeint.

[199] Vgl. Jes 64,3. Dieses Zitat wird häufig von Rabbinen gebraucht, die sich gegen zu diesseitsorientierte Jenseitsvorstellungen aussprechen, vgl. z.B. bSan 99a. Pseudo-Philos Aussagen über das Eschaton sind ebenfalls von dieser Jesaja-Stelle geprägt: Er drückt sich unklar und verschwommen über das endzeitliche Heil aus.

[200] Dietzfelbinger, 138, übersetzt „als ich Befehl gab über das Jahr des Lebens Noahs" und bezieht das folgende „ad eum" auf Noah. Dies macht den Text jedoch unnötig kompliziert: „praecipere" kann auch die Bedeutung „lehren, unterrichten" haben, vgl. auch Harrington, SC 229, 135.

[201] Möglicherweise liegt hier ein Einfluß des Jubiläenbuches vor: Die Anordnung der Weltzeit in Wochen in LibAnt erinnert an die Periodisierung in Jubiläen in Jub. Dies würde zu den nun folgenden geheimen Offenbarungen passen, die Mose zuteil werden.

[202] Im lateinischen Text steht „eis". Es ist nicht ersichtlich, wer damit gemeint ist. Auf jeden Fall macht es keinen rechten Sinn, das Geschlecht der Sintflut darin zu sehen. Vielleicht ist statt „eis" „ei" zu lesen. Dann wäre Noah damit gemeint, über den bekannt ist, daß er apokalyptische Offenbarungen erhielt, vgl. äthHen 60,8; 65,1-12. Die Stelle bleibt aber unklar.

[203] Obwohl mit Eva die Sünde ihren Anfang nahm, zeigt Pseudo-Philo großes Interesse an den gerechten Frauen wie Dalila (43,5), Debora (33,1.4.6.), Milka (4,11), Tamar (9,5), Mirjam (20,8) usw. Pseudo-Philo ist ein wahrer „Feminist", wenn es in 40,4 heißt, daß Seila „in den Schoß ihrer Mütter" zurückkehrt.

[204] Zwischen „semita" von 19,10 und „vias" besteht kein Unterschied. Anstatt „Wege *des* Paradieses" könnte man auch „Wege zum Paradies" übersetzen (Genitivus objectivus).

[205] vgl. auch IVEsr 7,8; bBer 28b. Auch Jesus redet von den Wegen, vgl. Mt 7,13f. In IVEsr ist der Gedanke des Weges jedoch wie in TestAbr anders akzentuiert als in LibAnt. In IVEsr soll das Bild des Weges v.a. zeigen, daß es nur ganz wenigen möglich ist, den Pfad zum Heil zu durchwandern. In LibAnt ist die praktische Möglichkeit, auf dem Weg Gottes zu gehen, dagegen allen gegeben.

[206] vgl. Ex 20,21

[207] vgl. Ex 24,18

[208] vgl. Ex 15,25

[209]Die Legende vom Brunnen, der mit den Israeliten durch die Wüste zog, findet sich auch im rabbinischen Schrifttum, vgl. tSukk 3,11. Bei den Rabbinen hat der Wüstenbrunnen paradiesischen Charakter, vgl. Tan Qedoschim 168b: „Als die Israeliten aus Ägypten ausgezogen waren und in der Wüste wanderten, ließ ihnen Gott das Manna herniederkommen und brachte ihnen die Wachteln herüber und ließ ihnen den Brunnen aufsteigen. Und jeder Stamm machte sich einen Wasserkanal und leitete das Wasser zu sich. Und man pflanzte daran Feigen und Granatäpfel, die ihre Früchte noch am selben Tag brachten, wie zu Beginn der Weltschöpfung „fruchtbare Bäume Frucht brachten nach ihrer Art" (Gen 1,11).

[210] Die Offenbarungen über das Paradies finden in LibAnt immer auf einem Berg statt: in 11,15 und 13,8 auf dem Sinai, in 19,10 auf dem Abarim (= Nebo). Damit nimmt Pseudo-Philo eine uralte Vorstellung auf, die bereits für die kanaanitische Zeit bezeugt ist: Auf dem Gottesberg mit seiner kosmologischen Symbolik (der Gottesberg umfaßt den ganzen Kosmos) werden die Geheimnisse des Kosmos offenbart, vgl. dazu Maier, Kultus, 99-101.

[211] Vgl. Nickelsburg George W.E., Jewish Literature between the Bible and the Mishna, London 1981, 287 und Stone, IVEsra, 39f. Metzger B.M., The Fourth Book of Ezra: OTP I 522, meint, daß die Theologie von syrBar viel entwickelter sei als diejenige von IVEsr und daß syrBar deshalb nach IVEsr entstanden sei. Dieselbe Ansicht vertritt Schreiner, Esrabuch, 301. Dagegen hält Bogaert, SC 145, 26f. syrBar für die Quelle von IVEsr, da syrBar noch keine so ausgefeilten Spekulationen über die Theodizee enthalte wie IVEsr.

[212] Die teilweise nicht miteinander übereinstimmenden Aussagen der apokalyptischen Vorstellungen haben Anlaß zu Quellenscheidungsversuchen gegeben. So unterscheidet Charles, Eschatology 324f. mindestens sechs verschiedene, unabhängige Stücke, die er gesondert behandelt. Klijn, Baruch-Apokalypse 112 hält die Schilderungen der messianischen Zeit für vor siebzig entstanden, hebt jedoch ansonsten die Einheit des Textes hervor. Ebenso Bogaert, SC 145, 57-91. Eine Untersuchung von einzelnen Teilen erscheint so nicht gerechtfertigt.

[213]vgl. Klijn, Baruch-Apokalypse 114 und Bogaert, SC 145, 331-334.

[214] Von dieser griechischen Übersetzung sind einige Verse aus den Kapiteln 12-14 erhalten geblieben, vgl. PsVTGr III 118-120.

[215] Ein semitisches Original nehmen Klijn, Baruch-Apokalypse, 114 und Puech, La croyance I 136 an. Die Möglichkeit einer griechischen Urfassung zieht Bogaert, SC 145, 380.450, mindestens in Betracht.

[216] So datieren Puech, La croyance I 136 und Nickelsburg, Jewish Literature 287

[217] vgl. 1Kor 15,51-54: „...aber wenn die Posaune den Richter der Welt ankündigt, werden wir alle verwandelt....(53) Unser vergänglicher Körper, der dem Tod verfallen ist, muß in einen unvergänglichen Körper verwandelt werden." Das Interesse Baruchs am Körper der Auferstehung ist auffallend und unterscheidet ihn von LibAnt und IVEsr. Möglicherweise entgegnet er wie Paulus in 1Kor auf gegnerische, häretische Argumente.

[218] Nach Bogaert, SC 146, 94, handelt es sich hier um eine Reminiszenz an den Gottesberg. Doch in 54,1 bezeichnet der Ausdruck „Höhen jener Welt" eindeutig den Himmel. Es dürfte sich hier um eine Übersetzung des hebräischen „marôm" handeln, das einfach „Himmel" bedeutet. In den Sabbatliedern von Qumran gehört „marômê rûm" zu den Begriffen, die zugleich den Himmel und das himmlische Heiligtum bezeichnen, vgl. 4Q 400 I ii 4 (Newsom Carol, Songs of the Sabbath Sacrifice. A Critical Edition, Atlanta 1985, 39. 107)

[219] vgl. Dan 12,3. Während jedoch in Dan das verherrlichte Dasein der Auferstandenen auf der erneuerten Erde durch das Bild der Sterne beschrieben werden soll, handelt es sich in syrBar um einen tatsächlichen Aufstieg der Gerechten zu den Sternen und Engeln.

[220] Zwischen den Bewohnern der irdischen und denjenigen der himmlischen Welt bestehen also keine Kontakte oder Verbindungen. Anders als in Qumran stimmen die Menschen wohl auch nicht in den Lobgesang der Engel ein.

[221] Die Sabbatlieder kennen die Vorstellung von sieben himmlischen Heiligtümern analog zu den sieben himmlischen Engelsklassen, z.B. in 4Q400 I i 13; 4Q403 I ii 10-16, vgl. Newsom, Songs. Der Plural besagt aber nicht notwendigerweise, daß damit mehrere Heiligtümer gemeint sind. So verwendet der Verfasser des Hebräerbriefes den Plural neben dem Singular ohne Bedeutungsunterschied, vgl. Hebr 9,1. 12. 24.

[222] vgl. dazu Schäfer Peter, Hekhaloth-Studien, Tübingen 1988, 251 u.a.

[223] Hier besteht möglicherweise ebenfalls eine Parallele zu 11QShirShabb: Nach syrBar 54,13 sind unter dem Thron Gottes, wo sich nach 51,11 die Keruben befinden, „Schätze der Weisheit" verwahrt. Dahinter steht vielleicht die Vorstellung, daß die Keruben durch ihre Gottesnähe über besonderes Wissen verfügen. Auch im - allerdings schwer beschädigten - Fragment 11QShirShabb 3-4-5 (Newsom 365) ist in Bezug auf die Keruben von „Schwingen des Wissens" (kanfê da'at) die Rede.

[224] Diese eschatologische Hoffnung gleicht - trotz der Unterschiede - derjenigen des Hebräerbriefes, wo Jesus durch sein Sühneopfer selbst ins himmlische Heiligtum zur Rechten Gottes erhoben wird (Hebr 10, 12-14) und dadurch zugleich den Weg für alle Gläubigen „durch den Vorhang hindurch" ins himmlische Allerheiligste, d.h. in die unmittelbare Gottesnähe eröffnet (Hebr 9,3; 10,19f.).

[225] Außer in 59,11 ist möglicherweise auch in 54,3 von Engelsfürsten die Rede: Während Klijn die betreffende Stelle mit „Anfänge der Zeitalter" wiedergibt, übersetzt Bogaert mit „Prinzen der Zeitalter" (vgl. Bogaert, SC 145, 502; 146, 102). Der syrische Begriff

geht wahrscheinlich auf ein hebräisches „rôsch" zurück. In 11QShirShabb bezeichnet „rôsch" Engelsfürsten und sogar die Hohenpriester der Engel (vgl. Newsom 27). Dies könnte auf eine kultische Funktion der Engel auch in syrBar hinweisen.

[226] vgl. auch 1Petr 1,12. Die Lehre von der Überlegenheit des Menschen über die Engel begegnet in der rabbinischen Literatur häufig, ihre Anfänge reichen in die tannaitische Zeit hinein, vgl. Schäfer Peter, Rivalität zwischen Engeln und Menschen. Untersuchungen zur rabbinischen Engelvorstellung, SJ 8, Frankfurt a.M. 1975, 228-233. Auch die Vorstellung, daß die Gerechten Gott im Paradies näher sind als die Engel, findet sich bei den Rabbinen, vgl. yShab 6,8; bNed 32a; TanB Balaq 23

[227] Bogaert, SC 145, 421-425, meint, daß in 32,1-6 vom Wiederaufbau Jerusalems während der messianischen Ära die Rede ist. Doch das messianische Reich bringt ja noch nicht das endgültige Heil, sondern ist nur ein Vorspiel dazu.

[228] vgl. Jes 49,16, wo es um den Erweis geht, daß Gott Jerusalem niemals vergessen wird, sondern daß er es vielmehr wie eine Mutter ihr Kind liebt (49,15) und es bald erretten wird (49,17-26).

[229] vgl. auch LibAnt 13,8f.; 26,6. Adam genoß also vor seinem Fall eine vollkommene Gottesnähe im paradiesischen Heiligtum. Da Adam gemäß syrBar jedoch die Sünde und den Tod über die Welt gebracht hat(vgl. 17,3; 19,8; 23,4 usw.), wird seine Herrlichkeit in syrBar nirgends erwähnt.

[230] Im Gegensatz zu LibAnt wird in syrBar auch Abraham, nicht nur Mose das Paradies gezeigt. Auch im rabbinischen Schrifttum werden Abraham geheime Offenbarungen zugeschrieben, vgl. BerR 15,10. Mit der „Nacht zwischen den zwei Opferhälften" wird auf den Bund, den Gott in Gen 15,1-19 mit Abraham schließt angespielt. Dadurch daß das Paradies Abraham beim Bundesschluss sowie Mose bei der Sinaioffenbarung gezeigt wird, will syrBar darauf hinweisen, daß die eschatologische Übergabe des Paradieses an die Gerechten die endgültige Erfüllung des Bundes zwischen Gott und Israel sein wird.

[231] vgl. LibAnt 11,15; 19,10; 13,8. In IVEsr dagegen wird Mose das Paradies trotz geheimer Offenbarungen nicht gezeigt (IVEsr 14,5f.). Da für IVEsr das Gesetz kein wirklicher Heilsfaktor ist, kommt auch Mose weniger Bedeutung zu.

[232] vgl. Ex 25,9.40. Dieser Vers diente sowohl jüdischen als auch christlichen Vorstellungen über das himmlische Heiligtum als Begründung (Hebr 8,5; LeqT zu Ex 25,9).

[233] Diese Auffassung weist trotz ihrer ganz verschiedenen Aussageabsicht Ähnlichkeiten zu Hebr auf. Auch Hebr sieht das wahre Heiligtum, das „Gott selber aufgeschlagen" hat, im Himmel beim Thron Gottes, wo Gott auch „seine Stadt für die Gläubigen" bereitet hat (Hebr 8,1f.; 11,16). Der irdische Tempel ist dem gegenüber nur ein „Abbild und Schatten der himmlischen Dinge" (Hebr 8,5). Allerdings fehlen in Hebr die paradiesischen Züge des himmlischen Heiligtums.

[234] So Borgen Peder, Philo of Alexandria. A Critical and Synthetical Survey of Research since World War II, ANRW Princ. 21.1 II, 142. Dagegen meint Wolfson (Philo, 439-460), Philo sei eine Einzelgestalt gewesen.

[235] Bereits sein Vater hatte wohl das römische Bürgerrecht erworben. Einige der Mitglieder von Philos Familie hatten es zu wichtigen Posten gebracht: So war sein Bruder Alexander Lysimachus Generalzollpächter und Güterverwalter der Kaiserinmutter Antonia, dessen (apostasierter) Sohn Marcus wurde später Präfekt von Ägypten. Philo selber führte im Jahre 39 eine jüdisch-alexandrinische Gesandtschaft zum Kaiser Caligula nach Rom. Vgl. dazu Borgen Peter, Philo of Alexandria. The Jewish Writings of the Second Temple Period, CRI II, Philadelphia 1984, 252.

[236] Umstritten ist immer noch, ob Philo Hebräisch konnte. Heinemann Isaak, Philons griechische und jüdische Bildung, Breslau 1932, Hildesheim[2] 1962, 524f. kommt zum Schluß, daß Philo Hebräisch nicht beherrschte, während Daube David, Jewish Law in the Hellenistic World: Jackson S. (ed.), Jewish Law in Legal History and the Modern World, Leiden 1980, 45-60 zu einem entgegengesetzten Ergebnis gelangt. Dies ist jedoch keine fundamentale Frage: Tatsache ist, daß Philo etymologische Interpretationen, die auf Hebräisch basieren, wiedergibt und daß ihm Traditionen sowohl des griechischsprachigen als auch des hebräischsprachigen Judentums bekannt waren.

[237] Heinze H., Die Lehre vom Logos in der griechischen Philosophie, Oldenburg 1872, 259, sieht in Philo einen hellenistischen Philosophen, der sich teilweise Ideen aus dem AT angeeignet hatte. Leisegang Hans, Der Heilige Geist, Berlin 1919, 11, interpretiert Philo auf der Basis des griechischen Mysterienkultes. Käsemann Ernst, Das wandernde Gottesvolk, Göttingen[4] 1961, versteht Philo von einem gnostischen Hintergrund her. Dagegen meinen Wolfson, Philo, 1,13 sowie Borgen, Survey, 154 u.a., daß Philos Schriften in erster Linie als das Werk eines gläubigen und engagierten Juden zu interpretieren sei.

[238] Darüber, was Philo genau unter „Israel" versteht, besteht allerdings Uneinigkeit. Wenn Goodenough Erwin R., Light, Light: The Mystic Gospel of Hellenstic Judaism, New Haven 1935, 136, Recht damit hätte, „Israel" sei von Philo als geistiges Konzept aufgefaßt worden und bezeichne alle Weisen, ob jüdisch oder heidnisch, träfe die Parallele zu den Rabbinen natürlich nicht zu. Doch weisen einzelne Interpretationen in Philos Werk, z.B. des Jerusalemer Tempels, darauf hin, daß Philo mit dem Begriff „Israel" tatsächlich das jüdische Volk meinte, vgl. dazu Borgen, Survey 114 und Wolfson, Philo, 2,51f.

[239] vgl. Borgen, Survey,150f

[240] vgl. Sandmel Samuel, Philo. The Man, his Writings, his Significance, ANRW Princ. II 21.1, 6-13. Die Zuteilung von einzelnen Werken, z.B. VitMos ist teilweise umstritten. Eine gänzlich andere Einteilung schlägt Borgen, Survey, 118, vor indem er drei Gruppen unterscheidet, in denen Philo den Pentateuch entweder auf die hist.-polit. Situation der Juden in Alexandria, oder auf die aktuelle hellenist.-philosophische Diskussion, oder auf bestimmte hist. Ereignisse und Personen anwendet.

[241] vgl. Borgen, Survey, 126-128

[242] Nach griechischer Auffassung gilt Vielnamigkeit als Ehre für einen Gott (vgl. Sophokles, Antigone, 1115). Wie die Stoiker, so bezeichnet auch Philo den „Logos", der hier mit der himmlischen Weisheit gemeint ist (s. unten), als vielnamig (vgl. Conf 146). Die Vielnamigkeit und der sich daraus z.T. ergebende Mangel an System sind also von Philo gewollt.

[243] „Schauen Gottes" ist gemäß LegGai 4 die etymologische Bedeutung von „Israel"(horôn theon). Israel ist also auch Logos (ausdrücklich in Conf 146). Dadurch kommt Israel, wie der himmlischen Weisheit, eine Mittlerfunktion zwischen dem völlig transzendenten Gott und der Sinnenwelt zu.

[244] Nach Philos Interpretation der Schöpfungsgeschichte hat Gott zuerst die Ideen, d.h. das Allgemeine (Species, Logos) geschaffen (Op 17-20; All 1,21), bevor die einzelnen Gegenstände (sensibilia), die ihr Dasein durch Teilhabe (methexis) an den Ideen haben entstanden. Die irdische Tugend gehört also zu den Sensibilia.

[245] Dies ist eine der wenigen Stellen, wo Philo eine wörtliche Interpretation scharf ablehnt. Wahrscheinlich handelt es sich um eine Polemik gegen extreme Literalisten, vgl. Borgen, Survey, 127. Auch in Plant 32f. wendet sich Philon mit harten Worten gegen eine wörtliche Auslegung des Paradieses. In Quaest in Gen 1,6 bzw. 1,12 scheint er hingegen eine wörtliche Interpretation neben der allegorischen stehen zu lassen. Da die wörtliche Auslegung nur kurz erwähnt wird, ist anzunehmen, daß sie nicht Philos eigene Ansicht widerspiegelt, sondern eine Art Zugeständnis an die „unreife Menge" (vgl. Spec 3,134) darstellt, vgl. dazu Grimm Reinhold, Paradisus Coelestis-Paradisus Terrestris. Eine Auslegungsgeschichte des Paradieses im Abendland bis um 1200, München 1977, 30-32.

[246] Philo benützt die LXX, die „Gan Eden" durch „paradeisos tês tryphês" wiedergibt.

[247] „Orthos logos" ist die Bezeichnung für das stoische Welt- und Sittengesetz. Philo übernimmt diesen Begriff, setzt aber das kosmische Weltgesetz mit dem Mosesgesetz gleich (vgl. Op 3f.).

[248] Dasselbe in plant 40f. In Quaest in Gen 1,7 wird die Pflanzung des Paradieses im Osten damit begründet, daß die Erde sich von Osten nach Westen bewege und daß der Osten nach allgemeiner Auffassung die rechte Seite der Welt sei.

[249] Die Stoiker unterscheiden Handlungen, die sich vernünftig begründen lassen, von den vollkommenen Taten, vgl. Heinemann: Philo, Werke, III 35 Anm. 2. Die Paradiesbäume symbolisieren für Philo also sowohl die Tugend an sich, die Theorie, als auch deren Ausübung, die Praxis.

[250] Der Lebensbaum kann bei Philo verschiedene Dinge symbolisieren: Nach Op 154 ist er die Gottesfurcht (theosebeîa), nach plant 42 bzw. 44f. ist er der im Bilde Gottes geschaffene, der Ideenwelt zugehörige Mensch. Andererseits kann in All 63-65 die allgemeine Tugend, das Gutsein, durch die Paradiesquelle bezeichnet werden, während die

vier Paradiesströme als Einzeltugenden die Kardinaltugenden darstellen. Die „Vielnamigkeit" macht sich also hier deutlich bemerkbar.

[251] Die beiden Bäume symbolisieren hier die Freiheit des Menschen, sich für das Leben oder den Tod zu entscheiden. Der Baum der Erkenntnis steht nur als Wahlmöglichkeit im Paradies. Wenn sich die Seele für das Schlechte entscheidet, kann er, da er nun auch schlecht ist, nicht mehr im vollkommenen Paradies stehen. Die Stelle ist allerdings nicht widerspruchsfrei. In Op 154f. wird der Baum der Erkenntnis anders gedeutet: Er ist dort ein Sinnbild für die Einsicht, die mittlere Tugend.

[252] vgl. Guttmann Julius, Die Philosophie des Judentums, München 1933, 34

[253] So Heinemann: Philo, Werke, III 30f. A. 2

[254] vgl. Borgen, Survey 110f.

[255] Mit „mittlerer Geist" ist Adam gemeint. Die Bezeichnung „Geist" ist zwar etwas mißverständlich; aus Philos folgenden Ausführungen wird aber klar, daß nicht der ebenbildliche vollkommene, sondern der erdhafte Mensch, Adam, angesprochen sein muß. Nach All 1,95 heißt Adam „der Mittlere", weil er zwar aus Erde geschaffen, jedoch nicht wie Edom, das ebenfalls von „Adama" abgeleitet ist, schlecht ist, sondern in der Mitte steht: d.h. er ist der Belehrung sowohl zugänglich als auch bedürftig.

[256] Philo nennt den Kosmos auch Tempel (Spec 1,66). Der in den frühjüdischen Paradiesesvorstellung praktisch immer vorhandene Bezug des Paradieses zum Tempel bzw. zum Thron Gottes fehlt also auch bei Philo nicht ganz. Er schwingt wohl auch in der Vorstellung mit, daß die tugendhaft-paradiesische Seele in die göttlichen Regionen aufsteigt (vgl. oben).

[257] Der paradiesische Urzustand zeichnet sich u.a. durch die Abwesenheit von Kultur aus. Dies erinnert an die Schilderung des Goldenen Zeitalters bei Ovid (vgl. Met. 1,89-108). Philo ließ sich bei der Beschreibung der Lebensweise des ersten Menschen jedoch nicht nur von Ideen über die Goldene Zeit inspirieren. Die ganze Passage in Op 142f. setzt sich aus Elementen des stoischen Ideals (vgl. z.B. Marc Aurel, Selbstbetrachtungen 5,27) sowie biblischen Motiven zusammen (vgl. z.B. Jes 65,25).

[258] Hierin unterscheidet sich Philo von seiner griechisch-römischen Inspirationsquelle über die Goldene Zeit, für die das unverdorbene Zeitalter nicht in die Gegenwart zurückgerufen werden kann.

[259] Eine ähnliche Auffassung enthält der jüdisch-hellenistische Roman über Josef und Aseneth: Nach JosAs geschieht bei der Konversion zum Judentum eine Verwandlung, die teilweise paradiesische Motive vorwegnimmt. So erstrahlt Aseneth nach ihrer Reue in paradieshafter Schönheit (18,9) und erhält die Garantie, daß für ihre Seele ein himmlischer Ruheort bereitet ist (22,13). In JosAs erscheinen in Bezug auf die Paradiesesvorstellung jedoch auch volkstümliche Züge: Das Verzehren der paradiesischen Honigwabe durch Aseneth vor ihrer Heirat mit Joseph dürfte von Apuleius` Märchen „Amor und

Psyche" beeinflußt sein. Vgl. dazu Burchard Christoph, Der dreizehnte Zeuge, FRLANT 103, 1970, 59-86.

[260] Zu einer Forschungsübersicht über Josephus vgl. Feldmann Louis H., Flavius Josephus Revisted: ANRW Princ. 21.2, 763-862.

[261] Unter diesen Tendenzen ist generell die apologetische Absicht zu erwähnen: Es geht Josephus einerseits darum, das jüdische Volk als ganzes als unschuldig am ersten jüdischen Krieg gegen Rom darzustellen, indem er die Schuld auf die Zeloten und teilweise auf Herodes und einige römische Prokuratoren überträgt. Andrerseits ist das Werk des Josephus durch seine „Römerfreundlichkeit", insbesondere seinen Gönnern, den Flaviern gegenüber gekennzeichnet, die seiner Ansicht nach im jüdischen Krieg nur die Rolle von Gottes Werkzeug gespielt haben.

[262] Anlaß für diese Unsicherheiten sind die widersprüchlichen Angaben, die Josephus einerseits in Bell 2,568-646 macht, wo er sich als idealen Strategen darstellt und andrerseits in Vita 28-413, wo er schreibt, daß er nur äußerst widerwillig am Krieg gegen die Römer teilgenommen habe, vgl. Attridge Harold W., Josephus and his Works, CRI II 2, 187-192 und Feldmann, 776-787.

[263] Für den jüdischen Krieg benutzte er in erster Linie die Universalgeschichte des Nikolaus von Damaskus, seine eigenen, aramäisch geschriebenen Notizen über den Fall Jerusalems sowie römische Quellen. In den Antiquitates stand ihm mehr Quellenmaterial zur Verfügung: Er benützte eine griechische Version der Bibel, evtl. semitische Quellen (Targum), frühere hellenistisch-jüdische Historiker (z.B. Cleodemus Malchus), den Aristeasbrief, 1Makk, gewisse Pseudepigraphen usw. Vgl. Attridge 193f. und 211-216.

[264] So Attridge, 192. Dagegen meint Cohen (Shaye J.D., Josephus in Galilee and Rome, Leiden 1979, 90) Bell sei frühestens im Jahre 81 entstanden.

[265] Zitiert wird nach der Übersetzung von Michel Otto, Bauernfeind Otto, Flavius Josephus, De Bello Judaico. Der jüdische Krieg. Griechisch und Deutsch, 4 Bde., Darmstadt[2] 1962-1969

[266] vgl. Homer, Odyssee 4,561-563

[267] Die Inseln der Seligen bzw. der Hades als jenseitige Vergeltungsorte sind bekannte Themen der griechisch-hellenistischen Literatur, vgl. Hesiod, Erga kai Hemerai I, 159f.; 171 und Lukian, Wahre Geschichten, 2,6f.; 17; 23

[268] Josephus gestaltet auch die Jenseitserwartungen der Eleazarrede (Bell 7,341-357), der Titusrede (Bell 6,34) und der Jotapatarede (Bell 3,362-382) nach dem Schema eines dualistischen Menschenverständnisses. Diese Berichte, die so verschiedenen Personen wie dem Zelotenführer Eleazar und dem römischen Kaiser Titus dieselben Anschauungen zuschreiben, können keinesfalls als authentische Berichte aufgefaßt werden. Hingegen ist die Aufmerksamkeit auf die Unterschiede, die Josephus zwischen diesen schematischen Darstellungen macht, zu richten.

[269] Baumbach (Günther, Schriftstellerische Tendenzen und historische Verwertbarkeit der Essenerdarstellung des Josephus, In: Clemens Thoma/Günter Stemberger/Johann Maier (ed.), Judentum - Ausblicke und Einsichten, FS Kurt Schubert, Frankfurt 1993, 23-51) unterscheidet in der Essenerdarstellung des Josephus zwei Tendenzen, nämlich eine „Angleichungstendenz", d.h. das Bestreben, den Glauben der Essener und Griechen als identisch zu schildern, und eine „Superioritätstendenz", d.h. die Absicht, die Essener als höchstes Ideal zu beschreiben. Bell 1,54-158 gehört in die erste Kategorie.

[270] vgl. auch Hengel Martin, Die Zeloten, Leiden 1961, 378 A.3 und Cohen, Josephus 107: „...Josephus had three years to study with Bannous because his tour was imaginary."

[271] Roland Bergmeier, Die Essenerberichte des Flavius Josephus. Quellenstudien zu den Essenertexten im Werk des Jüdischen Historiographen, Kampen 1993.

[272] vgl. Bergmeier 92

[273] ebd. 62f.

[274] vgl. z.B. Strabo, Geographica, I, 1,4; 1,5; III, 3,13

[275] vgl. Cumont, Esséniens et Pythagoriciens d'après un passage de Josèphe: Comptes rendus de l'Académie des Inscriptions et Belles-lettres, 1930, 99-112

[276] Es fragt sich überhaupt, ob das Homerzitat nicht doch – gegen Bergmeier – zur pythagoraisierenden Quelle zu rechnen ist. Dafür spricht der durch die allegorische Auslegung geschaffene enge Zusammenhang zwischen der Seelenlehre in 154 und dem Zitat in 155.

[277] vgl. Mason Steve, Flavius Josephus on the Pharisees, Leiden 1991, 157-170

[278] Von den Josephus vorliegenden vier Quellen verfügt die pythagoraisierende Quelle teilweise über relativ gute Kenntnisse, vgl. Bergmeier 100: „Die Kenntnisse der pythagoraisierenden Quelle sind also zuweilen überraschend gut." Dies könnte ein weiterer Hinweis dafür sein, daß das Homerzitat noch , wie der vorhergehende Abschnitt, zu dieser Quelle und nicht zur Drei-Schulen-Quelle gehört.

[279] vgl. Maier (Johann, Aktuelle Probleme der Qumranforschung, Beihefte zu Jud 2/3, 1994, 14-33): „Daraus ergibt sich, daß man für die Qumranforschung die Essener-/Essäertexte des Josephus nur mit kritischem Vorbehalt und differenziert als historische Quellen heranziehen darf." (20) Es ist wohl sinnvoller, Josephus mit Hilfe der Qumrantexte als umgekehrt die Qumrantexte mit Hilfe von Josephus zu interpretieren.

[280] vgl. Fischer, Eschatologie 153: „Die in Bel 2,154-158 entwickelte Jenseitserwartung ist demnach in den Grundzügen die eigene Jenseitserwartung des Josephus, die dieser den Essenern zuschreibt."

Wilhelm Wuellner

DER VORCHRISTLICHE PAULUS UND DIE RHETORIK[1]

Einleitung

Mir geht es in diesem Aufsatz nicht einfach um die kritische Sichtung der Bedeutung, die der Rhetorik in der synagogalen Bildung des vorchristlichen Paulus in den Arbeiten Hengels und anderer zuerkannt wird. Auch geht es nicht einfach um eine Variation zum bekannten Thema, was Jerusalem mit Athen zu tun hat, wie es auf jüdischer[2] und christlicher[3] Seite immer wieder aufs neue erwogen wird. Vielmehr geht es mir zuerst und zuletzt um eine kritische Fassung dessen, was wir, im Laufe dieses Jhs.s, unter Rhetorik neu zu verstehen gelernt haben und wie sich diese Kritik am traditionellen Rhetorikbegriff in der exegetischen, hermeneutischen Arbeit heute auswirkt. Es geht also um eine wichtige und weittragende Wende in der Forschungsgeschichte.

Das Thema lädt ein zu zwei verschiedenen, aber mit einander verflochtenen kritischen Überlegungen: (1) die Rolle der Rhetorik in der Entwicklung der „Bausteine und Denkstruktur" des „schon als pharisäischer Jude theologisch reflektierenden Denkers Paulus,"[4] und (2) die Bewertung der Bedeutung der Rhetorik für das Studium über die Anfänge des Christentums und des rabbinischen Judentums. Die Bedeutung der Rhetorik für ein Verständnis der umstrittenen Rolle des Paulus im frühen Christentum und zeitgenössischen Judentum wird neuerdings intensiv kritisch diskutiert.[5]

In einem ersten Teil geht es um die kritische Würdigung der relativen Eigenart der jüdischen Rhetorik innerhalb der Auseinandersetzung mit der anhaltenden Hellenisierung im palästinischen Judentum vor und nach 70. Dabei soll im Mittelpunkt stehen die Einordnung des Lebens und Werks des Paulus, wie sie in den neueren Arbeiten zum vorchristlichen Paulus und seiner griechischen synagogalen Bildung im griechischsprechenden Jerusalem bei M. Hengel und anderen zum Ausdruck kommt.

Beim Gebrauch des Begriffs Rhetorik soll dabei unterschieden werden zwischen (a) der in der Schulbildung sich besonders entwickelnden präskriptiven, normativen Theorie der Rhetorik *(rhetorica docens)*, und (b) der im mündlichen wie schriftlichen Umgang gebrauchten Rhetorik *(rhetorica utens)*. Bei dieser Unterscheidung soll allerdings jede Einschränkung vermieden werden, das Wesen und Wirken der Rhetorik auf einen der mehreren Geltungsbereiche innerhalb der jüdischen Kultur vor 70 zu reduzieren, in denen Geltungsansprüche oder Ideologien zum Ausdruck kommen: z.B. Elementarschule, Lehrhaus, Tempel, Rechtsprechung und Rechtsanwendung, Synagogenpredigt und -gebet.

In diesem ersten Teil soll zuerst eine Sichtung der Probleme erfolgen, die sich aus einer Bildungspolitik und -praxis in griechischsprechenden Synagogen Jerusalems ergeben im Zwielicht der herodianischen Kulturpolitik vor 70 und des sich intensivierenden Kampfes um jüdische kulturelle Identität, in all ihrer geistigen Vielfalt vor 70. Dann sollen 5 Teilgebiete in gebotener Kürze umrissen werden, die das angebliche „rhetorische Niveau" vor 70 verdeutlichen sollen. Die vier ersten Teilgebiete sind von Hengel mehr oder weniger deutlich abgegrenzt dargelegt oder wenigstens angedeutet worden: (1) der Elementarunterricht (Grammatik), (2) der Lehrvortrag und die halakhischen Kontroversen des Lehrhauses, (3) die Synagogenpredigt, (4) die Rechtsprechung und Rechtsanwendung. Hinzu kommen (5) Gebet und Liturgie. Dabei soll schon gleich anfangs grundlegend angedeutet werden, wie sehr es sich bei Entwicklungen in Bildung und Schule, wie zu jeder Zeit und in jeder Kultur, so auch in Judäa vor 70, um zeit- und gesellschaftsabhängige Phänomene handelt. Genau dasselbe gilt für die Rhetorik – gerade bei der im 1.Jh. einsetzenden Verschulung der Rhetorik,[6] und der ihr vorangehenden Institutionalisierung der Rhetorik seit Aristoteles.[7]

In einem zweiten Teil soll deutlich gemacht werden, wie die ganze Diskussion über die Rolle der Rhetorik – ob bei Paulus, vorchristlich oder nachher, oder in der synagogalen Jerusalemer Lehrhaus-Bildung vor 70 – belastet und überschattet ist von der anhaltenden eingeschränkten Vorstellung von der Rhetorik im wissenschaftlichen Studium der Literatur des Frühchristentums, des zeitgenössischen Judentums, wie der gesamten Antike, wo immer Literaturwissenschaft als Literaturgeschichte oder Literaturtheorie betrieben wird. Zum Abschluß soll ein kurzer Ausblick geboten werden, was die Aufarbeitung einer angemesseneren Wertung der Rhetorik, sowohl historisch wie theoretisch, für unsere wissenschaftliche Arbeit an jener Literatur zu bieten verspricht.

I. Die Rolle der Rhetorik in der Entwicklung der „Bausteine und Denkstruktur" des schon als pharisäischer Jude theologisch reflektierenden Denkers Paulus.

Diese Bausteine und Denkstrukturen des jüdischen Denkers Paulus sind allesamt rhetorisch bestimmt. Der jüdische Denker Paulus ist der jüdische Rhetoriker Paulus.

Hier sind zwei Linien zu verfolgen, die oft getrennt von einander, manchmal verbunden miteinander, wenn nicht gar verwirrt, sind: (1) die Auswirkungen der aggressiven Kulturpolitik unter Herodes und seinen Nachfolgern, und (2) die Konsolidierung des jüdischen Kulturerbes, die in den folgenden Phänomenen und Institutionen zum Ausdruck kam: (a) im Elementarunterricht, im *bet sefer*, der Synagogen (auch in den griechischsprechenden in Jerusalem!) und in der fortgeschrittenen Ausbildung im *bet midrasch* oder *bet talmud*;[8] (b) in den Kontroversen „um des Himmels willen" (mAv 5,17) in der Tradition der „Paare" oder „Häuser";[9] (c) in den halakhischen Rechtsentscheidungen, die institutionell sowohl mit dem Lehrhaus, wie mit dem Sanhedrin, verbunden sein konnten,[10] und (d) *last not least*, in den Gebeten und Liturgien der Gottesdienste in Haus, Synagoge und Tempel.

Im Prinzip aber manifestiert sich diese Konsolidierung des jüdischen Kulturerbes nicht als anti-hellenistische, anti-römische Tendenz, wie man aus der nachweislichen Hellenisierung im pharisäischen Lehrhaus in Jerusalem schließen kann. Was man aber von der kulturellen Elite der hohenpriesterlichen Familien Jerusalems sagen kann, nämlich daß griechische Bildung und Loyalität zu Rom Hand in Hand gingen,[11] läßt sich vom pharisäischen Lehrhaus nicht sagen. Diesen Unterschied arbeitet Hengel wohl gelegentlich heraus, verwischt ihn aber oft mit den pauschalen Ausführungen der langfristigen Hellenisierung des palästinischen Judentums, die nach Hengel seit der hasmonäischen Revolte unaufhörlich weiter und tiefer um sich griff. Darin hat Herodes nur konsequent das entwickelt, was als Tendenz schon seit der Zeit der Hasmonäer progressiv deutlicher wurde. Problematisch scheint mir nur Hengels Behauptung, daß die radikalen Elemente in

Judäa nicht die Oberhand hätten gewinnen können und Jerusalem nicht zerstört worden wäre, wenn die Hellenisierung der Jerusalemer Oberschicht ungestört und unvermindert fortgeschritten wäre.[12]

Unter Herodes erwies sich die Hellenisierung als „neu" darin, daß Bildung und Rhetorik den römischen Aspirationen in Kultur wie Politik untergeordnet wurden. Hengel bemerkt zu recht: „Vermutlich hatte die römische Staatsmacht ein gewisses Interesse am Grammatik- und Rhetorikunterricht im jüdischen Palästina, da er dort die herrschende Kultur des Reiches verbreitete."[13] Eben das aber kann man vom Grammatik- und Rhetorikunterricht im Lehrhaus, und wo immer sonst die *chakhamîm* lehrten, nicht sagen. Unter hellenistisch-römischer Bildung versteht Hengel,[14] im weiteren Sinn des traditionellen *Quadriviums* der *paideia*, Technologie, Militärwesen, Sport und Gymnasien (hinzurechnen sollte man, besonders für Judäa vor 70, vor allem die Architektur und Symbolik im herodianischen Tempel und in anderen öffentlichen Gebäuden und sicherlich auch die Entwicklungen in der Musik[15] im herodianischen Tempel). Im engeren Sinn versteht Hengel unter *paideia* die rhetorische, literarische und philosophische Bildung, m.a.W. das *Trivium* in der *paideia*-Tradition der *artes liberales*.

Diese Hellenisierung soll nach Hengel sowohl in der jüdischen Elementarschule, wie im Lehrhaus der pharisäischen Schriftgelehrsamkeit – ob in den griechisch- wie hebräischsprechenden Lehrhäusern – ein „integraler Bestandteil" gewesen sein. Dann aber wird zusätzlich behauptet, daß die „auf die Synagogenpredigt hin orientiert[e]" jüdisch-griechische Rhetorik sich „wesentlich unterschied vom literarischen Stil der üblichen griechischen Schulen."[16]

Bei aller Hellenisierung der Bildung im hebräisch/aramäisch sprechenden wie im griechisch-sprechenden Jerusalem und Judäa muß also unterschieden werden zwischen den kulturellen Kompromissen, mitsamt den von Norden genannten vier „Unter- und Nebenströmungen",[17] und den kulturellen Kontrasten, d.h. den „unvereinbaren Hauptströmungen."[18] Daß man bei der „Erforschung jüdischer Eigenarten ... immer von der Vielfalt der Akkulturations- sowie Assimilationsphänomene ausgehen [muß]",[19] wird neuerdings immer wieder betont, gleich ob es dabei um Rhetorik oder Bildung, um Musik oder andere Bereiche geht.

Josephus (Ant 20,264) kritisierte den Vortragsstil einiger seiner jüdischen Zeitgenossen, die mit „Stil-Eleganz" *(glaphyrotêti lexeôn)* reden oder schreiben, mit der Begründung, daß selbst Sklaven sich solche rhetorische Manieren zu eigen machten.[20] Wenn die Jerusalemer Führung von der Qumran-Opposition kritisiert wird, mit „glatten Worten" *(devarîm hechelîqû)* über „glatte Dinge" *(chalqôṭ)* zu reden (1QH 2,15; 4,7.10), kann man darin ein Anliegen sehen, das ähnlich wie bei Josephus gewissen rhetorischen Entwicklungen kritisch gegenübersteht. Man darf aber nicht daraus eine jüdische Verachtung der Rhetorik machen, wie das bei Goodman geschieht.[21] Wohl könnte man unter jüdischer Verachtung der Rhetorik dies gelten lassen, daß sich, in der Vielfalt der geistigen Gruppen vor 70, die eine oder andere Gruppe finden ließ, die in der Verachtung einen wenigstens passiven Widerstand zeigte gegen jede Verbreitung der römischen imperialen Kolonialkultur, der die *paideia* angeblich diente. Von einer aggressiven jüdischen Kulturpolitik, oder gar von einem jüdischen Proselytismus, kann hier aber wohl nicht die Rede sein, wohl aber von jüdischen Widerstandsbewegungen.[22]

Die von Segal vorgeschlagene Unterscheidung zwischen primärer und sekundärer Hellenisierung mag hier weiterhelfen. Unter primärer Hellenisierung versteht er jene Phase des Kontakts und der Verschmelzung jüdischer und hellenistischer Kulturen, in der es zur Übersetzung der Septuaginta, der Übernahme ganzer Konzepte und Begriffe (wie in den Lehnwörtern) u.a.m. kam. Unter sekundärer Hellenisierung versteht Segal die weitaus bedeutsamere Phase der kritischen Auseinandersetzung mit, ja Ablehnung von, hellenistischer Kultur; diese Phase, die mit dem 1.Jh. bei weitem nicht abgeschlossen war, führte zu einer Aneignung hellenistischer und römischer kultureller Formen, die für den jüdischen Gebrauch umgedeutet wurden.[23]

Bei aller Hellenisierung, ob im pharisäischen Lehrhaus oder bei Josephus oder selbst in Qumran, darf man die Kritik an der hellenistischen Bildung und damit der Rhetorik auch nicht einfach mit der Kritik des Attizismus am Asianismus (oder umgekehrt) in Verbindung bringen, noch mit der traditionellen Unterscheidung zwischen klassischer (d.h. hellenischer oder römischer) Rhetorik, oder besser Schulrhetorik, und Volksliteratur. Letztere soll, wie alles „Barbarische," angeblich aller Rhetorik entbehren und wird in der Forschung bestenfalls mit der Kategorisierung „Rhetorik des Herzens" (Norden) noch etwas aufgewertet.[24]

Es ist das Verdienst von Hengel, die Diskussion über die Rolle der Rhetorik bei Paulus und im zeitgenössischen Judentum so weit zu bringen, daß wir vieles, was in den Werken des 1.Jhs. rhetorisch erscheint, zwar als unter hellenistischem Einfluß entstanden sehen, dennoch aber das kulturell Eigenständige im palästinischen Judentum zu würdigen wissen. Wifstrand bemerkte zurecht, daß in der hellenisierten Synagoge „im Laufe der Zeit der eine oder andere rhetorische griechische Stilzug ... rezipiert werden oder sogar zu reichlicher Anwendung [darum hat] kommen können, weil sich ähnliche Stilelemente in der hebräischen Literatur und der aramäischen Predigtsprache vorfanden."[25] Die Ausführungen Hengels zur griechischen Bildung des vorchristlichen Paulus – als Paradigma der Hellenisierung des (pharisäischen) Judentums – sind darin besonders profiliert, daß sie den Ort und die damit verbundenen Institutionen dieser Hellenisierung in Jerusalem und Judäa vor 70 als zentrales Thema zur Diskussion stellen.

Es war ja schon längst zum Gemeinplatz der wissenschaftlichen Forschung geworden, daß „der Weg des Christentums zu den Griechen sehr oft über die hellenisierten Juden ging."[26] Neu an Hengels Ausführung ist die Betonung der verschiedenen Gruppen (Priester und Aristokraten, Lehrhaus- und Synagogen-Vertreter, Elementarschullehrer und -schüler, usw.),[27] die sich die griechische Bildung in Jerusalem zunutze machten, – jede Gruppe „auf ihre Art," ob in Aneignung oder Ablehnung oder eine Mischung von beiden (Segals „sekundäre Hellenisierung"). Jener Teil der Bevölkerung, der im Laufe der Zeit derogativ als 'am ha-' aretz bezeichnet wurde, ist wohl als eine (oder mehrere) dieser Gruppen besonders zu berücksichtigen.[28]

Die alten Alternativen zwischen Judentum und Hellenismus, wie zwischen Palästinischem und Diaspora-Judentum, sind nicht mehr vertretbar. Hengel hat mit dem Mißbrauch des Schlagwortes Hellenismus/ hellenistisch aufgeräumt. Dafür kann man nur dankbar sein. Nicht aber aufgeräumt hat er mit dem Mißbrauch der Schlagwörter Rhetorik/rhetorisch und Sophistik/sophistisch (= Asianismus), die nicht weniger „schimmernd" sind als Hellenismus, ob im heutigen Gebrauch oder in dem des 1.Jh.s.[29] Wenden wir uns nun dem zu, welche Bedeutung die Rhetorik – sei es in Theorie (e.g. „Argumentationsregeln") oder in Praxis (e.g. „Argumentationsmittel") – in Hengels Ausführungen hat.

1. Der Grammatik-Unterricht in der jüdischen Elementarschule,

durch das Synagogeninstitut gefördert, um das Volk im Gesetz zu erziehen, basiert auf dem Gebrauch der Bibel („und verwandter religiöser Schriften") als dem schriftlichen Text im Unterschied zum mündlich/oralen Text, der im Mittelpunkt der Lehrhaus-Bildung steht. Die synagogale Elementarschule für Kinder mit Griechisch als Muttersprache und Aramäisch als Zweitsprache soll als jüdische Schule selbst in Jerusalem „eine gute griechische Elementarschule" gewesen sein. Paulus soll diesen Teil seiner Bildung jedoch in Tarsus erlebt haben, was aber für seinen Werdegang „an Bedeutung hinter Jerusalem zurücktreten muß".[30] Dabei soll das gelernte Griechisch in der jüdischen Elementarschule, jedenfalls bei Paulus, „zwar eigenwillig" gewesen sein, aber bei aller meisterhaften Beherrschung sollen andere griechisch-schreibende Juden des 1.Jhs. noch literarischer als Paulus gewesen sein.[31] Solche Beobachtungen über den eigenwilligen Charakter des Sprachgebrauchs bei (wenigstens einigen) griechischsprechenden Juden stehen in Spannung zu Hengels anderer Behauptung, daß „die römische Staatsmacht ein gewisses Interesse am Grammatikunterricht im jüdischen Palästina [hatte], da er dort die herrschende Kultur des Reiches verbreitete." Das Interesse der griechischsprechenden Synagoge am Grammatikunterricht in Judäa diente gleichzeitig sicherlich primär den Zwecken der palästinisch-jüdischen Kultur.

Ein weiteres Problem ist das Verhältnis von Grammatik- und Rhetorikunterricht,[32] und ihr Bezug zum Unterschied, ja Kampf zwischen Attizismus und Asianismus, auf den Hengel mehrfach hinweist oder anspielt. Im Grammatikunterricht wird allerdings die rhetorische Basis der (mündlichen wie schriftlichen) Sprache bereits deutlich.[33] Schulbildung im Lesen und Schreiben der Muttersprache, ob Griechisch oder Hebräisch, richtete sich auf drei sprachbezogene Bereiche: Grammatik, Logik oder Dialektik, und Rhetorik. Dieses „klassische" *Trivium* wird immer nur vom Griechischen her anvisiert, aber nie, oder kaum, vom Hebräischen her. Es sollte doch zu denken geben, wenn Historiker der *artes liberales* in der christlichen, auf der *paideia* basierten Bildungsentwicklung bei den sich abzeichnenden Änderungen zu dem Schluß kommen: „Die Wurzeln dieses Prozesses [i.e. „die erschreckende Totalität des Umbruchs" in der späten Patristik und im frühen Mittelalter] liegen im Alten Testament."[34] Was dabei zu denken gibt ist, daß sowohl der integrale Bestandteil des Alten Testaments als Teil des christlichen Kanons, wie die intensiven Beschäftigungen der patristischen Hebraisten mit dem rabbinischen Judentum,[35] ein Gegengewicht boten zur fortschreitenden Hellenisierung, besser Romanisierung, des Christentums.

Spezielle Probleme, wie der Gebrauch und die Wertung von Lehnwörtern,[36] der Unterschied zwischen griechisch-römischem und semitischem *parallelismus membrorum*,[37] oder Schulung in der Metrik[38] und Kolometrie,[39] ja selbst die Wertung der Orthographie und Kalligraphie in der jüdischen Elementarschule[40] und anderes mehr, verdienen kritische Beachtung, wenn es um die leidige Diskussion des Unterschieds zwischen Attizismus und Asianismus geht.[41]

2. Der Lehrvortrag im pharisäischen Lehrhaus

wird in der triadischen Formulierung in 1Kor 1,20, mit dem Hinweis auf die Lehrtätigkeit des *sophos/chakham,* des *grammateus/sôfer,* und des *syzêtêtês/ darschan,* mit einem „autobiographischen Hintergrund" von Hengel gewertet.[42] Eine „gewisse rhetorische Grundausbildung" soll im Lehrhaus vermittelt worden sein, die aber wieder und ausdrücklich unterschieden wird von „der gängigen attizistischen Schulrhetorik der Zeit" und unter Hinweis auf Nordens Arbeit charakterisiert wird als „Anklänge an 'asianische Sophistik'."[43] Daß die Sophistik die erste Entwicklung in der antiken Rhetorik war, die der Frage der Stellung der Frau Aufmerksamkeit schenkte, wird für den hellenischen wie für den jüdischen Kulturbereich der frühen römischen Kaiserzeit eine Relevanz haben.[44]

Wie immer aber, wenn Neutestamentler auf Rhetorik zu sprechen kommen, wird auch bei Hengel hier „der bei Paulus oft beobachtete Diatribenstil" in diesem Zusammenhang genannt.[45] Damit will Hengel betonen, daß diese „rhetorische Schulung" im pharisäischen Lehrhaus „im Grunde unliterarischen" Charakter hatte, und ausschließlich „auf den mündlichen Synagogenvortrag hin ausgerichtet [war]." Wichtig dabei ist nicht so sehr, daß es sich um eine Rhetorik der oralen Kultur handelt. Wichtig ist vielmehr, daß es sich, besonders beim halakhischen Lehrvortrg, nach Safrai um eine lehrende und lernende Lehrhausgemeinschaft handelt (eine „learning community" mit der ihr eigenen „teaching situation" und umgekehrt). In dieser kulturellen Einheit, diesem Geltungsbereich, steht der Rhetor/Lehrer in reziproker Beziehung mit der engeren wie weiteren Gemeinde, einschließlich der Außenseiter, zu denen Safrai auch Frauen und Nicht-Juden rechnet.[46]

Wegen der nicht unwichtigen, aber stets ignorierten Verbundenheit von Rhetorik und Musik (siehe auch im 2. Teil dieses Aufsatzes zur Bedeutung der Affekte in der rhetorischen Argumentation), wäre hier im Zusammenhang der Diskussion des rhetorischen Niveaus im pharisäischen Lehrhaus besonders zu betonen, daß „die liturgische Toralesung ... nicht ohne Kantillation vorgetragen werden [durfte], und auch das Mischnastudium... mit melodischem Vortrag durchgeführt [wurde]."[47]

Man muß den eigenartigen Charakter dieses öffentlichen Lehrhausbetriebes im Unterschied zum Schulbetrieb der nichtjüdischen Kulturbereiche stärker betonen, um nicht irreführenden Verallgemeinerungen über Jerusalemer Bildung zum Opfer zu fallen.

3. Die Synagogenpredigt

ist für Hengel ein „rhetorisches Arsenal."[48] Daß das Lehrhaus auch noch andere Ausrichtungen d.h. Geltungssphären hatte (wie Studium als Gebet; Schriftauslegung als Teil der Rechtsauslegung; Rechtsprechung und Rechtsanwendung), wird von Hengel nicht betont. Auf die Synagogenpredigt am Sabbat, d.h. „auf die wirkungsvolle Lehre und Verkündigung", sei die Lehrhaus-Bildung ausgerichtet.[49] Von „rhetorischer Kunst" hier zu reden ist um so mehr verwirrend, als zwar immer wieder von rhetorischer Schulung gesprochen wird, nie aber deutlich wird, welchen Ursprungs sie ist, außer dem Hinweis auf die „Anklänge an 'asianische Sophistik'", auf die nicht unbekannte Rolle der Ironie,[50] und auf die „wenigen volkstümlichen (rhetorischen) Allgemeinplätze der Popularphilosophie."[51] Ob aber das *hebräische* Lehrhaus dabei eine „rhetorische Grundausbildung" bot, die sich von der der jüdisch-hellenistischen Schule unterschied (oder nicht!), wird von Hengel nicht erwogen. Eine solche Unterscheidung ließe sich auch kaum rechtfertigen, auch wenn man im griechischsprechenden pharisäischen Lehrhaus eine andersartige Gemeinde voraussetzt.[52] Das folgende vierte (wie fünfte) Teilgebiet wird weitere Ansätze zeigen. Sicher ist, daß das griechischsprechende

Lehrhaus bei der Interpretation der griechischen Bibel „seine Bibelhermeneutik aus dem griechischen Homer-Unterricht übernommen" hat.[53] Von woher aber sollen die hebräischsprechenden Lehrhäuser ihre Bibelhermeneutik übernommen haben? Ebenso sicherlich wohl nicht, oder nicht ausschließlich, vom hellenistischen Judentum.

4. Die halakhischen Kontroversen

und/oder die Rechtsprechung sind wohl gemeint, wenn Hengel den „juridischen Sprachgebrauch" kurz streift,[54] der, zusammen mit den damit verbundenen „Sprachformen und Denkkategorien," auf das Lehrhaus zurückgeht. Aber als ein „rhetorisches Arsenal" werden sie nicht gebührend gewürdigt, obwohl er von zahlreichen technischen rhetorischen Begriffen aus der Rechtssphäre bei den Rabbinen nach 70 weiß. In Diskussionen von Rechtsfragen (e.g. Sabbatgebot und Pesachopfer) sieht Hengel z.B. folgende Argumentationsreihe, die der Tradition rhetorischer Argumentation, oder „gestufter Beweisgänge", entspricht: 1. Analogieschluß, 2. Schriftbeweis *(gezera shawa und qal wa-chomer)*, 3. Berufung auf die überkommene Tradition.[55] Einerseits kann betont werden, daß solche und andere Argumentationsmittel wie z.B. die sieben „Regeln" des Hillel,[56] „zu den in der hellenistischen Rhetorik üblichen Auslegungsregeln", d.h. zur Theorie der Rhetorik gehören; andererseits wird aber bemerkt, daß solche damals üblichen Hauptarten des Beweisverfahrens „in gewisser Weise Allgemeingut waren". David Stern sieht die rhetorische Funktion der Gleichnisse z.B. als Teil des damals üblichen argumentativen Beweisverfahrens, als dem Genre, oder einem Subgenre, der epideiktischen Rhetorik zugehörig.[57] Also wieder, wie beim Gebrauch rhetorischer Figuren oder anderer stilistischer Eigenarten, wird einerseits akzeptiert, daß „Zusammenordnung und Terminologie" der Auslegungsregeln oder Argumentationsmittel in der jüdischen Rechtsauslegung auf hellenistische Einflüsse zurückgehen; andererseits aber wird zurecht betont, daß eine direkte Übernahme der Rechtsauslegungsregeln aus der hellenistischen Welt nicht nachweisbar ist, trotz aller nachweisbaren Übernahme von gewissen Terminologien, ja selbst von Lehnwörtern.

Zur kritischen Würdigung der hellenistischen Einflüsse auf die jüdische Rechts- auslegung wäre noch zu bedenken, daß bereits in der Zeit vor 70, und mehr noch danach, die Verschulung der Rhetorik sich gerade auch auf dem Gebiet der Kon- troversen stagnierend, oder wenigstens uniformierend, auswirkte.[58] Für die Zeit vor 70 aber besteht Hengels Warnung wohl zurecht, daß die überlieferte schuli- sche Zweiteilung der Kontroversen angesichts der geistigen Vielfalt im Judäa des 1.Jhs. „eine größere Vielfalt überdeckt."[59]

Das rhetorische Niveau im juristischen Bereich ersieht man nicht nur in der Art und Weise, wie die Rechtsfrage gestellt und präsentiert wird, sondern auch wie der Rechtsentscheid gerechtfertigt und legitimiert wird. Die der römischen Kultur eigene Tradition der juristischen *responsa*[60] hat sich wohl ziemlich gleich- zeitig mit, doch unabhängig von, der jüdischen Tradition der halakhischen Briefe, der Tradition der *sche'elôt* und *teschuvôt*, entwickelt. Rechtsentscheide betreffs der „Werke des Gesetzes" in der Form eines halakhischen Briefes (wie 4QMMT), und nicht nur Lehrvorträge im Lehrhaus, bieten ein weiteres Reservoir für das rhetorische Arsenal, das dabei zur Anwendung kam. Wichtig ist nicht der Befund, wie viel (quantitativ wie qualitativ) an solchen halakhischen Briefen rhetorisch ist; wichtig ist hier in diesem Zusammenhang nur die Tatsache, daß sie argumentativ vorgehen, um den Rechtsentscheid plausibel und akzeptabel zu ma- chen. Legitimation setzt Argumentation voraus.

Die Legitimierung des vorchristlichen Paulus für die Gewaltanwendung gegen den Stephanuskreis in der „innersynagogalen Verfolgung" zeigt auch die juristi- schen Konsequenzen, zu denen „die gesetzestreue Majorität" provoziert wurde, dadurch, daß „die Vertreter der gesetzesfeindlich-schwärmerischen Gruppe nicht klein beigaben."[61] Im (juristischen) Disput *(antilogia, diakrisis, zêtêsis/syzêtêsis, dialogismos, diaparatribê)* kann es nicht nur zur *antíthesis*, ja zur *logomachía*, *philoneikia* und *paroxysmos* kommen; es kann zu *eris* oder *stasis* kommen. Die gesuchte und versuchte argumentative Problembewältigung, an der der vorchrist- liche Paulus während dieser „'internen' Auseinandersetzung innerhalb der grie- chischsprechenden Synagogen Jerusalems" teilnahm, scheiterte und führte zur „brutalen Gewaltanwendung".[62] Rechtsentscheid wird zur Rechtshandlung, die ihrerseits argumentativ gerechtfertigt und legitimiert werden mußte. Wenn Krieg als Fortsetzung der Diplomatie mit anderen Mitteln gewertet wurde, muß man dann nicht fragen, in welchem System-Zusammenhang die brutale Gewaltanwendung des Verfolgers Paulus als Fortsetzung der von ihm gelernten Rhetorik mit anderen Mitteln steht.

5. Lehrhaus und Gebetshaus

sind zwei Seiten einer Münze – jedenfalls im jüdischen Kulturkreis. Die Sprache und Literatur der in der Synagoge (wie im Haus und im Tempel) gepflegten Gebete und Liturgien sollten auch als ein „rhetorisches Arsenal" gebührend gewürdigt werden, was Norden und Wifstrand mehr tun als Hengel. Wifstrand sieht den Ursprung der „in der ältesten christlichen Literatur vorhandenen sogen. Rhetorik [als] im wesentlichen jüdisch-liturgische Stilisierung."[63] Nach Safrai war das Gebet als Form des täglichen Gottesdienstes eine der Gemeinsamkeiten in der pluralistischen Vielfalt der Gruppen vor 70.[64]

In diesem Zusammenhang wäre es lohnend, einem weiteren großen Problemkreis nachzugehen, dem rhetorischen Charakter der religiösen Sprache: ob als Sprache der Tora oder des Kerygmas; ob als Sprache des Gebets und der Liturgie oder der Predigt. In Pseudo-Longinus' Abhandlung *Über das Erhabene* kam dieser Problemkreis zum ersten Mal voll zum Ausdruck. Damit rückt ins Zentrum unserer Betrachtungen über die Rolle der Rhetorik in der Bildung des vorchristlichen Paulus das prinzipielle Problem des Verhältnisses zwischen Rhetorik und Religion. Geschichtlich wie systematisch war dieses Problem modifizierbar als Verhältnis von Rhetorik zur Mystik,[65] aber auch als problematisches Verhältnis von Rhetorik zum Irrationalen, besonders seit der Aufklärung,[66] und als traditioneller Vorwurf der Verbindung zwischen Rhetorik und Mantik oder Magie.[67]

Zusammenfassend möchte ich folgendes betonen:

1. Nicht alles, was als rhetorisch erscheint (ob im griechisch- oder aramäischsprechenden Jerusalem), muß notwendig auf hellenistische Einflüsse zurückzuführen sein.

2. Nicht alles was rhetorisch ist, muß auf „Kunst" und auf *paideia* schließen lassen.

3. Zwar ist alles, was rhetorisch ist, durch „die Macht der Tradition, der Erziehung, und der Anlage" (E. Norden) vermittelt, aber der zeit- und gesellschaftsabhängige Charakter des Phänomens Rhetorik ist dadurch weder für die hellenistisch-römische, noch für die jüdische Kulturphase des 1.Jhs. angemessen, d.h. kritisch genug gewertet.

4.Rhetorische Arsenale finden sich nicht nur in den Traditionen der öffentlichen (oder privaten) Lehrvorträge oder Predigten. Rhetorische Arsenale finden sich zusätzlich auch in den folgenden Traditionen: (1) in den Gebeten und Liturgien der Gottesdienste in Haus, Synagoge und Tempel; (2) im Grammatikunterricht der Elementarschule; und (3) in der Rechtsprechung, Rechtsauslegung und Rechtsanwendung. Hierbei, wie in der Predigt, im Lehrvortrag und Grammatikunterricht, muß die kulturelle Eigenart der jüdischen Rhetorik von der der hellenistischen und römischen Rhetorik unterschieden werden, und das um so mehr, je sicherer sich terminologische (und andere) Einflüsse nachweisen lassen. Im Zusammenhang der Einflüsse der Rhetorik auf die jüdische wie paulinische Epistolographie[68] spricht Hengel[69] weislich davon, daß „Kenntnis und Einfluß der Rhetorik auf die späteren Rabbinen" noch zu untersuchen sind.[70] Nicht zu übersehen aber ist die andere Seite des Problems, die bei Hengel nicht in den Blick gerät: die Untersuchung des Einflusses, den die Rabbinen auf die Rhetorik und Hermeneutik in der westlichen Kulturgeschichte hatten. Was für die Spätantike gilt, kann auch für spätere Entwicklungen der Begegnung zwischen Judentum und westlicher Kultur gelten: anhaltende Sympathie für das rabbinische Judentum existierte gleichzeitig mit dem entgegengesetzten Antisemitismus.[71]

5.Nicht nur war die Rhetorik, wie sie im pharisäischen Lehrhaus in Jerusalem praktiziert [und aus der Praxis heraus doziert] wurde, prinzipiell immun gegen die Rhetorik der *paideia* der römischen Provinzialpolitik; sie hat ihrerseits eine Anziehungskraft besessen, der sich weder die Römer, noch die Christen, entziehen konnten. Pseudo-Longinus mag als Beispiel für das 1.Jh. dienen.[72] Wie die jüdische „cultural imagination" vom biblischen Zeitalter bis heute ihre Eigenart behauptet und entwickelt hat, gerade aufgrund ihrer verschiedenen kulturellen Akkommodationen wie Auseinandersetzungen (wie etwa mit dem römischen Hellenismus), hat der amerikanische Literaturtheoretiker Harold Bloom ausgerechnet am Wesen der jüdischen literarischen Rhetorik dargestellt – einer Rhetorik, die sich in der Bibel zwar schon deutlich nachweisen läßt, die aber erst unter dem Einfluß der Begegnung mit dem Islam, dann mit der Renaissance sich theoretisch zu artikulieren begann.[73] Daß es lange Zeit kein jüdisches Lehrbuch der Rhetorik gab, ist wohl als Teil der größeren Frage zu werten, warum es in der jüdischen Kultur keine Wissenschaft im westlichen Sinn gegeben hat.[74]

Im Übergang zum zweiten Teil unserer Ausführungen sei in diesem Zusammenhang auf eine Beobachtung von Gadamer hingewiesen, wonach „[die Rhetorik] sich aus einer natürlichen Fähigkeit zur praktischen Meisterschaft entwickeln läßt, selbst ohne jede theoretische Reflexion auf ihre Mittel..."[75] Diese Beobachtung wird bestätigt durch die jüdische Rhetorik, wie durch die seit ca. 1500 „neue Rhetorik(en)" der sich entfaltenden europäischen Nationalsprachen und -kulturen,[76] wie durch die von der Forschung weithin noch ignorierten Rhetoriken der nichtwestlichen Kulturen. Die jüdische Rhetorik ist eine davon.

II. Die Rhetorik im Studium der Literatur des Frühchristentums und des zeitgenössischen Judentums

Zwar ist die Gleichgültigkeit, ja das Grauen, das allein schon das Wort „Rhetorik" bei vielen Exegeten um die Jahrhundertwende erregte,[77] einer scheinbar mehr sympathischen Haltung zur Rhetorik gewichen. Aber ein gewisses Unbehagen, wenn nicht gar eine gewisse Ratlosigkeit vor der Rhetorik verbleibt nach wie vor. Der schwedische Altphilologe Wifstrand bemerkte in einer Uppsala Vorlesungsreihe von 1951 über *Die Alte Kirche und die Griechische Bildung*,

> ... wir haben es leicht, den sachlichen und trockenen deutschen Gelehrten [in ihrer Kritik an der falschen Rhetorik] zuzustimmen, die selbst weit davon entfernt sind Rhetoren zu sein und sich ständig an diesen Parallelismen und Klangfiguren stoßen, wenn sie vor einem griechischen Text sitzen. Aber es gibt nicht nur eine falsche und leere Rhetorik, sondern auch eine echte und gediegene. Leer ist sie, wenn die Gedanken trivial oder verschroben sind und das Gefühl schwach ist; echt ist sie, wenn sie dazu dient, eigenartige und wesentliche Gedankengänge einzuführen, ihnen Schlagkraft und erzieherischen Effekt zu verleihen, den Zuhörer zu erheben und anzuspornen. Diese Art

Rhetorik besaßen Demosthenes und der [vorchristliche wie spätere] Apostel Paulus, auch wenn ersterer mehr trainiert war. Auf dieser Rhetorik darf nicht herumgehackt werden, am wenigsten von einem Doktor Trockenwiestaub oder dem Abgeordneten Faselhans aus Verschlagenheim, der außerdem beweist, daß es sehr gut geht, falsch zu sein *ohne* rhetorisch zu sein.[78]

Von dieser echten und gediegenen Rhetorik, im Gegensatz zur falschen und leeren Rhetorik, sprach auch Eduard Norden am Ende des vorigen Jhs.[79] Und Hengel zitiert Norden mit Zustimmung, wenn er das Wesen der Rhetorik auf den folgenden Hauptnenner bringt: „die Sache suchte die ihr gemäße 'eindringliche' Form,"[80] – gleichviel, ob es sich dabei um die von der *paideia* legitimierte Rhetorik handelt oder um die Rhetorik des Herzens. Wenn Exegeten Bezug nehmen auf Rhetorik *in* Texten oder Rhetorik *hinter* den Texten, läßt sich immer wieder feststellen, daß man allerseits mit einem fast monolithischen Begriff des Systems „der" Rhetorik, d.h. der klassischen (hellenistisch-römischen) Rhetorik arbeitet.

Die einzigen Spuren einer Einsicht in den geschichtlich wie kulturell variablen Charakter der Rhetorik, besonders eben auch in der Früh- wie Spätantike, zeigen sich in Hengels Ausführungen in den Hinweisen auf die Spannungen zwischen attizistischer und asianischer oder sophistischer Rhetorik im 1.Jh., und zwischen hellenistischer Schulrhetorik und unliterarischer jüdischer Lehrhausrhetorik. Daß eine verschulte Rhetorik bereits Ursache und Symptom eines Verfalls der Rhetorik im 1.Jh. darstellt, kommt nicht zur Sprache.

In einer Übersicht *Zur Geschichte der Rhetorik* betont der Rhetoriker Göttert die überraschende Neubelebung der Rhetorik in der Spätantike von Seiten des Christentums – „einer Seite, die dazu die schlechtesten Voraussetzungen zu bieten schien" durch ihre Abgrenzung gegen die vom römischen Kulturkreis geförderte Rhetorik. Wenn Göttert diese Neubelebung durch das frühe Christentum darin sieht, daß die Bedeutung der Rhetorik für die alte Kirche nicht nur oder hauptsächlich in der Predigt, sondern in den von christlichen Lehrern entwickelten Theorien der Auslegung und Verkündigung der Bibel bestand,[81] dann übersieht er dabei, zusammen mit nahezu allen Historikern der Rhetorik, den älteren oder parallelen Beitrag des Judentums – und nicht nur des hellenistischen Judentums.[82]

Hengels Arbeiten machen zwar auf das Phänomen der Rhetorik im Judentum aufmerksam, aber sein Interesse bleibt doch weithin nahezu ausschließlich gerichtet auf den Einfluß der *paideia*, d.h. der hellenistisch-römischen Schulrhetorik, auf das Judentum, besonders in Jerusalem. Statt dessen, oder Hand in Hand mit diesem Interesse sollte auch die wenigstens relative Eigenart der Rhetorik innerhalb des Judentums betont werden: in der Predigt, wie im Schulbetrieb als Theorie der Auslegung und Verkündigung der Schrift, wie in der Rechtsprechung als Theorie der Auslegung und Applikation halakhischer Traditionen, wie auch in Liturgie und Gebet.

Es ist ein Gemeinplatz wissenschaftlicher Arbeiten seit dem 19.Jh., die sich mit der jüdischen und christlichen Literatur des 1. Jhs. im Vergleich zur „antiken Kunstprosa" befassen, daß das rhetorische Niveau der letzteren mit der rhetorischen Kunst der „Hochliteratur" verglichen wird, während das rhetorische Niveau der ersteren der unliterarischen „Rhetorik des Herzens" zugeordnet wird, die der „Kleinliteratur" eigen ist.[83] Diese Unterscheidung, die auch die Arbeiten Hengels bestimmt wie die Hinweise auf Norden zeigen, entspricht einer Theorie wie Praxis von Rhetorik, die zwar in der klassischen Rhetorik verankert war, aber nicht mehr der „neuen Rhetorik" des 20. Jhs. entspricht, die mit einer umgreifenden Kritik an der klassischen Rhetorik (wie z.B. im Werk von Chaim Perelman) einen Einfluß auch auf die moderne Exegese (wie auch auf Literaturwissenschaft, Philosophie und Hermeneutik) zu verzeichnen beginnt.

Drei Bereiche der Definition bei der Rhetorik

Nach Göttert sind es drei Bereiche, die es bei der Definition der Rhetorik, heute wie im 1.Jh., zu bedenken gibt:

1. Die Kritik an der klassischen Rhetorik: Die in der Geschichte der Rhetorik immer wieder laut werdende Kritik an der Rhetorik als „Erforschung der (Mittel zur) Erzielung von Wirkung" (die immer noch beliebte Stil-Forschung[84] ist ein Überrest der traditionell zentralen Stellung der *elocutio/lexis* in der Rhetorik) und die Wendung „zur Erforschung (der Gründe) des Zustandekommens von Wirkung,"[85] womit das *proprium* der Rhetorik, die *inventio*, rehabilitiert wird und damit auch *dispositio* und *elocutio*, ja selbst auch die performative *pronunciatio*

oder *actio* aufgewertet werden. In der rabbinischen Tradition entspricht der *inventio* das Konzept des *chiddûsch*.[86]

2. Das Wesen und die Funktion der rhetorischen Argumentation: Hier geht es um die Abwendung von der zwei-einhalbtausend Jahre langen Feindschaft zwischen Philosophie und Rhetorik, und die erneute Zuwendung zu einer immer wieder versuchten, aber immer wieder verfehlten Liaison, ja Solidarität zwischen Philosophie und Rhetorik einerseits und Theologie und Rhetorik andererseits. Hier handelt es sich um den Bereich der Argumentation in bestimmten Geltungssphären einer Kultur: ob in der Religion oder Moral, in Wissenschaft oder Kunst.[87] Die Rolle der Affekte, – die der *pathê* wie die der *ethê* – hat in der rhetorischen Argumentation schon immer eine besondere Bedeutung gehabt. Seit Cicero hat selbst auch Sachargumentation eine affektische Seite.[88]

Wie sich Offenbarungsansprüche einer Religion argumentativ rechtfertigen und legitimieren lassen, hat der Rhetoriker George Kennedy dargelegt;[89] systematischer ist das Problem von anderen Seiten angegangen worden: (a) von Gonsalv Mainberger dadurch, daß er Mythos und Logos in der Rhetorik vermittelt sieht;[90] und (b) von Chaim Perelman dadurch, daß er bei aller Argumentation zwischen assoziativer und dissoziativer Argumentation unterscheidet.[91] Dabei spielen alle Formen der dissoziativen Argumentation, wie der Gebrauch der Tropen (e.g. Ironie, Oxymoron, Katachrese, u.a.) für die Argumentation im religiösen Sprachraum eine besondere Rolle: in der didaktischen Sprache der ethischen Unterweisung nicht minder als in der poetischen/liturgischen Sprache (e.g. Gebeten oder Hymnen), in der narrativen Sprache der Aggada oder in der juristischen Sprache. Mischnaische Rhetorik, z.B. ergibt für Neusner, trotz ihres formularischen aber nicht formalen Charakters, „das Bild einer Subkultur, die vom Immateriellen und nicht vom Materiellen spricht"; sie evoziert „eine völlig andere Welt."[92] Sie illustriert den dissoziativen Charakter religiöser Argumentation.

3. Die Aufarbeitung der Figürlichkeit der Sprache,[93] und damit die Anerkennung des rhetorischen Charakters der Sprache. Der Literal-Sinn verhält sich zum figurativen Sinn (von einzelnen Wörtern oder ganzen Sätzen), wie die Wahrnehmung der dreidimensionalen Welt sich zur multidimensionalen Welt verhält. Auf jüdischer wie nichtjüdischer Seite war man sich schon im hellenistischen Zeitalter bewußt, daß es bei der Auslegung von Literatur und von Träumen um engver-

wandte Prozesse geht.[94] Eine Revision und Neufassung von der Art, wie wir Grammatiken und Wörterbücher, ja wie wir Hermeneutik und die von ihr generierten Kommentare[95] und wie wir Theologie[96] konzipieren und ausführen, wird darum vielerorts erwogen und in Angriff genommen.

Wertung der Rhetorik

Was die Aufarbeitung einer angemesseneren Wertung der Rhetorik, historisch wie theoretisch, für unsere wissenschaftliche Arbeit an der genannten Literatur zu bieten verspricht, kann wie folgt kurz umrissen werden.

Eine historisch angemessenere Wertung der Rhetorik für Exegeten setzt sich ab von der Auffassung und dem Gebrauch von Rhetorik als einem geschlossenen Regelsystem, was wenigstens zum Teil durch die Verschulung, Vertextbuchung und Institutionalisierung der „klassischen" Rhetorik bedingt war. Ersetzt wird diese traditionelle Auffassung durch die Wertung des zeit- und gesellschaftsabhängigen Charakters des Phänomens Rhetorik. Die hellenische Rhetorik hat andere Eigenschaften als die römische; die römisch republikanische hat andere als die römisch imperiale Rhetorik; die westliche Rhetorik ist anders als die orientalische oder jüdische; usw. Die von Hengel betonte Vielfalt, die sich in Judäa unter Herodes bis Ausbruch des Krieges aufweist, hat auch das Verständnis und den Gebrauch von Rhetorik in den verschiedenen Geltungsbereichen (Tempel und Synagoge; Rechtsprechung und Liturgie usw.) entscheidend modifiziert, jeden auf seine eigene Art.

Eine theoretisch angemessenere Wertung der Rhetorik würde zweierlei bewirken: (1) die theoretische Sicherung der Reintegration des Performativen, Pragmatischen, Applikativen mit dem Strukturellen, Semantischen, Interpretativen in der exegetischen Arbeit an Texten; (2) die längst überfällige Besinnung auf den rhetorischen Charakter und damit die ethische und politische Verantwortung aller wissenschaftlichen Arbeit, besonders aber die der Auslegung und Interpretation der hermeneutischen Experten.

(ad 1) Neben einer Rhetorik *in* den Texten, die wir analysieren, gibt es noch zwei weitere Rhetoriken aus der gegebenen Praxis theoretisch und kritisch zu erwägen: (a) die Rhetorik der Texte als *rhetorischer* Einheit(en), im Unterschied von Texten als Komposition *literarischer* Einheit(en): von der rhetorischen Einheit einer Bergpredigt bis zur Einheit eines ganzen Evangeliums z. B. Matthäus; oder von der Einheit eines einzelnen Autors z.B. Lukas-Acta oder das Corpus Paulinum bis zur Einheit des Kanons. Dabei verstehe ich als Kanon nicht die cheirographische Einheit eines Kodex (das wäre anachronistisch für das 1.Jh.), sondern die Einheit der durch die wöchentlichen Synagogengottesdienste gebotenen Lesung aus der Schrift. Selbst der von der Wissenschaft variabel gehandhabte Kanon (e.g. frühjüdische und frühchristliche Literatur, im Unterschied zum Kanon der Heiligen Schrift) funktioniert als rhetorische Einheit, sowohl in der literaturgeschichtlichen Verarbeitung im Universitätslehrplan, als auch im Literaturunterricht der institutionalistischen Schulbetriebe.

(ad 2) Hier geht es um eine bisher völlig ignorierte Dimension: der rhetorische Charakter der Interpretation wissenschaftlicher Arbeit.[97] Gadamer hat das prägnant so ausgedrückt: „Die Ubiquität der Rhetorik ist eine unbeschränkte. Erst durch sie wird Wissenschaft [WW: auch die wissenschaftliche Exegese] zu einem gesellschaftlichen Faktor des Lebens."[98] Als wissenschaftliche Exegeten sind wir verpflichtet, in der wissenschaftlichen Arbeit uns argumentativ d.h. rhetorisch sowohl zu rechtfertigen wie zu legitimieren. Solche Legitimierung aber sollte sich nicht auf den Kreis von vielleicht noch ausgewählten Fachleuten beschränken. Unsere Legitimierung findet nicht nur im Forum wissenschaftlicher Organisationen auf nationaler wie internationaler Ebene und in interdisziplinärer Zusammenarbeit statt, sondern im Forum der konkurrierenden Geltungsbereiche unserer respektiven Kulturen und ihrer Wahrheitsansprüche.

Anmerkungen

[1] Professor Clemens Thoma, dem Direktor des Instituts für Jüdisch-Christliche Forschung an der Hochschule Luzern, zum 60. Geburtstag gewidmet. Er war es, der diesen Beitrag zum Halbjahrestreffen des Schweizerischen Neutestamentlichen Doktorandenkolloquiums am 21. November 1992 in Luzern anregte. Den Kollegen C.J. Classen (Göttingen), G. Stemberger (Wien), P. Tomson (Brüssel), F. Siegert (Neuchâtel) verdanke ich Anregungen für Revisionen und Präzisierungen.

[2] Philip S. Alexander, Quid Athenis et Hierosolymis? Rabbinic Midrash and Hermeneutics in the Greco-Roman World, in: A Tribute to Geza Vermes: Essays on Jewish and Christian Literature and History, hg. P.R. Davies und R.T. White, JSOTS 100, Sheffield 1990, 101-124, 116-117.

[3] Vgl. E.G. Weltin, Athens and Jerusalem: An Interpretative Essay on Christianity and Classical Culture, Atlanta 1988.

[4] Martin Hengel hat kürzlich zwei Arbeiten zu diesem Thema veröffentlicht: Zum Problem der „Hellenisierung" Judäas im 1. Jh. nach Christus, Tübingen, 1989; Der vorchristliche Paulus, in: Paulus und das antike Judentum, hg. von M. Hengel und U. Hekkel. WUNT 58, Tübingen 1991, 177-293. Er versteht diese Beiträge als *parergon* zu seiner früheren Arbeit über: Judentum und Hellenismus. Studien zu ihrer Begegnung unter bes. Berücksichtigung Palästinas bis zur Mitte des 2. Jh.v.Chr., WUNT 10, Tübingen. Vgl. auch das Werk von Edouard Will und Claude Orrieux, Ioudaismos-Hellénismos. Essai sur le Judaisme Judéen à l'époque hellénistique, Nancy 1986.

[5] Für eine Übersicht der relevanten Arbeiten, vgl. Carl Joachim Classen, Paulus und die antike Rhetorik, in: ZNW 82 (1991), 1-33. Als Beispiel eines neueren deutschen Beitrages, Karl Wilhelm Niebuhr, Heidenapostel aus Israel. Die jüdische Identität des Paulus nach ihrer Darstellung in seinen Briefen, WUNT 62, Tübingen 1992.

[6] Karl-Heinz Göttert (Einführung in die Rhetorik. Grundbegriffe, Geschichte, Rezeption, UTB 1599, München 1991, 123) spricht von der Verankerung der Rhetorik in der Schule als dem entscheidenden Rückgrat der Entwicklung der Rhetorik und Bildung in der römischen Kaiserzeit des 1. Jhs. Über Rhetorik „als Element der Bildung (die) ... nach und nach zur Routine erstarrt..." vgl. Der Kleine Pauly. Lexikon der Antike, hg. von K. Ziegler und W. Sontheimer, München 1972, Bd.4, 1406. Wilhelm Kroll (Rhetorik, in: Paulys Real-Encyclopädie, Supplement Bd.7, Stuttgart 1940, 1131) sprach von der „ungesunden Schulluft". Hengel (Paulus, 224) „vermutet" daß die Tora-Schule vor 70 weniger institutionalisiert und freier war, „im Gegensatz zu der relativ rasch voranschreitenden 'Vereinheitlichung' des palästinischen Judentums ... nach 70". Die Entwicklungen in christlichen Schulen und römischen Rechtsschulen verlaufen ja am Ende des 1. Jhs. und später erstaunlich ähnlich. Unter Verschulung versteht Göttert, mit Rhetorikern wie Toulmin und Habermas, die Loslösung der Rhetorik von den Geltungs-Bereichen oder -Sphären des öffentlichen Lebens, in denen Geltungsansprüche rational, d.h. rhetorisch (interaktionell, intersubjektiv) gerechtfertigt und legitimiert werden

(Göttert, Einführung 204-207 zum geltungstheoretischen Ansatz der Rhetorik in Geltungsbereichen wie Wirtschaft, Politik, Medizin, Erziehung, Wissenschaft und Forschung, Recht, Kunst, Religion).

[7] Vgl. C.Jan Swearingen, Rhetoric and Irony: Western Literacy and Western Lies, New York/Oxford 1991, 116-125.

[8] Zum jüdischen Schulwesen vor 70 im Unterschied zur tannaitischen Zeit, vgl. G. Stemberger, Einleitung in Talmud und Midrasch. München[8] 1992, 18-24. Shmuel Safrai, (The Literature of the Sages, CRI II/3.1, Assen/Maastricht 1987, 60f) weist darauf hin, daß Bildung und Erziehung, und damit Rhetorik, nicht nur und ausschließlich in den Schulen stattfand, sondern auch bei anderen öffentlichen oder gesellschaftlichenen Gelegenheiten. Zur Einordnung jüdischer Schulen und Synagogen als Teil „antiker Kommunikationsstrukturen" vgl. Reinhold Reck, Kommunikation und Gemeindeaufbau, SBB 22, Stuttgart 1991, 110f, 133 ff und 142 ff.

[9] Vgl. S. Safrai, Literature 63-66; 168-175. Zur traditionsgeschichtlichen Einordnung der neutestamentlichen Kontroversen, vgl. Wolfgang Weiss, Eine Neue Lehre in Vollmacht. Die Streit- und Schulgespräche des Markus-Evangeliums, BZNW 52, Berlin 1989.

[10] Zur Diskussion über das wechselnde Geschick des Jerusalemer Sanhedrins, im Unterschied zu den vielen örtlichen oder regionalen gerousiai oder boulai, vgl. Ellis Rivkin, Beth Din, Boulê, Sanhedrin: A Tragedy of Errors, in: HUCA 46 (1975), 181-199; und Martin Goodman, The Ruling Class of Judaea: The Origins of the Jewish Revolt against Rome A.D.66-70. Cambridge 1987, 113-117.

[11] Hengel, Hellenisierung 40.

[12] Hengel, ibid., p.38; vgl. Seth Schwartz, Josephus and Judean Politics 18, Leiden 1990.

[13] Ders., Paulus, 263, A.276; vgl. Hellenisierung p.37: Herodes' Ehrgeiz, die „disputatious Jews" in die Ökumene des römischen Imperiums zu integrieren.

[14] Hengel, Hellenisierung p.20.

[15] Wichtig das Plädoyer von Israel Adler und Reinhard Flender (Musik und Religion im Judentum, TRE 23 (1994) 446-452) „die musikalische Tradition der levitischen Chöre unter Begleitung des levitischen Tempelorchesters und die musikalische Tradition der frühen Synagoge als zwei parallele, gleichzeitig existierende Ströme" zu werten. Zur Wertung der Musik (=Musiktheologie) in der frühen jüdischen Literatur, vgl. Karl Grözinger, Musik und Gesang in der Theologie der frühen jüdischen Literatur, Talmud, Midrasch, Mystik. TSAJ 3, Tübingen 1982; Israel Adler, Hebrew Writings concerning Music, RISM, 2 Bde., München 1989. Zur Bedeutung der Rhetorik für die Musik (und umgekehrt), vgl. G. Pietzsch, Die Musik im Erziehungs- und Bildungsideal des ausgehenden Altertums und frühen Mittelalters, Halle 1932. Was Maria Rika Maniates (Music and Rhetoric: Faces of Cultural History in the Renaissance and Baroque, in: Israel Studies in Musicology 3, 1983, 44-69) für die frühe Neuzeit herausgearbeitet hat, wird mutatis mutandis auch für das 1. Jh. geltend zu machen sein.

[16] Hengel, Paulus 265.

[17] vgl. Eduard Norden, Die Antike Kunstprosa vom VI. Jh.v.Chr. bis in die Zeit der Renaissance, Stuttgart 1958 (Nachdr. 2.Auflage 1909) 460-465.

[18] Norden, ibid. 452-460.

[19] So Israel Adler und Reinhard Flender, Musik 447.

[20] Pseudo-Longinus, ein Zeit- wenn nicht gar auch Volksgenosse des Josephus, läßt einen Gesprächspartner kritisch bemerken, daß selbst bei Knechten sich zwar die Kunst der rhetorischen Schmeichelei finden ließe, aber ein Sklave niemals ein Rhetor werden könne (Vom Erhabenen, 44, 3-5), weil ihm das Recht zum öffentlichen Auftreten fehlt – wie bei der Rolle der Frau (siehe A.44).

[21] Goodman, Class 47: „... Jews despised rhetoric as unimportant".

[22] Vgl. Edouard Will und Claude Orrieux, „Prosélytisme Juif"? Histoire d'une erreur. Paris 1992, bes. 11-137. Über Widerstandsbewegungen im 1. Jh., vgl. Richard Horsley, Jesus and the Spiral of Violence. Popular Jewish Nonviolent Resistance in First Century Palestine, San Francisco 1987.

[23] Alan F. Segal, Rebecca's Children: Judaism and Christianity in the Roman World, Cambridge 1986, und id., Paul the Convert. The Apostolate and Apostasy of Paul the Pharisee, New Haven/London 1990. Wie in der jüdischen Adaption griechischer und römischer (und natürlich auch anderer) Kulturen ging es ähnlich wohl zu bei der Adaption griechischer Kultur durch die Römer. Wie sich das auf dem Gebiet der Rhetorik auswirkte, darauf wies W. Kroll hin in seinem viel zitierten Aufsatz 'Rhetorik' (A.6), besonders 1101-5.

[24] Norden (Kunstprosa, 458), leitet die Wiedergeburt der „Sprache des Herzens" nur sekundär aus dem Zweck ab, den Juden wie Christen angeblich verfolgten, „auf die Massen zu wirken"; primär aber aus dem „Kampf zwischen Form und Inhalt". Er vergleicht diesen Kampf allerdings mit dem „von Anfang an .. hoffnungslosen Kampf der Philosophie gegen die Rhetorik". Zum „Ausgleich zwischen Rhetorik und Philosophie", vgl. W. Kroll, Rhetorik 1089-90. Die „Rhetorik des Herzens" ist für Norden (502) „in ungefeilter Sprache geschrieben", die aber dennoch „von den geläufigen Mitteln zierlicher griechischer Rhetorik Gebrauch gemacht hat" (506f), die allerdings „in der damaligen 'asianischen' Sophistik geläufig waren" (507). „Anlehnung an hebräische Ausdrucksweise", so wie die bei Juden wie Christen vorzufindende „innere Glut und Leidenschaft, die sich von den Fesseln des Ausdrucks befreit", sollten aber nach Norden (510, Anmerkung) unterschieden werden von einem bei Juden und Christen (wie natürlich auch bei Griechen und Römern möglichen) „mangelhaften stilistischen Können". Norden ist sich sehr bewußt, daß ein solches Werturteil sich vom „Standpunkt der strengen Kunstprosa" ableitet.

[25] Albert Wifstrand, Die Alte Kirche und die Griechische Bildung, München 1967, 13.

[26] Wifstrand, ibid., 11; so schon Norden, Kunstprosa, 471-76. Daß es bei der Rezeption

154

der rhetorischen griechischen Stilzüge nicht nur um den einen oder anderen geht, sondern um zahlreiche, hat F. Siegert nachgewiesen (vgl. Folker Siegert, Argumentation bei Paulus, gezeigt an Röm 9-11, WUNT 34, Tübingen 1985).

[27] Neuerdings werden auch Sekretäre, die bei der Produktion von Briefen von Juden wie Nichtjuden amtlich engagiert wurden, als besondere Gruppe mit *Paideia* in Verbindung gebracht; vgl. E. Randolph Richards, The Secretary in the Letters of Paul, WUNT 2/42, Tübingen 1991, 136: „To incorporate rhetoric properly into a letter requires some skill and training on the part of the author (or secretary), gained either by prolonged exposure or by formal education." Was aber Richards über „epistolary rhetoric", sowohl im allgemeinen (132-36) wie im besonderen in Beziehung auf Paulus (140-44) zu sagen hat, reflektiert das unter Exegeten weitverbreitete konfuse und diffuse Verständnis der Rhetorik. Classen (siehe oben A.5) macht kritische Beobachtungen zum vorherrschenden Verständnis unter heutigen Exegeten über das Verhältnis zwischen Epistolographie und Rhetorik im 1. Jh. Die Rolle des *methurgeman* im Lehrvortrag des Lehrhauses oder der Synagoge ist analog der Rolle des Sekretärs für die sie beschäftigenden Amtspersonen (*chakhamîm*). Für das 1. Jh., vgl. Dennis Pardee, Handbook of Ancient Hebrew Letters: A Study Edition, SBL Sources for Biblical Study 15, Atlanta 1982, 184-196 über hebräische und aramäische Briefe von Gamaliel und Jochanan ben Zakkai.

[28] Vgl. Aharon Oppenheimer, The 'Am Ha-Aretz: A Study in the Social History of the Jewish People in the Hellenistic-Roman Period, ALGHJ 8, Leiden 1977.

[29] Günther Richter spricht in seiner Übersicht einleitend über das Wesen der Rhetorik: „Der Terminus Rhetorik ist in mehrfacher Hinsicht begrifflich unscharf, in sich inkongruent und widersprüchlich" (in „Rhetorik: Systematik," Europäische Enzyklopädie zu Philosophie und Wissenschaft, Hamburg 1990, 4 Bde., 143-146). Was über Rhetorik im allgemeinen zu sagen ist, müßte auch über die Sophistik im besonderen gesagt werden: ob über die klassische Sophistik (vgl. C. Joachim Classen, Hg., Sophistik, Darmstadt 1976) oder die zweite Sophistik. Die Hinweise auf die Beiträge von Barbara Cassin zur zweiten Sophistik (Cassin, Hg., Positions de la Sophistique, Colloque de Cerisy, Paris 1986; id., La plaisir de parler, Etudes de sophistique comparée. Arguments, Paris 1986) verdanke ich Herrn Classen.

[30] Hengel, Paulus, 238.

[31] Hengel, ibid., 232-237.

[32] Für Göttert (Einführung 42) ist „der Übergang von der Grammatik zur Rhetorik... gleitend, die Fälle im einzelnen sind außerordentlich schwer identifizierbar. Jede grammatische Abweichung, die durch Hinzufügung von (überflüssigem) oder Weglassen von (unwichtigem) Wortmaterial, durch (kühne) Ersetzung oder (dramatische) Häufung zustandekommt, kann sich genauso als schwach, übertrieben o.ä. erweisen."

[33] Grammatik und Logik waren in der griechischen Bildung das Fundament der Rhetorik, was im Aufklärungszeitalter zur Diskussion über die logischen Grundlagen der Grammatik *und* Rhetorik führte (vgl. Göttert, Einführung 174). Zur aufgekommenen Schei-

dung zwischen Rhetoren- und Grammatikschulen in hellenistischer Zeit, vgl. W. Kroll, Rhetorik (A.6) 1117.

[34] H.M. Klinkenbergs Aufsatz (16f) in Artes Liberales. Von der antiken Bildung zur Wissenschaft des Mittelalters, hg. von Josef Koch, STGMA 5, 1959, Neudruck Leiden 1976.

[35] Vgl. e.g. N.R.M. DeLange, Origen and the Jews, 1976. Noch viele Einzelarbeiten werden nötig sein, ehe es zu einem umfassenden Überblick über die christlichen Hebraisten und ihre Beiträge (nicht nur auf den Gebieten der Grammatik und Syntax, der Theologie und des religiösen Lebens, sondern auch auf dem Gebiet der Rhetorik) kommen kann. Vgl. die Vorarbeiten von Rudolf Hallo, Christian Hebraists, Modern Judaism 3 (1983) 95-116; William McKane, Select Christian Hebraists, Cambridge/New York 1989; und Günter Stemberger, Hieronymus und die Juden seiner Zeit, in: Begegnungen zwischen Christentum und Judentum in Antike und Mittelalter. FS für Heinz Schreckenberg, Hg. von D.-A. Koch und H. Lichtenberger, Göttingen 1993, 347-364.

[36] Von Hengel (Hellenisierung 51, A.273) als desideratum für ein seit 1898 unrevidiertes Forschungsprojekt erwähnt.

[37] Vgl. dazu E. Norden, Kunstprosa, 509f, A.1 und 816ff; und Agnostos Theos, 355-364 über den hellenischen Satzparallelismus im Unterschied zum hebräischen Gedankenparallelismus, und der Vereinigung beider Stilvariationen „als Produkt eines hellenisch-orientalischen Stilsynkretismus" (262). Unter gebildeten Juden wie Christen mußte es, „trotz aller Gegensätzlichkeit (der beiden kulturellen Ausdrucksformen)" zu einer Einheit kommen. „Dies hat Paulus unzweifelhaft getan, und zwar er für uns zuerst" (261). Nach Hengel und anderen kam es aber zu dieser Einheit bereits beim vorchristlichen Paulus.

[38] Vgl. die Übersicht der wichtigsten Literatur zur griechischen Metrik bei Folker Siegert, „Mass communication and prose rhythm in Luke/Acts", in: Rhetoric and the New Testament: Essays from the 1992 Heidelberg Conference, Hg. Thomas H. Olbricht und Stanley E. Porter, JSNT Suppl.Ser., Sheffield 1993.

[39] Norden, Agnostos Theos (364) spricht von der „Praxis kolometrisch geschriebener griechischer Bibeln". Vgl. Hengel, Hellenisierung 1989, 24 zum möglichen Beitrag der Jewish scribal school in Jerusalem zu dieser Praxis. Für einen anderen Zusammenhang, vgl. Reinhard Flender, Der biblische Sprechgesang und seine mündliche Überlieferung in Synagoge und griechischer Kirche. Quellen zur Musikgeschichte 20, Wilhelmshaven 1988.

[40] Vgl. José Faur, Golden Doves with Silver Dots: Semiotics and Textuality in Rabbinic Tradition. Jewish Literature and Culture. Bloomington 1985, 84. Was in der rhetorischen Theorie traditionell als Abschluß unter *hypokrisis/actio* behandelt wurde (Stimmstärke, Gesten, etc.- vgl. Kroll, Rhetorik 1075f über historische Entwicklungen), wird in der literarischen Rhetorik durch Erwägungen über Medienwahl ersetzt, z.B. in der Wahl der Schrift- oder Druckzeichen, Gebrauch von Farben, Verzierungen und dgl. (Vgl. Joseph

Gutmann, Hebrew Manuscript Painting, New York 1978); zur Frühgeschichte der jüdischen Bibelillustration vor dem Hintergrund des Verhältnisses von Judentum und Christentum in den ersten Jh.en, vgl. Rainer Stichel, Gab es eine Illustration der jüdischen Heiligen Schrift in der Antike?, in: E. Dassmann und K. Thraede (Hg.), Tesserae. FS f. Josef Engemann. JAC.E 18, Münster 1991, 93-111). Bedeutende Änderungen finden bereits innerhalb der Geschichte der Manuskriptkultur der Antike statt, ganz zu schweigen von den Entwicklungen von Manuskript zu Druck und nun zu Computer und Video Produktionen – auch und gerade beim Studium und Gebrauch antiker Texte heute (siehe auch A.47).

[41] Vgl. Norden, Kunstprosa, 251-343 für die lateinische Tradition; 357ff für die griechische Tradition, doch hauptsächlich im 2. Jh.

[42] Hengel, Paulus 242; zum pharisäischen Lehrhaus in Jerusalem vor 70, vgl. 239-242. Markus Lautenschlager (Abschied vom Disputieren. Zur Bedeutung von συζητητής in Kor 1,20, in: ZNW 83, 1992, 276-85) sieht das völlig anders.

[43] Ulrich von Wilamowitz-Moellendorf (in seinem Aufsatz „Asianismus und Atticismus" 1900, Neudruck in Rhetorika. Schriften zur aristotelischen und hellenistischen Rhetorik, hg. von R. Stark, Hildesheim 1968, 350-401] hatte bereits betont, daß man bei der Beurteilung der paulinischen Rhetorik die Attizisten nicht braucht, die Sophisten aber nicht entbehren kann. Das gleiche gilt wohl für das griechischsprechende Lehrhaus in Judäa vor 70, wie für das hellenistische Judentum im allgemeinen. Vgl. Bruce W. Winter, Philo and Paul among the Sophists: A Hellenistic Jewish and a Christian Response, Ph.D. Dissertation, Macquarie University, 1988. Zur Warnung, weder die Sophistik im besonderen, noch die hellenistische Rhetorik im allgemeinen, als geschlossenes System mit einheitlichen Wesensmerkmalen zu verstehen, und zur Aufforderung, bei der Interpretation von Sophistik wie Rhetorik „die allgemeinen geistigen oder politischen Voraussetzungen hinreichend zu berücksichtigen," siehe Classen, Hg., Sophistik, 1-18. Gerade diese Voraussetzungen ändern sich entscheidend im 1.Jh. vor der Entfaltung der zweiten Sophistik (siehe auch oben A.40). Zum Attizismus in der Rhetorik des 1.Jhs., vgl. W. Kroll, Rhetorik (A.6), 1105-8.

[44] Vgl. Susan C. Jarrat, The First Sophists and Feminism: Discourses of the 'Other', in: Hypatia 5 (1990) 27-41; und Swearingen, Rhetoric and Irony, 1991. Für unser Thema lohnt es sich sicherlich hier zweierlei zu bedenken: einmal das Phänomen der kontroversen Gestalt der Beruriah, der Frau des tannaitischen Rabbi Meir, auf dem Gebiet der halakhischen Argumentation; zum anderen die zentrale Rolle der Frau im Ritual der jüdischen Familie im Gegensatz zu ihrer marginalen Rolle in Synagoge und Tempel, ganz zu schweigen von ihrer totalen Abwesenheit im Lehrhaus. Vgl. Amy-Jill Levine (Hg.), Women Like This: New Perspectives on Jewish Women in the Greco-Roman World. Atlanta 1991; Judith Plaskow, Und wieder stehen wir am Sinai. Eine jüdisch-feministische Theologie, Luzern 1992; Judith Romney Wegner, Chattel or Person? The Status of Women in the Mishnah, New York 1989.

[45] Paulus 261.

[46] Safrai, Literature 167f. Vgl. Jacob Neusner (The Mishnah Before 70, BrSt 51, Atlanta 1987, 290) spricht von einer „inhärenten Logik", die sowohl zwei Toras generierte (die schriftliche und mündliche), als auch beide Toras vereinte („...two Torahs, the written one for the cult, one for the place of the holy [ob Tempel, Heilige Stadt oder Heiliges Land], the other for the realm of the ordinary and profane... one whole Torah, indeed, completing the sacred with the profane").

[47] I. Adler und R. Flender, Musik 449.

[48] Hengel, Paulus 184, A.27. Vgl. Folker Siegert, Drei hellenistisch-jüdische Predigten. Ps.-Philon, Über Jona, Über Simson. Ein Kommentar, WUNT 61, Tübingen 1992. Frühere Arbeiten sind von C. Clifton Black II, The Rhetorical Form of the Hellenistic Jewish and Early Christian Sermon: A Response to Lawrence Wills, in: HTR 81 (1988), 1-18; E. Norden, Kunstprosa 471-76; Lewis M. Barth, Literary Imagination and the Rabbinic Sermon: Some Observations, in: Proceedings of the Seventh World Congress of Jewish Studies, Jerusalem 1981, 29-35; Arnold Goldberg, Die Peroratio (Hatima) als Kompositionsform der rabbinischen Homilie, in: FJB 8 (1978) 1-22; Brigitte Kern, Fragen in der Homilie. Ein Mittel der Text- oder der Formkonstitution?, in: LingBibl 61 (1988) 57-86; David Stern, Literary Criticism or Literary Homilies? Susan Handelman and the Contemporary Study of Midrash, in: Prooftexts 5 (1985) 96-103. Moshe David Herr, Aggadah, EJ 2 (1972) 356-64; zur mittelalterlichen Entfaltung der jüdischen Predigt-Literatur, vgl. Joseph Dan, ibid., Bd.8 (1971) 946-55, e.g. 947: „The art of rhetoric... found its keenest expression in the sermon".

[49] Hengel, Paulus 261.

[50] Hengel, ibid., 184, A.27.

[51] Hengel, ibid., 183.

[52] Hengel (ibid., 262) spricht von „der großen und ständig wechselnden Zahl der jüdischen und 'gottesfürchtigen' Pilger aus der Diaspora", und p. 260 von „exakte Unterweisung der Festpilger aus der Diaspora im Gesetz ... im Eretz Israel, in der Heiligen Stadt und im Tempel (erhielten) viele Gebote der Tora erst ihre eigentliche Bedeutung, ganz anders als in der Diaspora unter den Heiden, wo man die Tora gar nicht richtig halten konnte, weil zahlreiche Gebote dort nicht galten." Vgl. Neusners Interpretation von der Integration der zwei Toras: die schriftliche Tora für das Heilige; die mündliche Torah für das Profane, mit der integrierten Tora „completing the sacred with the profane" (siehe Zitat oben A.46). In der Diaspora gab es andere Aufgaben zu bewältigen; vgl. Gerhard Delling, Die Bewältigung der Diasporasituation durch das hellenistische Judentum, Göttingen 1987, 67-77 „Offenheit und Bindung in der Schriftstellerei". Vgl. die Arbeiten von Willem C. Van Unnick, Das Selbstverständnis der jüdischen Diaspora in der hellenistisch-römischen Zeit. Aus dem Nachlass hg. von Pieter W. van der Horst. AGJU 17, Leiden 1993. Zur Rhetorik bei Philon, vgl. Manuel Alexander, Rhetorical Argumentati-

on as an Exegetical Technique in Philo of Alexandria, in: A. Caquot, M. Hadas-Lebel und J. Riaud (Hg.), Hellenica et Judaica. Hommage à Valentin Nikiprowetzky, Leuven/Paris 1986, 13-27; Thomas M. Conley, Philo's Rhetoric: Argumentation and Style, in: H. Temporini und W. Haase (Hg.), ANRW II/21:1 (1984), 343-71; id., Philo's Rhetoric: Studies in Style, Composition and Exegesis, Berkeley, 1987; Burton L. Mack, Decoding the Scripture: Philo and the Rules of Rhetoric, in: F.E. Greenspahn, E. Hilgert und B.L. Mack (Hg.), Nourished with Peace. Studies in Hellenistic Judaism in Memory of Samuel Sandmel, SBL Homage Series, 9, Atlanta 1984, 81-115.

[53] Vgl. Siegert, Predigten 58-63.

[54] Paulus 251.

[55] Hengel, ibid., 255f. Günther Mayer, Midrasch, TRE 22 (1992) 734-744 führt neben a-fortiori-Schluß und verschiedenen Arten des Analogieschlusses noch sieben weitere Regeln an, die alle dem Schatz gemeinsamer Auslegungs- und Argumentationstraditionen entspringen. Zur Unterscheidung der Traditionen vor und nach 70, vgl. David Instone Brewer, Techniques and Assumptions in Jewish Exegesis before 70 CE. TSAJ 30, Tübingen 1992; und J. Neusner, Mishnah A.46.

[56] Zur historisch ungesicherten Verbindung dieser Regeln mit dem historischen Hillel, vgl. Stemberger, Einleitung 1982, 27-30; zum „historischen Ort" der *Middot* und des ihnen zugeordneten Midrasch, vgl. auch Günther Mayer, Midrasch. Mayer sieht mit D. Daube, S. Lieberman u.a., in der hellenistischen Rhetorik den Vermittlungspunkt, wo Midrasch und hellenistisch-römische Kultur sich trafen. Vgl. auch Michel Tardieu, Hg., Les règles de l'interprétation, Paris 1987, 13-88.

[57] David Stern, Jesus' Parables from the Perspective of Rabbinic Literature, in: Parable and Story in Judaism and Christianity, hg. von C. Thoma und M. Wyschogrod, Mahwah 1989, 42-80; zur Diskussion mit Daniel Boyarin über die rhetorische Funktion der *meshalim*, vgl. Rhetoric and Interpretation: The Case of the Nimshal, in: Prooftexts 5 (1985) 269-276 und Sterns Reaktion 276-80.

[58] Göttert (Einführung 123) zählt unter den Verankerungen der Rhetorik in der Schule, die zum Verfall der Rhetorik im 1.Jh. beitragen, neben den Progymnasmata und den Suasorien (Vorträge über historische oder fiktive Themen), die Controversien (Lösung juristischer Fragen). Vgl. Ronald F. Hock and E. N. O'Neill, The Chreia in Ancient Rhetoric. Bd.1: The Progymnasmata, Atlanta 1986, über „progymnastic rhetorical training and the rhetorical nature of culture-transmitting school traditions". Zu Studien über den Einfluss dieser Tradition bis zum 16.Jh., vgl. Judith R. Henderson, Erasmian Ciceronians: Reformation Teachers of Letter-Writing, in: Rhetorica 10(1992) 273-302, bes. p.284f A.33. Über Progymnasmata und Rhetorik in der Evangelientradition, vgl. Vernon Robbins, Writing as a Rhetorical Act in Plutarch and the Gospels, in: Persuasive Artistry: Studies in New Testament Rhetoric in Honor of George A. Kennedy, hsg. von Duane F. Watson, JSNTSS 50, Sheffield 1991, 142-168.

[59] Hengel, Paulus 1991, 214, A.157; vgl. 218, 245, 251, 254, 256. Zum allgemeinen

Thema der kulturellen und religiösen Vielfalt in Judäa im Spannungsfeld römischer Provinzialpolitik, vgl. Daniel R. Schwartz, Studies in the Jewish Background of Christianity, WUNT 60, Tübingen 1992,27-153 und den vieldiskutierten Aufsatz von Shaye Cohen, The Significance of Javne: Pharisees, Rabbis, and the End of Jewish Sectarianism, in: HUCA 55 (1984). Einsichten und Übersichten in die Vielfalt jüdischer Rechtsentwicklung und Rechtsauslegung vor und nach 70 bieten Elliot N. Dorff und Arthur Rosett, A Living Tree: The Roots and Growth of Jewish Law, Albany 1988; und Peter J. Tomson, Paul and the Jewish Law: Halakha in the Letters of the Apostle to the Gentiles. CRI III/1, Minneapolis 1991. Ähnliches ließe sich von der Vielfalt römischer juristischer Diskussion der spätrepublikanischen Zeit sagen, die durch die Zweiteilung in Kontroversen zwischen Sabinianern und Proculianern wohl auch eher verdeckt wird (vgl. Bernhard Kübler, Rechtsschulen, Paulys Real-Encyclopädie der classischen Altertumswissenschaft, hg. von W. Kroll und K. Witte, II/1. Stuttgart 1920, 380-394). Der Beitrag der Sophistik zur Entwicklung der Rechtsauffassungen der Antike verdient besondere Beachtung; vgl. die Arbeiten, die von Classen, Hg., Sophistik, 662f gesammelt wurden.

[60] Vgl. Frederick Parker Walton, Historical Introduction to the Roman Law, Edinburgh 4.Aufl. 1920, 264-68; 281-82.

[61] Hengel, Paulus 265-291.

[62] Hengel, ibid., 275.

[63] Die Alte Kirche und die Griechische Bildung, p. 34. Zur Entwicklung dieser alten Tradition, vgl. Antonio Quaquarelli, Retorica e Liturgia Antenicena, RicPatr 1, Rom 1960; Eckart Conrad Lutz, Rhetorica Divina. Mittelhochdeutsche Prologgebete und die rhetorische Kultur des Mittelalters, Berlin 1984.

[64] Safrai, Literature 63-66. Zu den weiteren Gemeinsamkeiten rechnet er die Autorität der Mikra, gewisse sozial-ethische Werte, wie Familie, soziale Gerechtigkeit, etc.Über Gottesdienst, Gebet etc. als Teil antiker Kommunikationsstrukturen, vgl. R. Reck (oben A.8), Kommunikation (1991), 142ff, 225ff, 273ff. Über die Rolle der Rhetorik innerhalb solcher Kommunikationsstrukturen reflektiert George Cheney, Rhetoric in an Organizational Society. Managing Multiple Identities. Studies in Rhetoric/Communication, Columbia 1991.

[65] Zum Oxymoron der religiösen Sprache als „literary mysticism", in der das Unaussprechliche zur Sprache kommt, vgl. Kenneth Burke, A Rhetoric of Motives, Berkeley 1950, 324-28; Franco Bolgiani (hg.), Mistica e Retorica, Florence 1977. Für die rabbinische Tradition, vgl. Susan Handelman, The Slayers of Moses, Albany 1983; für die spätantike hellenistische Tradition, vgl. Frank Thielman, 'The Style of the Fourth Gospel and Ancient Literary Critical Concepts of Religious Discourse,' in: Persuasive Artistry: Studies in New Testament Rhetoric in Honor of George A. Kennedy, hg. von Duane F. Watson, JSNTSS 50, Sheffield 1991, 169-83. Zur Anwendung auf biblische Studien, vgl. Lynn Poland, The Bible and the Rhetorical Sublime, in: The Bible as Rhetoric: Studies in Biblical Persuasion and Credibility, hg. von Martin Werner, London 1990, 27-47.

[66] Vgl. Klaus Dockhorn, Macht und Wirkung der Rhetorik, Bad Homburg 1968, vgl. Neudruck „Rhetorik als Quelle des vorromantischen Irrationalismus in der Literatur- und Geistesgeschichte", in: Josef Kopperschmidt (Hg.), Rhetorik. Bd. 2: Wirkungsgeschichte der Rhetorik, Darmstadt 199137-59; und Göttert, Einführung 170-77.

[67] Vgl. John O. Ward, Magic and Rhetoric from Antiquity to the Renaissance: Some Ruminations, in: Rhetorica 6(1988), 57-118; Jacqueline de Romilly, Magic and Rhetoric in Ancient Greece, Cambridge 1975; Classen, Hg., Sophistik 134-35.164-66 über Beziehungen zwischen Sophistik und Mantik.

[68] Vgl. John L. White, Light from Ancient Letters. Foundations & Facets: New Testament. Philadelphia 1986; Irene Taatz, Frühjüdische Briefe. Die paulinischen Briefe im Rahmen der offiziellen religiösen Briefe des Frühjudentums, NTOA 16, Fribourg 1990. Zur Bedeutung von 4QMMT für die dringend nötige Erhellung des Dunkels betreffs der Anfänge der halakhischen Brieftradition, vgl. Elisha Qimron und John Strugnell, An Unpublished Halakhic Letter from Qumran, in: Biblical Archaeology Today, hg. von J.Amitai, Jerusalem 1985, 400-407; Hayim G. Perelmuter (Hg.), Proceedings of the Conference on the Questions of the Letters of Paul Viewed from the Perspective of the Jewish Responsa Mode. Catholic Theological Union at Chicago, 15-18 November 1991, Chicago 1992.

[69] Paulus 234, A.188.

[70] Über Vorarbeiten dazu, vgl. Robert Berchman, Rabbinic Syllogistic: The Case of Mishnah-Tosefta Tohorot, in: Wm.S. Green (Hg.), Approaches to Ancient Judaism. Bd.5: Studies in Judaism and Its Greco-Roman Context, BJSt 32, Atlanta 1985, 81-98; Daniel Boyarin, Rhetoric and Interpretation, 1985, A.57; Louis Jacobs, The Talmudic Argument. A study in Talmudic reasoning and methodology, Cambridge 1984. Dann die zahlreichen Beiträge von Jacob Neusner: J. Neusner, Understanding Seeking Faith: Essays on the Case of Judaism, Bd.2: Literature, Religion and the Social Study of Judaism, BJSt 73, Atlanta 1987, 23-34 „rhetorical plan", 56f „syllogism", 71-74 „topic and rhetoric", 94-104 „mnemonic rhetoric"; vgl. Index, s.v. „rhetoric"; Jacob Neusner und Ernst S. Frerich (Hg.), New Perspectives on Ancient Judaism, Bd.2: Judaic and Christian Interpretation of Texts: Contents and Contexts, Lanham 1987, der Aufsatz Topic, Rhetoric, Logic: Analysis of a Syllogistic Passage in the Yerushalmi; J. Neusner, Talmudic Thinking: Language, Logic, Law Columbia 1992; id., The Bavli's Primary Discourse. Mishnah Commentary: Its Rhetorical Paradigms and their Theological Implications in the Talmud of Babylonia, Tractate MOED QATAN,SFSHG 1992, 147-61; id. The Bavli's Massive Miscellanies: The Problem of Agglutinative Discourse in the Talmud of BabyloniaSFSHG 1992, 17-48 on the 'fixed rhetorical pattern (governing the Talmud) throughout'. Die Aufsätze von Gerald M. Phillips, The Place of Rhetoric in the Babylonian Talmud, in: Quarterly Journal of Speech 43(1957) 390-93, ders. The Practice of Rhetoric at the Talmudic Academies, in:Speech Monographs 26(1959) 37-46; Günter Stemberger, Midrasch, Vom Umgang der Rabbinen mit der Bibel, München 1989; Lou

H. Silbermann, Toward a Rhetoric of Midrash: A Preliminary Account, in: R. Polzin und E. Rothman (Hg.), The Biblical Mosaic. Changing Perspectives, Semeia Studies, Philadelphia 1982, 15-26. Ein Sondergebiet unter anderen (wie Gebets-Literatur, Liturgien, Rechtsentscheidungen) ist die rabbinische Predigt-Literatur: Joseph Dan, Homiletic Literature, EJ 8(1971), 947 über „rhetorische Kunst" in der mittelalterlich jüdischen Homiletik; und Shmuel Safrai, Amoraim, EJ 2(1972), 868 über die Perfektion in der Anwendung von „artistic arrangement and rhetorical devices" in der amoräischen Aggada (siehe A.48). Bei all diesen Vorarbeiten fordert aber der folgende wichtige Punkt besondere Beachtung: bei aller Kontinuität rabbinischer rhetorischer Tradition – wie etwa in der Homiletik oder in der Entwicklung vom Midrasch zur Aggada, oder von den Tannaiten zu den Amoräern – müssen die Diskontinuitäten gebührend gewürdigt werden, die stets durch soziale und kulturelle Bedingungen der jeweiligen Jahrhunderte und Regionen bestimmt sind.

[71] Vgl. Menahem Stern, Greek and Latin Authors on Jews and Judaism. Edited with Introductions, Translations and Commentary, Jerusalem 3 Bde., Israel Academy of Sciences and Humanities 1976-1984; Bd. 2 (1980), 207 „... the continuing trend of sympathy for Judaism (e.g. in den Werken von Pseudo-Longinus und Numenius von Apamea) ... existed simultaneously with the much better attested opposite stream of anti-semitism".

[72] Stern, ibid., Bd. 1, 361-365. Zur weithin negativen Wertung der jüdischen (wie christlichen) Literatur, d.h. des Mangels an rhetorischem Niveau, von seiten griechischer und lateinischer Autoren, vgl. die Sammlung der Texte von Giancarlo Rinaldi, Biblia Gentium, Rom 1989.

[73] Harold Bloom, Ruin the Sacred Truths: Poetry and Belief from the Bible to the Present, Cambridge 1989. Eine kritisch differenziertere Position vertritt Philip S. Alexander, Quid Athenis et Hierosolymis? (siehe A.2); vgl. Geoffrey H. Hartman, „On the Jewish Imagination", in A.A. Cohen und P. Mendes Flohr (Hg.), A Handbook of Jewish Theology, New York 1986. Was George Kennedy (Classical Rhetoric and Its Christian and Secular Tradition from Ancient to Modern Times, Durham 1980, 120-125) über jüdische Rhetorik zu sagen hat, ist auf Rhetorik der hebräischen Bibel beschränkt. Zur Geschichte einer jüdischen Rhetorik, vgl. Alexander Altmann, „ARS RHETORICA as reflected in Some Jewish Figures of the Italian Renaissance," Essays in Jewish Intellectual History, Hanover 1981, 97-118; Nehemia Brüll, „Zur Geschichte der rhetorischen Literatur bei den Juden," in: Ben Chananja 6 Szeged 1863, 486-532 und 568-573; Yehoshua Gitay, Yehuda Messer Leon: Nofet Zufim: A review article on the history of Hebrew writing on rhetoric," in: Quarterly Journal of Speech 7(1985), 379-93; Isaac Rabinowitz, Pre-Modern Jewish Study of Rhetoric: An introductory bibliography, in: Rhetorica 3/2(1985), 137-144. Die erste jüdische Rhetorik um 1475 von Yehuda Messer Leon vereint zwei Extreme: den plastischen Titel, Nofet Zufim (Honig aus Waben), der dem jüdischen Lehrhaus entspricht (welches Lehrbuch des Westens hätte schon eine solche Metapher als Titel eines wissenschaftlichen Werks gewählt?), und den Gebrauch hellenisti-

scher und lateinischer Kategorien aus der klassischen Schulrhetorik. Der moderne Herausgeber dieses Werks (Isaac Rabinowitz, Hg., Judah Messer Leon: The Book of the Honeycomb's Flow, Ithaca/London 1982) sieht in der Übernahme der rhetorischen Kategorien der Renaissance-Schulrhetorik etwas, was der Preisgabe des Erbes durch Esau für ein Linsengericht gleichkommt.

[74] Zu dieser größeren Frage vgl. Jacob Neusner „Why no science in Judaism?," Shofar 6/3(1988) 45-71.

[75] Hans Georg Gadamer, Rhetorik, Hermeneutik und Ideologiekritik. Metakritische Erörterungen zu 'Wahrheit und Methode', (1967), in: Hermeneutik II. Gesammelte Werke, Bd. 2, Tübingen 1986, 232-250 (234).

[76] Vgl. Ernst Robert Curtius, Europäische Literatur und Lateinisches Mittelalter. Bern 6th ed. 1967, 387-391.

[77] Die Worte sind von Johannes Weiß, zitiert bei E. Norden, Kunstprosa 355.

[78] Wifstrand, Kirche 38.

[79] Wie die gediegene Rhetorik, von der leeren Rhetorik einmal abgesehen, mit der Verschriftlichung („literacy") des Kulturwesens in Verbindung kam, und wie gerade aus der „literacy" die Vorwürfe der Unwahrhaftigkeit aller Rhetorik erwuchsen, vgl. Swearingen, Rhetoric and Irony: Western Literacy and Western Lies, 1991.

[80] Hengel, Paulus 261. Zur Frage einer angemessenen Definition von Rhetorik, damals wie heute, siehe C. Joachim Classen, „Die Rhetorik im öffentlichen Leben unserer Zeit," in: Die Macht des Wortes. Aspekte gegenwärtiger Rhetorikforschung. Hg. von C.J. Classen und H.-J. Müllenbrock. Ars Rhetorica 4, Marburg 1992, 247-267; siehe Definition p. 249.

[81] Göttert, Einführung, 126-127. Zur Bedeutung der Rhetorik in den ersten christlichen Schulen und Akademien, vgl. Frances Young, 'The rhetorical schools and their influence on patristic exegesis,' in: The making of orthodoxy. Essays in honour of Henry Chadwick, hg. von R. Williams, Cambridge 1989, 182-99; Ulrich Neymeir, Die christlichen Lehrer im zweiten Jh.. Ihre Lehrtätigkeit, ihr Selbstverständnis und ihre Geschichte. VigChrisSuppl 4, Leiden 1989.

[82] Vgl. William Horbury, Old Testament Interpretation in the Writings of the Church Fathers, in: Mikra: Text, Translation, Reading and Interpretation of the Hebrew Bible in Ancient Judaism and Early Christianity, CRI 2/1. Assen 1988, 770-776 „The Influence of the Hebrew Text and Jewish Interpretation." Siehe A.35 über „christliche Hebraisten."

[83] Vgl. die „sehr wichtige (so Norden) Abhandlung" von Franz Overbeck, Über die Anfänge der patristischen Literatur, in: Historische Zeitschrift (Basel) 12 (1882), 417ff.

[84] Die Arbeit von Eugen Ruckstuhl und Peter Dschulnigg (Stilkritik und Verfasserfrage im Johannesevangelium: Die johanneischen Sprachmerkmale auf dem Hintergrund des Neuen Testaments und des zeitgenössischen hellenistischen Schrifttums, NTOA 17,

Freiburg 1991) bringt aber solche Wirkungsfragen, bei allem wohlgemeinten Interesse an der „ganzheitlichen Interpretation", überhaupt nicht einmal in Anschlag – wie die meisten stilkritischen Untersuchungen seit drei Jahrhunderten!

[85] Göttert, Einführung, 1991, 194-201 „Die moderne Kritik an der klassischen Rhetorik". Vgl. Josef Kopperschmidt, „Argumentationstheroretische Anfragen an die Rhetorik. Ein Rekonstruktionsversuch der antiken Rhetorik", Zeitschrift für Literaturwissenschaft und Linguistik 11/43-44(1981), 44-65, Neudruck in J. Kopperschmidt, Hg., Rhetorik, Bd. 2: Wirkungsgeschichte der Rhetorik. Darmstadt 1991, 359-89.

[86] Vgl. Wilhelm Bacher, Die Exegetische Terminologie der jüdischen Traditionsliteratur. 1. Teil: Die Bibelexegetische Terminologie der Tannaiten, Leipzig 1899, Neudruck Hildesheim 1990, 56: „etwas neues vortragen". Der Begriff gehört wohl primär der halachischen Gesetzesauslegung, und erst sekundär der homiletischen Tradition an. Vgl. Clemens Thoma und Simon Lauer, Die Gleichnisse der Rabbinen. Teil 1 und 2. JudChr 10/13, Bern 1986, 1991, Sachregister: hiddush/Chiddusch.

[87] Göttert, Einführung 201-209.

[88] Vgl. Markus H. Wörner, 'Pathos' als Überzeugungsmittel in der Rhetorik des Aristoteles, in: Pathos, Affekt, Gefühl. Hg. von I. Craemer-Ruegenberg. Freiburg 1981, 53-78; ders., Das Ethische in der Rhetorik des Aristoteles. Freiburg 1990. Über theologiegeschichtliche Aspekte der Affekte, vgl. den Aufsatz von Karl-Heinz zur Mühlen in TRE, Bd.1 (1977), 599-612; Klaus Berger, Historische Psychologie des Neuen Testaments, SBS 146/147, Stuttgart 1991, 158-215 „Affekte". In diesem Zusammenhang sei auch noch einmal an die Liaison zwischen Rhetorik und Musik erinnert (siehe A.15).

[89] George Kennedy, New Testament Interpretation through Rhetorical Criticism, Chapel Hill/London 1984, 6. Am Ende seiner Untersuchung kommt er zu dem Schluß: „all religious systems are rhetorical". In dem Jesaja-Wort (Jes. 1,18: „Kommt her, wir wollen sehen, wer von uns recht hat (*dielégchein*), spricht der Herr") könnte man, in der Tat, den Kernsatz oder das Hauptmotto einer jüdischen Rhetorik sehen.

[90] Gonsalv K. Mainberger, Rhetorica II: Spiegelungen des Geistes. Sprachfiguren bei Vico und Lévi-Strauss, Problemata 117. Stuttgart 1988, 177-180.

[91] Vgl. Chaim Perelman, Das Reich der Rhetorik: Rhetorik und Argumentation. Übers. von E. Wittig. Beck'sche Schwarze Reihe 212, München 1980.

[92] J. Neusner, Understanding Seeking Faith, Bd. 2: Literature, Religion and the Social Study of Judaism (A.70), p. 86.87. Daniel Boyarins Arbeit (Carnal Israel: Reading Sex in Talmudic Culture. Berkeley 1993) wäre ein weiteres Beispiel dafür.

[93] Göttert, Einführung 209-218.

[94] Vgl. P. Alexander's kurzen Hinweis in seinem eingangs zitierten Aufsatz (siehe A.2). G. Stemberger weist auch hin auf Maren Nichoff, „A dream which is not interpreted is like a letter which is not heard," JJS 43 (1992), 58-84.

[95] Über die Aufgaben einer neuen Grammatik, die der Bedeutung der Tropen besser ge-

recht wird, reflektierte der Altertumswissenschaftler Andries H. Snyman, On studying the figures (schemata) in the New Testament, in: Bib. 69(1988), 93-107. Zur erneuerten Würdigung der Rhetorik mit Hilfe der modernen Linguistik, siehe e.g. Stanley E. Porter, Verbal Aspects in the Greek of the New Testament, with Reference to Tense and Mood, Studies in Biblical Greek, Bd.1. Bern 1989. Zu einer Neufassung der Aufgaben eines Wörterbuches, vgl. Johannes P. Louw und Eugene A. Nida, Greek-English Lexikon of the New Testament based on Semantic Domains, 2 Bde., New York 1988. Zur Beziehung zwischen Hermeneutik und Kommentar, vgl. W. Wuellner, Hermeneutics and Rhetorics: From „Truth and Method" to Truth and Power, in: Journal of Bible and Theology in Southern Africa, Stellenbosch 1989, 49.

[96] Vgl. David S. Cunningham, Theology as Rhetoric, TS 52(1991), 407-430, und sein Faithful Persuasion: In Aid of a Rhetoric of Christian Theology. Notre Dame/London 1991. Als Exempel siehe die Arbeiten des Chicagoer katholischen Theologen David Tracy, e.g. Plurality and Ambiguity. Hermeneutics, Religion, Hope, San Francisco 1987, und die von ihm (mit S.H. Webb, Tracys Schüler) herausgegebene SUNY Series in Rhetoric and Theology. Albany, NY 1991. Über frühere Ansätze, vgl. Franz Josef van Beeck (s.j.), Christ Proclaimed: Christology as Rhetoric. Theological Inquiries, Ramsey, NJ 1979.

[97] Vgl. John S. Nelso, Allan Megill und Donald N. McCloskey, Hg., The Rhetoric of the Human Sciences: Language and Argument in Scholastic and Public Affairs. Madison, 1987. Nahe verwandt sind die neueren Entwicklungen wie Daniel Mc Neill und Paul Freiberger, Fuzzy Logic. New York 1993; Bart Kosko, Fuzzy Thinking: The New Science of Fuzzy Logic. New York 1993. Zur europäischen Vorgeschichte, vgl. Amos Funkenstein, Theology and the Scientific Imagination from the Middle Ages to the Seventeenth Century. Princeton 1986. Unter C. Joachim Classens' Arbeiten, siehe den oben, A.80, zitierten Beitrag, ferner „The Role of Rhetoric Today," in: Renaissances of Rhetoric, hg. von G. Vervaecke, Leuven (in Vorbereitung).

[98] Gadamer, op. cit. (A.75), 237; vgl. Carl Joachim Classen, „Die Rhetorik im öffentlichen Leben unserer Zeit" (A.80). Implikationen für die exegetische Wissenschaft hat Elisabeth Schüssler Fiorenza betont in ihrer Präsidentschafts-Ansprache vor der Jahresversammlung der Society of Biblical Literature (Dezember 1987, Boston) in: The Ethics of Biblical Interpretation: Decentering Biblical Scholarship, in: JBL 107 (1988) 3-17. Vgl. auch Rebecca Chopp, Theological Persuasion: Rhetoric, Warrants, and Suffering, in: William Schweiker (Hg.), Worldviews and Warrants: Plurality and Authority in Theology, Lanham 1987; Vernon Ruland, Understanding the Rhetoric of Theologians, in: W.A. Beardslee (Hg.), The Poetics of Faith. Essays offered to Amos N. Wilder. Semeia 13, Atlanta 1978, 203-24; Wilhelm Wuellner, Biblical Exegesis in the Light of the History and Historicity of Rhetoric and the Nature of Rhetoric of Religion, in: T.H. Olbricht und S.E. Porter (Hg.), in: Rhetoric and the New Testament: Essays from the 1992 Heidelberg Conference. JSNT Suppl.Ser.; Sheffield 1993.

Peter Dschulnigg

DIE ZERSTÖRUNG DES TEMPELS IN DEN SYNOPTISCHEN EVANGELIEN

Vorbemerkung

Von der Zerstörung des Tempels und Jerusalems im Jahre 70 n.Chr. ist im Neuen Testament fast nur in den synoptischen Evangelien die Rede.[1]

Wenn nach den Auswirkungen der Tempelzerstörung auf das Neue Testament gefragt werden soll, ist von daher eine Begrenzung auf diese Schriften durchaus angebracht. Hier ist dann allerdings noch zu differenzieren: Setzt eine Einzelaussage das Faktum der Tempelzerstörung bereits voraus oder kann sie als Voraussage gewertet werden? Kann vielleicht gar ein einzelnes Evangelium insgesamt vor 70 n.Chr. entstanden sein?

Da der zeitliche Rahmen begrenzt ist, gehe ich von drei bedeutenden Stellen im Markusevangelium aus, die nachher auch bei den beiden anderen Synoptikern zu bedenken sind.[2] Beim Mt und Lk wird noch eine einschlägige Stelle aus dem gemeinsamen Gut der Logienquelle dazukommen, beim Lk zudem noch zwei Sondergutstellen.[3]

Leider ist es mir im Rahmen des Referates nicht möglich, auf unterschiedliche Meinungen in der exegetischen Literatur näher einzugehen. Ich werde nur manchmal allgemein darauf verweisen und im übrigen das vortragen, was ich beim gegenwärtigen Erkenntnisstand vertreten kann.[4]

1. Tempelzerstörung im Markusevangelium

Beim Verlassen des Tempels verweist ein Jünger Jesu seinen Lehrer staunend auf Größe und Macht[5] der Steine und Bauten (Mk 13,1). Jesus nimmt in seiner kurzen Antwort zunächst fragend den Schluß der Jüngerrede auf: „Siehst du diese großen Bauten?" Dann formuliert er apodiktisch mit einer betont doppelten Ver-

167

neinung ($ο\dot{υ}$ μή)[6], daß hier kein Stein auf dem anderen bleiben wird, der nicht zerstört werden wird (Mk 13,2).

Jesus weissagt die Zerstörung des Tempels unzweideutig und steht damit in prophetischer Tradition. Aber atl. Propheten haben den Untergang des Heiligtums anders angesagt.[7] Ist der Spruch Jesu etwa so formuliert, daß er das Faktum der Zerstörung des Tempels durch die Römer voraussetzt? Darüber gehen die Meinungen der Fachleute auseinander.[8] Da der Tempel aber zunächst durch Feuer zerstört worden ist und erst nachträglich noch geschleift wurde, hätte man sich im nachhinein wohl präziser ausgedrückt.[9]

Gerade die Kürze und Prägnanz der Aussage, die allein davon spricht, daß alles zertrümmert wird, spricht eher dafür, daß sie vor 70 n.Chr. entstanden ist und durchaus auf Jesus selbst zurückgehen kann. Diese Annahme wird sich später noch aus anderen Gründen nahelegen.

Dieses Steinwort (Mk 13,2) ist nun nach Mk 13,3f der Bezugspunkt für eine Frage der vier Sonderjünger, welche sie an ihren Lehrer richten, als er dem Tempel gegenüber auf dem Ölberg sitzt[10]. Sie fragen ihn nach dem Zeitpunkt des Geschehens und nach dem Zeichen, wann dieses alles sich zu vollenden beginnt. Die Doppelfrage der Jünger legt einen Zusammenhang zwischen Tempelzerstörung und Endgeschehen nahe.[11] Jesus beantwortet sie in einer langen Rede an die vier Jünger, welche den vorausgesetzten Zusammenhang insgesamt bestätigt, in der aber von der Zerstörung des Tempels nicht mehr ausdrücklich gesprochen wird. Die Rede Jesu mahnt zunächst zu Wachsamkeit vor Verführern (V.5f) und wertet Kriege nicht als Zeichen des Endes, sondern mit Erdbeben und Hungersnöten als „Anfang der Wehen" (V.7f).[12] Sie lenkt die Aufmerksamkeit der Hörer alsdann auf kommende Verfolgungen der christlichen Gemeinde, die im Dienst der Verkündigung des Evangeliums unter allen Völkern steht. Wer diese Verfolgungen bis zum Ende besteht, wird gerettet werden (V.9-13).[13] V.14 setzt neu ein: „Wenn ihr aber den Greuel der Verwüstung stehen seht, wo er nicht darf, wer liest, erkenne, dann sollen die in Judäa in die Berge fliehen". Mit der Einleitung Όταν δὲ ἴδητε und der im Markusevangelium singulären direkten Anrede an die Leser wird deutlich genug angezeigt, daß jetzt das von den Jüngern erfragte Zeichen des Endgeschehens angesprochen wird (vgl. V.4).[14] Es ist der

Greuel der Verwüstung (τὸ βδέλυγμα τῆς ἐρημώσεω), wie er unter Aufnahme atl. Aussagen bezeichnet wird (vgl. Dan 9,27; 11,31; 12,11; auch 1Makk 1,54.59; 6,7).

Auf diesem Hintergrund ist am ehesten an eine Entweihung des Tempels durch einen Götzenopferaltar zu denken oder, wenn man das auffallende männliche ἑστηκότα mitbedenkt[15], an das Auftreten des Antichristen an heiliger Stätte.[16] Andere Deutungen sind weniger wahrscheinlich, insbesondere auch jene, die beim Greuel der Verwüstung bereits an die Zerstörung des Tempels denkt.[17] Das entscheidende Zeichen des Anfangs des Endgeschehens, in dem der Tempel mit untergehen wird, kann nicht die Zerstörung des Tempels selbst sein.[18] Bedeutsam ist nun, daß ab V.14 jene Tage der höchsten endzeitlichen Not angesagt werden, die in das Kommen des Menschensohnes auf den Wolken des Himmels münden (V.14-23.24-27). Jene Tage sind so schwer, daß Gott sie um der Auserwählten willen verkürzen wird, damit sie gerettet werden (V.20), und dies durch den Menschensohn respektive seine Engel (V.26f). Ab dem „Greuel der Verwüstung" (V.14) ist jenes Endgeschehen im Blick, das bruchlos in das Kommen des Menschensohnes mündet, also bestimmt noch der Zukunft angehört, und sich damit von allem abhebt, was zuvor insbesondere in V.3-8, aber auch V.9-13 angesagt und betont vom Ende geschieden worden ist (vgl. V.7.8.10).[19] Daraus läßt sich schließen, daß für die Apokalypse Mk 13 das entscheidende Zeichen des Greuels der Verwüstung noch in der Zukunft liegt und damit der Tempel noch nicht zerstört ist. Mk 13 ist ein Ausblick auf die Zerstörung des Tempels. Diese Rede ist, soll sie für die Adressaten des Markusevangeliums noch Sinn haben, vor 70 n.Chr. verfaßt. Damit aber ist auch über die Datierung des Markusevangeliums insgesamt entschieden: Es ist vor 70 n.Chr. entstanden, was mit Hengel, Schenke u.a. gegen viele festzuhalten ist.[20] Das Markusevangelium ist zeitlich am wahrscheinlichsten zwischen den Eckdaten neronische Verfolgung (64 n. Chr.) und Zerstörung des Tempels (70 n.Chr.) anzusetzen.

Das Wort vom Niederreißen und Wiederaufbau des Tempels lautet Mk 14,58: „Ich werde diesen mit Händen gemachten Tempel niederreißen und in drei Tagen einen anderen bauen, der nicht mit Händen gemacht ist". Dieses Tempelwort wird nach dem Markusevangelium von Falschzeugen im Prozeß gegen Jesus vorgetragen, wobei abschließend betont wird, daß nicht einmal bei dieser Anklage die Zeugen gegen Jesus übereinstimmten (Mk 14,57-59). Es wird also im Markusevangelium derart nicht als Wort Jesu akzeptiert. Und das Tempelwort wird auch über das Markus- zum Matthäus- und Johannesevangelium je anders überliefert und über die Evangelien hinaus in der Verleumdung des Stephanus in der Apg, so daß in keiner Weise ein allenfalls jesuanischer Grundbestand gesichert rekonstruiert werden kann.[21] Das Urteil in der Fachliteratur ist dementsprechend kontrovers und reicht von der Qualifizierung als echtes Jesuswort über die Annahme einer Gemeindebildung bis zu der Bestimmung als Bildung der jüdischen Polemik.[22] Eine Entscheidung zwischen diesen Möglichkeiten ist für unsere Fragestellung nicht nötig, mit großer Wahrscheinlichkeit reicht das Tempelwort aber weit zurück in die Zeit vor 70 n.Chr., weil der Neubau des Tempels mindestens nicht in dem hier wohl anvisierten apokalyptischen Sinn erfolgt ist. Ob das Wort im Rahmen des Markusevangeliums wenigstens im zweiten Glied vom Neubau des Tempels auch einen metaphorischen Sinn hat, ist wegen der negativen Wertung als Falschzeugnis in 14,57.59 nicht gesichert. Vielleicht aber ist doch an die Bildung der christlichen Gemeinde aus allen Völkern aufgrund von Tod und Auferstehung Jesu zu denken, in welcher der endzeitliche Tempel durch das Wirken der Missionare in aller Welt bereits errichtet wird.[23]

Im Rückblick auf die Ausführungen zum Markusevangelium möchte ich festhalten: Die Zerstörung des Tempels wird von Jesus im kurzen Steinwort angesagt, sie ist aber noch nicht eingetreten, gehört vielmehr in den Bereich der echten Zukunftsaussagen der Endzeitrede Kap.13 und ist Teil jener Tage der höchsten Not, die unmittelbar in das Kommen des Menschensohnes münden. Der Tempel wird in jenen Tagen der höchsten Not, Drangsal und Erschütterung untergehen, in denen Himmel und Erde vergehen (Mk 13,31) und die noch bevorstehen. Eine ausdrückliche Schuldzuweisung an die Adresse Israels wird im Zusammenhang von Mk 13 nicht vorgenommen; im größeren Rahmen des Markusevangeliums haben die religiösen und politischen Führer des Volkes allerdings die Ordnung des Tempels durch den Handel im Tempelvorhof verkehrt (Mk 11,15-19) und sind in der Verurteilung Jesu zum Tod (Mk 14,53-65) schuldig geworden. Nirgends wird aber damit die Zerstörung des Tempels direkt begründet.

2. Tempelzerstörung im Matthäusevangelium

Im Matthäusevangelium wird das Steinwort Jesu über die Zerstörung des Tempels inhaltlich unverändert zur Par. Mk übernommen und lediglich durch eine Amen-Aussage beschwert (Mt 24,2).[24] Auch das Verwüstungswort lautet praktisch wörtlich gleich wie im Markusevangelium, der Greuel der Verwüstung wird lediglich durch den Verweis auf den Propheten Daniel atl. verortet und deutlicher an heiliger Stelle lokalisiert (Mt 24,15f).[25] Das Tempelwort ist demgegenüber im Vergleich zur Par. Mk deutlich verkürzt, und es ist allein von der Vollmacht Jesu zum Niederreißen und Aufbauen des Tempels die Rede („ich kann den Tempel Gottes niederreißen und in drei Tagen aufbauen"[Mt 26,61]).[26] Das derart entlastete Tempelwort wird hier auch nicht mehr ausdrücklich als Falschzeugnis abqualifiziert (Mt 26,60f). Kann man hier vermuten, daß bei der Umformung auch eine Perspektivenveränderung der Zeit nach der Tempelzerstörung eingewirkt habe, so ist das auf den ersten Blick bei den beiden Parallelen der apokalyptischen Rede nicht der Fall. Wie kann der Evangelist in der Zeit nach 70, in der er normalerweise angesetzt wird[27], diese und andere Aussagen der Endzeitrede Jesu aus Mk 13 praktisch wörtlich übernehmen? Er kann dies, weil er die Endzeitrede Mk 13 in seiner Gestaltung nach vorn und hinten zu einer weit umfangreicheren Rede von insgesamt drei Kapiteln erweitert. Dabei baut er weitere Überlieferungen ein, setzt durch ihre Einordnung und Redigierung neue Akzente und verändert Perspektiven (Mt 23-25).[28]

Hier kann ich nur auf wenige Elemente hinweisen, die für unsere Fragestellung von Bedeutung sind. Die Rede Jesu beginnt nach dem Matthäusevangelium mit einer harten Abrechnung gegen die Schriftgelehrten und Pharisäer (Mt 23). Nach dem siebenfachen Wehe über sie werden die Schriftgelehrten und Pharisäer auch mit der Schuld der Tötung von Boten Jesu belastet[29], womit sie die Tötung aller Gerechten seit Abel vollenden. Aber ihrer aller Blut wird über diese Generation kommen (Mt 23,34-36).[30] Darauf wird Jerusalem als Prophetenmörderin angeklagt, welche auch Jesu Werben um sie zurückgewiesen hat, weshalb ihr Haus, wohl der Tempel[31], leer zurückgelassen wird bis zum endzeitlichen Kommen des Gepriesenen (Mt 23,37-39).[32]

Mit diesen zwei Stücken aus dem Logiengut, wovon der Evangelist das zweite kaum verändert hat, hat er den Auszug Jesu aus dem Tempel, das Steinwort auf die Frage der Jünger und die daran anschließende Endzeitrede als Par. zu Mk 13 wirkungsvoll vorbereitet und bereits in neuer Perspektive wegweisend gedeutet, eine Sicht, die er nachher auch in relativ geringen Änderungen an der Mk-Vorgabe verdeutlichen wird.

Die Pharisäer und Schriftgelehrten haben sich in Verfolgung und Tötung der Boten Jesu am Blut der Gerechten verschuldet und dies alles (ταῦτα πάντα) wird über sie und die mit ihnen schuldige Generation hereinbrechen (Mt 23,36). Jerusalem hat die Propheten getötet und Jesus abgewiesen. Deshalb hat Gott bereits den Tempel verlassen, und auch Jesus verläßt ihn und sagt seine vollständige Zerstörung an (Mt 23,37-24,2; vgl. auch ταῦτα πάντα 24,2).[33] Seine Rede auf dem Ölberg vor den Jüngern insgesamt geht ebenfalls aus von der Frage, wann das (ταῦτα) sein werde, im weiteren aber interessiert besonders das Zeichen seiner Parusie und der Vollendung der Welt (Mt 24,3).[34]

Die Zerstörung des Tempels aber wird wohl unausgesprochen im ersten Teil der Antwort Jesu (Mt 24,4-8) vorausgesetzt, wo von Kriegen, Hungersnöten und Erdbeben die Rede ist und „alles dies" (πάντα δὲ ταῦτα) als Anfang der Wehen bezeichnet und vom Ende abgehoben wird (V.8).[35] Dann aber folgt zuerst die Zeit der Mission unter den Völkern mit den ihr eigenen Nöten und erst darauf das Ende (Mt 24,9-14; vgl. V.14fin: καὶ τότε ἥξει τὸ τέλος).[36] Die Tage der höchsten Not aber setzen auch mit dem Greuel der Verwüstung ein (Mt 24,15-28) und münden dann alsbald in das Kommen des Menschensohnes, das mit einem eigenen Zeichen am Himmel angezeigt wird (Mt 24,29-31).

Mit dem Greuel der Verwüstung dürfte, wie der ausdrückliche Hinweis auf Daniel anzeigt, am ehesten ein heidnischer Altar gemeint sein, der am Ort des bereits zerstörten Tempels errichtet werden wird (Mt 24,15).[37]

Wenn ich derart Mt 23,34-24,31 in den Grundzügen richtig verstehe, dann gehört die von Jesus angesagte Zerstörung des Tempels für den Endredaktor bereits der Vergangenheit an. Die Gegenwart ist nach der Zeit der Mission in Israel die Zeit der Mission unter den Völkern, und erst, wenn das Evangelium der Basileia in der ganzen Welt verkündet worden ist, kommt das Ende.

Die Zerstörung des Tempels aber hat als Gericht diese ungläubige Generation eingeholt, welche sich Jesus und seinen Boten widersetzt und sie verfolgt und getötet hat. Von diesem „Anfang der Wehen" (Mt 24,8) aber ist die Mission unter den Völkern abzuheben, nach der erst das Ende folgen wird (Mt 24,9-14).

Die Ablehnung der Propheten, Jesu und der christlichen Missionare nach Ostern in Israel wird im Matthäusevangelium auch in zwei Gleichnissen verarbeitet, die kurz vor unserer großen Rede stehen.[38] Als Folge dieser Ablehnung wird das Reich Gottes von Israel genommen und einem anderen Volk gegeben (Mt 21,43)[39] und der König schickt im Zorn seine Heere und zündet die Stadt der Mörder an (Mt 22,7).[40] Im Gleichnis vom königlichen Hochzeitsmahl folgt denn auch alsbald die Mission unter den Völkern, die sich aber als Erben des Reiches noch zu bewähren haben und gerade angesichts des Versagens Israels im Matthäusevangelium gewarnt werden.

Im Matthäusevangelium wird also der Standort nach der Zerstörung von Tempel und Stadt insgesamt deutlich genug. Beide werden als Strafe und Gericht Gottes an Israel gewertet, welches die Propheten, Jesus und die christlichen Missionare abgelehnt hat. Damit ist das Gericht über diese Generation ergangen und die Erben des Reiches aus Israel und den Völkern werden auf diesem Hintergrund nachhaltig ermahnt, daß sie jene Früchte erbringen, die sie im Endgericht vor dem Menschensohn bestehen lassen.

3. Die Zerstörung Jerusalems und des Tempels im Lukasevangelium

Wir befassen uns zuerst kurz mit zwei Stellen aus dem Sondergut des Lukasevangeliums, in denen Jesus den Untergang der Stadt ankündigt. Als Jesus sich beim Abstieg vom Ölberg Jerusalem nähert, weint er über die Stadt und sagt ihren zukünftigen Untergang an. Ihre Feinde werden einen Wall aufrichten, sie rings einschließen und von allen Seiten bedrängen, sie dem Erdboden gleichmachen und ihre Kinder umbringen, weil sie die Zeit ihrer Heimsuchung nicht erkannt hat (Lk 19,41-44). Die Aussage Jesu über die völlige Zerstörung Jerusalems hat für mehrere Einzelelemente atl. Aussagen zur Seite und sprengt nicht den Rahmen gängiger Vorstellungen der Belagerung einer Stadt mit den Kriegsmitteln von damals. Von daher gesehen kann die Aussage bei aller Nähe zur Eroberung der Stadt durch die Römer durchaus vor 70 entstanden sein, ja dies scheint mir sogar wahrscheinlicher, weil die Belagerung der Stadt nicht mit der *circumvallatio* begonnen hat.[41] Jesus sagt nach der Rahmenaussage die völlige Zerstörung Jerusalems an, weil die Stadt nicht erkannt hat, was ihr zum Frieden dient, die einmalige Zeit der gnadenhaften Heimsuchung nicht ergriffen hat (V.42a.44c).[42]

Auf dem Weg zum Kreuz wendet sich Jesus Frauen zu, die um ihn klagen und weinen. Er spricht sie als Töchter Jerusalems an und fordert sie auf, nicht über ihn, sondern über sich und ihre Kinder zu weinen, weil Tage kommen werden, an denen Unfruchtbare selig zu preisen sind (Lk 23,27-31).

Die Bewohner Jerusalems werden von Tagen höchster Not heimgesucht (V.30) und dabei, was indirekt zu erschließen ist, umkommen. Die Ansage reflektiert nirgends bestimmte Fakten der Eroberung von 70, sondern ist konkret auf die trauernden Frauen bezogen, die unter Aufnahme atl. Prophetenaussagen gewarnt werden.[43]

Diese Stelle gehört wie die zuvor besprochene zum Sondergut des Lukasevangeliums, das insgesamt einer Traditionsschicht oder Quelle aus der Zeit vor 70 zuzuschreiben ist.[44] Es spricht kaum etwas ernsthaft dagegen, daß beide Stellen des Lk-Sondergutes in der Substanz auf Jesus zurückreichen. Die beiden Aussagen ergänzen und bestätigen sich gegenseitig und werden inhaltlich auch durch das Steinwort von der Zerstörung des Tempels aus der Mk-Überlieferung bestärkt: Jesus selbst dürfte die Zerstörung von Stadt und Tempel angesagt haben.

Nun ist noch die Endzeitrede Lk 21,5-36, die Par. zu Mk 13, in gebotener Kürze anzusprechen. Auch an ihrem Ausgangspunkt steht das Steinwort über die völlige Zerstörung des Tempels (Lk 21,5f).[45] Die daran anschließende Ausgangsfrage bezieht sich auf den Zeitpunkt dieses Geschehens und auf das Zeichen dafür, das nun aber im Unterschied zur Par. Mk 13,4 nicht mit dem Endgeschehen verbunden wird (Lk 21,7).[46] Die öffentliche Rede Jesu im Tempelbezirk[47] hebt mit V.8 an und warnt zuerst vor Verführern, welche das Ende ankünden und denen die Hörer nicht folgen sollen. Auch Kriege und Aufstände bringen noch nicht gleich das Ende (21,8f).[48] 21,10f setzt die Rede nochmals neu ein.[49] Jetzt ist von Kriegen, schweren Erdbeben, Hungersnöten und Seuchen die Rede, von schrecklichen Dingen und großen Zeichen vom Himmel. Mit V.10f dürfte der Beginn des Endes bereits im Blick sein, was nachher in V.25-28 weitergeführt wird.[50]

Aber bevor dies alles geschieht, wird die Gemeinde verfolgt werden und durch ihre Ausdauer das Leben gewinnen (V.12-19).[51]

Und in diese Periode vor dem Ende gehört auch die Zerstörung Jerusalems und ihre Folgen (V.20-24). Im Unterschied zu Mk 13,14 ist das erfragte Zeichen nicht der Greuel der Verwüstung, sondern die Belagerung Jerusalems durch Heere. Daran können die Adressaten erkennen, daß die Verwüstung der Stadt nahe und die Flucht geboten ist (Lk 21,20f).[52] Diese Tage sind eine Zeit der Rache und Bestrafung (ἐκδίκησις), in denen alles Geschriebene in Erfüllung geht (V.22).[53] Eine schwere Not und der Zorn lastet auf diesem Volk (V.23b).[54] Viele werden umkommen, gefangen unter alle Völker verschleppt, und Jerusalem wird von den Völkern zertreten werden, bis die Zeiten der Völker erfüllt sind (V.24).[55]

Hat in der Par. des Mk mit dem Greuel der Verwüstung das Ende begonnen, das unmittelbar in das Kommen des Menschensohnes mündet, so beginnt hier mit der Belagerung Jerusalems die Zerstörung von Stadt und Tempel, die Verschleppung Gefangener unter die Völker und die Schändung der Stadt durch die Völker, die so lange währt wie ihre Herrschaft. Erst nach dieser Epoche der Unterdrückung Israels durch die Völker wird das Ende mit Zeichen am Himmel und auf der Erde anheben und der Menschensohn kommen (21,25-28).[56]

Diese grundlegende Veränderung gegenüber der Endzeitrede im Markusevangelium, welche die Zerstörung von Stadt und Tempel vom Ende abhebt und der Zwischenzeit der Herrschaft der Völker zuordnet, dürfte unter dem Einfluß der Eroberung durch die Römer vorgenommen worden sein. Auch wenn der Endverfasser allenfalls auch hier einzelne Aussagen unter Traditionsaufnahme gebildet hat[57], lassen sie doch insgesamt seine Stellung nach 70 n.Chr. erkennen. Außerdem wird hier die Zerstörung Jerusalems und des Tempels ausdrücklich als Bestrafung und Zorn Gottes gewertet und von einer Zeit der Not Israels unter heidnischer Herrschaft gesprochen (V.22-24).

4. Kurze Zusammenfassung und Wertung

Das Markusevangelium ist wahrscheinlich vor 70 n.Chr. entstanden. Die Zerstörung des Tempels liegt hier noch in der Zukunft, sie wird sich in den letzten Tagen der höchsten Not vor dem Kommen des Menschensohnes ereignen. Von einer Schuld Israels spricht das Markusevangelium in diesem Zusammenhang nicht.

Das Matthäusevangelium und das Lukasevangelium sind wahrscheinlich nach 70 n.Chr. entstanden, wodurch bei beiden eine bedeutende Verschiebung der Perspektive erfolgt ist. Sie blicken auf die Tempelzerstörung zurück und werten dieses Geschehen auch als Ausdruck der Strafe Gottes über sein Volk.[58] Im Matthäusevangelium wird dies nicht direkt im Zusammenhang mit der Tempelzerstörung ausgesagt, wohl aber deutlich durch die kompositionelle Integration und Erweiterung der Endzeitrede, im Lukasevangelium steht die Schuldzuweisung an Israel in direktem Zusammenhang mit der Zerstörung Jerusalems.

Diese schwerwiegende Belastung und Beschuldigung Israels in den Großevangelien ist aber nicht Ausdruck überheblicher Distanzierung von Israel, sondern des tiefen Schmerzes und der Verwundung der christlichen Gemeinde, daß Israel insgesamt Jesus als Messias nicht anerkannt hat. Im Matthäusevangelium wird Israels Verhalten überdies zur ernsten Warnung an die Adresse der christlichen Gemeinde. Im Lukasevangelium bleibt die Sympathie zum Tempel dennoch ungebrochen, und Jesu Trauer über die Zerstörung von Stadt und Tempel wird festgehalten.

Bei allen drei Synoptikern ist die Zeit zwischen der Auferstehung Jesu und dem Ende die Zeit der weltweiten Verkündigung des Evangeliums, für das Matthäusevangelium und Lukasevangelium wird dies besonders zur Kennzeichnung der Zeit nach der Zerstörung des Tempels. Damit ist der christlichen Verkündigung bis heute der Weg gewiesen. Sie hat nach der Zerstörung des Tempels das Evangelium zu verkünden, und diese Aufgabe ist so groß und bedeutend, daß sie auf jede Schuldzuweisung an Israel bezüglich der Zerstörung des Tempels verzichten kann. Wenn die christlichen Kirchen dies tun, stehen sie in Kontinuität mit den meisten ntl. Schriften[59] und erweisen auch Israel als Volk Gottes Achtung und Anerkennung.

[1] Vgl. dazu auch L. Gaston, No Stone on Another. Studies in the Significance of the Fall of Jerusalem in the Synoptic Gospels, Leiden 1970, 5: „There is no unambiguous reference to the fall of Jerusalem anyplace outside the gospels...". Gaston verweist ebd. A.2 bereits auf H. Windisch, Der Untergang Jerusalems (Anno 70) im Urteil der Christen und Juden, in: ThT 48(1914) 519-550, der S.525 schreibt: „Die Synoptiker sind die einzigen Schriften des NT, die uns das Urteil der Christen über den Untergang Jerusalems bezeugen..." (sic!).

[2] Es sind folgende drei Stellen: 1. Eine Ansage Jesu über die Zerstörung des Tempels: „Kein Stein wird (hier) auf dem anderen bleiben, der nicht zerstört werden wird" (Mk 13,2; Mt 24,2; Lk 21,6). Diese eingliedrige Aussage im Passiv bezeichne ich kurz als "Steinwort". 2. Ein Wort, das falsche Zeugen im Prozeß gegen Jesus vorbringen und das von Vorübergehenden beim Kreuz lästernd gegen ihn erhoben wird. Es lautet nach Mk 14,58: „Ich werde diesen mit Händen gemachten Tempel niederreißen und in drei Tagen einen anderen bauen, der nicht mit Händen gemacht ist" (vgl. Mk 15,29; Mt 26,61; 27,40; Joh 2,19; Apg 6,14). Dieses zweigliedrige Wort in der ersten Person bezeichne ich im folgenden kurz als „Tempelwort". Zur Unterscheidung zwischen Mk 13,2 und 14,58 vgl. J. Bihler, Die Stephanusgeschichte im Zusammenhang der Apostelgeschichte (MThS.H 16), München 1963, 14f; V.P. Howard, Das Ego Jesu in den synoptischen Evangelien. Untersuchungen zum Sprachgebrauch Jesu (MThSt 14), Marburg 1975, 137 mit A.3; Gaston, Stone (s. A.1) 66f. Sie ist von großer Bedeutung und darf nicht vorschnell eingeebnet werden, wie es leider seit R. Bultmann, Die Geschichte der synoptischen Tradition (FRLANT 29), Göttingen [8]1970, 126, nur zu oft geschehen ist. 3. Ein Wort über den „Greuel der Verwüstung" und die damit verbundene Aufforderung zur Flucht in die Berge im Rahmen der apokalyptischen Rede Jesu (Mk 13,14; Mt 24,15f; vgl. Lk 21,20f). Ich nenne es im folgenden vereinfachend und kurz „Verwüstungswort".

[3] Im Mt und Lk die Wehklage über Jerusalem Mt 23,37-39 par. Lk 13,34f aus der Logienquelle, auf die ich allerdings im 3. Teil zum Lk nicht weiter eingehe, da sie dort für das Verständnis der Endzeitrede Jesu nicht dasselbe Gewicht hat wie im Mt (vgl. Plazierung). Im Lk sind dann die beiden Ankündigungen der Zerstörung Jerusalems (19,41-44; 23,27-31), beide aus dem Sondergut, von großer Bedeutung.

[4] In den Anmerkungen wird wenigstens beispielhaft auf unterschiedliche Positionen hingewiesen. Dabei erhebe ich nicht den Anspruch, immer die wichtigsten Meinungen in ihren bedeutendsten Exponenten zu erfassen.

[5] Zum doppelten ποταπός vgl. W. Bauer, Griechisch-deutsches Wörterbuch zu den Schriften des Neuen Testaments und der frühchristlichen Literatur, hg. von K. u. B. Aland, Berlin [6]1988, 1392, der unter Verweis auf Mk 13,1a.b bemerkt, daß der Zusammenhang gelegentlich die Bedeutung „wie groß, wie mächtig" ergebe.

[6] Vgl. Bauer, Wb. 1047 (s. A.5): „οὐ μή ist die entschiedenste Form der verneinenden Aussage über Zukünftiges." Es wird im Logion gleich zweifach verwendet im Unter-

schied zu den par. Mt 24,2; Lk 21,6. Das angefügte ὃς οὐ μὴ καταλυθῇ steigert die erste Aussage wirkungsvoll und ist schwerlich sekundär, wie z.B. R. Pesch, Das Markusevangelium. 2 Bde. (HThK II), Freiburg 1976/1977, II 271, vermutet.

[7] Vgl. dazu J. Gnilka, Das Evangelium nach Markus. 2 Bde. (EKK 2), Zürich/Neukirchen-Vluyn 1978/1979, II 182 und Pesch, Mk II (s. A.6) 271: „Die Wendung λίθος ἐπὶ λίθον findet sich in keiner anderen Ankündigung der Tempelzerstörung (vgl. 1 Kön 9,7f; Mich 3,12; Jer 7,14; 26,6.9.18; JosBell VI, 301), sondern nur in einer Erinnerung an den Tempelbau, bei dem man 'Stein auf Stein legte' (Hag 2,16)“.

[8] Als echte Weissagung Jesu beurteilen das Logion Mk 13,2 z.B. Pesch, Mk II (s. A.6) 271f (abgesehen vom überschießenden Schluß in V.2c); M. Hengel, Entstehungszeit und Situation des Markusevangeliums, in: H. Cancik (Hg.), Markus-Philologie. Historische, literargeschichtliche und stilistische Untersuchungen zum zweiten Evangelium (WUNT 33), Tübingen 1984, 1-45, S.21-25; Gaston, Stone (s. A.1) 65 beurteilt dies 1970 noch als Meinung der meisten Fachleute. Als Gemeindebildung in Abhängigkeit von dem Faktum der Tempelzerstörung beurteilen das Wort z.B. Gnilka, Mk II (s. A.7) 184; N. Walter, Tempelzerstörung und synoptische Apokalypse, in: ZNW 57(1966)38-49, S.41f; G. Theißen, Lokalkolorit und Zeitgeschichte in den Evangelien. Ein Beitrag zur Geschichte der synoptischen Tradition (NTOA 8), Fribourg/Göttingen 1989, 206.271.

[9] Zum geschichtlichen Ablauf der Zerstörung des Tempels vgl. z.B. H. Schwier, Tempel und Tempelzerstörung. Untersuchungen zu den theologischen und ideologischen Faktoren im ersten jüdisch-römischen Krieg (66-74 n.Chr.) (NTOA 11), Fribourg/Göttingen 1989, 34-40; kurz unter Hinweis auf Bell 6,252f; 7,1-4 auch Gnilka, Mk II (s. A.7) 185.

[10] Die szenische Eröffnung in V.3 ist unter zwei Gesichtspunkten besonders bemerkenswert. 1. Die Frage wird nicht öffentlich oder von den Jüngern insgesamt gestellt, sondern von den vier Sonderjüngern Petrus, Jakobus, Johannes und Andreas, von denen die ersten drei im Mk eine große Bedeutung innerhalb des Kreises der Jünger und der Zwölf haben und auch andernorts bei besonderen Anlässen mit Jesus allein sind (vgl. 5,37-43; 9,2-13; 14,33-42). Die Antwort Jesu in der langen Endzeitrede, der einzigen großen und zusammenhängenden Rede Jesu im Mk, der die Gleichnisrede 4,1-34 nur bedingt zur Seite gestellt werden kann, richtet sich auch nur an diese vier Jünger und wird erst im letzten Vers im Aufruf zur Wachsamkeit auf alle hin geöffnet (13,37). Zur Bedeutung dieser Sonderjünger im Mk vgl. weiter P. Dschulnigg, Sprache, Redaktion und Intention des Markus-Evangeliums. Eigentümlichkeiten der Sprache des Markus-Evangeliums und ihre Bedeutung für die Redaktionskritik (SBB 11), Stuttgart [2]1986, 403-407. 2. Die Lokalisierung auf dem Ölberg gegenüber dem Tempel hat durchaus einen Modellcharakter. Er tritt in späteren Offenbarungsschriften deutlich hervor: „Belehrung durch ... Jesus auf einem Berg ... vor einem beschränkten Kreis von Jüngern ..“. (Pesch, Mk II [s. A.6] 274 [hier kursiv]). Hier dürfte sie aber primär mit Sach 14,4 zusammenhängen, wonach Gott auf dem Ölberg zum Gericht erscheint und zuvor von der Zerstörung Jerusalems (Sach 14,2) und danach vom Kommen Gottes mit allen Heiligen die Rede ist

178

(Sach 14,5). Mk 13 ist diesbezüglich analog zu Sach 14 konzipiert. Darüber hinaus bleibt zu beachten: „Dem Redaktor muß bekannt gewesen sein, daß man vom Ölberg aus einen einmaligen Blick auf den Tempelbezirk besitzt". (Gnilka, Mk II [s. A.7] 183). Hier ist literarisches Geschick mit Ortskenntnis verbunden. Die Seitenreferenten werden die szenische Eröffnung sukzessive abbauen: Mt 24,3 beläßt die Lokalisierung, aber die Jünger insgesamt stellen die Frage an Jesus; Lk 21,7 wird die Frage von einer unbestimmten Mehrzahl gestellt, und dies im Tempelbezirk selbst.

[11] Vgl. zur Doppelfrage der Jünger und ihrer Bedeutung besonders Pesch, Mk II (s. A.6) 275: „Die erste Frage zielt auf den Zeitpunkt (πότε vgl. V.3.35) 'dieses' Geschehens (ταῦτα), d.h. der V.2 geweissagten Tempelzerstörung, die mit der Endvollendung in Zusammenhang gebracht wird. Denn die zweite Frage erkundigt sich nach dem (bestimmten) 'Zeichen' (τὸ σημεῖον), dem Vorzeichen der Endvollendung: wann (ὅταν vgl. V.7.14.28f) dies alles (ταῦτα πάντα vgl. V.30) sich vollenden soll".

[12] In V.7f ist die doppelte aufschiebende Schlußbemerkung am Ende beider Verse bemerkenswert. Es handelt sich bei diesen Geschehen noch nicht um das Ende (ἀλλ' οὔπω τὸ τέλος), sondern erst um den Anfang der Wehen (ἀρχὴ ὠδίνων ταῦτα, V.8fin.).

[13] Am Schluß der Ausführungen über die Verfolgungen der christlichen Gemeinde (V.9-13) kommt das Ende (τέλος) erneut in den Blick (V.13fin.), hier aber anders als in V.7fin. ohne οὔπω, weil davon alsbald ab V.14ff gehandelt wird. 13,7 und 13 sind die beiden einzigen Stellen mit τέλος in Mk 13, im übrigen Mk vgl. noch 3,26.

[14] V.14 ist deutlich das erfragte Zeichen von V.4 im Blick, vgl. dazu auch z.B. Pesch, Mk II (s. A.6) 291; Gnilka, Mk II (s. A.7) 195.

[15] Nach τὸ βδέλυγμα (Neutrum) ist mit ἐστηκότα (männlich) *ad sensum* konstruiert, es ist wohl an eine Person zu denken: „der Satz ist so seltsam wie im Deutschen 'das Scheusal, der .... steht' (E. Schweizer, Das Evangelium nach Markus [NTD 1], Göttingen [14]1975, 149).

[16] An eine Entweihung des Tempels in Analogie zum Buch Daniel denken z.B. Pesch, Mk II (s. A.6) 291 (für die Vorlage des Mk); Theißen, Lokalkolorit (s. A.8) 167-172.272 (für Vorlage und Evangelist).

An das Auftreten des Antichristen (vgl. 2 Thess 2,3-12) denken z.B. E. Lohmeyer, Das Evangelium des Markus (KEK 1.2), Göttingen [17]1967, 271.275f; W. Grundmann, Das Evangelium nach Markus (ThHK 2), Berlin [3]1968, 266f; Gnilka, Mk II (s. A.7) 195f; W. Marxsen, Der Evangelist Markus. Studien zur Redaktionsgeschichte des Evangeliums (FRLANT 67), Göttingen [2]1959, 123; Hengel, Entstehungszeit (s. A.8) 27-31.38-43. Walter, Tempelzerstörung (s. A.8) 43 denkt auch an den Antichrist, will aber dessen Auftritt wegen des ὅπου οὐ δεῖ nicht am Tempel, sondern an irgendeinem geheimnisvollen Ort lokalisieren, was aber sehr unwahrscheinlich ist (vgl. auch 2 Thess 2,4).

[17] Beim Greuel der Verwüstung wird für eine angenommene apokalyptische Vorlage öfter an die Aufstellung eines Standbildes des Kaisers Caligula gedacht (entsprechend der Bedrohung um 40/41 n.Chr.), nicht aber für die Endgestalt des Mk.

Andere Vorschläge sind: Wahl eines neuen Hohenpriesters durch die Zeloten (vgl. Bell 4,155f), Erscheinen eines römischen Heeres unter Cestius Gallus auf dem Skoposberg 66 n.Chr. (vgl. Bell 2,527ff), heidnische Opfer der Römer im brennenden Tempel (vgl. Bell 6,316) sowie Zerstörung der Stadt und des Tempels. Vgl. zu den verschiedenen Vorschlägen z.B. Pesch, Mk II (s. A.6) 291f; R. Pesch, Naherwartungen. Tradition und Redaktion in Mk 13 (KBANT), Düsseldorf 1968, 139-144; Theißen, Lokalkolorit (s. A.8) 138 A.13; Schwier, Tempel (s. A.9) 358-360.

[18] Vgl. zu anderen Einwänden gegen die Identifizierung des „Greuels der Verwüstung" mit der Zerstörung des Tempels und Jerusalems (wie es z.B. vertreten wird von Pesch, Mk II [s. A.6] 292 [für Endverfasser]; D. Lührmann, Das Markusevangelium [HNT 3], Tübingen 1987, 221f) auch Theißen, Lokalkolorit (s. A.8) 138; Gnilka, Mk II (s. A.7) 195 A.11.

[19] Ab dem „Greuel der Verwüstung" (V.14) geht alles in den zeitlichen Bezügen „jener Tage" (vgl. V.17.19.20; dann V.24) der höchsten Not vor sich, die gar noch verkürzt werden um der Auserwählten willen (V.20). Das Endgeschehen geht unaufhaltsam und ohne die zeitlich aufschiebenden Aussagen von zuvor (vgl. V.7.8.10) auf das Kommen des Menschensohnes zur Befreiung der Auserwählten zu, das auch noch in das Zeitraster „jener Tage" (vgl. V.24) gehört.

[20] Für eine Datierung des Mk vor 70 n.Chr. treten z.B. ein:

Schweizer, Mk (s. A.15) 9; Grundmann, Mk (s. A.16) 19; Dschulnigg, Sprache (s. A.10) 582.619f.739 A.320.321; L. Schenke, Das Markusevangelium (Urban Taschenbücher 405), Stuttgart 1988, 35-39; Hengel, Entstehungszeit (s. A.8) 1-43; A. Wikenhauser/J. Schmid, Einleitung in das Neue Testament, Freiburg [6]1973, 220f, die ebd. 221 die Datierung kurz vor 70 als die vorherrschende Ansicht bezeichnen. Seit den siebziger Jahren aber hat ein deutlicher Umschwung zur Datierung des Mk kurz nach 70 stattgefunden, so z.B. die Kommentare von Pesch, Mk I (s. A.6) 14; Gnilka, Mk I (s. A.7) 34f; J. Ernst, Das Evangelium nach Markus (RNT) 1981, 22f; vorsichtig Lührmann, Mk (s. A.18) 6.217f.222; ausführlich Theißen, Lokalkolorit (s. A.8) 270-284.

[21] Zum Tempelwort Mk 14,58 sind die Fassungen Mk 15,29; Mt 26,61; 27,40; Joh 2,19 und Apg 6,14 zu vergleichen (siehe auch A.2). Howard, Ego (s. A.2) 136 A.3 vermerkt: „Fast alle Exegeten sind darüber einig, daß eine sichere Wiederherstellung des Wortlauts nicht mehr möglich ist".

[22] Für ein aus Mk 14,58 par. zu erschließendes echtes Jesuswort setzen sich z.B. ein: Lohmeyer, Mk (s. A.16) 326f; G. Schneider, Die Passion Jesu nach den drei älteren Evangelien (BiH 11), München 1973, 61f; G. Theißen, Die Tempelweissagung Jesu. Prophetie im Spannungsfeld von Stadt und Land, in: ders., Studien zur Soziologie des Urchristentums (WUNT 19), Tübingen 1979, 142-159, S. 144; Theißen, Lokalkolorit (s. A.8) 206f. Mit einer Gemeindebildung rechnen z.B. Gnilka, Mk II (s. A.7) 276.280; L. Schenke, Der gekreuzigte Christus. Versuch einer literarkritischen und traditionsge-schichtlichen Bestimmung der vormarkinischen Passionsgeschichte (SBS 69), Stuttgart

1974, 34-36 (nach Gnilka und Schenke ist das Tempelwort in Kreisen des hellenisti-schen Judenchristentums um Stephanus entstanden). Nach anderen liegt keine sekundäre Gemeindebildung, sondern „ein Stück jüdischer Polemik" vor, so Pesch, Mk II (s. A.6) 433 im Anschluß an Howard, Ego (s. A.2) 140f.

[23] Beim Neubau des Tempels denken viele an den geistigen Tempel der christlichen Ge-meinde, so z.B. Lohmeyer, Mk (s. A.16) 327; Schweizer, Mk (s. A.15) 180; Schenke, Christus (s. A.22) 34-36; D. Dormeyer, Die Passion Jesu als Verhaltensmodell. Literari-sche und theologische Analyse der Traditions- und Redaktionsgeschichte der Mar-kuspassion (NTA.NS 11), Münster 1974, 161.

[24] Zu kleineren sprachlichen Veränderungen von Mt 24,2 gegenüber Mk 13,2 vgl. z.B. J. Gnilka, Das Matthäusevangelium. 2 Bde. (HThK), Freiburg 1986/1988, II 311.

[25] Zu den erweiternden Veränderungen in Mt 24,15 gegenüber Mk 13,14a vgl. z.B. Gnil-ka, Mt II (s. A.24) 320. Dort findet sich auch die Bemerkung: „Er begreift den Greuel nicht mehr als Person wie Mk 13,15 (ἑστηκότα), sondern als Sache (ἑστός)." Die Stellenangabe Mk 13,15 im Zitat von Gnilka ist ein Schreibversehen, richtig ist Mk 13,14.

[26] Vgl. z.B. Gnilka, Mt II (s. A.24) 424 („Aus einer prophetischen ist eine Vollmachts-aussage geworden ...".) und A. Sand, Das Evangelium nach Matthäus (RNT), Regens-burg 1986, 541 (das Zeugenwort betrifft „... das messianische Selbstzeugnis Jesu, daß er souverän und überlegen über dem Tempel ... steht ...".).

[27] Die meisten Fachleute gehen von einer Entstehung des Mt nach 70 n.Chr. aus. Vgl. z.B. Gnilka, Mt II (s. A.24) 519f; U. Luz, Das Evangelium nach Matthäus. 2 Bde. (EKK 1), Zürich/Neukirchen-Vluyn 1985/1990, I 75f; W.G. Kümmel, Einleitung in das Neue Testament, Heidelberg [21]1983, 90. Demgegenüber problematisiert Sand, Mt (s. A.26) 33f (vgl. ders., Das Matthäus-Evangelium [EdF 275], Darmstadt 1991, 13-15) die weit-verbreitete Datierung nach der Tempelzerstörung und verlangt im Anschluß an J.A.T. Robinson, Wann entstand das Neue Testament?, Paderborn/Wuppertal 1986, eine er-neute und eingehende Untersuchung und Diskussion des Sachverhalts.

[28] Das Matthäusevanglium ist durch fünf große Redekompositionen geprägt, deren Schluß durch eine fast gleichlautende Abschlußformel herausgehoben wird (vgl. 7,28; 11,1; 13,53; 19,1; 26,1). Der Beginn der letzten Rede, der Endzeitrede, wird häufig bei 24,1 angesetzt (vgl. z.B. Sand, Mt [s. A.26] 451f.476f; Gnilka, Mt II [s. A.24] 309f).
Ich bevorzuge, die Pharisäerrede Kap. 23 und die eschatologische Rede Kap. 24f als eine zusammengehörende Rede zu werten (vgl. derart auch z.B. W. Grundmann, Das Evan-gelium nach Matthäus [ThHK 1], Berlin [2]1971, 480f.500; Luz, Mt I [s. A.27] 26). Von dieser umstrittenen Annahme hängen freilich die folgenden Ausführungen inhaltlich nicht ab. Sie gelten sachlich auch, wenn die Pharisäerrede Mt 23 kompositionell für sich zu betrachten ist, denn auf 23,39 folgt 24,1.

[29] Die Dreiergruppe der von Jesus gesandten Boten (Propheten, Weise, Schriftgelehrte) (V.34) meint christliche Missionare (vgl. Gnilka, Mt II [s. A.24] 300), nach Sand, Mt (s.

A.26) 473, „christliche Propheten, christliche Zeugen und christliche Schriftkundige" (vgl. auch A. Sand, Propheten, Weise und Schriftkundige in der Gemeinde des Matthäusevangeliums, in: J. Hainz [Hg.], Kirche im Werden. Studien zum Thema Amt und Gemeinde im Neuen Testament, München 1976, 167-184, S. 174-179).

[30] Zu Mt 23,34-36 vgl. z.B. Sand, Mt (s. A.26) 472-474; Gnilka, Mt II (s. A.24) 300-302.

[31] Je nach Zusammenhang kann Haus für Jerusalem, den Tempel oder ganz Israel stehen (vgl. dazu Sand, Mt [s. A.26] 475), und dementsprechend gehen die Meinungen zu V.38 auch auseinander (vgl. dazu auch Gnilka, Mt II [s. A.24] 303 mit A.34). Da in V.37 aber Jerusalem angesprochen wird und in V.38 Haus im Singular steht (ὁ οἶκος ὑμῶν), legt der Zusammenhang hier die Bedeutung Tempel nahe (vgl. auch O.H. Steck, Israel und das gewaltsame Geschick der Propheten. Untersuchungen zur Überlieferung des deuteronomistischen Geschichtsbildes im Alten Testament, Spätjudentum und Urchristentum [WMANT 23], Neukirchen-Vluyn 1967, 293). Dafür spricht auch der weisheitliche Hintergrund von V.37-39. Die Weisheit Gottes hat ihren Aufenthalt im Zentrum Jerusalems (vgl. Sir 24,10f), dem Tempel, verlassen, weil sie in ihrem letzten Boten abgewiesen worden ist. Vgl. dazu weiter auch P. Dschulnigg, Rabbinische Gleichnisse und das Neue Testament. Die Gleichnisse der PesK im Vergleich mit den Gleichnissen Jesu und dem Neuen Testament (JeC 12), Bern 1988, 276f. 278 A.11. 515f.517 A.12.

[32] Zu Mt 23,37-39 vgl. z.B. Sand, Mt (s. A.26) 474-476; Gnilka, Mt II (s. A.24) 302-305.

[33] Vgl. zum Zusammenhang von Mt 23,34-39 und 24,1f weiter auch E. Schweizer, Das Evangelium nach Matthäus (NTD 2), Göttingen [13]1973, 292f; R. Hummel, Die Auseinandersetzung zwischen Kirche und Judentum im Matthäusevangelium (BEvTh 33), München 1963, 88f; Steck, Israel (s. A.31) 292f; Dschulnigg, Gleichnisse (s. A.31) 276.

Die das Jesus-Wort Mt 24,2 eröffnende Frage οὐ βλέπετε ταῦτα πάντα ist wohl doppeldeutig und bezieht sich zunächst auf die Gesamtanlage des Tempels (so Gnilka, Mt II [s. A.24] 311f). Hintergründig aber kann mit dem auffallenden ταῦτα πάντα (anders par. Mk 13,2) auf Mt 23,36 zurückverwiesen werden. Dann werden die Jünger danach gefragt, ob sie das alles, was in Mt 23 gesagt worden ist, nicht verstehen, nämlich daß dieser Tempel noch in dieser Generation zugrunde geht. Zu dieser zweiten Verstehensmöglichkeit der Aussage vgl. ausführlich Hummel, ebd. 86.

[34] Vgl. dazu Gnilka, Mt II (s. A.24) 311: „Mit den Begriffen παρουσία υνδ συντελεία τοῦ αἰῶνος greift Mt termini technici auf, mit denen er die Fragestellung offenkundig zu präzisieren beabsichtigt. Beide Begriffe verwendet er als einziger unter den Evangelisten auch sonst, davon παρουσία nur in der Endzeitrede (24,27.37.39)".

[35] Auch nach Theißen, Lokalkolorit (s. A.8) 286.287 A.87 handelt Mt 24,6-8 vom jüdischen Krieg; Grundmann, Mt (s. A.28) 502f scheint bei Mt 24,4-8 insgesamt an diese Zeit zu denken. Das abschließende πάντα δὲ ταῦτα 24,8 (vgl. 23,36; 24,2) scheint die Zerstörung des Tempels und der Stadt noch nicht zum Ende (24,6), sondern zum Anfang der Wehen (24,8) zu rechnen, denen die Mission unter den Völkern noch folgt (24,9-14), worauf erst das Ende kommen wird (24,14fin.). Vgl. auch das Urteil von J. Wellhausen,

Das Evangelium Matthaei, Berlin [2]1914, 118: „Die Grenze scheint in 24,9-14 über die Zerstörung Jerusalems (24,15 ss.) tatsächlich schon hinausgerückt zu sein". Wellhausen muß allerdings gefragt werden, ob er mit 24,15ff die Zerstörung Jerusalems sachlich richtig ansetzt.

[36] 24,9-14 sind durch doppeltes τότε (V.9.10) markant von 24,4-8 abgesetzt, und in den Rahmenversen ist betont je von „allen Völkern" die Rede (V.9.14), was in V.14 noch durch die Verkündigung dieses Evangeliums vom Reich ἐν ὅλῃ τῇ οἰκουμένῃ verstärkt wird. Die Sicht des Mt wird darin besonders deutlich, daß die entsprechenden Parallelaussagen von Mk 13,9-13 in die Aussendungsrede an Israel integriert sind (Mt 10,17-21). Derart ist die Verfolgung der Gemeinde durch die Synagoge bereits einer früheren Zeit zugeordnet, während nun „... vom Geschick der Gemeinde in der Ökumene gesprochen wird (V.9 und V.14)" (Grundmann, Mt [s. A.28] 502).

[37] Vgl. ähnlich Sand, Mt (s. A.26) 484. Der „Greuel der Verwüstung" (Mt 24,15) ist ein noch ausstehendes, zukünftiges Zeichen und kann sich nicht auf die Zerstörung Jerusalems oder des Tempels beziehen (vgl. auch Gnilka, Mt II [s. A.24] 322; Theißen, Lokalkolorit [s. A.8] 288 A.91), die wohl bereits der Vergangenheit zugehören. Eine Beziehung auf den Antichristen, die bei der par. Mk 13,14 möglich ist (vgl. A.16), legt sich im Matthäusevanglium nicht nahe, da hier das maskuline ἑστηκότα von Mk 13,14 zutreffend zu τὸ βδέλυγμα neutrisch ἑστός gefaßt ist und außerdem ein ausdrücklicher Verweis auf Daniel hinzugefügt wird. Vielleicht weist auch „an heiliger Stätte" anstelle von „am Tempel" (LXX Dan 9,27) darauf hin, daß der Tempel bereits zerstört ist (vgl. Walter, Tempelzerstörung [s. A.8] 48).

[38] Angesprochen ist das Gleichnis von den bösen Winzern (Mt 21,33-43[44]) und das unmittelbar daran anschließende Gleichnis vom königlichen Hochzeitsmahl (Mt 22,1-10[14]).

[39] Mt 21,43 hat keine par. in der Fassung des Gleichnisses von den bösen Winzern Mk 12,1-11 und Lk 20,9-18. Zum Gleichnis Mt 21,33-43[44] und V.43 vgl. z.B. Dschulnigg, Gleichnisse (s. A.31) 55f.59 A.19-22 (mit weiterer Lit.). 331f.

[40] Mt 22,7 hat keine par. in der Fassung des Gleichnisses vom großen Gastmahl Lk 14,15-24. Zum Gleichnis Mt 22,1-10[14] und V.7 vgl. z.B. Dschulnigg, Gleichnisse (s. A.31) 102f.104-106 A.9-14 (mit weiterer Lit.).108 u.ö. (s. Stellenregister S. 647). V.7 wird immer wieder als wichtiges Indiz für eine Entstehung des Matthäusevangliums nach 70 n.Chr. gewertet, weil darin die Zerstörung Jerusalems im Gleichnis reflektiert werde. Dieser breite Konsens hat aber auch Widerspruch gefunden, so insbesondere durch K.H. Rengstorf, Die Stadt der Mörder (Mt 22,7), in: Judentum, Urchristentum, Kirche (FS J. Jeremias) (BZNW 26), hg. V.W. Eltester, Berlin [2]1964, 106-129, der mit zahlreichen Belegen auf einen verbreiteten Topos in V.7 hinweist und den Bezug auf das Jahr 70 ablehnt (vgl. ähnlich auch Sand, Matthäus [s. A.27] 14f; R.H. Gundry, Matthew. A Commentary of His Literary and Theological Art, Grand Rapids 1983, 436f). Man wird diesen Einsprüchen gegenüber zugestehen, daß die Fassung von V.7 für sich ge-

nommen keinen gesicherten Rückschluß auf die Zerstörung Jerusalems erlaubt, dies ergibt sich erst mit einiger Wahrscheinlichkeit im Kontext des Gleichnisses vom königlichen Hochzeitsmahl, das deutlich genug die vergangene Heilsgeschichte bis zu diesem kritischen Punkt reflektiert, und im Kontext des Matthäusevangliums überhaupt mit dessen Umarbeitung der letzten Rede Mt 23-25. Mit einer Anspielung auf die Zerstörung Jerusalems in V.7 rechnen denn auch z.B. Grundmann, Mt (s. A.28) 466f.469; Schweizer, Mt (s. A.33) 273; Gnilka, Mt II (s. A.24) 239f; J. Jeremias, Die Gleichnisse Jesu, Göttingen [9]1977, 66; H. Weder, Die Gleichnisse Jesu als Metaphern. Traditions- und redaktionsgeschichtliche Analysen und Interpretationen (FRLANT 120), Göttingen [3]1984, 181 A.71; D. Flusser, Die rabbinischen Gleichnisse und der Gleichniserzähler Jesus. 1. Teil: Das Wesen der Gleichnisse (JeC 4), Bern 1981, 124f; Theißen, Lokalkolorit (s. A.8) 285.

[41] Bultmann, Geschichte (s. A.2) 37.130 denkt zwar an ein vaticinium ex eventu. Andere halten dieses Urteil für fraglich, so z.B. G. Schneider, Das Evangelium nach Lukas. 2 Bde. (ÖTK 3), Gütersloh/Würzburg 1977, 388f; W. Grundmann, Das Evangelium nach Lukas (ThHK 3), Berlin [10]1984, 368f, ohne sich aber eindeutig zu entscheiden. Mit W. Wiefel, Das Evangelium nach Lukas (ThHK 3), Berlin 1988, 335 (vgl. auch G. Petzke, Das Sondergut des Evangeliums nach Lukas [Zürcher Werkkommentare zur Bibel], Zürich 1990, 173f; F. Flückiger, Luk. 21,20-24 und die Zerstörung Jerusalems, in: ThZ 28[1972]385-390, S. 388) denke ich aber, daß die Unbestimmtheit der Vorhersage gegen die Annahme eines vaticinium ex eventu spricht. Sie enthält das, was über die Belagerung und Eroberung einer antiken Stadt zu erwarten ist und ist im übrigen auch von atl. Aussagen her gestaltet (vgl. Jes 29,3; Ez 4,2; Hos 14,1; Nah 3,10; Ps 137,9) (vgl. dazu J. Schmid, Das Evangelium nach Lukas [RNT 3], Regensburg [4]1960, 294). Zur Belagerung und Eroberung Jerusalems im Jahre 70 vgl. z.B. Schwier, Tempel (s. A.9) 27-40.

[42] Vgl. dazu Dschulnigg, Gleichnisse (s. A.31) 320 A.21.

[43] Lk 23,27-31 wird auch von Bultmann, Geschichte (s. A.2) 37 als altes Apophthegma mit aramäischer Vorlage gewertet. Grundmann, Lk (s. A.41) 428 urteilt: „Das ganze Stück weist unverkennbar aramäische Stilbildung auf. Seinen Ursprung hat es in einem geschichtlichen Tatbestand". Schneider, Lk (s. A.41) 480 rechnet mit der Bildung des Apophthegmas auf der Grundlage eines Jesuswortes in V.28f.[30f]. Zum atl. Hintergrund vgl. Sach 12,10-14; Hld 1,5; Jer 9,19f; Jes 54,1; Hos 10,8; Spr 11,31.

[44] Vgl. dazu auch Wiefel, Lk (s. A.41) 16, der als Konsens der beiden Versuche zum lukanischen Sondergut von A. Schlatter, Das Evangelium des Lukas. Aus seinen Quellen erklärt, Stuttgart [2]1960 und E. Hirsch, Frühgeschichte des Evangeliums. Zweites Buch: Die Vorlagen des Lukas und das Sondergut des Matthäus, Tübingen 1941 resümiert, daß sie die Entstehung des Sondergutes des Lk in die Zeit vor 70 ansetzen und dieses aus dem palästinischen Judenchristentum herleiten.

[45] Zu den Besonderheiten von Lk 21,5f gegenüber der par. Mk 13,1f vgl. z.B. Schneider, Lk (s. A.41) 416; Wiefel, Lk (s. A.41) 348f. Besonders bemerkenswert sind: die Lokali-

sierung der Anfrage im Tempelbereich, die Äußerung der Anfrage durch unbestimmte „einige" (V.5), die Verkürzung der Antwort Jesu V.6 am Beginn bei Zufügung der im Lukasevangelium beliebten Einleitungsformel ἐλεύσονται ἡμέραι (5,35; 17,22; [19,43]; 23,29) (vgl. Wiefel, ebd. 349).

[46] Zu den Besonderheiten von Lk 21,7 gegenüber der par. Mk 13,3f vgl. z.B. Schneider, Lk (s. A.41) 417f; Wiefel, Lk (s. A.41) 348f. Zu beachten sind insbesondere folgende Veränderungen: die Fragesteller werden nicht näher bestimmt, die Frage wird im Tempelbereich gestellt, es wird nur nach dem Geschehen der Tempelzerstörung und den ihr vorausgehenden Vorzeichen gefragt. Im Unterschied zur par. Mk 13,4 wird das Geschick des Tempels und Jerusalems „.... aus dem unmittelbaren eschatologischen Zusammenhang gelöst und zu einem innergeschichtlichen Vorgang gemacht" (Wiefel, ebd. 349 unter Hinweis auf H. Conzelmann, Die Mitte der Zeit. Studien zur Theologie des Lukas [BHTh 17], Tübingen [5]1964, 117).

[47] Im Unterschied zur Mk par. geht die Ausgangsfrage nicht von einem Jünger aus (Mk 13,1) und die Rede selbst hat als Adressaten nicht einen esoterischen engen Jüngerkreis (Mk 13,3), sondern sie ist öffentlich. Ort der Rede ist anders als Mk 13,3 par. Mt 24,3 nicht der Ölberg, sondern der Tempelbezirk (vgl. dazu auch Schneider, Lk [s. A.41] 418). Derart wird aus der apokalyptischen Geheimlehre (Mk 13) eine Belehrung über innergeschichtliche Ereignisse, die in das Endgeschehen einmünden.

[48] Zu den Besonderheiten von Lk 21,8f gegenüber Mk 13,5-7 vgl. z.B. Schneider, Lk (s. A.41) 418; Wiefel, Lk (s. A.41) 349. Sie heben mit Recht hervor, daß die Verführer gerade in ihrer gespannten Naherwartung zurückgewiesen werden. Lk 21,9 spricht zudem deutlicher von ἀκαταστασίαι, wobei damit wohl Vorgänge im Imperium Romanum von 68-70 gemeint sein können (so Wiefel, ebd. 349 A.1; Theißen, Lokalkolorit [s. A.8] 290), also direkt aus dem Umfeld des Jüdischen Krieges, wenn nicht dieser selbst als Aufstand gegen Rom mitanvisiert ist (vgl. so auch G. Harder, Das eschatologische Geschichtsbild der sogenannten kleinen Apokalypse Markus 13, in: ThViat 4[1952]71-107, S.76).

[49] Nach der ersten Redeeinleitung mit ὁ δὲ εἶπεν (V.8) setzt V.10 neu ein mit τότε ἔλεγεν αὐτοῖς.

[50] Vgl. dazu Schneider, Lk (s. A.41) 417: „Da Lukas (im Unterschied zu Mk) die Ereignisse der V.10f. (Mk 13,8) als Endereignisse von den übrigen abhebt, unterscheidet er sie deutlich von allen 'zeitgeschichtlichen' Geschehnissen". Weiter auch Wiefel, Lk (s. A.41) 350, der bemerkt, daß die erweiterte Reihe V.11 über das bereits Eingetretene hinausgreift und an das Endgeschehen heranführt (vgl. V.11fin. mit V.25: σημεῖα; sowie E. Schweizer, Das Evangelium nach Lukas (NTD 3), Göttingen [18]1982, 208f. Ein anderes Verständnis der V.10f legt Theißen, Lokalkolorit (s. A.8) 290-292 vor.

[51] Die V.12-19(24) werden durch das einführende πρὸ δὲ τούτων πάντων deutlich vom beginnenden Endgeschehen von V.10f abgehoben und diesem zeitlich vorgeordnet. Vgl. dazu Schneider, Lk (s. A.41) 420; Wiefel, Lk (s. A.41) 350; Schweizer, Lk 209.

[52] V.20f ist die Antwort auf das erfragte Zeichen des Beginns der Tempelzerstörung (V.7). Es ist nicht der rätselhafte apokalyptische „Greuel der Verwüstung" (Mk 13,14), sondern die handgreifliche Belagerung der Stadt durch Heere, welche die Verwüstung der Stadt verursachen werden (vgl. auch W. Radl, Das Lukas-Evangelium [EdF 261], Darmstadt 1988, 130). „Was bei Markus in mysteriöses apokalyptisches Halbdunkel getaucht ist, wird hier unter dem Eindruck der vollzogenen Geschehnisse umgestaltet. Der Schluß (V.24) zeigt, wie deutlich diese von den eigentlichen Endereignissen abgesetzt werden." (Wiefel, Lk [s. A.41] 352). Zu weiteren Anpassungen der Verheißungen in V.20-24 an den faktischen Verlauf der Geschehnisse im Jahre 70 vgl. Schneider, Lk (s. A.41) 423f; Schweizer, Lk (s. A.50) 210f; J.A. Fitzmyer, The Gospel According to Luke. 2 Bde. (AncB 28), Garden City N.Y. 1981/1985, II 1343; Conzelmann, Mitte (s. A.46) 126f; Theißen, Lokalkolorit (s. A.8) 292f. Diese sprechen gegen Flückiger, Zerstörung (s. A.41) 387-390, welcher meint, daß das historische Ereignis in Lk 21,20-24 keinen Niederschlag gefunden habe, hier vielmehr Mk 13,14-18 allein aufgrund atl. Prophetenworte interpretiert werde.

[53] Es sind die Tage des Gerichts Gottes über die Stadt, wie es die heiligen Schriften angesagt haben (vgl. Jer 5,29; Ez 9,1; Hos 9,7; Mi 3,12). „Es geht um eine geschichtliche Erfüllung prophetischer Gerichtsankündigung. Der Ausdruck ἡμέραι ἐκδικήσεως (Deut. 32,35 LXX) betont den strafenden Charakter." (Wiefel, Lk [s. A.41] 352; vgl. auch Schneider, Lk [s. A.41] 423).

[54] Das Zorngericht (ὀργή) ergeht über das Gottesvolk (λαός) (vgl. auch Wiefel, Lk [A.41] 352f).

[55] Das Strafgericht über das Gottesvolk beendet die Geschichte nicht. „Vielmehr müssen vor der Parusie (vgl. VV 25-28) noch 'die Zeiten der Heiden erfüllt werden' (V 24c). Wann das geschieht, läßt der Text offen. Nach dem Kontext ist mit den 'Zeiten der Heidenvölker' nicht die Zeit der Völkermission gemeint ..., sondern die Herrschaft der Heiden über Jerusalem und das Judenland"(Schneider, Lk [s. A.41] 424). Zu Lk 21,24 verweist, C. Thoma, Die Weltanschauung des Josephus Flavius. Dargestellt anhand seiner Schilderung des jüdischen Aufstandes gegen Rom (66-73 n.Chr.), in: Kairos NF 11 (1969)39-52, S.49 auf eine entfernt vergleichbare Aussage des Josephus Flavius in Bell 5,19.

[56] Die V.25-28 nehmen die endzeitlichen Ereignisse im engen Sinn von V.10f auf und führen sie zum Ziel im Kommen des Menschensohnes, welches die Erlösung der Glaubenden bedeutet (V.27f). Sie sind von den Geschichtsereignissen zuvor (V.12-24) besonders durch den Anfang (V.12: πρὸ δὲ τούτων πάντων) und den Schluß (V.24: ἄχρι οὗ πληρωθῶσιν καιροὶ ἐθνῶν) abgehoben, worauf V.25 fast übergangslos durch das unbestimmte, aber zeitlich keinen direkten Bezug herstellende (anders par. Mk 13,24) καὶ ἔσονται einsetzen kann (vgl. auch Schmid, Lk [A.41] 312f; Schneider, Lk [s. A.41] 427; Wiefel, Lk [s. A.41] 353).

[57] Lk 21,20-24 ist schwerlich allein freie redaktionelle Bearbeitung der Markusparallele,

sondern eher unter Verwertung einer zusätzlichen Tradition und deren Verbindung mit der Markusparallele vom Endverfasser redaktionell bearbeitet; vgl. dazu I.H. Marshall, The Gospel of Luke (NIGTC 3), Grand Rapids 1978, 770-774; Schweizer, Lk (s. A.50) 208.210f; anders Schneider, Lk (s. A.41) 422-424; J. Ernst, Das Evangelium nach Lukas (RNT), Regensburg 1977, 560-563.

[58] Auch in den jüdischen Apokalypsen IV Esr und syrBar wird die Katastrophe des Untergangs Jerusalems und der Tempelzerstörung im Rückblick in den Zusammenhang von menschlicher Schuld und göttlicher Strafe gestellt; vgl. dazu C. Thoma, Jüdische Apokalyptik am Ende des ersten nachchristlichen Jahrhunderts. Religionsgeschichtliche Bemerkungen zur syrischen Baruchapokalypse und zum vierten Esrabuch, in: Kairos NF 11(1969)134-144, S.140. Das rabbinische Judentum kann im Rückblick auf die Tempelzerstörung auch von Vergehen und Schuld in Israel sprechen, so z.b. von Götzendienst, Unzucht, Blutvergießen; Feindschaft, Haß gegen den Nächsten, Vernachlässigung der Tora und des Tempelkultes u.a. Vgl. dazu C. Thoma, Auswirkungen des jüdischen Krieges gegen Rom (66-70/73 n.Chr.) auf das rabbinische Judentum, in: BZ NF 12(1968)30-54.186-210, S. 46-54.

[59] Es fällt auf, daß die Zerstörung des Tempels im NT über die Synoptiker hinaus nur an wenigen Stellen angesprochen wird (vgl. noch Joh 2,19; Apg 6,13f; [Offb 11,1f]) und daß eine Schuldzuweisung an Israel in diesem Zusammenhang nur im Matthäusevanglium und im Lukasevangelium vorgenommen wird. Dies ist bei sonst vorhandenen antijüdischen Tendenzen vieler ntl. Schriften eine höchst beachtliche Zurückhaltung, die dann besonders ins Gewicht fällt, wenn viele ntl. Schriften nach 70 entstanden sind.

Jacob Neusner und Clemens Thoma

DIE PHARISÄER VOR UND NACH DER TEMPELZERSTÖRUNG DES JAHRES 70 N.CHR.

Die Zerstörung des Jerusalemer Tempels im Jahre 70 n.Chr. erschütterte alle jüdischen Gruppen und veränderte darüber hinaus nicht nur das siegreiche Reich der Römer, sondern auch das damals noch unbedeutende (Juden-)Christentum. Die Pharisäer sind jene jüdische Gruppe, an denen paradigmatisch gezeigt werden kann, welche Erschütterung und Umbrüche geistig-religiöser Art damals ins Haus standen. Die Tempelzerstörung kann als eine Art symbolisches Kürzel für den ganzen ersten jüdischen Krieg gegen Rom (66-73n.) genommen werden. Gerade weil die Pharisäer als Gruppe von der Tempelzerstörung weniger stark als etwa die Priester betroffen worden sind, vermitteln ihre Krisen in den letzten Jahren des Tempelbestandes und ihr Neuanfang in tempelloser Zeit Einsichten in die Ausmaße von geistiger Zerstörung und von anfänglichen Restitutionsversuchen. Es genügt aber nicht, die Pharisäer nur in den Jahren des ersten jüdischen Krieges und in der Javnezeit auszuleuchten. Vielmehr muß die ganze Geschichte des Pharisäismus auf die Waage gelegt werden. Nur so besteht Aussicht, daß das Wendeereignis der Zerstörung des Zweiten Jerusalemer Tempels im Jahre 70 n. voll gewürdigt werden kann.

1. Quellen und Ansatzpunkte

In drei Schrifttümern kommen die Pharisäer vor: in Vita, Bell und Ant des Josephus Flavius, im Neuen Testament (Evangelien, Apostelgeschichte und Paulus) und im rabbinischen (besonders tannaitischen) Schrifttum. Die wissenschaftliche Forschung hat sich strikte auf diese drei Schrifttümer zu beschränken. Sie sind kompositionskritisch zu analysieren, damit dann mit Hilfe einer „Hermeneutik der Beziehung" bzw. eines „comparative approach" historische Aussagen über die Pharisäer gemacht werden können. Besonders seit den umfassenden Initiativen von Jacob Neusner[1], E. Rivkin[2], Steve Mason[3] und andern ist dies klar geworden. Versuche, die Fastenrolle, das Jubiläenbuch, die Qumranschriften (bes. 1QpHab und 4QpNah), die Testamentliteratur, Henochtraditionen, das 7. Kapitel von 2Makk, die Psalmen Salomos etc. teilweise auf die Pharisäer zu beziehen, haben zu hypertrophen Pharisäerspekulationen statt zu historisch vertretbaren Thesen geführt. Aber auch die drei Hauptquellen – Josephus, Mischna-Tosefta-Talmude-Midraschwerke und Neues Testament – berichten nur *über* die Pharisäer, sie stammen nicht *von* Pharisäern. Diese kommen nur in wenigen Abschnitten als Hauptakteure vor. Bei Josephus muß nach den speziellen Intentionen gefragt werden, die ihn zur Abfassung von Bell (ca. 75-80 n.), Ant und Vita (beide in den 90er Jahren des 1. Jhs.n.) bewogen haben. Im rabbinischen Schrifttum ist vor allem die Mischna (ca. 200 n.) nach historisch verläßlichen pharisäischen Traditionen und Elementen zu befragen, jedoch erst, nachdem die literarische Sonderform der entsprechenden Texte erkannt ist. Von wenigen vermuteten Ausnahmen im Neuen Testament abgesehen, haben wir nur Nachrichten über die Pharisäer aus solchen Werken, die nach der Tempelzerstörung des Jahres 70 n. in der Endgestalt verfaßt worden sind und deren redaktionelle Tendenzen nicht auf eine (nur) geschichtliche Würdigung der Pharisäer ausgerichtet sind. Als besonders sperrig gegen eine historische Erforschung erweist sich das rabbinische Schrifttum. Jacob Neusner verfaßte 1971 sein dreibändiges formkritisches Werk über die Pharisäer vor 70 n. Er war sich dabei bewußt, daß damit die Geschichte der Pharisäer nicht rekonstruiert werden kann. Er wollte nur „the shape and structure of some rabbinic Traditions" aufzeigen und so „a small part of the information historians require for further consideration of the history of pre-70 Pharisaic Judaism in its historical setting" bereitstellen.[4] Die Rabbinen fragten, ähnlich wie Josephus und das Neue Testament danach, welche Bedeutung die Tempelzerstörung für ihre Gruppe hatte, und wie sie an der Geschichte vor 70 n. anknüpfen könnten. Für sie war dabei – weitgehend im Gegensatz zu Josephus und dem Neuen Testament – wichtig, daß die Kontinuität von Tora und Bund durch die Tempelzerstörung nicht gestört oder gar zerstört worden war. In den Pharisäern konnten sie daher teilweise ihre geistigen Vorfahren sehen, die ihren Traditionen und Auffassungen eine Kontinuität bis in die frühjüdische Vergangenheit zurück verliehen. Dies darf aber nicht zu Auswüchsen in der Interpretation führen. Bis in die 70er und

80er Jahre unseres Jahrhunderts hinein wurden die Pharisäer überwiegend als jene jüdische Bewegung aufgefaßt, die das Weiterleben des Judentums im Rabbinismus und damit auch in allen späteren Formen wesentlich ermöglicht und bestimmt hat. Der Begriff „pharisäisch-rabbinisches Judentum" tauchte und taucht überall (besonders in neutestamentlich-exegetischen Werken) auf. Die pharisäische Geisteshaltung wurde ziemlich wahllos von Aussprüchen bestimmter Rabbinen des 2.-5. Jhs.n. abgeleitet. Wegen der Vermischung von derlei Ableitungen mit nicht wissenschaftlichen Motiven forderte Morton Smith im Jahre 1956[5], zur Vermeidung von Pharisäerideologien müsse ernst damit gemacht werden, daß es im 1. Jh.n. ein vielfältiges Judentum gegeben habe; die Pharisäer seien nur *eine* der vielen Sekten gewesen, wenn auch eine ziemlich einflußreiche; auf keinen Fall könnten sie als eine Art normatives Judentum betrachtet werden; ihr Einfluß auf Politik und Religion sei beschränkt gewesen; Josephus habe die Pharisäer teilweise verfälscht und auch die Rabbinen seien zugunsten der Pharisäer voreingenommen gewesen. Trotz des enormen Einsatzes des Smith Schülers Neusner meinte D. Goodblatt[6] im Jahre 1989 resignierend feststellen zu müssen, die Fragen, welchen politisch-religiösen Rang die Pharisäer im 1. Jh. nun wirklich gehabt hätten und welchen Entwicklungen sie im Verlaufe der Zeit unterworfen gewesen seien, hätten bis heute nicht geklärt werden können.

2. Begriffe, Namen und Vorstellungen

Der Ausdruck „die Pharisäer" ist eine Anpassung des griech. *hoi Pharisaioi,* das seinerseits eine Adaption des aram. *perisha'ya* bzw. des hebr. *hap-perûshîm* /*perîshin* ist. *Parash* bedeutet sich absondern, fernhalten, enthaltsam sein. Soweit die Nominalform die frühjüdische pharisäische Sondergruppe wiedergibt (dies ist nicht immer der Fall!), entsteht die Frage, ob positive oder negative Konnotationen damit verbunden sind. Relevante rabbinische Stellen – mYad 4,6f; tYad 2,20; mHag 2,7; tHag 3,35; bSot 22b; bNid 33b u.a.[7] – zeigen, daß die Fragen, ob der Name Pharisäer ursprünglich ein Ehrenname oder ein Schimpfname war, und ob ihn die Pharisäer sich selbst zugelegt hatten, nicht zu beantworten sind. Daß Pharisäer bisweilen als gefährliche Separatisten galten, ist evtl. aus einer frühen Version des Ketzersegens zu erschließen, wonach um ihre Verwünschung gebetet wurde (tBer 3,25f).[8] Wahrscheinlich weist aber *perûshîn/perushîm* an dieser Tosefta-Stelle nicht auf die Pharisäer hin, sondern allgemein auf Abweichler d.h. auf Leute, die sich den rabbinischen Autoritäten nicht beugen wollten. Die Mehrdeutigkeit des *perûshîm*-Begriffes scheint bereits in rabbinischer Zeit einige Verwirrung gestiftet zu haben. In mSot 3,5 ist z.B. von den „Schlägen der Pharisäer" die Rede. Stemberger[9] meint, hier seien nicht die Pharisäer als Gruppe gemeint, sondern Leute, die sich für besonders fromm halten und sich deshalb vom gewöhnlichen Volk absondern. In beiden Talmuden (ySot 5/20c; bSot 22b; vgl. yBer 9/14b) dient aber diese Mischna-Stelle zur Klassifizierung der sieben Typen von Pharisäern; mindestens fünf von ihnen werden negativ besetzt. Das semantische Feld wird außer durch die Mehrdeutigkeit des Begriffs Pharisäer auch noch dadurch beinahe unübersichtlich, daß bestimmte frühjüdische Persönlichkeiten − Schimon ben Schetach, Hillel u.a. −, auf die die Rabbinen teilweise ihre eigenen Verhältnisse und Anschauungen zurückprojizieren und von denen her sie sich bestimmt wissen, nie als Pharisäer bezeichnet werden. Ob diese Pharisäer waren oder nicht, ist umstritten. Josephus charakterisiert die Pharisäer mit den Begriffen Sondergruppe (*hairesis*: z.B. Vita 10.12.191.197; Bell 2,162; Ant 13,171.288; vgl. auch Act 15,5; 26,5), Philosophie, Philosophenschule (*philosophia*: Bell 2,119; Ant 13,289; 18,9.11), Abteilung, Körperschaft, gesellschaftliches Gefüge, Schule (*tagma, syntagma, moira, genos*: Bell 1,110. 119; 2,150.160.162.164; Ant 13,296). Mit denselben Kategorisierungen belegt er teilweise auch die Sadduzäer, Essener und auch die Zeloten (Ant 13,171; 18,9). In Act werden sowohl die Pharisäer (Act 15,5; 26,5) als auch die Judenchristen (Act 24,5.14) *hairesis* genannt.

Nur vierzehn bis sechzehn Einzelpersonen aus verschiedenen Zeiten werden ausdrücklich als Pharisäer, Pharisäerschüler oder Anhänger und Sympathisanten der Pharisäer bezeichnet. In Ant 13,289 wird Johannes Hyrkan I. (134-104) als (später verfeindeter) Schüler (mathêtês) der Pharisäer bezeichnet. Während der Regierungszeit Herodes' I. wirkten der Pharisäer Pollion und sein Schüler Samaios (Ant 15,3). Laut Ant 15,370 hatten die beiden auch Anhänger, mit denen zusammen sie selbst Herodes I. Zurückhaltung abzuringen vermochten. Es wurde viel Mühe verwendet,[10] diese beiden mit Schemaja und Avtalion (mAv 1,11) oder mit Schammaj und Hillel (mAv 1,13) zu identifizieren. Ähnliches gilt für Baba ben Buta, der laut bBB 3b-4a ein Weiser (*chakham*) war, aber im Zusammenhang mit einer Eifersuchtsgeschichte von Herodes umgebracht worden sei. Es läßt sich aus den Quellen nicht strikt beweisen, daß Baba ben Buta ein Pharisäer war und mit den „Söhnen von Baba" (Ant 15,259-266) zu identifizieren ist; eine gewisse Wahrscheinlichkeit spricht dafür. In Ant 18,4 ist vom Pharisäer Saddok die Rede, der 6 n. als Mitbegründer der jüdischen Aufstandsbewegung hervorgetreten ist. Im Neuen Testament werden Simon (Lk 7,36-50), Nikodemus (Joh 3,1), Gamliel der Ältere (Act 5,34) und Paulus (Act 22,3; Phil 3,5) als Pharisäer bezeichnet. Josephus berichtet in Vita 189-198, er habe im ersten Aufstandsjahr (67 n.) einen Konflikt mit Simon ben Gam(a)liel gehabt. Dieser war einer der „Angesehenen" (*gnôrimoi*) der Pharisäer und der Gesellschaft (vgl. Bell 2,411). In Simons Umgebung befanden sich die Pharisäer Jonathan, Ananias, Jozar und ein Hohenpriestersohn ebenfalls mit Namen Simon; der Pharisäer Jozar war priesterlicher Herkunft. Die vier bildeten eine Delegation zur Absetzung des Josephus von der galiläischen Kommandostelle, wobei Simon ben Gamliel eine treibende Kraft war (Vita 191.198.216).

Josephus selbst war wohl kein pharisäisches Parteimitglied. Vita 12 ist (auch vom Zusammenhang her gesehen) etwa so zu übersetzen: „Im Alter von 19 Jahren begann ich am öffentlichen Leben teilzunehmen, indem ich mich an der Sondergruppe der Pharisäer orientierte."[11] Josephus will nirgends glaubhaft machen, er besitze die Kenntnisse eines pharisäischen Gruppen-Insiders bzw. er sei pharisäisches Gruppenmitglied. Er begab sich als 19 Jähriger in den Einflußbereich der Pharisäer, weil ohne deren Unterstützung in den Aufstandsjahren keine politische Karriere zu machen war. Ähnlich wie Josephus könnte auch Eleazar ben Poira, der die Trennung Johannes Hyrkans von den Pharisäern provozierte, ein im Einflußbereich der Pharisäer Befindlicher, jedoch kein voller Pharisäer, gewesen sein (Ant 13,288-298). In bQid 66a tritt Juda ben Gedidia an die Stelle von Eleazar ben Poira und Alexander Jannai an jene Hyrkans. Falls Juda ben Gedidia historisch ist, ist auch er ein Anhänger der Pharisäer im weiteren Sinn gewesen.

3. Eindrücke aus Josephus Flavius

Aus den Werken des Josephus ist nur mit Mühe zu erkennen, ob die Pharisäer hauptsächlich eine Partei mit Einflussmöglichkeiten am kultischen und politischen Bereiche waren, eine Schule zur Pflege von Philosophie, Gesetz und Tradition, eine Exegetengruppe mit besonderem Autoritätsanspruch, eine Oppositionsbewegung gegen die priesterlich-sadduzäische Oberschicht und deren Alleinvertretungsansprüche, oder eine Bewegung mit speziellen verpflichtenden Traditionen, in der es um besonders genaue Erfüllung von Gesetz und Vätersitte ging. Die Labilität der Josephschen Aussagen ist durch unterschiedliche Ausformungen in Bell, Ant, Vita und durch veränderte historische Situationen bedingt.

3.1. Politische Partei

Der Beginn der ältesten Pharisäerschilderung des Josephus steht in Bell 1,110: „Neben ihr (sc.Salome Alexandra 76-67 v.) wuchsen auch die Pharisäer in den Besitz der Macht hinein. Sie waren eine Gruppe von Juden, die als frömmer galten als die andern, und von denen es hieß, sie befolgten die Gesetze exakter als die andern." Alexandra, die auch im Ruf besonderer Frömmigkeit und der genauen Befolgung der Bräuche der Väter stand (Bell 1,108), sei den Pharisäern hörig gewesen. Diese hätten ihre Naivität ausgenützt und seien so „zu Verwaltern des ganzen Staatsgebildes" geworden, „mit der Möglichkeit, zu vertreiben und zurückzuholen, freizulassen und gefangen zu setzen, wen sie wollten. Im ganzen kamen die Vorteile der königlichen Gewalt jenen zugute, die Ausgaben und Unannehmlichkeiten aber fielen auf Alexandra... Sie regierte über die andern, die Pharisäer aber über sie"(Bell 1,111f). Hier handeln die Pharisäer als politische Partei. Sie nehmen die Administration des Reiches in die Hand und sind, wie sich im weiteren Verlauf der Erzählung (Bell 1,113-119) zeigt, in der Ausübung ihrer Macht nicht zimperlich. Josephus anerkennt zwar in Bell 1,110 ihre Kompetenz in Gesetz und Tradition sowie ihre Frömmigkeit. Er gibt dem aber dadurch einen negativen Anstrich, daß er den „weißen Terror" der Pharisäer anprangert. Dadurch hätten sie ihre gute Reputation als Fromme und gesetzeskundige Experten verspielt. In den parallelen Stellen in Ant 13,398-404 (Ende Alexander Jannais) und 13,405-432 (Regierungszeit Alexandras) ist die Wertung der Pharisäer nicht anders. Laut Ant 13,401 habe Alexander Jannai (103-76 v.) auf seinem Totenbett der Alexandra geraten, sie solle nach seinem Tod „den Pharisäern Macht verleihen; diese würden ihr dann aus Erkenntlichkeit für eine solche Auszeichnung das Volk gewogen machen, da sie bei den Juden soviel Macht haben, daß sie schaden, wem sie feindlich gesinnt sind und als Freunde viel nützen." Es geschah dann in der Tat eine Verschiebung der Macht von Alexandra zu den Pharisäern (bes. Ant 13,406). Zwar mag Josephus die Vorstellung des damaligen Machtverhaltens der Pharisäer von Nikolaus von Damaskus übernommen haben – die Komposition der Ereignisse hat er selbst gestaltet. Die Pharisäer waren auch später politisch engagiert, besonders unter Herodes I. (Bell 1,571; Ant 17,41-45) und in den Aufstandsjahren (Vita 12.189-198.309-312). Josephus betont ihre politische Tätigkeit in seinen späteren Werken (Ant, Vita) noch mehr als in Bell. Er betrachtete die Pharisäer also nie als bloße religiöse Pietisten, sondern sah sie stets auch im Zusammenhang mit politischen Aufgaben.

3.2. Chavûra

Die Pharisäer waren aber nicht nur eine politische Partei, sondern auch ein religiös-gesetzlicher Verband mit bestimmten Lehren, Schwerpunkten und Praktiken. Die die Pharisäer kennzeichnenden Ausdrücke des Josephus: *hairesis, moira, morion, tagma, syntagma, genos* sind wohl Abwandlungen des hebr. *chavûra* (Genossenschaft, Club, Schule), der in der Mischna belegt ist (mDem 2,3; 6,6.9.12; mShevi 5,9; mGit 5,9; mBik 2,2; mToh 7,4; 8,5; vgl. auch tDem 2,3-4). Wahrscheinlich müßte auch der sich in Bell 2,166 findende und die Pharisäer kennzeichnende Ausdruck „sie pflegen in ihren Reihen das Ideal der einträchtigen Gemeinschaftlichkeit" hebr. mit *chavûra* wiedergegeben werden. Die pharisäische *chavûra* war jedoch nicht die einzige; von daher verbietet es sich, die rabbinischen *chavûra*-Stellen wahllos für die Pharisäer zu reklamieren.[12]

In Bell 2,162-163 finden sich vier Aussagen über die Pharisäer, die nach Josephus besonders etwa seit der Zeit der Gründung der Zeloten (6 n.) auf sie gepaßt haben: 1. „Sie galten als besonders genaue Ausleger der Gesetze (*nomima*) (162)." 2. „Sie führten ihre eigene Gruppe, welche die erste unter den jüdischen Gruppen war, ins Abseits."[13] 3. „Sie schreiben alles der *heimarmenê* (Verhängnis, Bestimmung) und Gott zu, indem sie lehren, daß Recht- und Unrechttun hauptsächlich vom Menschen abhänge, daß aber auch das Verhängnis zu jeder Handlung beitrage" (162f). 4. „Sie halten die Seele für unsterblich, aber nur die der

Guten gehe (nach dem Tod) in einen andern Leib über, während die der Bösen ewiger Bestrafung anheimfalle" (163).

Am meisten Rätselraten hat Punkt 1 verursacht. Was heißt in Bell 2,162: „Sie waren besonders genaue Ausleger (Exegeten) der *nomima*?" Im allgemeinen unterscheidet Josephus nicht zwischen *nomoi* und *nomima*. Es handelt sich bei beiden Begriffen um heilig gehaltene gesetzliche Bestimmungen aus Tora und Tradition. In Ant 13,297 ist von einer besonderen Traditionsgebundenheit der Pharisäer im Zusammenhang mit ihrem Konflikt mit Johannes Hyrkan (134-104) die Rede. Josephus schreibt:

> Ich will nun deutlich machen, daß die Pharisäer dem Volk verschiedene *nomima* aus der Überlieferung der Väter weitergegeben haben, die nicht in den *nomoi* Moses aufgeschrieben sind. Deswegen verwirft sie die Gruppe der Sadduzäer, die sagt, man solle sich nur an die geschriebenen *nomima* halten, nicht aber an jene aus der Überlieferung der Väter.

Die Überlieferung der Väter bzw. die Weitergabe von den Vätern her ist das Leitmotiv dieser Sätze. Vor spezifisch pharisäischen Überlieferungen, die teilweise Gesetzeskraft erhielten, ist auch anderwärts (Ant 10,51; 13,408f; Mk 7,1-13; Mt 15,1-9; Gal 1,14 u.ö.) die Rede.[14] Den nicht in den Gesetzen des Mose aufgeschriebenen *nomima* der Pharisäer werden verschriftlichte, nicht aus der Vätertradition stammende *nomima* der Sadduzäer gegenübergestellt, an die allein man sich nach sadduzäischer Auffassung halten müsse. Die pharisäischen *nomima* sind in Ant 13,297 als *nomos*-ähnliche, d.h. Tora-konforme, jedoch von der Tora unterschiedene Gesetzestraditionen verpflichtenden Charakters aufzufassen. Aus Ant 13,297 läßt sich jedoch kein deutlicher Hinweis auf eine mündliche Traditionsideologie der Pharisäer im Sinne der *ṭôra schebe'al pe* der späteren Rabbinen gewinnen. Es muß sich bei den pharisäischen *nomima* um verbindliche Traditionen gehandelt haben, die u.a. die Gerichtspraxis betrafen. Diese hätten sich durch Milde und damit auch durch Biegsamkeit ausgezeichnet (Ant 13,294; vgl. mAv 1,1). Es ist aus Ant nicht zu erkennen, ob die Tora-konformen Gesetzestraditionen der Pharisäer mündlich weitergegeben worden sind,[15] oder ob Josephus nichts Direktes über die mündliche Weitergabe sagen will.[16] Diese Gesetzestraditionen der Pharisäer lieferten den Beweggrund für den Übertritt Hyrkans von den

Pharisäern zu den Sadduzäern. Historisch gesehen war dieser Schritt ein Akt der Klugheit Hyrkans zur Erhaltung seiner hohenpriesterlich-fürstlichen Macht. Zu Beginn des Aufstandes unter Mattatias und Judas waren die Pharisäer – so können wir weiter historisch rückschließen – nützliche Verbündete der Hasmonäer, weil sie aufgrund ihrer *nomima*-Lehre für Veränderungen im Gesetzesverständnis (vgl. 1Makk 2,39-41) zu haben waren. Und als Hyrkan in seiner ersten, noch ungefestigten Regierungszeit (134-129 v.), auf Änderungen und Anpassungen von Traditionen angewiesen war, waren die Pharisäer auch für ihn die natürlichen Verbündeten. Sobald er aber fest im Sattel saß, wurden die rigoroseren, priesterlich-biblizistischen Sadduzäer seine verläßlicheren Bundesgenossen;[17] er wandte sich daher von den Pharisäern ab. Eine (nicht die einzig mögliche) Umschreibung der Pharisäer muß also mit ihren *nomima* zusammenhängen. Die Pharisäer sind demnach jene frühjüdische *chavûra*, die sich nicht nur zur Einhaltung der Tora verpflichtet wußte, sondern auch außerbiblischen, in ihrer eigenen Gruppentradition entstandenen Gesetzen und Traditionen, z.B. über die Gerichtsbarkeit, einen verpflichtenden Charakter zuerkannte. Zu dieser Umschreibung ist noch die aus Ant 13,288-300 und 18,11-22 teilweise zu gewinnende Erkenntnis hinzuzufügen, daß die Pharisäer – obwohl es unter ihnen auch Priester gegeben hat (Vit 196f) – nicht speziell (hohe-)priesterliche Rechtsauffassungen vertreten haben. Wohl aber haben sie in Opposition zu den Sadduzäern und Hasmonäern versucht, die gesetzliche Kontrolle auch über den Kultbereich und über die Weitergabe und Deutung biblischer Traditionen zu gewinnen. Ihre verpflichtenden *nomima* waren der ideelle Hintergrund ihrer Einflußnahme. Johann Maier hat deshalb die Pharisäer zu Recht als jene Gruppe umschrieben, die das priesterliche Monopol der Kontrolle über den Bibeltext und seine Aktualisierung im 2./1. Jh. den Tempelpriestern zu entreißen vermochte.[18] Die pharisäischen Halakhot, die uns später in der Mischna begegnen, betreffen tatsächlich teilweise auch den Tempelkult. In der Traditionskette im ersten Kapitel der Sprüche der Väter (mAv 1) werden keine Priester als Träger und Weitervermittler der Tora angeführt, obwohl sie dies historisch bis zur Zeit Antiochus' IV. in entscheidendem Maße waren (dazu Ant 11,111; Ap 1,29). Statt ihrer treten in mAv 1,1 die Ältesten, die Propheten und die Männer der großen Versammlung auf. Eine pharisäische oder pharisäisierende Optik kann mit Grund in mAv 1 vorausgesetzt werden.

Wie der hellenistische Allgemeinbegriff *heimarmenê*, den Josephus insgesamt 20mal gebraucht,[19] auf die historischen Pharisäer paßt, ist umstritten. Auch die Parallelstelle Ant 18,13 vermag Bell 2,163 nicht zu verdeutlichen. Des Rätsels Lösung kommt vermutlich aus Ant 10,277f, wo die Epikuräer eines fundamentalen Irrtums überführt werden, „weil sie die Vorsehung (*pronoia*) aus dem Leben verbannen und meinen, Gott kümmere sich nicht um die menschlichen Angelegenheiten, und das Weltall werde nicht von einem aus sich selbst glückseligen, unsterblichen, alles überdauernden Wesen regiert, sondern erhalte sich aus eigener Kraft ohne Lenker und Beschützer". Da es den Pharisäern um eine besonders exakte Gesetzeserfüllung ging, mußten sie ein besonderes Interesse sowohl an der Regentschaft Gottes in der Welt (*pronoia, heimarmenê*) haben, als auch an der menschlichen Möglichkeit zu verantwortlichem, verdienstlichem Handeln.

Den in Bell 2,163 den Pharisäern zugeschriebenen Glauben an die Unsterblichkeit der Seele deutet Josephus in Ant 18,14 als Glauben an die Auferstehung der Toten. Nach pharisäischer Auffassung trügen die Seelen „eine unsterbliche Kraft" in sich. Sie seien auch noch im Menschen, wenn er sich „unter dem Erdboden" befinde, und sie würden dort je nach dem sittlichen Verhalten des Verstorbenen gerichtet. Als Ergebnis „müssen die Bösen in ewiger Kerkerhaft schmachten, während die Tugendhaften wieder lebendig werden (anabiûn)."[20] Weil Josephus mit römischem Unverständnis in der Auferstehungsfrage rechnete (vgl. auch Act 17,22-33), hat er offensichtlich in seinen Beschreibungen zwischen Unsterblichkeit der Seele, Wiederbelebung des Menschen aus Leib und Seele und irgendwelchen Seelenwanderungsvorstellungen geschwankt (vgl. Bell 2,272-274).

4. Gamliel der Ältere und sein Sohn Simon

Die Gam(a)liel-Familie, über die wir Nachrichten aus der Zeit vor dem ersten jüdischen Aufstand gegen Rom, während des Aufstandes und nach der Niederschlagung des Aufstandes besitzen, bildet das wichtigste Verbindungsglied zwischen dem Pharisäismus vor dem Jahre 70 und dem Weiterwirken pharisäischer Geistigkeit in die tempellose rabbinische Zeit hinein. Es geht um drei Generationen: Gamliel den Älteren (um 30 n.), seinen Sohn Simon ben Gamliel (zur Zeit

des jüdischen Aufstandes) und seinen Enkel Gamliel II. von Javne (um 90 n.).
Der Enkel, Gamliel II., kann hier noch beiseite bleiben, da er ja erst im Gefolge
der Tempelzerstörung auftritt.

4.1. Gamliel der Ältere

Der „Pharisäer und angesehene Gesetzeslehrer" (Act 5,34) Gamliel der Ältere
spielt in neutestamentlicher Zeit als Beschützer der angeklagten Apostel (Act
5,34-42) und als Lehrer des Paulus (Phil 3,5; Act 22,3; 23,6) eine erhebliche
Rolle. Im rabbinischen Schrifttum gibt es eine ganze Reihe von Aussagen über
ihn, aber ihr historischer Wert ist meistens fraglich: Oft wird nicht klar, ob der
Großvater oder der Enkel gemeint ist, und oft handelt es sich um spätere Konstrukte zur Stützung rabbinischer Geistigkeit. In tAZ 4,9 wird von Gamliel dem
Älteren gesagt, er habe in der Frage des Gebrauchs des nichtisraelitischen Weines
eine großzügige Gesetzesauffassung vertreten, aber man habe ihm nicht zugestimmt. Es mag sich hier um eine historische Reminiszenz an eine innerpharisäi-
sche Streitsituation vor dem Aufstand gegen Rom handeln. Ein die Geschichte
ebenfalls streifender „Tatfall" (ma'ase) findet sich in mPea 2,6:

> Einst geschah es, daß Rabbi Schimon, ein Mann aus Mizpa, im Beisein von
> Rabban Gamliel ein Feld besäte (und die Ernte auf zwei Tennen legte). Beide
> gingen hierauf zur Quaderhalle und fragten an. Da sprach Nachum der Schrei-
> ber (lavlar): Ich habe eine Tradition von Rabbi Mejascha übernommen, der sie
> von seinem Vater empfangen hat, der sie von den Paaren empfangen hat, die
> sie von den Propheten empfangen hatten: Es ist ein Gesetz Moses vom Sinai
> her: Wenn jemand sein Feld mit zwei Sorten Getreide besät und (die Ernte)
> auf eine Tenne legt, dann soll er einen Eckenlaß geben, legt er die Sorten aber
> auf zwei Tennen, dann soll er zwei Eckenlasse geben.

Es scheint sich hier um Rabban Gamliel den Älteren zu handeln. Rabbi Mejascha
scheint sein Pharisäerkollege gewesen zu sein. Beide wenden sich in einer halakhischen Frage an den Schreiber/Schriftbewanderten/Traditionskundigen Nachum.
Dieser residiert in der Quaderhalle (lischkat hag-gazit), die sich im südlichen
Tempelbezirk befindet. Der Tempel steht offenbar noch, und Nachum ist eine befugte Auskunftsperson. Es geht den beiden Fragestellern um eine Frage, die das

Armenrecht (im Sinne von Lev 19,9f; 23,22; Dtn 24,19) betrifft. Formkritisch und inhaltlich bemerkenswert ist die Antwort Nachums, des *lavlars* (griech: *grammateus*?). Die Antwort wird in der Form einer „Traditionskette" gegeben. Nachum besitze über seine Lehrer eine Antwort, die über die Paare und die Propheten bis zur Gesetzgebung auf dem Berge Sinai zurückreiche. Das betreffende Gesetz besitze also den höchsten Gültigkeits- und Verpflichtungsgrad. Dabei spielt das Verbum *q-b-l* (pi. und pu.) eine bestimmende Rolle. Nachum ist der Empfänger einer verpflichtenden gesetzlichen Tradition (*mequbbal 'anî*), über die schon frühere Traditionsautoritäten verfügt haben. Als Glieder der Traditionskette werden nur zwei genannt: die Paare (fünf Gelehrten-Duos etwa zwischen 160 v. und 30 n.) und die Propheten. Die Priester tauchen nicht auf, obwohl sie zu den wichtigsten Traditionsträgern in vorrabbinischer Zeit gehört hatten. Aber auch von späteren Autoritäten, die in Javne residieren werden (bes. Rabban Jochanan ben Zakkai) ist nicht die Rede. Für die relative Geschichtlichkeit und Bezogenheit auf Gamliel den Älteren spricht auch, daß Gamliel hier nicht – wie stets in späteren Stücken – als Verfasser von *taqqanôt* auftritt, sondern als einer, der im Tempelbereich um Entscheide nachzusuchen hat. Er wird also nicht als All-Weiser geschildert. Wahrscheinlich aber galt der ältere Gamliel nicht nur als korrekter Erkunder genauer Gesetzestraditionen, sondern auch als kompetenter Gesetzesausleger. Im mOrl 2,12 befindet sich eine Reminiszenz, wonach Gamliel der Ältere unter dem östlichen Tempeltor seine Gesetzesauslegungen weitergab:

> Jo'ezer, ein Mann aus Bira, gehörte zu den Schülern von Schammaj. Er erzählte: Ich fragte einst den Rabban Gamliel den Älteren, als er unter dem Osttor stand (über ein halakhisches Problem im Zusammenhang mit dem Sauerteig). Er sagte: Der Sauerteig bewirkt niemals ein Verbot, wenn er zur Säuerung nicht genügt.

Gamliel hat demnach entschieden, daß man einen Sauerteig mit einem andern Sauerteig verstärken und vermischen kann, damit eine genügend starke Durchsäuerung eines Teiges möglich wird. Daß Gamliel unter dem Osttor des Tempels lehrte, kann auf eine hohe Autorisierung als Lehrer hinweisen. Das Prophetenwort: 'Vom Zion (d.h. vom Tempelplatz) geht die Tora des Ewigen aus und sein

Wort von Jerusalem' (Jes 2,3) kann legitimierend und inspirierend auf die Tätigkeit unter dem Tempeltor eingewirkt haben. Gamliels Gesetzesentscheid betrifft Reinheitsvorschriften bzw. die Essens-Halakha: Ein Sauerteig, der zu schwach zum Durchsäuern des Brotes ist, kann mit einem andern Sauerteig angereichert werden, ohne daß dadurch der Teig und damit das Brot unrein würde. Hier ist wie anderswo (z.B. mBes 2,6) bezeugt, daß die Gamliel-Familie der pharisäischen Richtung der Schammajiten zugehörte oder mindestens zugetan war. Die Schammajiten waren nicht immer die strengeren Gesetzesausleger als die ebenfalls pharisäischen Hilleliten.

Ob auch tSan 2,6 sich auf Gamliel den Älteren bezieht oder auf seinen Enkel Gamliel II. ist etwas unsicher, weil die „Stufen des Tempelberges" auch noch nach der Tempelzerstörung als Entscheidungsort benutzbar waren. Der Text zeigt aber, daß die aus der pharisäischen Tradition herkommende Gamliel-Familie Entscheidungsbefugnisse auch in solchen Gesetzesfragen hatte, die das Leben außerhalb Jerusalems und Palästinas betrafen:

> Ein Tatfall (ma'ase) betreffend Rabban Gamliel und die Ältesten. Sie saßen auf den Stufen des Tempelberges, und auch der Schreiber (*sôfer*) Jochanan war vor ihnen anwesend. Er sagte zu ihm: Schreibe folgendes an unsere Brüder in Ober- und in Untergaliläa: ... Wir tun euch hiermit kund, daß die Zeit gekommen ist, den Zehnten aus den Olivengefässen herauszunehmen und einzusammeln. *Dann wird ein weiterer Brief an die Brüder im oberen und unteren Süden diktiert*: ... Wir tun euch hiermit kund, daß die Zeit gekommen ist, den Zehnten aus der Getreideernte herauszunehmen und einzusammeln. *Schließlich folgt ein Brief an unsere Brüder, die Söhne der Verbannung in Babylonien, in Medien und in der übrigen Verbannung Israels*: Wir tun euch hiermit kund, daß die Tauben klein und die Lämmer mager sind, und daß der Frühling noch nicht gekommen ist. Daher beschließe ich und meine Gefährten (chaver'î), daß diesem Jahr 30 Tage hinzugefügt werden.

Im Anschluß an diesen Text werden im restlichen tSan 2 verschiedene Fragen der Interkalation des Jahres debattiert. Formgeschichtlich ist tSan 2,6 das älteste Stück, an das die ganze Interkalationsfrage angeschlossen worden ist. Einiges spricht dafür, daß es sich hier um eine Verordnung des älteren Rabban Gamliel handelt. Sie paßt in etwa zur Terminologie traditioneller Texte des Neuen Testaments. Die Bezeichnung „die *zekenîm* ... und der *sôfer* Jochanan" dürfte mit den im NT geläufigen Term-Gespann: „die Pharisäer (oder die Ältesten) und die Schriftgelehrten" identisch sein (Mt 5,20; 12,38; 15,1; 23,2; Lk 11,53). Demnach waren die Pharisäer Befugte für Rechtsentscheide, während die Schriftgelehrten die Aufgabe hatten, diese Entscheide in eine halakhische Form zu bringen und sie so verbindlich zu machen. Den Pharisäern und Schriftgelehrten stehen im Neuen Testament einerseits die Pharisäer und die Sadduzäer (Mt 16,1 u.ö.) und anderseits (besonders in frühen Stellen) „die Schriftgelehrten und die Ältesten" gegenüber (Mk 11,27; 14,43.53; 15,1). Mit Hilfe von tSan 2,6 und der Korrespondenz-Stellen kann die These begründet werden, daß die durch das Haus Gamliel im 1. Jh.n. repräsentierten Pharisäer schon vor der Tempelzerstörung die traditionell priesterliche Aufgabe der Wahrung und Aktualisierung der Tora übernommen haben, und zwar als eine Gruppe mit Befugnis zu halakhischen Entscheiden. Dies gilt auch dann noch, wenn – was unwahrscheinlich ist – der in tSan 2,6 geschilderte Tatfall auf Gamliel II. von Javne zu beziehen ist, da der zweite Gamliel pharisäische Traditionen nach Javne mitgebracht hat (tSan 2,6).[21] Die implizierte Gleichsetzung der Ältesten in tSan 2,6 mit den Pharisäern kann wiederum nur mit Vorsicht auf weitere rabbinische Stellen ausgedehnt werden.

Mit dem Namen Gamliel des Älteren sind auch Verordnungen über Ehe und Ehescheidung verbunden. Es handelt sich um „Verordnungen zum allgemeinen Wohl" (*taqqanôt le-tiqqûn ha-'ôlam*). Mißbräuche im Zusammenhang mit der Ehescheidung oder Eheauflösung sollten vermieden werden. Dies lief auf Gesetzesänderungen oder mindestens Gesetzesausweitungen hinaus. Laut mGit 4,2 konnte ursprünglich ein Richterkollegium, das über Scheidung oder Nichtigkeit einer Ehe zu befinden hatte, an jedem beliebigen Ort tagen und seine Entscheidung *ad personam* fällen. Weil dies aber zu Mißbräuchen und Benachteiligungen der betroffenen Frauen und überhaupt zu gesetzlichen Unklarheiten geführt hatte, „ordnete Rabban Gamliel wegen des allgemeinen Wohls an", daß alles Wissenswerte über den Mann und die Frau vor einem Urteil dokumentiert werden müsse, und daß auch Eide zur Bekräftigung zu leisten seien. Auch in diesem Fall spricht einiges für eine Verbindung dieser Halakha mit Rabban Gamliel dem Älteren (dazu auch mYev 16,7). Die im Neuen Testament aufgeworfenen Fragen nach

Ehe und Ehescheidung passen kontextuell gut zu den Verordnungen Gamliels des Älteren (vgl. Mk 10,2-12; Mt 19,3-12).

4.2. Simon ben Gamliel

Im Zusammenhang mit Simon ben Gamliel, seinen Verbündeten und Gegnern kann einiges über die pharisäische Bewegung der Zeit vor 70 n. in Erfahrung gebracht werden. Seltsamerweise nennt Josephus diesen bedeutenden Gamliel-Sohn in Bell 2,409-425 nicht als Vertreter oder gar als Führer der jüdischen Friedenspartei. In diesem Abschnitt schildert er den von den Zeloten provozierten Ausbruch des Krieges gegen die römische Besatzungsmacht. Der charismatische Tempelhauptmann und Hohepriestersohn Eleazar ben Ananus eröffnete laut Bell 2,409f den Krieg durch seinen Befehl, es dürften keine Opfergaben mehr von Fremdstämmigen angenommen werden. Besonders in Bell 2,411-417 wäre es angebracht gewesen, Simon ben Gamliel als einen Gegner des Krieges zu bezeichnen, falls er wirklich ein solcher gewesen ist:

Es traten nun deshalb die Einflußreichen (*dynatoi*) mit den Hohenpriestern und den vornehmen Pharisäern (*hoi tôn pharisaiôn gnôrimoi*) zusammen, um sich angesichts des drohenden Unheils über die Lage der Dinge zu beraten. Man beschloß, es mit einer Ansprache an die Empörungslustigen (*stasiastoi*) zu versuchen und berief das Volk zu einer Versammlung an das eherne Tor, welches im inneren Tempelraum gegen Osten lag(411). Dort hatten die friedliebenden Redner alle Energien angewandt, um zu beweisen, daß die Verweigerung der Opfergaben und Weihegeschenke sich von der jüdischen Tradition her nicht rechtfertigen lasse (412-413). Besonders die Priester hatten sich dabei durch Traditionskenntnisse ausgezeichnet (417).

Die Nennung Simon ben Gamliels wäre auch deshalb angebracht gewesen, weil „das eherne Tor, welches im inneren Tempelraum gegen Osten lag" vermutlich derselbe Ort war, an dem Simons Vater Gamliel der Ältere seine Verfügungen erlassen hatte (vgl. die oben besprochene Stelle mOrl 2,12). Offenbar galt Simon ben Gamliel in der Anfangszeit des Aufstandes nicht als herausragender Befürworter des Friedens mit den Römern.

Josephus erwähnt Simon ben Gamliel ausführlich im Zusammenhang mit einer politischen Intrige gegen ihn am Ende des Aufstandsjahres (67 n.). Er war als Befehlshaber nach Galiläa beordert worden. Seine ursprünglichen Auftraggeber waren – wie er in Vita 216 sagt – Simon ben Gamliel und der Hohepriester Ananus ben Ananus gewesen. In Galiläa scheint Josephus sich als erfolgreicher Organisator der Verteidigung ausgewiesen zu haben (vgl. Bell 2,562-584). Dies weckte die Eifersucht seines Rivalen, des Priesters Johannes von Gischala ben Levi (Vita 189). Johannes schickte 100 Bewaffnete nach Jerusalem, um seinen Freund Simon ben Gamliel zu bewegen, Josephus von seinem Kommandoposten in Galiläa zu entfernen. Bei der Schilderung dieser Situation charakterisiert Josephus den zu seinem Gegner gewordenen Simon ben Gamliel:

> Dieser Simon war ein Eingeborener aus Jerusalem. Er stammte aus einer sehr vornehmen Familie und gehörte der Sondergruppe der Pharisäer an. Diese zeichnen sich in der Kenntnis aller väterlichen Gesetze durch besondere Exaktheit vor allen andern aus. Simon war ein Mann mit höchster Verstandesbegabung und Denkkraft und war in der Lage, Angelegenheiten, die sich in übler Situation befanden, wieder aufzurichten. Er war ein alter Freund und Vertrauter des Johannes; mit mir aber war er damals uneinig (Vita 191-192).

Simon ben Gamliel war also nach dem Urteil des Josephus ein politisch kluger Kopf und ein angesehener Pharisäer; er stammte aus ausgezeichneter Familie. In Bell 4,159 rechnet ihn Josephus zu den „Angesehenen" (*dokûntes*). Auffallend ist seine (spätere zerbrochene) Freundschaft mit dem Zelotenführer und Josephus-Feind Johannes von Gischala. Auch dies läßt vermuten, daß Simon ben Gamliel mindestens zeitweilig ein Verfechter des Aufstandes gegen Rom gewesen ist. Im Sinne des Johannes versuchte Simon ben Gamliel in Jerusalem, die Hohenpriester Ananus ben Ananus und Jesus ben Gamla gegen Josephus aufzubringen. Dabei spielte auch die Befürchtung mit, Josephus könnte seine Militärmacht gegen Jerusalem marschieren lassen (Vita 193). Simon erreichte die Zustimmung des Hohenpriesters Ananus ben Ananus aber nur mit Mühe (Vita 194f). Schließlich aber beschlossen die hohenpriesterlichen und pharisäischen Machtträger in Jerusalem, Josephus aus seiner Kommandostellung in Galiläa zu entfernen. Um ihn mit friedlichen, dialogischen Mitteln zur Preisgabe seiner Machtstellung zu be-

204

wegen, schickten sie eine vierköpfige, auf die Persönlichkeit des Josephus zuge-
schnittene Delegation nach Galiläa:

Männer verschiedenen Standes, die aber von gleichem Bildungsniveau waren
(Vita 196). Zwei von ihnen stammten aus gewöhnlichen Volkskreisen: Jonathan und Ananias; sie waren Pharisäer. Der dritte, Jozar, ebenfalls ein Pharisäer, war priesterlicher Abkunft; der Jüngste, Simon, war ein Hohepriestersohn (Vita 197). Die Delegation wurde in Jerusalem genau instruiert, welche
Antworten sie Josephus, diesem priesterlichen Adeligen und Gesetzeskundi-
gen, geben sollten (Vita 198).

Die Pharisäer waren laut Vita 196-198 keine homogene Volksschicht. Es gab
Pharisäer aus einfachen Volkskreisen (*dêmiotikoi*), wie Jonathan und Ananias;
andere Pharisäer, wie Jozar, waren Kultpriester. In hohepriesterlichen Familien
scheint es jedoch keine Pharisäer gegeben zu haben. Das gemeinsame Signet der
Pharisäer war ihre „Genauigkeit" (*akribeia*) in Sachen Gesetz und Tradition. Diese Genauigkeit versuchten sie politisch zu verwirklichen. Alle drei Pharisäer waren Jerusalemer. Die Pharisäer waren also eine hauptsächlich oder ganz in Jerusalem beheimatete Torabewegung aus verschiedenen Volkskreisen. Am Beispiel
Simon ben Gamliels sieht man außerdem, daß die Pharisäer mehrere Rangstufen
von verschiedenem politischem und gesetzlichem Gewicht einnahmen. Simon
stand auf der obersten Stufe pharisäischer Möglichkeiten. Zusammen mit dem
amtierenden und vor allem mit den gewesenen Hohenpriestern scheint Simon eine Art Regierung oder Verteidigungskoalition gebildet zu haben. Diese Koalition
scheint unter den Stichworten „Kult" (*'avôda*) und „Tora" gestanden zu haben.
Aus keiner Josephus-Stelle kann erschlossen werden, daß Simon ben Gamliel der
Vorsitzende eines Sanhedrins bzw. des Hohen Rates gewesen wäre. Wohl aber
hatte er zusammen mit einer hohenpriesterlichen Gruppe mitentscheidende
Funktionen oder Möglichkeiten inne. Dabei ging es um kultische und machtpolitische Fragen. Als die Zeloten 68 n. Pinchas aus dem Dorf Chafta durch Losent-
scheid zum neuen (und letzten) Hohenpriester wählten, geriet Simon ben Gamliel
zusammen mit dem Volk und mit den angesehensten Männern in heiligen Zorn.
In Versammlungen habe er mit andern gefordert, daß man die Zeloten endlich

wegdränge. Sie seien „Verderber der Freiheit" und „Entweiher des Heiligtums" (Bell 4,159). Über Simons Tod wird nirgends berichtet. Er scheint mit dem Tempel sein Ende gefunden zu haben.

Die Beobachtungen über die Pharisäer in den letzten Jahren des Bestandes des Jerusalemer Tempels sind noch zu ergänzen durch Beobachtungen an Josephus Flavius selbst. Nach seinen eigenen Aussagen vollführte er seine Öffentlichkeitsarbeit aus dem geistig-religiösen Daseinsverständnis der Pharisäer heraus. Er habe als 19 Jähriger begonnen, sich an der Sondergruppe der Pharisäer zu orientieren und so am öffentlichen Leben teilzunehmen (Vita 12). Es ist weiter oben schon dargelegt worden, daß Josephus Flavius kein pharisäisches Parteimitglied war. Als priesterlicher Adeliger war er institutionell mit den priesterlichen Clans verbunden. Er braucht damit aber noch kein Sadduzäer gewesen zu sein. Die pharisäische Bewegung übte aber – wie es sich auch im Falle des Josephus zeigt – einen großen Einfluß auf wohl alle jüdische Gruppierungen aus – auch auf die Aufstandsbewegungen. Die auf exakte Befolgung und Durchsetzung von Tora und Tradition spezialisierte pharisäische Bewegung scheint also kurz vor der Tempelzerstörung auf einem Höhepunkt von Aktivität und Einflußkraft gewesen zu sein. Der Volksführer Simon Gamliel ist ein Beleg dafür. Auch hochrangige Priester begaben sich unter ihren Einfluß und arbeiteten mit ihnen in politischen Dingen durch wechselnde Machtkonstellationen hindurch zusammen. Ein Beispiel der Zusammenarbeit ist die vierköpfige pharisäisch-priesterliche Delegation, die von priesterlich-pharisäischen Machtträgern zur Absetzung des priesterlich-pharisäischen Josephus nach Galiläa beordert worden ist. Das *koinon*, von dem Josephus z.B. in Vita 190 spricht, ist lateinisch mit *consilium* zu übersetzen. Im Sinne der römischen Machthaber war damit eine informelle jüdische Körperschaft gemeint, die es nicht nur in Jerusalem, sondern auch in andern Städten der römischen Provinzen gab. Dieses *consilium*, das später von den Rabbinen vor den neutestamentlichen Redaktoren als Sanhedrin (Hoher Rat) gedeutet wurde, gruppierte sich um die Hohenpriester herum. Sein Status war von den Römern als eine quasi-offizielle Institution zur Erfüllung von Aufgaben der Administration, der lokalen Justiz, der Steuereintreibung und Ähnlichem anerkannt.[22] Die Pharisäer waren z.B. durch Simon Gamliel darin vertreten.

Die pharisäische Bewegung war also in der Zeit vor der Tempelzerstörung institutionalisiert. Sie hatte von Jerusalem aus politisches Gewicht und galt nach wie vor als Expertengruppe in Sachen Tora und Tradition. Um so wuchtiger schlug die Tempelzerstörung und die Niederlage der jüdischen Aufständischen auch auf sie ein. Die ganze pharisäische Struktur wurde zerschlagen, und die Mitglieder fanden in nicht mehr auszumachendem Ausmaß den jähen Tod. Was später in Javne geschah, kann als eine teilweise geistige Wiedergeburt des pharisäischen Geistes – nicht der pharisäischen Organisation – charakterisiert werden. Diese Wiedergeburt geschah aber gegen alle Erwartungen.

5. Tempelzerstörung

An einem Spätsommertag des Jahres 70 n., am 9. Av (August/September), wurde der Tempel von Jerusalem von römischen Soldaten zerstört. Seit damals trägt die jüdische Religion Verwundungen in sich. Viele Juden haben dieses Ereignis bis heute nicht vergessen, es hat sich traumatisch in die Herzen vieler eingegraben. Wie kam es dazu, und welche Folgen sind daraus entstanden? Ist die Tempelzerstörung im Ganzen gar positiv zu werten?

5.1. Ursachen

Die Ursachen der Zerstörung des Jerusalemer Tempels sind vielfältiger Natur und reichen teils weit in die vorchristliche Zeit zurück. Die folgenden sechs Ursachen betreffen nur die ca. 60 Jahre dauernde Vorkriegszeit (ca 6-66n.): 1. Schwäche, Inkompetenz, Unklugheit und Grausamkeit verschiedener römischer Statthalter. 2. eine unterdrückerische römische Verwaltung. 3. von religiöser Ideologie genährte jüdische Bestrebungen, über das heidnische Gesetz zu triumphieren. 4. ein Klassenkampf, in dem die arme jüdische Bevölkerung sich von ihrer wohlhabenden Oberschicht befreien wollte. 5. Machtkämpfe zwischen prorömischen und antirömischen oberen Schichten des jüdischen Volkes. 6. Spannungen und Feindseligkeiten zwischen Juden und den benachbarten heidnischen Staaten. Zusammenfassend wird später in bYom 9b die Ansicht vertreten, daß der Tempel nur deshalb zerstört worden ist, „weil da grundlose Feindschaft herrschte. Dies lehrt dich, daß grundlose Feindschaft ebenso schwer wiegt, wie Götzendienst, Unzucht und Blutvergießen."[23]

Ursachen, Verlauf und Folgen lassen sich jedoch mit kriegsgeschichtlicher Methodik nicht einfangen. Die Tempelzerstörung, dieser Tiefpunkt des ersten jüdischen Krieges gegen Rom, wurde zu einem herausragenden Symbolereignis, das sich in der jüdischen und in der christlichen Religion, in der Geistesgeschichte und sogar in der Literaturgeschichte der Menschheit niedergeschlagen hat. Weder die neutestamentliche Redaktionsgeschichte, noch die Geschichte der Pharisäer, noch jene der frühen Rabbinen, noch überhaupt die Geschichte von Judentum und Christentum samt ihren Theologien und Traditionen können gültig geschrieben werden, wenn nicht die Zerstörung des Zweiten Jerusalemer Tempels mitbedacht wird. Wir leben also alle auch von der Tempelzerstörung des Jahres 70 n. her.

5.2. Deutungen

Wir haben heute nicht mehr viel davon, wenn möglichst alle Schuldigen an der Tempelzerstörung vorgeführt werden. Wichtiger sind die damals gegebenen Deutungen.

Josephus Flavius schob einerseits die ganze Schuld an der Tempelzerstörung den zelotischen Aufständischen zu, anderseits aber erblickte er im Sieg der Römer auch das Walten der Vorsehung. Er redet die zerstörte Stadt Jerusalem emphatisch so an:

> Hast du, unseligste Stadt, dergleichen von den Römern erfahren müssen? Nein, sie kamen nur, um die Greuel deiner Bewohner zu sühnen. Denn Gottes Stadt warst du nicht mehr und konntest es nicht mehr bleiben, nachdem du das Grab deiner Bürger geworden warst und den Tempel zum Beerdigungsplatz für die Opfer des Bürgerkrieges gemacht hattest. Vielleicht, daß du wieder bessere Tage sehen wirst, wenn du den Gott, der dich zerstörte, versöhnt haben wirst (Bell 5,19, vgl. Bell 6,267).

Hier ist die vage Hoffnung angesprochen, daß nach unbestimmter Zeit die durch die Tempelzerstörung manifest gewordene Beiseitestellung der Gottesstadt Jerusalem wieder vom versöhnlichen Gott aufgehoben werden könnte. Ähnlich verschlüsselte Hoffnungen werden – wenn auch in verschiedener Akzentuierung – in neutestamentlichen Stellen ausgesprochen (z.B. Mt 23,39; Lk 21,24; Röm 9-11).

Besondere Beachtung verdient die Optik und das Verhalten des Rabban Jochanan ben Zakkai, dieser Gründergestalt des rabbinischen Judentums. Sein Lebensweg ist zwar von Legenden überlagert. Sicher gehört er aber neben Jesus von Nazareth, Rabbi Zadôq und Jesus ben Ananus zu jenen einsichtigen Juden der Voraufstandszeit, die vor einer möglichen Tempelzerstörung gewarnt haben.[24] Wer in den Jahren vor dem Beginn des Aufstandes die Augen einigermaßen offen hatte und über eine nüchterne Urteilsgabe verfügte, mußte damals sehen, daß der Tempel in höchster Gefahr war, wenn die Radikalisierung gegen Rom und gegen jüdische Friedliebende so weiter ging. Rabban Jochanan ben Zakkai habe, so bYom 39b, den Tempel einmal so angeschrien: „Tempel, Tempel, weshalb ängstigst du dich? Ich weiß, daß deine Zerstörung hereinbrechen wird. Schon Sacharja ben Iddo hat über dich geweissagt: 'Öffne, Libanon, deine Tore, ein Feuer wird an deinen Zedern zehren' (Sach 11,1)." Die Historizität dieser Prophezeiung ist zwar nicht gesichert. Aus Jochanans späterem Wirken in Javne können wir aber auf seine Überzeugung schließen, daß das Judentum auch ohne Tempel bestehen kann, und daß daraus realpolitische Konsequenzen zu ziehen sind.

Die Warner vor der drohenden Tempelzerstörung fanden nur wenig Echo. Die Aufstandsgruppen kämpften unverdrossen weiter: nicht nur gegen die anrückenden Römer, sondern auch gegeneinander. Ihr Ende war der Tod durch die Römer, durch rivalisierende Gruppen oder durch kollektiven Selbstmord.[25] Die jüdischen Aufständischen waren fromme Leute. Apokalyptisch, anarchistisch, radikalreformerisch und utopisch-messianisch sind etwa die Adjektive, die zu ihnen passen. Als sich ihre Niederlage eindeutig abzuzeichnen begann, als sich römische Legionäre bereits dem Tempel näherten, als der Feldherr Titus sie durch Propagandareden zu entnerven suchte (Bell 5,456), beschimpften sie nach dem Bericht des Josephus den Titus. Sie deuteten aber auch an, daß der Tempel in der jetzigen Form für das jüdische Volk nicht unbedingt erforderlich sei:

An der Vaterstadt liege ihnen nichts, da sie ja doch, wie Titus sage, zugrunde gehen müsse. Gott habe außerdem einen besseren Tempel als diesen, nämlich den Kosmos. Doch auch der Tempel werde von dem, dessen Wohnung er sei, gerettet; mit ihm im Bunde verlachten sie jede Drohung, hinter der die Tat zurückbleibe, denn der Ausgang stehe bei Gott (Bell 5,458f).

Josephus, der die Aufständischen sonst nur als korrupte Rotte schildert, gesteht ihnen hier im Sinne von Jes 66,1ff und 1Kön 8,23 das Bewußtsein zu, daß der Tempel von Jerusalem den unendlichen Gott nicht fassen und seine Gegenwart nicht garantieren kann. Israel kann daher auch ohne Tempel weiterbestehen. Der Fortbestand des Volkes Gottes hängt nicht wesentlich vom Bestand eines kultisch-nationalen Integrationszentrums ab.

Alle uns bekannten jüdischen Gruppen – sogar die Zeloten – wußten also, daß der Tempel eine ersetzbare Größe war, auf die zur Not verzichtet werden konnte. Die Qumranleute hatten schon früher ihre eigene Gemeinschaft als Ort der Gegenwart Gottes und damit als Alternative zum Tempel betrachtet.[26] Ähnliches dachten die Christen.[27] Es kann aber nicht übersehen werden, daß bei (fast?) allen – anläßlich der Tempelzerstörung geradezu überbordenden – Überlegungen über Tempelersatz und Tempelvergeistigung die Vorstellung mitgeschwungen hat, der Tempel werde wieder einmal neu, besser, heiliger und übernatürlicher gebaut werden. Ein Beispiel dafür ist Hebr 9,1-11: Die Verse 1-5 schildern das biblische Bundeszelt mit seinen zwei Abteilungen, dem Heiligen und dem Allerheiligsten, in die man jeweils durch einen Vorhang eingetreten war. Die Verse 6-9 charakterisieren den Kult im Bundeszelt. Das Heilige des Zeltes betraten die Priester jederzeit, das Allerheiligste nur der Hohepriester einmal jährlich. Diese Gegebenheiten und Funktionen werden in Vers 10 als akzidentielle „fleischliche Satzungen" beurteilt, die nur bis zur „Zeit der Neuaufrichtung" *(mechri kairû diorthôseôs)* Geltung hätten. Auch andere ntl. Stellen (z.B. Apk 11,19) bezeugen, daß das junge Christentum im Gefolge der Tempelzerstörung weithin (nicht immer!) die Auffassung vertrat, die Bundeslade oder der Tempel werde in eschatologischer Zeit in vollkommener Weise wiederum als endgültiges Geschenk Gottes existieren. Ähnlich dachten auch viele jüdische Apokalyptiker. Die Verfasser des vierten Esrabuches (4Esr) und der syrischen Baruchapokalypse (zwischen 80-120 n.Chr.) waren zwar untröstlich über den zerstörten Tempel und über die Sünden, die dafür verantwortlich waren (4Esr 10,21-23; syrBar 10,5-19; 11,1f u.ö.). Sie richteten aber ihren Blick stärker auf die endgültige Zukunft als auf die jämmerliche Gegenwart. In pseudepigraphischer Manier schreibt der syrische Baruch:

> Wir dürfen uns nicht so sehr über das Unheil betrüben, das jetzt (= erste Tempelzerstörung unter Nebukadnezar) gekommen ist, als vielmehr über das, was geschehen wird (= zweite Tempelzerstörung unter Titus). Größer aber als diese beiden Trübsale wird der Kampf sein, wenn der Allmächtige seine Schöpfung erneuern wird (syrBar 32,5f).[28]

Die apokalyptische Niedergeschlagenheit und Resignation wurde auch in den rabbinischen Gemeinden zum Problem. Rabbi Jehoschua ben Chananja trat solchen Menschen entgegen, die aus Trauer über die Tempelzerstörung sich sogar jener Speisen und Getränke enthielten, die in einer Beziehung zum Tempelkult gestanden hatten. Derlei Fastenkuren aus Trauer seien aus Gründen der Gemeindepastoral abzulehnen:

> Kinder, kommt, ich will euch zeigen, daß es nicht geziemend ist, gar nicht zu trauern, da das Unglück nun einmal verfügt worden ist. Es geht aber auch nicht an, übermäßig zu trauern. Man darf nämlich einer Gemeinschaft nur dann eine erschwerende Bestimmung auferlegen, wenn die Mehrheit derselben sie ertragen kann (bBB 60b).

Die Juden sollen sich also nur in gemäßigter Trauer üben, sonst können sie nicht mehr richtig leben. Kurz danach gab Rabbi Akiva (um 120 n.) dem Rabbi Jehoschua geistig Schützenhilfe. Er lächelte angesichts des zerstörten Tempels und begründete dies zweifach: 1. Die Tempelzerstörung sei über jene verfügt worden, die gegen den Willen Gottes gesündigt hätten. Für jene aber, die den Willen Gottes tun, sei ein Lächeln der hoffenden Gewißheit angebracht: Alles werde von Gott her wieder gut werden. 2. Die Tempelzerstörung sei als Erfüllung verschiedener Drohworte der Propheten zu betrachten. Es dürfe gelächelt werden, weil nun gewiß auch die Verheissungsworte der Propheten (z.B. Sach 8,4) in Erfüllung gehen würden (bMak 24a-b).

Die Tempelzerstörung wurde also nicht als Endpunkt aller Wege Gottes und Israels aufgefaßt. Viele rabbinische Stellen bezeugen vielmehr große Hoffnungen angesichts und trotz des zerstörten Tempels. Die Tempelzerstörung wurde auch als ein Befreiungsschlag Gottes gegen ein allzu kultzentriertes und allzu hierarchisch gegliedertes Judentum verstanden. Dieser Befreiungsschlag trieb viele dazu an, sich verstärkt der Tora und ihrer Auslegung fürs konkrete Leben zuzuwenden und die Bande der innerjüdischen Gemeinschaftlichkeit zu verstärken. Folgende Aussprüche können in diesem Sinn als Eckpfeiler der tempellosen rabbinischen Form des Judentums gewertet werden: Rabbi Jehoschua ben Levi (um 250 n.) sagte: „Bedeutender ist die Tora als das Priestertum und das Königtum" (mAv 6,6). Im Namen Rav's (gest. 247 n.) wurde der Spruch überliefert: „Das Studium der Tora ist wichtiger als die Darbringung des Tamid-Opfers" (bEr 63b). An anderer Stelle wird mehr die ethische Verpflichtung der Juden betont: „Das sind die Dinge, von deren Zinsen der Mensch in dieser Welt zehrt und derentwegen ihm Kapital für die kommende Welt angelegt bleibt: Ehrerbietung gegen Vater und Mutter, Praktizierung von Liebeswerken (*gemilût chasadîm*) und Friedensstiftung zwischen einem Menschen und seinem Nächsten. Das Studium der Tora aber übertrifft dies alles" (mPea 1,1). Möglicherweise ist dieser Mischnaspruch eine verschärfende Anknüpfung an einen Weisheitsspruch, der wohl aus der Zeit des Bestandes des Zweiten Tempels stammt: „Simon der Gerechte (um 180 v.) pflegte zu sagen: Auf drei Dingen beruht die Welt: auf der Tora, auf dem Kult und auf der Praktizierung von Liebeswerken" (mAv 1,2).

6. Neue Sammlung in Javne

6.1. Die Übriggebliebenen

Bald nach der Zerstörung des Tempels und der damit zusammenhängenden Dezimierung und Exilierung, besonders der jerusalemischen und judäischen Bevölkerung, schlug in Javne/Jamnia, einem ganz unbedeutenden Ort südöstlich von Jaffo/Joppe, die Stunde der Geburt für eine neue Art von Judentum, die sich in vielen Jahrhunderten bewähren sollte. Die Gesetzes- und Weisheitslehrer, denen wir diese Neugeburt verdanken, waren sich der Tragweite ihres Tuns kaum bewußt. Ihre Mehrzahl bestand ja aus Flüchtlingen aus Jerusalem, aus Deportierten und aus Internierten. Josephus berichtet, daß der römische Feldherr Vespasian im Zuge seiner Eroberungen auch in Javne/Jamnia vorbeikam:

> Nachdem er die Umgebung der Toparchie von Thamna unterworfen hatte, rückte er nach Lydda und Jamnia vor. In beiden Städten, die er schon früher erobert hatte, siedelte er eine beträchtliche Anzahl von Juden, die sich ihm ergeben hatten, als Einwohner an und marschierte dann bis nach Emmaus (Bell 4,444).

Es war eine Kriegstaktik der Römer, solche jüdische Einzelne und Gruppen, die sich ergeben hatten oder von denen mindestens keine zelotisch-antirömische Agitation bekannt geworden war, in der Provinz weiterleben zu lassen. Jerusalem, dieser magische Anziehungspunkt für jüdische Revolutionäre, sollte möglichst bevölkerungsarm bleiben. Die gleiche Methode wurde auch von Titus nach dem Fall Jerusalems angewandt. So trafen sich in Javne jene, denen von den Eroberern keine Komplizenschaft mit den militant aufrührerischen Zeloten nachzuweisen war. Folgende Namen sind uns überliefert: Gamliel II., Jochanan ben Zakkai, Eliezer ben Hyrkanos, Eliezer ben Jakob, Jehoschua ben Chananja, Zadôq, Eleazar ben Zadôq, Schimon ben Nationale, der Priester José, Ben Azzai, Ben Zôma, Eleazar ben Arakh, Nechunja Hakkana, Nachum der Meder, sowie eine ungenannte Anzahl von Vertretern der zur Zeit des Tempelbestandes miteinander rivalisierenden Gesetzesschulen der Schammajiten und Hilleliten.[29]

Wohl alle Javneaner hatten Erfahrungen über jüdische Irrwege und Traumata aus Jerusalem nach Javne mitgebracht. Das Leid und die Einsicht, wohin Fanatismus, Fremdenhaß und religiöser Exklusivismus führen können, hatte sie gereift. Von Rabbi Zadoq wird legendenhaft erzählt, er habe vierzig Jahre lang gefastet und gebetet, damit der Tempel nicht zerstört werde, und er sei zu Beginn des Aufstandes so abgemagert und entkräftet gewesen, daß sich Jochanan ben Zakkai für ihn beim Feldherrn Vespasian verwendet habe: Rabbi Zadoq brauche notwendig Ärzte, sonst könne er nicht überleben (bGit 56 a-b; EkhaR 1,5). – Jochanan ben Zakkai selbst war vermutlich 68 n. unter lebensgefährlichen Umständen mit wenigen Schülern der Todesfalle entronnen, war dann zuerst in Gophna, nördlich von Jerusalem, interniert worden, und stieß bald nach Kriegsende zu den andern Gesetzeslehrern in Javne.[30]

6.2. Die ersten Gottesdienste

Eine der ersten religiös relevanten Taten der Übriggebliebenen war sicher die Feier von Gottesdiensten, besonders des Sabbats. Für die Jerusalemer – Priester und Pharisäer – muß die neue Gottesdienstsituation irgendwie ungewohnt gewesen sein, waren sie doch vor 70 n. am Sabbat auch in den Tempel (nicht nur in die Synagoge) gegangen. Nun war alle Tempel-Feierstimmung weggeblasen. Die Jerusalemer mußten nun in den Status der Landbevölkerung und der Diaspora-Juden hinuntersteigen und sich auf Dauer an deren längst eingespielte Gottesdienst- und Sabbatfeiern gewöhnen. Philon von Alexandrien liefert in seiner *Apologia pro Judaeis*[31] eine anschauliche und idealisierte Beschreibung eines Diaspora-Gottesdienstes:

> Mose hat vorgeschrieben, daß die Juden deswegen sich versammeln, um – mit Sitte und Anstand nebeneinandersitzend – die Gesetze zu hören, damit keiner über sie in Unwissenheit bleibt. Tatsächlich kommen sie stets zusammen und sitzen beieinander, die einen in tiefem Schweigen, außer wenn jemand dem Vorgelesenen einen Segensspruch hinzufügen möchte. Von den Priestern, wenn einer anwesend ist, oder einer von den Ältesten liest ihnen die Gesetze vor und erklärt sie ihnen Punkt für Punkt bis spät in den Nachmittag. Danach gehen sie auseinander, nachdem sie Kenntnis der heiligen Gesetze gewonnen und in der Frömmigkeit großen Fortschritt gemacht haben.[32]

In Javne waren kaum Priester vorhanden. So wuchsen alle Übriggebliebenen, auch die Pharisäer, automatisch in die Rolle der Gottesdienstleiter und Gesetzeserklärer hinein. Sie übernahmen ihre Ämter nicht als Eroberung, da sie wußten, daß mit der Zerstörung des Tempels auch alle ständischen und parteilichen Strukturen des Jerusalemer Judentums zerschlagen waren. Wie selbstverständlich sie ihre gottesdienstliche und gesetzliche Verantwortung übernahmen, zeigt mRHSh 4,1-4:

> „Wenn ein Festtag des (zweitägigen) Neujahrsfestes gerade auf einen Sabbat fiel, pflegte man im Heiligtum (das Schofar) zu blasen, aber nicht im Lande. Seit der Tempel zerstört ist, hat Rabban Jochanan b. Zakkai verordnet, daß man (das Schofar) an jedem Ort blasen solle, an dem sich ein Gerichtshof befindet... Ursprünglich wurde der Lulav im Heiligtum an (allen) sieben (Tagen des Laubhüttenfestes) genommen und im Lande (nur) an einem (Tag). Seit der

Tempel zerstört ist, hat Rabban Jochanan b. Zakkai verordnet, daß der Lulav (auch) im Lande an (allen) sieben (Tagen) genommen werde, zur Erinnerung an das Heiligtum. (Ferner verordnete er), daß der Tag des Schwingens als ganzer verboten sei." Diese Mischna-Reminiszenz mag stilisiert sein – im Ganzen trifft sie aber die Situation in Javne.

6.3. Von der Sekte zu den Fraktionen

Keiner der uns bekannten Javne-Lehrer sagt von sich selber, er sei vor der Tempelzerstörung ein Pharisäer gewesen. Auch Gamliel II., der eindeutig einer pharisäischen Familie entstammt, bezeichnet sich nie als Pharisäer. Dies hat in Forscherkreisen inzwischen für grosse Irritation gesorgt. Das Schweigen über die eigene pharisäische Vergangenheit wirkt um so rätselhafter, als „die Kontinuität zwischen Tempel- und Nachtempelzeiten ein festes Element im Selbstverständnis der frühen Javneaner war."[33] Daß es unter den damaligen Umständen nach der Auffassung vieler nach der Tempelzerstörung auch in pharisäischem Geiste weitergehen sollte, wird durch eine Version der Fluchtbitte, die Jochanan ben Zakkai an Vespasian gerichtet haben soll, bestätigt: „Gib mir Javne und seine Weisen, die (geistig) dominierende Familie des Rabban Gamliel und Ärzte, die den Rabbi Zadoq heilen" (bGit 56b). Falls Jerusalem und der Tempel zerstört werden, – so der Duktus dieser Sätze – dann kommt es darauf an, sich außerhalb Jerusalems und ohne Tempel um hervorragende Lehrer der Weisheit und der Gesetzesinterpretation zu sammeln. Die entronnene, verschonte und geläuterte Gemeinde, die aus der Heiligen Schrift lebt und sich nach reiflicher Überlegung an ihre Vorschriften hält, repräsentiert wahres Israel. Daß die Gamliel-Familie als Garant des erneuerten Weiterbestandes betrachtet wurde, war aber doch nicht zwingend. Andere sahen in Jochanan ben Zakkai die Säule[34] der neuen Zeit. Nach einer anderen Version der Fluchtbitte in den Sprüchen der Väter nach Rabbi Nathan soll Jochanan ben Zakkai zu Vespasian gesagt haben: „Ich erbitte nichts anderes von dir als Javne, damit ich gehe und dort meine Schüler unterweise, das Gebet festsetze (q-b-ʿ) und alle Gebote dort erfülle" (ARN A, Kap. 4, Schechter S.23). Es herrscht fast allgemeine Übereinstimmung darüber, daß beide Versionen der Flucht Jochanans aus Jerusalem literarische Konstrukte sind. Sie wollen aber die damalige Überzeugung ausdrücken, daß Studium, Gebet und Gemeinschaftlichkeit die Erfüllung aller Gebote und aller Aufträge Israels implizieren. Ein Teil der

Javne-Leute sah in Jochanan ben Zakkai ihren exemplarischen Lehrer, ein anderer in Gamliel II. Pharisäische Traditionen spielten dabei eine nicht exakt zu qualifizierende Rolle. Gamliel II scheint den Römern wegen seiner Aktivitäten in den Aufstandsjahren als Leiter der Javne-Gemeinde zunächst nicht genehm gewesen zu sein. Deshalb erhielt Jochanan ben Zakkai den Vorzug.

Weshalb aber sagt kein Javneaner, er sei früher ein Pharisäer gewesen? Der Grund dafür muß in der Geschichte vor und während des ersten jüdischen Krieges gegen Rom liegen. Nach der Katastrophe wollte man sich von negativen Exzessen befreien, die zu ihr geführt hatten. Aus dem Syndrom der Zerstörung war keine jüdische Gruppe ganz unschuldig und ganz heil herausgekommen. Auch die Pharisäer mußten ihre Wunden pflegen, obwohl sie auf ihr Verdienst hinweisen konnten, im Verlaufe des Aufstandes für eine möglichst geordnete Verteidigung und Verteilung der Nahrungsmittel gesorgt zu haben. Josephus Flavius schildert in seinem Bellum immer wieder die innere Zerrissenheit der Verteidiger Jerusalems und des Tempels. Alle seien gegen alle gewesen. Der römische Geschichtsschreiber Tacitus schildert in seinen *historiae* (5,12), wie Jerusalem zur Zeit des Aufstandes voll von Leuten verschiedener Herkunft und Radikalität war:

> Gerade die gefährlichsten Starrköpfe hatten dort Zuflucht gesucht, und um so mehr machte sich dort der Geist des Aufruhrs breit. *Die verschiedenen Anführer des Aufstandes seien einander feindlich gesinnt gewesen, sodaß die Stadt wegen des jüdischen Bürgerkrieges zugrunde gegangen sei:* Unter ihnen selbst wüteten Kämpfe, Verrat und Brandstiftung; ein großer Teil des Essvorrates wurde ein Raub der Flammen *(proelia dolus incendia inter ipsos, et magna vis frumenti ambusta).*

Die mörderische Feindschaft von Juden gegen Juden war der Punkt, an dem niemand, der zurückzuschauen wagte, vorbeisehen konnte. Die Javneaner deklarierten sich deshalb nicht als Pharisäer, obwohl sie es zum Teil gewesen waren, weil sie sich nun von den sektiererischen Frontstellungen, in die sie sich auch als Mitglieder der Pharisäerpartei verstrickt hatten, lösen wollten. Sie wollten nach all dem, was geschehen war, aus den Eierschalen ihrer Sonderexistenz herausschlüpfen, um Mitverantwortung für das nun dezimierte Judentum wahrnehmen zu können. Sie sahen ein, daß nicht Absonderung und nicht Exklusivismus das

Judentum rettet, sondern einzig das möglichst weitgehende Geltenlassen auch oppositioneller Meinungen und Auslegungen. Exklusivismus schafft Feinde, daher muß ein breiteres Feld geschaffen werden, auf dem in aller Offenheit um Gründe und Gegengründe und so um die Wahrheit gerungen werden kann. Der Väterspruch in mAv 5,14 mag die Mentalität der Javne-Weisen widerspiegeln:

> Jede Auseinandersetzung, die um des Himmels willen geführt wird, hat an ihrem Ende Bestand. Jede Auseinandersetzung aber, die nicht um des Himmels willen geführt wird, hat schlußendlich keinen Bestand. Welches ist eine Auseinandersetzung, die um des Himmels willen geführt wird? Die Auseinandersetzung zwischen Hillel und Schammaj! Und welches ist eine Auseinandersetzung, die nicht um des Himmels willen geführt wird? Die Auseinandersetzung Korachs und seiner Rotte (vgl. Num 16,1-17,28) (mAv 5,14).

„Um des Himmels willen" (*leschem schamajîm*) würde neutestamentlich mit „um des Himmelreiches willen", „um des Reiches Gottes willen", übersetzt. Der Gedanke ist derselbe: Alles, was um des Himmelreiches willen geschieht, ist sinnvoll, führt nicht in den sinnlosen Haß, schafft Wahrheit und Frieden. Als Beispiele eines Streites um des Himmelreiches willen werden die beiden Opponenten Hillel und Schammaj genannt. Es geht dem anonymen Verfasser dieses Spruchs aber nicht primär um diese beiden Urväter des Ringens um des Himmelreiches willen, sondern um ihre Schulen, die in Javne präsent waren, und die sich von ca. 75 n. bis zum Ausbruch des Bar Kokhba-Aufstandes (132 n.) durch mehr als 300 halakhische und theologische Streitfälle durchkämpften und die Hauptergebnisse zum Teil stichwortartig niederschrieben. Die Javne-Periode wurde damit zu einer Art Redaktionszeit für hillelitische und schammajitische und damit pharisäische Traditionen, die vor dem Jahre 70 n. entstanden waren. Die Parallelität zur gleichzeitigen neutestamentlichen Redaktionszeit ist frappierend. Die Diskussionen zwischen den Hilleliten und Schammajiten prägten die Atmosphäre. Dies ist auch daraus zu ersehen, daß sie mit den Entscheidungen des Himmels für eine neue tempellose Zeit in Zusammenhang gebracht wurden. In einer Anknüpfung an Koh 2,14 („Der Tor wandelt in der Finsternis") wird in yBer 1,4 (3a) gesagt, früher habe man mit Hilfe dieses Satzes ein ziemlich freies Verhältnis zu einzelnen Auslegungen des Gesetzes rechtfertigen können (so auch in tYev

1,13; Zuckermandel S.242). Jetzt aber werde man eindeutiger vor Entscheidungen gestellt:

Nachdem sich aber die kleine Himmelsstimme (*baṯ qôl*) vernehmen ließ, wird die Halakha immer nach der Lehrmeinung der Hilleliten entschieden. Und jeder, der gegen die Worte der Hilleliten verstößt, wird des Todes schuldig. Es gibt nämlich eine tannaitische Tradition. Eine kleine Himmelsstimme ließ sich vernehmen. Sie sprach: Beider (sc. der Schammajiten und der Hilleliten) Auslegungen sind lebendige Worte Gottes. Aber die Halakha entspricht den Worten der Hilleliten. Wo ließ sich die kleine Stimme vernehmen? Rabbi Bîvî sagte im Namen des Rabbi Jochanan: In Javne ließ sich die kleine Stimme Gottes vernehmen (Parallelen: ySot 3,4/19a; bEr 6b-7a).

Dieser Text stammt aus dem 3.Jh.n. und schaut auf die Javne Zeit zurück. Er setzt voraus, daß die Ansichten der Hilleliten sich als Norm gegenüber jenen der Schammajiten durchgesetzt haben und daher sakrosankt sind. Der Himmel selbst habe die Dominanz der Hilleliten bestätigt. Die Pointe des Textes liegt aber darin, daß auch die Worte der in den Diskussionen unterlegenen Schammajiten als „lebendige Worte Gottes" (*divrê 'Elohim chayyîm*)[35] gelten. Wenn sich die Rabbinen für die Halakha nach der Hillelschule richten, dann tun sie dies im Wissen, daß damit nicht der ganze Skopus des göttlichen Willens ausgedrückt wird. Es gibt lebendige Worte Gottes, die vorläufig zurücktreten müssen, an die man sich nicht halten soll, weil uns Menschen nur Teilerkenntnisse, Teilerfüllungen – keine Totalerfüllungen – möglich sind. Die Dominanz der Interpretationen der Hillelschule soll aber nach Auffassung der Rabbinen nicht dazu führen, daß die Siegerpartei zur Machtpartei wird. Die Hillelschule verdiente deshalb (meistens) den Vorzug vor der Schammajschule, „weil die Hilleliten bescheiden und rücksichtsvoll waren und sowohl ihre eigenen Worte als auch jene der Schammajiten tradierten" (bEr 13b). Wenn die Auslegung des halakhischen Gegners auch ein „lebendiges Gotteswort" ist, dann muß sie tradiert werden; nur dann kann das eigene „lebendige Gotteswort" einen verpflichtenden Charakter bekommen. Die „kleine Himmelsstimme", die sich in Javne und anderswo manifestierte, spielte für diese Auffassung keine entscheidende Rolle. Die Hilleliten stritten vielmehr mit den Schammajiten, laut mNaz 1,1, über die Valenz der *baṯ qôl:*

Das Haus Schammaj sagt: Man kann keine Beweise auf eine kleine Himmelsstimme gründen! Aber das Haus Hillel sagt: Man kann Beweise auf eine kleine Himmelsstimme gründen. (In praxi hat es sich dann durchgesetzt, daß nur dann auf eine baṭ qôl rekurriert wurde, wenn kein anderer Weg zur Entscheidungsfindung offen war). Wenn z.B. alle Nachforschungen, ob ein Ehegatte tot sei und ob sein Partner eine neue Ehe eingehen dürfe, erfolglos bleiben, dann darf eine Wiederverheiratung aufgrund der kleinen Himmelsstimme geschehen (mYev 16,5-6).[36]

Die historische Situation, in der sich die Javneaner in den zwei letzten Jahrzehnten des 1. Jhs. und in den zwei ersten Jahrzehnten des 2. Jhs. befunden haben, und auch alles, was bisher über die dortigen Diskussionen und Neuordnungen gesagt worden ist, weist auf eine neue, so noch nie dagewesene Struktur des Judentums hin: Die verschiedenen, von Haus aus einander feindlich und abweisend gesinnten Gruppen taten sich trotz des gegenseitigen Dissenses zusammen. Der Vergleich mit funktionierenden modernen Demokratien ist angebracht: Verschiedene Parteien arbeiten in einem Parlament zusammen, um zu einem tragbaren Konsens zu kommen. Sie bilden Fraktionen, um die eigenen Positionen klären und verdeutlichen zu können. Bei den Schlussabstimmungen wird dann darauf geachtet, daß möglichst viel vom Eigenen zum Gesetz wird. Das rabbinische Judentum der ersten Stunde bildete sich als fraktionelles Judentum heraus. Dieser „Neubruch" konnte begreiflicherweise nicht makellos durchgehalten werden. In yShab 1,4 (3c) ist davon die Rede, daß Hilleliten von Schammajiten umgebracht wurden. – „Und dieser Tag war für Israel schwerer, als der Tag, an dem Israel das goldene Kalb verfertigte."

Fraktionelles Judentum steht für eine größere Dehnbarkeit und Freiheit im dogmatischen und halakhischen Bereich. Die Spannungen zwischen verschiedenen Gruppen und Auffassungen werden ausgehalten und durchgetragen. Im Konflikt damit befindet sich das sektiererische Judentum, das einzig seine eigenen Glaubensauffassungen, Reinheitsvorstellungen und ethischen Grundsätze verteidigen und propagieren will. Wenn andere Strömungen sich nicht anpassen, werden sie exkommuniziert, oder die Sekte wird selbst zur „Austrittsgemeinde". Die Sache ist auch von jüdisch-christlichem Belang. Im Sinne des zitierten Spruches mAv 5,17 hat sich das Christentum zum Judentum oft wie „Korach und seine

Rotte" verhalten. Deshalb konnte es zu keinen Fraktionsabsprachen zwischen Judentum und Christentum kommen. Es geht aber in Zukunft darum, daß von beiden Seiten her der je andere auf seine Koalitionsfähigkeit abgetastet wird: Wie weit finden sich auch im Christentum „lebendige Worte Gottes"? Wie weit können mit ihm „um des Himmels willen" Auseinandersetzungen geführt werden?

6.4. Die mündliche Tora

Der im vorausgehenden Abschnitt mehrmals vorgekommene Ausdruck „lebendige Worte Gottes", mit dem die Ergebnisse der Diskussionen der Häuser Hillels und Schammajis bedacht werden, bildet eine Brücke zum rabbinischen Verständnis der mündlichen Tora. Die Lehre von der mündlichen *Tora (tôra schebe'al pe)* besagt, daß die Arbeit und der Erfolg der Auslegung der Tora seitens verantwortlicher rabbinischer Gemeinschaften die Toraoffenbarung auf dem Sinai für die Gegenwart lebendig macht. Ein Vergleich aus dem Neuen Testament ist hier hilfreich. Jesus sagte laut Mt 23,2f: „Auf dem Stuhl des Mose sitzen die Schriftgelehrten und Pharisäer. Tut und befolgt alles, was sie euch sagen, aber richtet euch nicht nach dem, was sie tun; sie reden ja nur, tun selbst aber nicht, was sie sagen." Wenn ein Schriftgelehrter oder ein Pharisäer „auf dem Stuhl des Mose sitzt" und die Menschen seiner Zeit belehrt, dann macht er die Tora des Mose lebendig. Er aktualisiert sie und macht sie damit zur Tora seiner Zeit. Man kann es auch umgekehrt sagen: Was der Schriftgelehrte heute sagt, „ist bereits dem Mose auf dem Sinai gesagt worden" (yPea 2,6/17a). Die zeitgemäße Tora ist stets aufs neue die ursprüngliche Tora. Wer sie in Übereinstimmung mit der Mehrheit seiner Kollegen lehrt, bringt den Sinai, d.h. Gott und Mose in den Kreis seiner Zuhörer hinein. Die neutestamentliche Stelle Mt 23,2f ist wohl der zeitlich älteste Beleg für die frührabbinische Lehre von der mündlichen Tora, die bereits in Javne die Überzeugung der Versammelten prägte. Das rabbinische Judentum steht einerseits ganz unter der Norm der schriftlichen Tora *(tôra schebikhtav)*. Anderseits aber ist das rabbinische Judentum selbst die Norm für die Tora im jeweiligen Heute. Die offenbarungsgeschichtlich zusammenhaltende Gemeinschaft der Rabbinen ist eine *societas normata et normans*, d.h. eine von der Tora her bestimmte und die Tora mitbestimmende Gemeinschaft.

Viele Leute hatten damals Mühe mit der scheinbar neuen Selbstautorisierung der rabbinischen Lehrergemeinschaften und Fraktionen. Es wird erzählt, ein Mann habe auf die Vorstellung hin, es gebe zwei *tôrôt*, gesagt, er glaube nur an die schriftliche, nicht auch noch an die mündliche Tora. Hillel habe ihn daraufhin belehrt, daß es ohne mündliche Tora auch keinen Zugang zur schriftlichen Tora geben würde. Man wüßte nicht, was die Buchstaben und Sätze der Tora bedeuten. Hillel schloß seine Belehrung mit einer Glaubensaufforderung: „So wie du die schriftliche Tora im Glauben empfangen hast, so sollst du auch die mündliche Tora im Glauben empfangen" (ARN A 15; Schechter S.61).

Damit die mündliche Tradition greifbar und verstehbar bleibt, muß eine Auswahl getroffen werden. Die Weisen von Javne betrachteten Hillel und Schammaj als Figuren des Anfangs. Was seit ihrer Zeit durch Jünger und Nachfahren tradiert wurde, war in Javne durch Hilleliten und Schammajiten präsent. Die Tosefta tEd 1,1 berichtet über diesen Entscheid der Javneaner in historisch wohl zutreffender Weise:

Als die Weisen (*chakhamîm*) den Weinberg in Javne betraten, sagten sie: Es wird eine Zeit kommen, da ein Mensch ein Wort aus den Worten der Tora sucht und es nicht findet, ein Wort von den Schriftgelehrten (*soferîm*) und es nicht findet... Und so wird ein Wort aus der Tora nicht mit einem andern verglichen werden können. Da sagten sie: Laßt uns von Hillel und Schammaj an beginnen.

Es ging also um Zusammenstellungen von Traditionen und Vorschriften seit der Zeit von Hillel und Schammaj, also etwa ab der Herodeszeit, andernfalls wäre die Kapazität der Javne-Leute zu klein gewesen. Außerdem waren jene Traditionen besonders wichtig, die in der letzten Zeit des Tempels Geltung gehabt hatten. Daß die Sammlung und Kompilierung der Traditionen seit Hillel und Schammaj zu den besonderen Anliegen der Javne-Leute gehörten, zeigt sich vor in den vielen Disputen der Schammajiten und der Hilleliten in Javne und später auch in Uscha, die ein Hauptthema waren. Etwa 320 Rechtsfälle bzw. Gesetzesentscheide dieser beiden Schulen bzw. „Häuser", die schon während der letzten Jahre des Tempelbestandes miteinander diskutiert hatten, wurden in Javne und in Uscha (zwischen ca. 80 - ca. 170 n.) aufgearbeitet.[37] Es ist anzunehmen, daß die

„Häuser"-Diskussionen zur Zeit des Tempelbestandes im Rahmen der pharisäischen Bewegung geführt worden sind, obwohl dies die Javne-Lehrer nirgends sagen. Sie wollten nur soweit Referenten der Vergangenheit sein, als dies für ihren Lebensstil und die neuen Herausforderungen in tempelloser Zeit notwendig war. Entsprechend dem Interesse „von Hillel und Schammaj her" wurden wohl schon in Javne Traditionsketten erstellt, die das zu bearbeitende Material als einheitliches – teilweise auch pharisäisches – charakterisieren sollten.

Die mündliche Tora wurde von den Rabbinen als ein besonderes Bundeszeichen Gottes gedeutet: „Wenn du bewahrst, was mündlich ist und was schriftlich ist, schließe ich mit dir einen Bund; wenn nicht, schließe ich keinen Bund mit dir" (yPea 2,6/17a). Nach Rabbi Jochanan „schloß der Heilige, gelobt sei er, mit Israel nur einen Bund wegen der mündlichen Tora" (bGit 60b). In der rabbinischen Predigtsammlung Tan ki tissa 34 heißt es:

> Der Heilige, gelobt sei er, sagte zu Mose: Schreib! Da wollte Mose, daß auch die Mischna schriftlich fixiert werde. Der Heilige, gelobt sei er, sah jedoch voraus, daß die Weltvölker die Tora übersetzen werden, damit sie sie griechisch lesen und dann sagen könnten: Wir sind Israel!... Der Heilige, gelobt sei er, sprach daher zu den Weltvölkern: Ihr sagt, daß ihr meine Söhne seid!? Ich weiß nichts davon! Meine Söhne sind jene, bei denen mein Mysterium ist. Was ist das? Das ist die Mischna, die mündlich gegeben worden ist.

An der mündlichen Tora wird das wahre Volk Gottes erkannt. Wo Gemeinschaften lebendige Worte Gottes aus der Vergangenheit in die Gegenwart zu tragen vermögen, da ist Israel. Die Völker der Welt – in Tan ki tissa 34 ist das Christentum gemeint – können Israel zwar die Tora wegnehmen. Damit gehören sie aber noch lange nicht zum Volk des Ewigen. Nur dann dürften sie sagen: „Wir sind Israel!", wenn die lebendige Verwirklichung der Tora den Ewigen bewegen würde, in ihrer Mitte zu wohnen.

Im jüdisch-christlichen Zusammenhang ist zu beachten, daß auch die christlichen Gemeinden und Amtsträger versuchen, ihren Gemeinschaften „lebendige Worte Gottes" zu vermitteln. Christliches Leben ist nur als Ausdruck der wirksamen Gegenwart Gottes denkbar. Wenn Papst, Konzilien, Synoden, theologische Forschgemeinschaften und pastorale Foren sich zu Entscheiden des Glaubens und der Sitten durchringen, dann fühlen sie sich ähnlich wie die Weisen von Javne als Gemeinschaften der mündlichen Offenbarung. Mose ben Maimon hat in seiner Einleitung zum „Buch des Wissens" (*sefer ham-madda'*) der „Mischne Tora" die Lehre von der mündlichen Tora so zusammengefaßt:

> Alle Vorschriften, die uns Mose vom Sinai her übermittelt hat, sind uns zusammen mit ihren Auslegungen zugekommen... Die ganze Tora ist von Mose, unserem Lehrer, vor seinem Tod eigenhändig niedergeschrieben worden... Die Interpretation der Tora (*pêrûsch haṭ-ṭôra*) hat er nicht niedergeschrieben, sondern gab (sie betreffende) Befehle an die Ältesten, an Josua und die übrigen Israeliten". (Diese hätten alles weitergegeben, so daß eine Traditionskette, die bis zum heutigen Tag reiche, entstanden sei. Der Verfasser der Mischna, Jehuda Hannassi, habe der mündlichen Tradition zum ersten Mal schriftlichen Ausdruck gegeben). „Er verfaßte eine Sammlung, damit aus ihr öffentlich die mündliche Tora gelehrt und gelernt werde. Aber in jeder Generation schreibt ein Vorsteher eines religiösen Gerichtshofes oder ein Prophet für sich selbst ein Memorandum der Traditionen nieder, die er von seinen Lehrern gehört hat, und die er selbst öffentlich verkündet hat... ".[38]

Die jüdische Lehre von der mündlichen Tora hat bis heute große Auswirkungen. Das Judentum lebt einerseits vom Sinai und damit von der Vergangenheit her. Es geht nie in der Gegenwart auf. Anderseits lebt es auch aus der Aktualisierung der Vergangenheit. Die Vergegenwärtigung des Vergangenen bleibt nie stehen, sondern tendiert auf die Zukunft des Volkes Gottes hin. Franz Rosenzweig hat dies so ausgedrückt: „Mit dem bloßen Dasein ist nichts erklärt, ja sogar nichts auch nur gewiß... Mit dem Wissen um das bloße Geschaffensein der Dinge ist gar nichts gewußt... Sondern erst, daß die Dinge um des Endes willen 'geschaffen' sind und der, der der Erste ist, auch der Letzte ist (Jes 44,6; 48,12; Apk 21,6; 22,13) – erst das gibt Wissen... Gott ist nicht alles, sondern von ihm und zu ihm ist alles."[39] Ähnlich verhält es sich im Christentum.

6.5. Gebetsreform

Das bis heute als verpflichtendes offizielles Gemeindegebet geltende Achtzehngebet (*'amîda, ṭefilla*) wurde in verschiedenen jüdischen Gruppen schon lange vor dem Jahre 70 n.Chr. regelmäßig gebetet. Die Anfänge dieses Gebetes liegen im 2. Jh.v.Chr.[40] Wir haben viele Hinweise dafür, daß das Achtzehngebet in Javne gestrafft und geordnet worden ist und einen größeren Verpflichtungsgrad erhalten hat. Die in Javne versammelten Weisen legten ein Hauptaugenmerk auf die Erneuerung Israels durch ein gemeinsames, von allen Gemeindemitgliedern täglich zu verrichtendes Gebet.[41] Die wahre Gemeinschaft des Volkes des Ewigen wird auch durch ein gemeinsames Gebet konstituiert (vgl. Mt 6,5-13; Lk 11,1-4). Zusätzlich zu dem über die zwölfte Berakha des Achtzehngebets, den Ketzersegen, bereits Gesagten, soll hier die 16. Berakha der babylonischen Version des Achtzehngebets kurz angeschaut und in einen traditionsgeschichtlichen Zusammenhang hineingestellt werden. Die 16. Berakha lautet so:

> Höre, Ewiger, unser Gott, auf unsere Stimme, sei gnädig, und erbarme dich über uns! Nimm unser Gebet in Barmherzigkeit und Wohlgefallen an! Laß uns von dir, unserem König, nicht leer weggehen; du hörst ja das Gebet jedes Mundes! Gelobt seist du, Ewiger, der auf das Gebet hört (*schômea' tefilla*).[42]

In bAZ 7b-8a steht eine längere Diskussion über diese *schômea' tefilla*-Berakha. Dabei wird eine Ansicht zweier Javne-Weisen, die schon vor 70 n. in Jerusalem als Ausleger von Schrift und Tradition tätig gewesen waren – nämlich Nachum der Meder[43] und Eliezer ben Hyrkanos – wiedergegeben. Von Nachum wird gesagt, er habe ebenso wie Eliezer ben Hyrkanos die Meinung vertreten, man solle zuerst um seine persönlichen Anliegen bitten und dann erst das Achtzehngebet mit seinen vielen Lobpreisungen Gottes, seinen Erinnerungen an frühere Gnadenerweise Gottes und seinen Hoffnungen auf eine endgültige Heilsordnung beten. Die *schômea' tefilla*-Berakha solle Gott als erste Achtzehngebet-Berakha vorgetragen werden dürfen. Nachum brachte bei diesem Disput vermutlich verschiedene Beweise aus der Tradition vor 70 n. bei. Er habe, so drückt sich der Talmud aus, „sich an großen Stricken angehängt". Die Weisen von Javne aber widersprachen ihm. Sie kannten offenbar ebenfalls Traditionen, wonach früher die *schômea' tefilla*-Berakha erst ziemlich am Schluß des Achtzehngebets gesprochen worden war. Tatsächlich berichtet Josephus Flavius über die Zeit des Tempelbestandes, daß es damals bei den Opferfeiern Pflicht war, zuerst die Gemeinschaftsanliegen betend vorzutragen und dann erst die privaten Bitten:

Anläßlich der Darbringung von Opfern muß zuerst für die Wohlfahrt der Gemeinschaft (*hyper tês koinês sôtêrias*) gebetet werden, und erst danach darf für sich selbst gebetet werden. Wir sind nämlich für den Dienst an der Gemeinschaft (*koinônia*) geboren worden. Und wer immer die Bedürfnisse der Gemeinschaft über seine privaten Anliegen stellt, ist Gott besonders wohlgefällig (Ap II 196).

Aufgrund ihrer Traditionskenntnisse aus der Zeit vor 70 n. sagten die Weisen laut bAZ 7b zu Nachum: „Die Sache (d.h. deine Traditionsaussage) ist vergessen, wir wollen nicht mehr darüber reden." Und sie erließen die Verordnung: „Man soll zuerst die Tefilla beten, und erst dann soll man die privaten Anliegen vortragen." Die *schômea' tefilla*-Berakha verblieb damit im Schlußteil des Achtzehngebets.

Wir haben damit einen schmalen Einblick in die redaktionelle Arbeit der Schriftgelehrten von Javne gewonnen. Ähnliche Einblicke verschaffen uns auch die Neutestamentler in die redaktionellen Teile des Neuen Testaments. Die Weisen von Javne taten im Grunde dasselbe, was die neutestamentlichen Autoren ungefähr gleichzeitig taten: Sie wogen alte Traditionen und Formen der Gottesverehrung ab, sonderten Nebensächliches aus und bestimmten, welche Traditionen in Zukunft zu befolgen seien.

Diese redaktionelle Arbeit war nicht ohne Korrekturen möglich. Im rabbinischen Schrifttum begegnet uns öfter der Ausdruck *tiqqûn sôferîm*: Verbesserung (oder Wiederherstellung) der Schriftgelehrten.[44] Es ist nicht zu übersehen, daß die führenden Javne-Weisen Jochanan ben Zakkai und Gamliel II. ihre Verordnungen (*taqqanôt*) nach der Art von Schriftgelehrten begründeten. Sie verstanden sich als Schriftgelehrte. Sie schlüpften gleichsam in das Gewand von Schriftgelehrten. Jochanan ben Zakkai begründete z.B. seine *taqqanôt* zum Neujahrsfest damit, daß „die Erinnerung an den Tempel" (*zekher la-miqdasch*) wach bleiben müsse. Alle neuen Javne-Verordnungen haben Rücksicht zu nehmen auf Kult- und Gebetsgesetze, die zur Zeit des Tempels gegolten hatten (mRHSh 4,1-4). Die Verordnungen Rabban Gamliels II. über das Achtzehngebet werden im rabbinischen Schrifttum stets mit vielen – teils kontrovers vorgetragenen – Bibelstellen begründet.[45] Die Javneaner können damit auch als eine Schriftgelehrtengemeinschaft gelten, der es darum ging, die Tora zeitgemäß zu verwirklichen, ohne daß Wertvolles aus der Vergangenheit verloren ging. Ein Beleg dafür ist z.B. mBer

1,5, wo der Javne-Weise Eleazar ben Azarja gesteht, er sei bereits 70 jährig und habe immer noch nicht verstanden, weshalb man sich nachts des Auszugs aus Ägypten erinnern müsse, bis ihn Ben Zoma auf Dtn 16,3 aufmerksam gemacht habe. Dort steht: '... damit du dich des Tages deines Auszugs aus Ägypten alle Tage deines Lebens erinnerst'. Mit 'die Tage deines Lebens' seien die Tage gemeint, aber mit 'alle Tage deines Lebens', seien die Nächte gemeint. Die Weisen aber hätten diesem Ergebnis der Schriftgelehrsamkeit Ben Zomas nicht zugestimmt: „Aber die Weisen sagen: Mit 'die Tage deines Lebens' ist diese Welt gemeint. Mit 'alle Tage deines Lebens' ist die messianische Zeit gemeint."

Die in Javne und später (ab 138 n.Chr.) in Uscha erlassenen Verordnungen zur Erneuerung des jüdischen Gebetslebens in tempelloser Zeit sind nur bruchstückhaft überliefert. Theologisch gesehen ging es den Rabbinen darum, die Gemeindegottesdienste als Vergegenwärtigungen des Bundes Gottes mit Israel wieder transparent zu machen. Dasselbe hatten schon vor ihnen Jesus von Nazareth und die neutestamentlichen Hagiographen im Anschluß an Gottesdienstauffassungen in der Tora getan.

Der Gottesdienst Israels war bereits in früher Zeit wesentlich eine Vergegenwärtigung und damit eine Erneuerung des überlieferten Bundes. Er war eine Bundeszeremonie und ein Dank für den zum Ereignis gewordenen Bund. Im Gottesdienst der Gemeinde wurde der Bund realisiert, vom Teilnehmer angenommen und bestätigt, und so neu ins Leben gesetzt. Der israelitische Gottesdienst, wie er in Dtn 26,1-11 geschildert wird, zeigt dies: Der Beter ist der lebende Beweis dafür, daß Gott seine Bundeszusagen eingehalten hat. Der Israelit ist ein Nachkomme Abrahams, Isaaks und Jakobs, wohnt in dem diesen Vätern versprochenen Land und kann von dessen Früchten leben. Er kommt nun ins Heiligtum, bestätigt dort dankbar seine Existenz kraft des Bundes und entrichtet zum Zeichen dafür seine Abgaben. In einem längeren Glaubensbekenntnis V. 6-10 stellt er sich in den historischen und theologischen Zusammenhang mit seinen Vorfahren und mit dem Schicksal seines Volkes bis zum heutigen Tag. Kraft der Treue Gottes sei das Volk von der Heimatlosigkeit zur Beheimatung gelangt und von der Bedrängnis der Flucht zur Freude über das Land und seine Früchte.

Als Beispiel einer gottesdienstlichen Vergegenwärtigung des Bundes kann die rabbinische Berakha *ya'ale we-yavo'* dienen, die auch noch heute in der 17.

Berakha des Achtzehngebets eingeschoben wird. Sie reicht ins frühe zweite Jahrhundert n.Chr. zurück[46] und stellt daher auch zeitlich gesehen eine bemerkenswerte Parallele zu Lk 22,15-20 par. dar:

> Unser Gott und Gott unserer Väter! (Unser Gebet) steige auf und gelange (zu seinem Ziel). Möge es gesehen werden, möge Wohlgefallen darauf ruhen, möge es gehört und in Fürsorge angenommen werden. Möge unseres Gedächtnisses gedacht werden (*yizzakher zikhronenû*), des Gedächtnisses unserer Väter, des Gedächtnisses des Messias, deines Knechtes, des Sohnes Davids, des Gedächtnisses Jerusalems, der Stadt deiner Heiligkeit und des Gedächtnisses des ganzen Hauses deines ganzen Volkes vor dir: zur Rettung, zum Wohl, zur Gnade, zur Gunst, zur Barmherzigkeit, zum Leben und zum Frieden.[47]

Die Diktion dieses Gebetes ist etwas schwierig. Ganz eindeutig liegt ihm aber die Vorstellung zugrunde, daß alle Bünde in Vergangenheit und Zukunft in der gegenwärtig betenden Gemeinde und im ganzen Volk Gottes zusammenkommen, sich bündeln und wirksam werden, weil Gott seines Bundes gedenkt. Das Gedenken/Gedächtnis betrifft Gott und die Gemeinde und ist formalinhaltlich eine Berakha, ein Preis Gottes. Die *memoria* der Gemeinde kann nur durch Gott ermöglicht werden. Er muß sich ihrer dadurch annehmen, daß er sein vergangenes, gegenwärtiges und zukünftiges Heilswirken in der Gottesdienstgemeinde zur Wirkung bringt. Wenn es zu einem Anschluß von göttlichem und menschlichem Gedächtnis an die Heilstaten Gottes der Vergangenheit kommt, dann wird die Vergangenheit zur freudigen Gegenwart. Mit Vergangenheit ist das Wirken Gottes an den Vätern (Abraham, Isaak, Jakob) sowie die Erwählung und Aufgabe Israels gemeint. Aber auch der Zukunft wird gedacht; sie leuchtet in die Gegenwart hinein.

Die Zerstörung des Jerusalemer Tempels erwies sich also bereits im ersten/zweiten Jahrhundert als Verlust und als Gewinn.: Sie setzte ungeheure Energien zur Erneuerung des Judentums frei. Auch das noch junge Christentum hat dazu gewonnen: Die redaktionelle Arbeit an neutestamentlichen Jesus-Traditionen fand auf dem Hintergrund des zerstörten Tempels statt. Es ist nicht unwahrscheinlich, daß die ordnenden und anpassenden Bemühungen der Weisen von Javne in die Arbeit der neutestamentlichen Redaktoren und Abschreiber hinüberleuchtete. Juden und Christen wußten nun, daß ihr Weiterkommen nicht nur auf Tradition und Kult beruhte, sondern vor allem davon abhing, wie weit sie ihren geistig-religiösen Weg in eine neue, ganz andere Zeit finden könnten.

Anmerkungen

[1] Jacob Neusner, Rabbinic Traditions about the Pharisees before 70 A.D., 3 Vol., Leiden 1971.

[2] Ellis Rivkin, Defining the Pharisees, in: HUCA 40/41(1969/70) 205-249.

[3] Steve Mason, Josephus Flavius on the Pharisees, A Compositional-Critical Study, Studia Post-Biblica 39, Leiden 1991.

[4] The Pharisees, Rabbinic Perspectives, Hoboken 1973, 5.

[5] Morton Smith, Palestinian Judaism in the First Century, In: M. Davis (Ed.), Israel, Its Role in Civilisation, New York 1956, 67-81

[6] D. Goodblatt, The Place of the Pharisees in First Century Judaism: The State of the Debate, in: JSJ 20 (1989) 292-351

[7] Dazu E. Rivkin, Scribes, Pharisees, Lawyers, Hypocrites, A Study in Synonymity, in: HUCA 49 (1978) 135-142; Neusner, The Pharisees, Rabbinic Perspectives.

[8] David Flusser, Judaism and the Origins of Christianity, Jerusalem 1988, 641, hält dies für ausgemacht.

[9] Günter Stemberger, Pharisäer, Sadduzäer, Essener, SBS 144, Stuttgart 1991,43.

[10] z.B. von Gedalyahu Alon, Mechaqrîm beToledot Yisra'el, Tel Aviv 1957

[11] nach Mason, Flavius Josephus on the Pharisees 342-356.

[12] Gegen Joachim Jeremias, Jerusalem zur Zeit Jesu, Göttingen 1962, 279-303.

[13] So der Übersetzungsvorschlag von *tên prôtên apagontes hairesin* (Bell 2,162) durch Mason, Flavius Josephus on the Pharisees, 132.

[14] Dazu Stemberger, Pharisäer, Sadduzäer, Essener 84-90.

[15] So Peter Schäfer, Der vorrabbinische Pharisäismus, in: Martin Hengel / Ulrich Heckel, Paulus und das antike Judentum, Tübingen 1991, 137.

[16] So Neusner, Traditions about the Pharisees, Vol. 3, 165.

[17] Nach Jonathan A. Goldstein, The Hasmonean Revolt and the Hasmonean Dynasty, in: The Cambridge History of Judaism, Vol. 2, ed. W.D. Davies / L. Finkelstein, Cambridge 1989, 131

[18] Johann Maier, Jüdische Auseinandersetzung mit dem Christentum in der Antike, EdF 177, Darmstadt 1982, 10-16.

[19] Belege bei Mason, Flavius Josephus on the Pharisees 133-142; Safrai, Literature passim.

[20] Das transitive hebr. *mechayye ham-meṯîm*, das z.B. in der 2. Berakha des Achtzehngebets vorkommt, entspricht dem intransitiven *anabiûn*. Auch in Ap 2,217f wird die Auferstehung von Josephus als „Glaube" definiert, „daß Gott es denen, die die Gesetze eingehalten haben und notfalls gar dafür freiwillig gestorben sind, verleiht, wieder zu erstehen und in einem Akt der Umwandlung (*ek peritropês*) ein besseres Leben zu ergreifen".

[21] Neusner, The Pharisees 38-40; zu ähnlichen frühjüdischen Angaben: vgl. auch Daniel R. Schwartz, Studies in the Jewish Background of Christianity, Tübingen 1992, 44-80.

[22] So nach Martin Goodman, The Ruling Class of Judaea, The Origins of the Jewish Revolt against Rome, Cambridge 1987, 66-70.

[23] Neuere Untersuchungen über Ursachen, Verlauf und Folgen des ersten jüdischen Krieges und der Tempelzerstörung sind u.a. Goodman, The Ruling Class (vgl. die Rezension von Stephen Mitchell, JJS 39 (1988)108-112); Daniel R. Schwartz, Studies; Helmut Schwier, Tempel und Tempelzerstörung, Untersuchungen zu den theologischen und ideol. Faktoren im ersten jüdisch-römischen Krieg (66-74 n.Chr.), NTOA 11, 1989.

[24] Zu Jesus von Nazareth: Mk 13 par.; zu Rabbi Ẕadôq: bGit 56a; zu Jesus ben Ananos: Bell 6,300-309.

[25] Der kollektive Selbstmord (die Ausmaße sind umstritten) ereignete sich 73 n.Chr. in Masada: Bell 7,252.275-408.

[26] 1QS 8,4-9: 9,3-7 u.ö.

[27] vgl. die Erzählungen über die Tempelreinigung (Mk 11,15-17 par; Joh 2,14-16); die Logia über Tempelabbruch und Tempelneubau (Mk 14,57-59 par; Apg 6,14) und die ekklesiologischen Umdeutungen von Tempel und Kult in ntl. Briefen (1Kor 3,16f; 2Kor 6,16ff; Eph 2,20ff; 1Petr 2,5f u.ö.).

[28] Noch ausführlicher wird in syrBar 39,3-7 und 56-58 die Zielstrebigkeit aller Geschehnisse auf das endzeitliche Geschehen hin geschildert. Vgl. auch 4Esr 4,51-5,12; 6,7-29; 9,1-5; sowie Martin Hengel, Die Zeloten, Untersuchungen zur jüdischen Freiheitsbewegung in der Zeit von Herodes I. bis 70 n.Chr., Tübingen, 2. Aufl. 1976, 96.

[29] Zu den Namen der Javne-Generation vgl. Günter Stemberger, Einleitung in Talmud und Midrasch, München , 8. Aufl. 1992, 75.

[30] Zur Historizität der Flucht Jochanans, vgl. bes. Peter Schäfer, Die Flucht Jochanans ben Zakkais aus Jerusalem und die Gründung des 'Lehrhauses' in Javne, ANRW II Principat 19/2, Berlin 1979. Für die These, daß Jochanan in Gophna war, vgl. Bell 6,113ff: Peter Schäfer 5.82f.

[31] zit. bei Eusebius, Praeparatio Evangelii VIII 7,12f.

[32]Dazu bes. Folker Siegert, Drei hellenistisch-jüdische Predigten, WUNT 61, Tübingen: I 1980, II 1992, 20-25.

[33] Neusner, The Pharisees 244

[34] Im Anschluß an 1Kön 7,21, wo von der rechten Säule des Tempels die Rede ist, wird Rabban Jochanan ben Zakkai in bBer 28b als rechte (=mächtige, starke) Säule angeredet: ammûd hay-yemînî, vgl. Gal 2,9; 1Tim 2,15.

[35] Der Ausdruck divrê 'Elohim chayyîm wird oft fälschlicherweise mit „Worte des lebendigen Gottes" wiedergegeben. Neben „lebendige Worte Gottes" ist aber höchstens noch die Übersetzung „Worte Gottes (als) Leben" möglich.

[36] Zur bat qôl vgl. bes. Peter Kuhn, Offenbarungsstimmen im Antiken Judentum, Untersuchungen zur bat qôl und verwandten Phänomenen, Tübingen 1989; zu den bisherigen Ausführungen über Javne insgesamt: Shmuel Safrai (ed.), The Literature of Sages, First Part: Oral Tora, Halakha, Mishna, Tosefta, Talmud, External Tractates CRI II/3, Assen 1987.

[37]Aufgelistet und interpretiert in Neusner, Rabbinic Traditions II 344-353

[38] Moses Hyamson (ed.), Maimonides, The Book of Knowledge, Jerusalem 1974, 2a-2b

[39]Franz Rosenzweig, Briefe und Tagebücher, Gesammelte Schriften, 2 Bde, hg. Rachel Rosenzweig / Edith Rosenzweig-Scheinmann, Haag 1979, I 412.414.

[40] Zur Entstehungsgeschichte des Achtzehngebets vgl. immer noch Elias Bickerman, The Civic Prayer for Jerusalem, in: ders. Studies in Jewish and Christian History II, Leiden (Nachdr.) 1980, 290-312.

[41]Laut der Version ARN A, Kap. 4, Schechter S.23 über die Flucht Jochanans aus Jerusalem während des Aufstandes. q-b-' meint eine die Gemeinschaft verpflichtende Festsetzung.

[42] Nach der palästinischen Version ist diese Berakha etwas kürzer. Außerdem steht sie nicht an sechzehnter Stelle, sondern an fünfzehnter.

[43] Zur Bedeutung Nachums vor der Tempelzerstörung vgl. u.a. mNaz 5,4. Nachum löste nach der Tempelzerstörung Gelübde auf, die vor der Tempelzerstörung im Zusammenhang mit dem Tempel abgelegt worden waren. Die Mischna bezeichnet dies als einen Irrtum.

[44] Saul Lieberman, Hellenism in Jewish Palestine, New York 1962, 28-37.

[45] vgl. yBer 4,8a; bBer 28b u.ö.; dazu Safrai, The Literature 14-20.

[46] Nach J. Heinemann, Prayer in the Talmud, Forms and Patterns SJ 9, Berlin 1977, 57.

[47] Text nach Samson R. Hirsch, Israels Gebete, Frankfurt, 3. Aufl. 1921, 146.

Rudolf Brändle

DIE AUSWIRKUNGEN DER ZERSTÖRUNG DES JERUSALEMER TEMPELS AUF JOHANNES CHRYSOSTOMUS UND ANDERE KIRCHENVÄTER

Justin aus dem samaritanischen Neapolis/Nablus, der um 165 als Märtyrer in Rom gestorben ist, hat wohl als erster christlicher Autor in der Auseinandersetzung mit jüdischen Positionen mit der Zerstörung des Tempels argumentiert.[1] In Dialogus 40,2 schreibt er: „Gott gestattet, daß das Osterlamm einzig und allein an dem Ort geopfert wird, an welchem sein Name angerufen ist (vgl. Dtn 16,5-6); nun aber sollten, wie Gott wußte, nach dem Leiden Christi Tage kommen, da auch der Ort Jerusalem euren Feinden übergeben wird und gar alle Opfer aufhören werden".[2] Damit hat Gott klar zu erkennen gegeben, daß er von den Juden keine Opfer mehr haben und sein Gesetz von ihnen nicht mehr befolgt wissen will.[3] Andere Väter nehmen diese Beweisführung auf und bauen sie weiter aus. Origenes argumentiert: „Der jüdische Kult war so lange legitim, wie er in dem noch unzerstörten Jerusalem stattfand."[4] „Schon früh münzen christliche Theologen den Verlust des Kultortes Jerusalem um in ein radikales Verdikt Gottes gegen jegliche Verehrung durch sein Volk und in eine Deutung der jüdischen Religion post Christum als nichtigen Aberglauben", hat Heinz Schreckenberg in seinem Standardwerk über die christlichen *Adversus-Judaeos-Texte* formuliert.[5] Ich nenne ein paar weitere Texte, die aber kaum Neues beisteuern: Für Aphrahat (gest. nach 345) besteht ein fester Argumentationszusammenhang zwischen dem Aufhören des Kultes, der Zerstreuung und der heilsgeschichtlichen Verwerfung Israels. Letztere umschreibt Aphrahat einmal als Scheidebrief.[6]

Interessant ist, daß erstmals nach der konstantinischen Wende, nämlich bei Euseb von Caesarea, die Zerstörung Jerusalems im Jahre 70 zu einem zentralen Thema der antijüdischen Apologetik wird. Für ihn hat die Zerstörung Jerusalems Vergeltungscharakter. Er legt besonderen Nachdruck auf den sog. Geschichtsbeweis: Da der jüdische Kult durch biblisches Gebot (vgl. Dtn 16,5-6) nur in Jerusalem erlaubt sei, könne die jüdische Religion nach Gottes Willen jetzt nicht mehr ausgeübt werden und sei mithin durch das Christentum überholt.[7]

Für Hieronymus, der vor und nach 400 während rund drei Jahrzehnten in Bethlehem gelebt hat, wurde der Tempel zerstört, damit die Opfer aufhörten. „Ohne Opfer und Altar, nach der Zerstörung des Tempels und dem Brand Jerusalems, kann das jüdische Volk weder Opfer- noch Priesterdienst praktizieren", statuiert er.[8] Mit Genugtuung hält Hieronymus fest, daß jetzt das unter Julian aufgehobene Gesetz wieder gilt, wonach Juden nur einmal im Jahr, am 9. Ab, gestattet wird, Jerusalem zu betreten und an den Trümmern des Tempels zu trauern. „Und um die Trümmer ihrer Heimatstadt beweinen zu dürfen, zahlen sie, damit die, welche einst Christi Blut (durch Judas' Verrat) gekauft hatten, Tränen erkaufen müssen, und damit sie nicht einmal das Weinen umsonst haben. Nur einmal, am Jahrestag der Eroberung und Zerstörung Jerusalems durch die Römer, sieht man ein trauerndes Volk einherziehen, altersschwache Greisinnen und hochbetagte Greise mit zerrissenen Gewändern, an ihrem Leibe und mit ihrem Zustand den Zorn des Herrn kundtuend."[9] In seinem Danielkommentar unterstreicht Hieronymus, daß die Verwüstung bis ans Weltende dauern wird.[10] Neu bei diesem Kirchenvater, der ja auch an andern Stellen Gift in seine Texte einfließen läßt, ist die Befriedigung über das elende Los der Juden, die Karikatur der Juden, die zu den Trümmern des Tempels ziehen und die theologische Aussage, ihr Elend sei Folge des göttlichen Zornes.[11]

Ich beschränke mich im Folgenden auf Johannes Chrysostomus. Seine Ausführungen sind auf dem Hintergrund der Situation in Antiochien in den achtziger Jahren des vierten Jahrhunderts zu sehen.[12] Rund 15% der Bevölkerung gehörte der jüdischen Gemeinde an. Die Juden waren in die Gesellschaft der damaligen Zeit und ihre Kultur integriert.[13] Im „Hippodrom konnten Juden, 'Heiden' und Christen alle zusammen sitzen und während der langen heißen Nachmittage und an den fröhlichen, von Fackeln erleuchteten Abenden das erhebende Gefühl genießen, einer gemeinsamen Bürgerwelt anzugehören".[14] Der Patriarch in Tiberias schickte seinen Sohn zum heidnischen Rhetor Libanius nach Antiochien zur Ausbildung. Nichts zeigt deutlicher die kulturelle Integration der Juden als der Trost, den Libanius dem Patriarchen spendet, als dieser ihm in einem Brief klagte, sein Sohn würde lieber reisen statt studieren. Odysseus, schrieb er ihm zurück, sei auch erst nach langen Irrfahrten heimgekehrt.[15] Die Christen bildeten wohl die allerdings knappe Mehrheit, sie waren unter sich aber in mehrere Gruppierungen gespalten.[16] Viele Christen hatten einen tiefen Respekt vor den Juden und hielten ihre Lebensform für ehrwürdig und edel. Sie respektierten die Synagoge, weil dort das Gesetz und die prophetischen Bücher aufbewahrt waren. Sie gingen am Sabbat zur Synagoge. Die jüdischen Feste übten eine große Faszination aus. Die Christen kamen, um an Rosch Haschana die Schofarhörner zu hören und am Jom Kippur die Juden mit nackten Füßen auf dem Marktplatz tanzen zu sehen.[17] Christen gingen auch in die Synagoge, um sich dort von einem Partner eine Aussage mit einem Eid bekräftigen zu lassen. Ein dort abgelegter Eid galt als besonders verbindlich. In oder bei der Synagoge im Stadtteil Kerateion, die die Juden nach dem Tod Julians an die Christen abtreten mußten, waren die Gräber der sieben makkabäischen Brüder und ihrer Mutter. Ihre Ausstrahlungskraft war so groß, daß die Kirche sie nicht unterbinden, sondern nur übernehmen konnte. Die Synagoge wurde in eine Kirche umgewandelt, die Makkabäer zu Heiligen des christlichen Kalenders gemacht. Die Präsenz der Juden in Antiochien verunsicherte viele Christen. Sie fragten, warum sollen wir nicht mit den Juden Sabbat feiern und an ihren Festen teilnehmen?[18] Einzelne erwogen sogar, sich beschneiden zu lassen.[19] Das ist der Hintergrund, ohne den die Äußerungen von Johannes unverständlich bleiben. Mit leidenschaftlichem Eifer kämpft er darum, die judaisierenden Christen von ihrem Tun und ihrer Haltung abzubringen. In diesem Kampf ist ihm jedes Mittel recht. Er versucht nachzuweisen, daß der Gottesdienst der Juden unzeitgemäß ist und gegen das Gesetz geschieht.[20] Die Zerstörung des Tempels hat den jüdischen Kult für immer verunmöglicht und darüber hinaus die Tora außer Kraft gesetzt. Interessant ist, daß Kaiser Julian in seiner nur in Bruchstücken bei Cyrill von Alexandrien erhaltenen Schrift gegen die Galiläer geschrieben hat, die Christen begründeten ihre Weigerung, das Gesetz der Juden zu halten, mit dem Hinweis darauf, daß Opfer außerhalb Jerusalems nicht erlaubt seien.[21] Die Tempelzerstörung ist somit die Bedingung der Möglichkeit der Substituierung Israels durch die Kirche. Johannes Chrysostomus äußert sich zur Zerstörung mit folgenden Sätzen:

Nach der Verwüstung unter Vespasian und Titus haben sich nämlich diese Juden unter Hadrian zusammengetan und sich dafür eingesetzt, zur früheren Staats- und Lebensform (πολιτεία) zurückzukommen, nicht wissend, daß sie dem Entscheid Gottes entgegenwirkten, der bestimmt, daß die Stadt für alle Zeit verwüstet bleibt. Im Kampf mit Gott ist es aber unmöglich zu gewinnen. Nachdem sie sich also in einen Kampf mit dem Kaiser eingelassen, ließen sie ihm dadurch nichts anderes übrig als die Stadt total zu verwüsten. Jener überwand sie, unterwarf sie, zerstörte alle Reste bis zur Unkenntlichkeit, um ihnen fürderhin keine Gelegenheit zur Rebellion zu lassen, und stellte sein Standbild auf. Im Wissen darum, daß dieses mit der Zeit niederstürzen würde, hat er sie darauf mit einem Mal gekennzeichnet, das nie mehr ausheilen würde, mit einem Mal als Beweis ihrer Niederlage und ihres rebellischen Unterfangens: er hat den Überresten der Stadt seinen Namen gegeben. Hadrian hieß nämlich mit Familiennamen Aelios, darum gab er offiziell auch der Stadt diesen Namen – seither heißt sie bis heute Aelia, benannt nach dem, der sie überwunden und zerstört hat. Siehst du den ersten Versuch der rebellierenden Juden? Betrachte auch den danach: Unter Konstantin haben sie wieder dasselbe versucht. Als aber der Kaiser ihren Versuch wahrnahm, ließ er ihnen die Ohren abschneiden. Er hat ihren Leib mit einem Mal ihres Ungehorsams gekennzeichnet und hieß sie dann überall umherführen wie irgendwelche davongelaufene, zu Schlägen verurteilte Sklaven. Durch ihre Verstümmelung wollte er sie bei allen auffallen lassen und warnte <so> die Leute überall, nie mehr solches zu versuchen.[22]

Für unsere Fragestellung nach den Auswirkungen der Zerstörung des Jerusalemer Tempels auf Johannes Chrysostomus sind vor allem drei Werke wichtig: Die acht Reden gegen die Juden, die Rede *Contra Judaeos et gentiles. Quod Christus sit Deus* und schließlich die Auslegung der matthäischen Stelle, wonach kein Stein auf dem andern bleiben werde, in seinen Homilien zum ersten Evangelium. Hier führt Johannes den Untergang des Tempels auf dieses Wort Jesu zurück.[23] In *Contra Judaeos et gentiles* schreibt er kommentierend: „Christus hat die Kirche erbaut und niemand kann sie zerstören; er hat den Tempel zerstört und niemand kann ihn wieder aufbauen."[24] In der sechsten Rede läßt er sogar Christus direkt sprechen: „Denn ich habe den Tempel vernichtet und habe ihn, den ehrwürdigen, der die schaudererregenden Dinge barg, von Grund auf zerstört."[25]

Ein Wort Jesu also hat den Tempel mit all seinem Glanz und seiner Pracht zerstört. Christus selbst hat Jerusalem zerstört. Aber der Jude, formuliert Johannes, anerkennt dieses Zeugnis überhaupt nicht und nimmt das Gesagte nicht an. „Wer das behauptet", sagt er nämlich, „ist mir verhaßt. Ich habe ihn (Jesus) gekreuzigt. Wie soll ich da seine Aussage für gültig erachten?"[26] Hier übt sich Johannes in einer perfiden Rhetorik, indem er einen fiktiven jüdischen Diskussionspartner die Aussage machen läßt, er habe Jesus gekreuzigt. Johannes fährt fort:

Das ist das Erstaunliche, Jude, daß derjenige, den du gekreuzigt hast, nach der Kreuzigung deine Stadt zerstört, dann dein Volk auseinandergetrieben, dann dein Volk überallhin zerstreut hat, womit er lehrte, daß er auferstanden ist und lebt und jetzt im Himmel ist. Da du an seinen Liebestaten seine Macht nicht erkennen wolltest, hat er dich durch Züchtigungen und Strafen dazu erzogen, seine unbezwingbare und unschlagbare Kraft zu erkennen.[27]

Chrysostomus führt den Gedanken weiter: „Wenn du jetzt nach Jerusalem kommst, wirst du die nackten Fundamente sehen, und wenn Du Dich nach dem Grund (dieser Zerstörung) erkundigst, wirst Du keinen anderen hören als eben diesen."[28] Und das ist unter heidnischer Herrschaft geschehen, damit man nicht sagt, die Christen haben den Neubau nicht zugelassen. Johannes schließt den Abschnitt mit der Frage: „Zweifelst du noch, Jude?"[29] Zweifel und Fragen waren offensichtlich noch vorhanden. Das ist interessant. In seiner 75. Homilie zum Matthäusevangelium führt Johannes die Frage an: „Wie kommt es aber, daß doch Reste (des Tempels) geblieben sind?" Johannes antwortet:

Was verschlägt das? Deswegen ist die Weissagung keineswegs falsch gewesen. Entweder wollte der Herr nur die gänzliche Verödung andeuten oder er redete bloß von der Stelle, wo er stand. Einige Teile des Tempels sind auch tatsächlich bis auf den Grund zerstört. Übrigens könnte man noch hinzufügen, daß sich nach dem, was bereits geschehen ist, auch die Hartnäckigsten überzeugen müssen, daß auch die Reste vollends zugrunde gehen werden.[30]

Wir entnehmen dieser Bemerkung, welch großer Stellenwert dem Wort Jesu über die Zerstörung des Tempels offensichtlich beigemessen worden ist. Weiter ist aus diesen Sätzen zu schließen, daß gegen Ende des 4. Jhs. offensichtlich immer noch beachtliche Teile des Tempels aufrecht standen, ein Schluß, den auch archäologische Beobachtungen nahe legen.

Die bisherigen Ausführungen lassen verstehen, warum der Versuch Kaiser Julians (361-363), den Jerusalemer Tempel wieder aufzubauen, sogar nach seinem endgültigen Scheitern ungemein heftige Reaktionen hervorgerufen hat. Johannes Chrysostomus behauptet, Julian habe den Ausspruch Christi widerlegen wollen, wonach der Tempel nicht wieder erstehen sollte.[31] Der Kaiser nahm ein wichtiges Argument christlicher Theologie auf, wonach die Legitimität der Tora abhängig sei vom Tempel und wandte es gegen die Christen. Im Tempelneubau sah er vermutlich eine Möglichkeit, die von christlicher Polemik gern geübte Berufung auf die Geschichte zu unterminieren.[32] Möglich ist ferner, daß Julian den neu zu errichtenden Tempel als Konkurrenzheiligtum zur christlichen Anastasis/Grabeskirche plante, so wie umgekehrt die Jerusalemer Kirche offenbar von Anfang an in den konstantinischen Bauten am Heiligen Grab ein Gegenbild zum Tempelbau Salomos gesehen hat.[33]

Julian bestritt die Göttlichkeit Jesu und vertrat die Idee, der Tempel sei ein Symbol der Legitimität der Juden und ihrer Religion.[34] Er kannte bestimmt die Argumente christlicher Apologetik, die die Tatsache der Tempelzerstörung als Zeichen göttlicher Verwerfung interpretierten. Das Ende von Julians Projekt war darum die handgreifliche Widerlegung aller gegenteiligen Behauptungen.

Johannes Chrysostomus hat als Heranwachsender in Antiochien die Auswirkungen der religions-politischen Maßnahmen Julians miterlebt. Die Entscheidung Julians für die althergebrachte Religiosität prägte sich den Christen nachhaltig ein. Die Aussicht, daß Jerusalem wieder eine jüdische Stadt und der Tempel neu errichtet werden könnte, war zur Zeit Julians eine Möglichkeit, deren bevorstehende Realisierung die Christen offensichtlich sehr bedrohte. Johannes hält fest: „Unsere Umstände waren damals sehr trübselig, wir waren alle in Gefahr des Lebens, unsere Freiheit war uns weggenommen, das Heidentum blühte, einige von den Gläubigen blieben in ihren Häusern versteckt; andere flohen in die Wüsten, und ließen sich nicht öffentlich sehen". „Selbst junge Leute können sich heute noch genau an diese Zeit erinnern", schreibt Johannes im Herbst 387.[35] Zur gleichen Zeit rechnen die Juden Antiochiens damit, daß sie Jerusalem wieder erhalten werden. In Antiochien plante der Kaiser seinen Feldzug gegen die Perser, von dem er nicht mehr zurückkommen sollte. Und hier schrieb er wohl auch den in seiner Authentizität allerdings umstrittenen Brief an die Gemeinschaft der Juden:

> Diejenigen aber, die von allen Sorgen frei sind und sich von ganzem Herzen freuen, können besser ihre aufrichtigen Gebete für das Gedeihen des Reiches an den Allmächtigen richten, in dessen Macht es liegt, den Erfolg meiner Herrschaft zu fördern, so wie ich es wünsche. Dies solltet ihr tun, damit ich nach glücklicher Beendigung des Perserkrieges die heilige Stadt Jerusalem, deren Erneuerung ihr seit vielen Jahren begehrt, erneuere und sie auf eigene Kosten wieder aufbaue; in ihr will ich mit euch zusammen den Allmächtigen preisen.[36]

Ein einziger Satz ist von einem anderen Brief Julians an die Juden erhalten. Avi-Yonah vermutet, es handle sich dabei um das Bruchstück eines Manifestes, das Julian mitten im persischen Feldzug an die Juden Mesopotamiens und Babyloniens gerichtet habe: „Ich gehe mit allem Eifer daran, den Tempel des allerhöchsten Gottes wiederaufzurichten."[37] Johannes schreibt den Juden die Initiative beim Tempelneubauprojekt zu: „Sie aber, blind für alles, baten ihn (Julian), flehten ihn an, mitzumachen und beim Bau des Tempels mitzuhelfen."[38] Der Kaiser habe sogar Geld hineingesteckt, hochangesehene Bauführer[39] geschickt und Handwerker von überall her aufgeboten. Nach der Überzeugung von Johannes ließ Julian nichts unversucht, um die Juden allmählich zum Opfern zu bringen. Er nahm dabei an, sie würden von da leicht zur Verehrung der Götzenbilder kommen. „Dabei hoffte er zugleich," schließt Johannes, „der Irre, der Tor, er könne den Urteilsspruch Christi, der jenen Tempel nicht auferstehen[40] läßt, außer Kraft setzen." Chrysostomus betont: „Nicht unter Hadrian und Konstantin ist es geschehen, sondern unter dem Kaiser, der vor zwanzig Jahren regiert hat, zu unserer Zeit, unter Julian[41] nämlich, der in Sachen Gottlosigkeit sämtliche Kaiser übertroffen hat." „Er hat sie (die Juden) zu Opfern für die Götzenbilder aufgerufen und sie damit zu seiner eigenen Gottlosigkeit heranzuziehen versucht."[42] Die Juden sollen zum Kaiser gesagt haben: „Wenn du uns opfern sehen willst, gib uns die Stadt zurück, richte den Tempel auf, zeig uns das Allerheiligste, richte den Altar auf, und wir werden opfern jetzt wie früher." „Und sie schämten sich nicht", schließt Johannes, „die Ruchlosen, Schamlosen, das von einem Mann, der ein gottloser Heide war, zu verlangen und seine ruchlosen Hände zum Bau der Heiligtümer aufzufordern."[43]

Johannes erinnert sich sehr klar an die schwierigen Monate unter dem vom Christentum abgefallenen Kaiser. Und er weiß, daß es noch nicht ausgemacht ist, daß nicht wieder ein heidnisch gesinnter Kaiser den Thron besteigen könnte. Die Zeit war eben noch nicht definitiv „christlich" geworden, auch wenn Theodosius der Große das Christentum offiziell zur Staatsreligion erklärt hatte.[44] Umso energischer führt Johannes seinen Kampf an mehreren Fronten, gegen die 'Heiden', die Häretiker, die judaisierenden Christen.[45] An ihre Adresse in erster Linie sind die Aussagen gerichtet, die wir eben gehört haben. Sie will er zurückgewinnen, indem er nachzuweisen sucht, daß der jüdische Kult eigentlich gegen das Gesetz ist und dieses selbst heute außer Kraft gesetzt, ἄκαιρος, ist.

Der Tempel ist zerstört, Ruinen mögen noch stehen, aber wiedererrichtet wird er nicht mehr. Sogar der Kaiser ist mit seinem Versuch gescheitert. Aber selbst, wenn der Tempel wieder aufgerichtet worden wäre, hätte doch das Entscheidende gefehlt:

> Angenommen also, Juden, daß der Kaiser [euch] den Tempel geben und den Altar aufrichten wollte, wie ihr es fälschlicherweise vermutet – war er denn auch fähig, euch das Feuer vom Himmel herunterzuschicken? Da dem nicht so ist, so war euer Opfer unheilig und unrein.[46]

Johannes weiß sehr wohl, daß viele Glieder seiner Gemeinde die Juden respektieren, ihr Leben, ihren Glauben ehrwürdig, respektabel finden.[47] Darum versucht er mit allen Mitteln, die Juden und ihren Glauben lächerlich zu machen. „Die Synagoge ist in nichts besser als Krämerbuden und Räuberhöhlen." Die Juden aber führen Reigen von Lustknaben zusammen und einen großen Haufen von Hurenweibern, ziehen das ganze Theater samt denen von der Bühne in die Synagoge mit.[48] „Zwischen Theater und Synagoge gibt es nämlich keinen Unterschied", behauptet Johannes und fährt dann fort: „Ich weiß schon, daß einige die Kühnheit dieser Bemerkung verurteilen."[49]

Johannes polemisiert auch gegen die Patriarchen. „Nenne mir nicht jene Patriarchen, die Scharlatane, die Krämer, übervoll jeglicher Gesetzlosigkeit".[50] Die heutigen sogenannten Patriarchen sind keine Priester, sie geben nur vor, Priester zu sein und spielen die Priesterrolle wie auf der Bühne. Sie können ihre Rolle allerdings gar nicht überzeugend spielen, so weit sind sie nicht nur von der Wahrheit, sondern auch von der angeblichen Rolle entfernt.[51] Mit einem langen Zitat aus Lev 7 weist Johannes nach, wieviele Bedingungen für die Weihe eines Priesters zu erfüllen waren und daß diese heute nicht mehr erfüllt werden können, und darum ihr (der Juden) heutiger Priester/Patriarch ungeweiht, ungereinigt, fluchbeladen und unrein ist, und daß er [damit] Gott reizt.[52] In seiner sechsten Rede gegen die judaisierenden Christen will Johannes den Nachweis führen, daß ein Ort nicht dadurch heilig wird, daß in ihm etwas Heiliges aufbewahrt wird. Der Tempel der Philister wurde nicht heilig durch die Bundeslade, die dort aufgestellt wurde.[53] Und die Synagoge wird nicht heilig durch die in ihr aufbewahrten Bücher der Tora und der Propheten. In diesem Zusammenhang macht Johannes eine spannende Äußerung.

Überhaupt, was für eine Lade (ἡ κιβωτός) steht jetzt bei den Juden, wo es keinen Sühneort gibt, kein Orakel, keine Bundestafeln, kein Allerheiligstes, keinen Vorhang, keinen Hohepriester, kein Rauchopfer, kein Brandopfer, kein Schlachtopfer, nichts von alledem, was jene Lade damals verehrungswürdig machte? Mir scheint die heutige Lade in keinem Punkt besser zu sein als die Lädchen,[54] die auf dem Markt verkauft werden, sondern noch viel schlechter. Denn ein solches kann die Vorübergehenden in keiner Weise schädigen, jene aber wirkt täglich den zu ihr Hingehenden Schaden".

Was meint Johannes? Denkt er an den Toraschrein? oder – so hat Harkins erwogen – möglicherweise an eine Replik der Bundeslade aus dem Jerusalemer Tempel?[55]
In der sechsten Rede gibt Johannes uns vielleicht Einblick in Diskussionen zwischen Juden und Christen.[56]

„Und woher ist es offensichtlich", sagen sie [die Juden], „daß Gott sich von uns abgewendet hat?" „Braucht es dafür noch Argumente und Beweise? Sag! Wo die Tatsachen selbst [es] schreien und es lauter als eine

Posaune ertönen lassen. Durch die Zerstörung in der Stadt, durch die Verwüstung des Tempels und durch alles andere, was euch zugestoßen ist! Fordert ihr da noch Beweise durch Worte?" „Aber Menschen", sagen sie, „haben uns das zugefügt, nicht Gott!" „Nein, ganz sicher hat Gott das gewirkt!"[57]

Ich fasse zusammen: Für Johannes Chrysostomus schreien die Tatsachen: Der Tempel ist und bleibt zerstört. Der jüdische Kult ist nicht mehr möglich, er ist wider das Gesetz. Die Tora, die einmal in Geltung stand, ist heute außer Kraft. Ausgehend von dieser Position führte Johannes den scharfen Konkurrenzkampf der Kirche mit der Synagoge um die Gunst der 'Heiden'. Johannes sieht die Einheit der Kirche gefährdet u.a. auch und gerade durch die 'judaisierenden' Christen. Sie sind seine eigentlichen Ansprechpartner in den acht Reden gegen die Juden. Johannes entwickelt unter Rückgriff auf ältere Vorbilder wie Justin u.a. die These, daß der Fall Jerusalems, die Zerstörung des Tempels jeglichen jüdischen Kult unmöglich, ja widergesetzlich gemacht habe, mit einer Intensität, deren Nachdruck sich nur verstehen läßt auf dem Hintergrund des gescheiterten Tempelneubauversuchs Julians, an den sich Christen über Jahrhunderte hinweg erinnern sollten.[58]

Johannes übersieht dabei wie alle christlichen Autoren die ungeheuren Anstrengungen, die das Judentum nach der Katastrophe von 70 unternommen hat, um eine neue Ausrichtung zu finden. Diese Neuorientierung ist mit dem Namen von Rabban Jochanan b.Zakkai verbunden.[59] Clemens Thoma hat in seinem Beitrag zum Pharisäismus im Band „Literatur und Religion des Frühjudentums" neben Jochanan ben Zakkai auf Simon den Gerechten verwiesen, der schon um 200 v. Chr. gesagt hat: „Auf drei Dingen beruht die Welt: auf der Tora, dem Tempelkult und der Übung von Liebeswerken" und treffend formuliert: „Dies implizierte für das Frühjudentum die Möglichkeit, auch ohne Tempel bestehen zu können."[60] Diese Möglichkeit nahm das Judentum wahr, obwohl die Kirche sie ihm absprach.

Anmerkungen

[1] Auf Barn. 16,3f soll in diesem Kontext nicht eingegangen werden. Die Stelle ist wohl auf den Bau eines „römischen Jupitertempels an der Stelle und aus den Trümmern des jüdischen Tempels in Jerusalem" zu deuten. SUC II, Didache, Barnabasbrief, Zweiter Klemensbrief, Schrift an Diognet, hrsg. Klaus Wengst, 1984, 115.

[2] Vgl. Dial. 40,5; 46,2; 52,4; Ap. I,47.50.

[3] H. Schreckenberg, Die christlichen Adversus-Judaeos-Texte und ihr literarisches und historisches Umfeld (1.-11. Jh.), 1990 (2. Aufl.), 199. Justin ist auch der erste, der mit der deuteronomistischen Kultzentralisation argumentiert: Opfer dürfen nur im Jerusalemer Tempel dargebracht, die Passalämmer nur hier geschlachtet werden.

[4] Comment. in Epist. ad Rom. II,13 (Fontes Christiani II/1); vgl. c. Cels. IV,22.

[5] Schreckenberg, 233.

[6] In einer seiner Homilien schreibt Aphrahat: „Wenn Israel, als es noch im Lande weilte, das Passah nur in Jerusalem feiern konnte, wie wird es sich dann heute damit verhalten, wo es unter allen Völkern und Sprachen, unter Unreinen und Unbeschnittenen zerstreut ist und sein Brot in Unreinheit unter den Heiden essen muß ... und wenn du in den verschiedenen Ländern, in denen du jetzt als Fremdling weilst, das Passah feierst, so feierst du es gesetzwidrig; denn für euch ist ja der Scheidebrief geschrieben". Die Apostolischen Konstitutionen VI,24,5 halten um 380 apodiktisch fest: „Es ist nicht möglich, daß sie in der Diaspora, mitten unter den Heidenvölkern, alle Gesetzesvorschriften erfüllen können". Schreckenberg, 274.

[7] In Demonstratio Evangelica 23,28,9-12 faßt er zusammen: Die gesetzlich an Jerusalem gebundene und auf Jerusalem beschränkte Kultausübung ist nach Verlust der Stadt den Juden nicht mehr möglich, also zugunsten des Neuen Bundes nicht mehr gottgewollt.

[8] Schreckenberg, 337.

[9] Hieron. In Sophoniam I,15.16; CChr 76A, 673,669ff. Das obige Zitat schließt mit den Worten: .... und der (sc. an den Trümmern des Tempels wachhabende römische) Soldat verlangt Geld dafür, daß jenen erlaubt wird, die Zeit des Weinens zu verlängern."

[10] 9,24; CChr 75A, 888.

[11] s. Schreckenberg, 702: Rubrik „Jerusalem. Genugtuung, Befriedigung und Erbauung der Christen angesichts des leidvollen Schicksals der Juden".

[12] Brändle, Christen und Jud. in Antiochien in den Jahren 386/87, Jud 43(1987)142-160

[13] R.L. Wilken, John Chrysostom and the Jews. Rhetoric and Reality in the late 4th century, 1983, 57.

[14] P. Brown, Die Keuschheit der Engel. Sexuelle Entsagung, Askese und Körperlichkeit am Anfang des Christentums, 1991, 324; vgl. 526, A. 57: „Es ist auffällig, wie häufig Juden mit besonders bezeichneten Sitzen in den Hippodromen des Ostens erscheinen" mit Verweis auf: Alan Cameron, Circus Factions, Oxford 1976, 79.

[15] Ep. 1098,1-2, M. Stern, Greek and Latin Authors on Jews and Judaism, II, 1980, 595f.

[16] Lange Zeit gab es drei Bischöfe in Antiochien, nach der Rückkehr des Meletius für kurze Zeit sogar vier.

[17] Adv. Iud. Or. I,5 (48,851); I,4 (48,849). Zum Tanzen am Versöhnungstag s. mTaan 4,8. Eine neue Übersetzung der Acht Reden gegen Juden von Johannes Chrysostomus mit einem knappen Kommentar von V. Jegher und R. Brändle wird in der Bibliothek der Griechischen Literatur erscheinen.

[18] Sie finden, Christentum und Judentum seien doch „ein und dasselbe": Or. IV,3 (48,875).

[19] Or. II,1 (48,858).

[20] ἄκαιρος: Or.I,1 (48,846); III,1 (48,861); J.L. Malakowski, The Element of ἄκαιρος in John Chrysostom's Anti-Jewish Polemic, TU 115 (1975), 222-231.

[21] Contra Iulianum 351d.

[22] Or. V,11 (48,900). Der Beleg bei Johannes ist vereinzelt und wird durch keine andere Quelle aus dem 4. Jh. gestützt. Hat Johannes den Aufstand unter Gallus zurückdatiert? Zu diesem Aufstand kurz nach 350 s. G. Stemberger, Juden und Christen im Heiligen Land. Palästina unter Konstantin und Theodosius, 1987, 132-150.

[23] PG 48,839-942; 48,813-838; in ev. Mt.h. 75 (PG 58,685ff). Zu Mt. 24,2 s. L. Gaston, No Stone on another. Studies in the Significance of the Fall of Jerusalem in the Synoptic Gospels, Leiden 1970. Zu dieser matthäischen Stelle s. auch den Index von R.A. Krupp, Saint John Chrysostom. A Scripture Index, 1985, 126.

[24] 16 (48,835).

[25] Or. VI,7 (48,914). Die Juden verwerfen indes dieses Zeugnis; denn sie betrachten Jesus als ihren Feind. Chrysostomus schreibt: „Das ist das Erstaunliche, Jude, daß derjenige, den du gekreuzigt hast, nach der Kreuzigung deine Stadt zerstört, dann dein Volk auseinandergetrieben, dann dein Volk überallhin zerstreut hat, womit er lehrte, daß er auferstanden ist und lebt und jetzt im Himmel ist."

[26] V,1 (48,884).

[27] Das Zitat schließt mit den Worten: „Doch nicht einmal so glaubst du <an ihn>, glaubst auch nicht, daß er Gott ist und der Beherrscher der Welt, sondern nur ein Mensch unter vielen". Zum Argument, Jesus sei ein gewöhnlicher Mensch s. Contra Jud. et gent. 9 (48,825), vgl. Or V,3. 11. Vgl. auch Julian, c. Gal. 201e. Zur Aussage, daß der Gekreuzigte die Stadt zerstört und das jüdische Volk auseinandergetrieben habe s. auch in ev. Mt.h. 88 al.89,1 (58,775): „Nachdem sie ihn gekreuzigt hatten, ging ja ihre Stadt zugrunde, hörte das Judentum (τὰʼΙουδαικὰ) auf, zerfiel ihr Staat (πολιτεία) und ihre Freiheit, blühte das Evangelium empor, und es dehnte sich die Predigt bis an die Grenzen der Erde aus."

[28] Or.V,11 (48,901), nämlich das Erdbeben, das den angefangenen Arbeiten ein Ende

setzte. Cyrill spricht kurze Zeit vor Julians Unternehmen von den Resten der Umfassungsmauer des Tempels und von den Überresten des Tempels selbst, cat.15,15 (PG 33,899).

[29] Or.V,12 (48,901).

[30] in ev. Mt.h.75 al.76,1 (58,885f).

[31] Or.V,11 (48,901).

[32] Wilken, 143f.

[33] H. Busse - G. Kretschmar, Jerusalemer Heiligtumstraditionen in altkirchlicher und frühislamischer Zeit, 1987, 99.

[34] Wilken, 141.

[35] Or. V,11 (48,900). Noch 379 denkt Johannes an die Möglichkeit, daß wieder heidnische Machthaber die Regierung übernehmen könnten.

[36] Ep. 204 Bidez-Cumont, zitiert nach M. Adler, Kaiser Julian und die Juden (1893) in: Julian Apostata, hrsg. von R. Klein in WdF 509, 1978, 48-111, 68. Vgl. die englische Übersetzung bei Stern, II, 559-561. Zur Diskussion um die Authentizität des Briefes s. J. Vogt, Kaiser Julian und das Judentum, 1939, 64ff (Fälschung); M. Avi-Yonah, Geschichte der Juden im Zeitalter des Talmud, 1962, 203 (echt); G. Stemberger, 162: „So gibt es keine unüberwindlichen Hindernisse, den Brief als echt anzuerkennen; diese Auffassung hat sich inzwischen auch weithin durchgesetzt." Mir selbst scheinen die Argumente Vogts gegen die Authentizität immer noch überaus bedenkenswert.

[37] Ep. 134 ad Judaeos, Bidez I,2,197, (zitiert nach Goessler, 173), Avi-Yonah, 203.

[38] Or. V,11 (48,901).

[39] Alypius, s. Ammianus Marcellinus, Römische Geschichte, 23,1.

[40] ἀναστῆναι, ähnlich V, 5. Vgl. Mt 24,2.

[41] Zu früheren Versuchen s. Clemens von Alexandrien: Dreimal haben die Juden versucht, ihren Tempel in Jerusalem wieder aufzubauen. Dreimal ist das Unterfangen gescheitert - das ist der Beweis für Gottes Verwerfung der Juden. Strom. I,21,147,2 (GCS 52,91). Gleicher Text: Didaskalia: 26,137. In der rabbinischen Literatur gibt es keinen einzigen Text, der eindeutig vom Vorhaben Julians spricht. W. Bacher hat die Vermutung geäußert, Rabbi Acha hätte das Unternehmen Julians gebilligt. Acha sagt nämlich, aus den Worten der Mischna, mMaas 5,2 Ende sei ersichtlich, „daß das Heiligtum vor dem Wiedererstehen des Reiches Davids, d.h. vor der Ankunft des Messias, aufgebaut wird". Die Agada der Palästinensischen Amoräer, 3. Band, 1899, 111-113. Weitere rabbinische Texte, die vielleicht als Hinweise auf Julians Versuch gedeutet werden könnten, bei Stemberger, 167f. R. Brändle, Das Tempelneubauprojekt Julians, Israel und Kirche heute. Beiträge zum christlich-jüdischen Dialog. Für Ernst Ludwig Ehrlich, 1991,168-183.

[42] Or. V,11 (48,900). D.B. Levenson, A Source and Tradition Critical Study of the Sto-

ries of Julian's Attempt to Rebuild the Jerusalem Temple, Ph.D.diss., Harvard University, Cambridge 1979. Erdbeben als Strafe Gottes: s. auch de Laz. c. 6,2 (48,1030).

[43] Or. V,11 (48,900). Die Frage, ob Julian die Initiative zum Tempelneubau ergriffen hat oder jüdische Kreise, ist offen. Zur Diskussion, s. die in den obigen Anmerkungen genannten Beiträge. Sicher ist, daß das Judentum der Diaspora an der Wiedererrichtung des Tempels weit weniger interessiert war als das die einseitige Betonung seiner Bedeutung für die Legitimität des jüdischen Gottesdienstes durch Johannes Chrysostomus vermuten läßt. Vgl. Simon, Verus Israël, 60. Ich neige dazu, eher in Julian den Initianten zu sehen. Er mußte erkannt haben, wie sehr sich christliche Argumentation auf die Zerstörung des Tempels stützte. Ihr konnte er mit dem Wiederaufbau des Tempels gewissermaßen den Boden unter den Füßen wegziehen. Die Fortsetzung der oben zitierten Stelle lautet: „Auch haben sie nicht gemerkt, daß sie Unmögliches unternahmen, sahen auch nicht ein, daß, wäre es ein Mensch gewesen, der jenes zerstörte, auch ein Mensch es wieder hätte <an die Hand> nehmen können; da aber Gott es war, der ihre Stadt vernichtete, war es unmöglich, daß menschliche Macht je das, was nach göttlichem Entscheid für richtig befunden wurde, ändern könnte. Was Gott, der Heilige, heißt es nämlich, beschlossen hat, wer wird es vereiteln? Und seinen hoch ausgestreckten Arm, wer wird ihn zurückbiegen?" (Jes 14,27).

[44] s. R.L. Wilken, John Chrysostom and the Jews, betitelt einen bemerkenswerten Abschnitt seines Buches mit „Not Yet the Christian Era". (29ff).

[45] Or. VII,3 (48,920).

[46] V,11 (48,901); Cf. Lev 9,23f.

[47] σεμνός

[48] Or. I,2 (48,846f). Mit der Behauptung, die Juden würden Theaterleute und andere Menschen mit zweifelhaftem Ruf in die Synagoge ziehen, benützt Johannes einen alten Topos antiker Polemik.

[49] Or. I,2 (48,847). Die Äußerung von Johannes läßt auf Reaktionen der Hörer schließen. Die Behauptung, zwischen Synagoge und Theater bestehe kein Unterschied, mußte einen jüdischen Zuhörer verärgern, einen christlichen „Judaisierer" verunsichern. Vgl. auch I,3; IV,7. Die Identifikation Synagoge/Theater mag in Antiochien erleichtert gewesen sein durch den Umstand, daß unter Kaiser Titus in Daphne ein Theater auf den Fundamenten einer Synagoge erbaut wurde. Diese hatte dem geplanten Theaterneubau weichen müssen, s. Downey, History 206f. Die Fortsetzung der oben zitierten Stelle lautet: „wenn ich sagte, zwischen einem Theater und einer Synagoge bestehe kein Unterschied; ich aber verurteile ihre Frechheit, wenn sie nicht so denken. Wenn die Bemerkung von mir ist, verurteile mich; wenn ich aber die Worte der Propheten wiedergebe, billige die Frechheit". (I,2f). Johannes beruft sich für seine Polemik auf die Propheten. „Was sagt denn der Prophet? Du bekamst die Stirn einer Dirne, zeigtest keine Scham vor niemand (Jer 3,3). Wo aber eine Hure steht, ist auch der Ort ein Hurenhaus. Ja, mehr noch: Nicht ein Hurenhaus und Theater ist die Synagoge, sondern eine Räuberhöhle und ein Unter-

244

schlupf für wilde Tiere. Eine Hyänenhöhle, heißt es nämlich, ist mir euer Haus geworden (Jer 7,11;12,9). Nicht einfach <Höhle> eines Tieres, sondern eines unreinen Tieres. Und: Ich verließ mein Haus, ich habe mein Erbe verstoßen (Jer 12,7)."

[50] Or. VI,5 (48,911). Polemisiert Johannes hier gegen den Patriarchen in Tiberias? Der Patriarch in Tiberias war nicht nur unter den Juden, sondern auch bei vielen Heiden ein hochgeachteter Mann. Er korrespondierte mit Libanius und schickte einen seiner Söhne zu diesem in den Unterricht. Eine Reihe von Briefen des Libanius an den Patriarchen sind erhalten, s. Stern, II, 589-599. In den polemischen Sätzen des Johannes scheint noch die Treue der Juden zu ihren Traditionen, ihre Verbundenheit mit dem Patriarchen etc. durch, s. R.L. Wilken, Jews and Christian Apologetics after Theodosius I Cunctos populos, HThR 73 (1980), 451-471, 470. Daß Johannes den Plural Patriarchen verwendet, läßt daran denken, daß er möglicherweise die Mitglieder des Sanhedrins meint. Dafür spricht der Umstand, daß Libanius seinen Brief 1097, Stern, II, 594 auch an die Patriarchen gerichtet hat.

[51] Unklar bleibt, wie gut Johannes das Judentum, die Synagoge, jüdische Schrifterklärung usw. kennt und sie aus polemischen Gründen verzerrt wiedergibt, oder ob seine Kenntnisse nur sehr beschränkt sind.

[52] Die Fortsetzung lautet: Wenn er nämlich nicht anders geweiht werden kann als durch diese <Riten>, dann kann notwendigerweise, wenn diese nicht stattfinden, gar kein Priesteramt bei ihnen bestehen. Du siehst, daß ich zu Recht sagte, daß sie nicht nur von der Wahrheit, sondern auch von der Priesterrolle selbst meilenweit entfernt sind: Or. VI,5 (48,912).

[53] VI,7 (48,914). 1Kön 5

[54] κιβωτία wahrscheinlich ist eine Art von Devotionalien gemeint.

[55] John Chrysostom, Discourses against Judaizing Christians, ed. P. Harkins, The Fathers of the Church 68, 173. Wahrscheinlicher scheint mir, daß der Toraschrein gemeint ist, der allerdings die Gläubigen an die Jerusalemer Bundeslade erinnerte, wie umgekehrt die Bundeslade der vorexilischen Zeit in Analogie zum Toraschrein gedacht wurde. Josephus berichtet in Bell 7,44: Antiochus Epiphanes hatte Jerusalem zerstört und den Tempel geplündert. „Die Nachfolger auf seinem Thron erstatteten alle ehernen Weihegeschenke den Juden Antiochiens zurück und (diese) ließen sie in der Synagoge aufstellen". Eine weitere Frage wirft der Bericht von Josephus, Bell 7,45 auf: „Sie schmückten ihr Heiligtum (ἱερόν) mit kunstvollen und prächtigen Weihegeschenken, veranlaßten ständig eine Menge Griechen, zu ihren Gottesdiensten zu kommen und machten sie gewissermaßen zu einem Teil der ihren". Zur Diskussion um die Stellung dieser Synagoge s. die Ausgabe des „Jüdischen Krieges" von Michel/Bauernfeind, II,2, 228: Ist die Synagoge in Antiochien gemeint, die in hellenistischer Manier als ἱερόν bezeichnet wird? Oder geht es hier um ein jüdisches Heiligtum in Antiochien, das mit einem dort ausgeübten, von Jerusalem unabhängigen jüdischen Kult verbunden ist?

[56] VI,3 (49,908).

[57] Die Fortsetzung lautet: „Wenn du das nämlich Menschen zuschreibst, dann beachte doch, daß Menschen, wenn sie etwas unternahmen, das Gott nicht billigte, es nicht zur Vollendung hätten bringen können."

[58] Die Legenden, die sich darum herumgewoben haben, finden sich noch bei Georgios Kedrenos (11. Jh.) und Nikephoros (14. Jh.).

[59] Vgl. H. Bietenhard, Die Freiheitskriege der Juden unter den Kaisern Trajan und Hadrian und der messianische Tempelbau, Judaica 4 (1948), 57-77; 81-108,161-185. Zu R. Jochanan, s. J. Neusner, A life of Rabban Yohanan Ben Zakkai, Leiden 1962.

[60] Hrsg. J. Maier und J. Schreiner, 1973, 254-272, 272; s. im gleichen Band den Beitrag von Hannelore Künzl, Die archäologischen Funde aus der Zeit des Frühjudentums und ihre religionsgeschichtliche Bedeutung, 414-437, 416f: auf Münzen des Antigonus Mattatias, des letzten Hasmonäerherrschers (40-37 v. Chr.) ist der Tempel als Symbol für Religion, Volk und Staat des Judentums gegenüber der Macht Roms zu sehen. Das Datum der Tempelzerstörung, der 9. Ab, hat sich unauslöschlich in das kollektive Gedächtnis der Juden eingegraben.

Johann Maier

ZWISCHEN ZWEITEM UND DRITTEM TEMPEL

Jüdische Deutungen und Hoffnungen angesichts des zerstörten Tempels[1]

1. Die Tempelanlage

Im allgemeinen macht man sich nur selten eine zutreffende Vorstellung von dem, was das Heiligtum zu Jerusalem als Gesamtanlage architektonisch, kultisch-funktional sowie in symbolischer und in spekulativ-religiöser Hinsicht alles dargestellt hat und noch immer darstellt. Eine unzutreffende Alternative, nämlich „Gebetshaus" einerseits und Opferstätte andrerseits, hat weithin den Blick verstellt, wobei freilich zugute gehalten werden muß, daß erst die Texte von Qumran und neuere archäologische Entdeckungen ein sachgerechteres Verständnis des Tempelkults eröffnet haben.[2]

Die Anlage selbst war eine der umfangreichsten der Antike überhaupt. Ihr Grundkonzept besteht in konzentrisch abgestuften Bereichen einer von innen nach außen abnehmenden Heiligkeitsqualität mit entsprechend abgestuften Erfordernissen ritueller Reinheit.[3] Und zwar handelt es sich um folgende Heiligkeitsstufen: (1) Das Tempelhaus mit a) dem Allerheiligsten als Thronstätte der Gottesgegenwart, nur für den Hohepriester am Großen Versöhnungstag zugänglich; b) die Tempelhalle mit Räucheraltar, Menorah und Schaubrottisch, nur für diensthabende Priester zugänglich; c) die Vorhalle. Diese inneren priesterlichen Dienstbereiche entsprechen im Sinne ihrer Heiligkeit der Vorstellung vom himmlischen Heiligtum,[4] funktional wurde sogar eine Parallelisierung, ja Identifizierung von irdischer und himmlischer priesterlicher Kultausübung vorausgesetzt, wie die Sabbatopferlieder aus Qumran es uns sehr anschaulich und massiv bezeugen.[5] (2) Der Priesterhof mit dem a) Altarbereich und b) dem Priesterhof darum und um das Tempelhaus herum. Diesen priesterlichen Monopolbereichen vorgelagert waren (3) der Männerhof und (4) der Israeliten- bzw. Frauenhof. Das alles befand sich innerhalb eines Quadrats von 500x500 Ellen, des (4) Har hab-

Bajit bzw. Tempelberges.[6] Erst unter Herodes kam dazu (5) der sogenannte „Heidenhof" innerhalb der Umfassungsbauten auf den noch heute sichtbaren Einfassungmauern. Besondere rituelle Bedeutung hatte auch (6) die „Stadt des Heiligtums", umgeben von (7-8) zwei begrenzten Zonen um diese Stadt, die im Sinne der Erreichbarkeit des Heiligtums definiert waren. Darüber hinaus gab es noch (9) die befestigten Städte im Land und schließlich (10) das Land Israel als rituell reiner Bereich im Gegensatz zum „profanem Bereich" draußen, der als Götzendienstbereich auch rituell als unrein galt.

2. Symbolik

Die so abgestufte Anlage des Tempels diente einem komplizierten Kultbetrieb. Diese Bezeichnung trifft angesichts der Vielfalt und des Umfangs der Abläufe sicherlich zu, zudem war das rituell-kultische Abgabensystem einschließlich des Opferbetriebes im Rahmen der Stadt Jerusalem und der Provinz Judaea von derartigem sozialen und ökonomischen Gewicht, daß der Tempel auch in dieser Hinsicht eine dominante Rolle gespielt hat.[7] Aber diese wahrnehmbaren Vorgänge und Gewichtungen sind nur die eine Seite der Medaille, denn ihre religiösspekulativen und emotionalen Aspekte sind nicht minder bedeutsam. Sowohl die Anlage in ihren einzelnen Bereichen wie ihre Einzeleinrichtungen und kultischrituellen Verrichtungen waren mit Vorstellungen befrachtet, deren religiöse und vor allem auch religionspsychologische Relevanz meist zuwenig beachtet worden ist. Es handelt sich einerseits um eine ausgeprägte, bis in die Details reichende kosmologische Symbolik[8], begründet auf der Vorstellung einer Repräsentanz des ganzen Kosmos durch das Heiligtum, wobei der ritualgerecht durchgeführte Kult der kosmischen Ordnung entspricht und diese auch aufrecht erhält, also nicht nur Sühne erwirkt, sondern auch das Gedeihen in der Natur bewirkt. Der ritualgerechte Kult diente nach dieser Überzeugung der Existenzsicherung im weitesten Sinn, daher war auch der Streit um den richtigen Kultkalender im frühen Judentum derart heftig. Die kosmologische Symbolik des Tempels blieb aber auch später ein gewichtiger Faktor, sie konnte jeweils mit dem sich wandelnden Weltbild auch sehr günstig verbunden werden. In systematischer Weise geschah das in der *Massäkät Mal'äkät ha-Mishkan*[9] und ganz selbstverständlich auch im *Sefär*

Jetzirah.[10] Von da an blieb dieses Verfahren aktuell. Die Kabbalisten benützten dies alles als Basis für ihre Sefirot-Symbolistik, die Spätplatoniker und dann auch wieder gewisse Esoteriker an der Schwelle zur Moderne machten ebenfalls von diesen Traditionen Gebrauch.

Kultkritik gab es zwar, vor allem von der prophetischen Tradition her, aber sie richtete sich in erster Linie gegen Veräußerlichung und Mißbrauch, auch gegen einseitige Inanspruchnahmen für menschlich-irdische Autorität und Macht. Damit wird ein weiterer, historisch allerdings sehr folgenreicher Bereich der Symbolik angesprochen.

3. Religiöse und politisch-militärische Relevanz im Spannungsfeld

Der Zionshügel mußte von Anfang an teils am Gipfel abgetragen und teils an den Seiten aufgemauert werden, um die nötige Fläche für das Heiligtum zu schaffen. Die Folge war, daß die Anlage schon architektonisch bedingt unvermeidlicherweise festungsartigen Charakter bekam und auch in der Tat unter dem Aspekt der Stadtverteidigung die effektivste Festungsanlage innerhalb der Stadt Jerusalem darstellte. Daher symbolisierte die Anlage nicht nur Gottes Gegenwart und Macht, sie stand auch im Dienst der irdischen Macht, nicht nur als deren Repräsentation sondern ganz konkret als Akropolis der Hauptstadt. Die beiden repräsentativen Symbolfunktionen, die religiöse und die machtpolitische, konnten sich fallweise widersprechen, fallweise aber auch decken. Unter Antiochus IV. Epiphanes wurde der Tempel 168/7 für einige Zeit entweiht und umgewidmet, und mit der Akra-Festung wurde ein Instrument und Symbol der Fremdherrschaft am heiligen Areal errichtet. Unter Judas Makkabäus konnte 164/3 der Tempel selber zwar wieder eingeweiht werden, woran das Chanukkah-Fest erinnert, aber die Akra blieb noch bis 141 in fremder Hand. Damals verschmolzen die religiös-kultische und die politisch-militärische Funktion und Symbolik in einer so intensiven Weise, daß von da an der Tempel eben auch über die religiösen Gesichtspunkte hinaus zu einem vorrangigen Mittel und Symbol der Selbstbehauptung, ja Selbstidentifizierung des Judentums geworden ist[11]. Auch die Münzprägungen bieten dafür allerlei Hinweise.[12] Herodes der Große hat mit seinen gewaltigen Umfassungsbauten den festungsartigen Charakter der Anlage noch verstärkt und mit der Festung Antonia im Nordosten und mit der riesigen königlichen Stoa im Süden zu einer Demonstration königlicher Macht ausgestaltet. Unter den Prokuratoren wurde die Festung Antonia wieder zum Symbol der fremden Oberherrschaft und der Bedrohung der heiligen Stätte, die im Aufstand gegen Rom 66-70 dann auch zum Brennpunkt des Widerstandes geworden ist.

Die Folgen sind evident; die weitreichende Gleichsetzung der Symbolfunktion einer Repräsentanz der Gottesgegenwart und der Funktion als Festung und Symbol politisch-militärischer Macht trägt die abgrundtiefe Problematik bereits in sich, die eine Eroberung und Zerstörung dieses Ortes durch Feindeshand heraufbeschwören mußte. Schon der Sprachgebrauch zeigt, um was es geht: Man sprach von „dem Ort", nämlich dem der Gottesgegenwart, und verwendete diese Bezeichnung „der Ort" auch als Ersatz für den Gottesnamen. Die Bindung Gottes an seine Thronstatt im Allerheiligsten galt vielen als so eng, so absolut, daß eine Eroberung oder gar Zerstörung der Stätte unfaßbar erscheinen mußte. Ganz neu war diese Problematik freilich nicht, wir finden sie bereits im Kontext der Überlieferungen über die Zerstörung des ersten Tempels bezeugt, vor allem im Ezechielbuch, aber die politisch-militärische Komponente und deren Funktion als Identifizierungssymbol hatte eben mit der herodianischen Anlage ihren Höhepunkt erlangt und daher stellte sich von da an den Zeitgenossen und Nachfahren das Verhältnis oder Mißverhältnis zwischen realer Macht und Gottes Herrschaft gerade am Beispiel des Tempels umso schärfer dar.

Man konnte sich eine Zerstörung eines so konzipierten Heiligtums nur mehr als Folge einer vorangegangenen Preisgabe der Stätte der Gottesgegenwart durch Gott selbst vorstellen. Indem Gott seine Gegenwart entfernte, entzog er dem „ORT" schlechthin gerade das, was ihm seine numinose Qualität verlieh. Der *Kabôd* bzw. die *Schekhîna* Gottes verließ das Heiligtum in demonstrativer Weise, bevor es in die Hände der Feinde fallen konnte. So finden wir es schon bei Ezechiel in Bezug auf die Zerstörung des ersten Tempels bezeugt, hinsichtlich des Zweiten Tempels bei Flavius Josephus und noch mehr ausgeformt in bestimmten apokalyptischen Texten aus der Zeit um 100 n. Chr.[13], und dann in rabbinischen Äußerungen zur Zerstörung des Ersten wie des Zweiten Tempels gleichermaßen. Eine Kultrestauration mit Wiederaufbau des Tempels war daher stets mit dem Gedanken der Wiedereinwohnung der Gottesgegenwart verbunden. Es ging dabei stets auch um das Verhältnis zwischen Gott und Israel – als erwähltes Volk und als verheißenes Land, und dieser religiöse Symbolwert wurde ergänzt um die Machtfrage im Sinne der Alternative irdische Weltherrschaft oder Gottesherrschaft. Unter Gottesherrschaft im Sinne der Durchsetzung des Goteswillens verstand man aber zu der Zeit schon längst die Verwirklichung des offenbarten Gotteswillens, wie man ihn in der Tora vom Sinai vorliegen hatte. Das Kultgesetz war ein wesentlicher Teil der Tora, die Kultrestauration konnte daher auch als *pars pro toto* die volle Anwendung des offenbarten Gotteswillens signalisieren.

Es versteht sich von selbst, daß diese Zuspitzung auf die Fragen der Gottesgegenwart und Gottesherrschaft geradezu automatisch eschatologische Dimensionen annehmen mußte, selbst wenn sich das alles nicht ohnedies in einem von akutem eschatologisch-messianisch gefärbten Milieu und Zeitraum abgespielt hätte. Im Licht der Endzeiterwartung wurden alle die genannten Aspekte gebündelt und überprofiliert.

Die eschatologische Hoffnung enthält auf dieser Traditionsbasis nicht nur die bauliche Wiedererrichtung des Tempels und die organisatorische Wiedereinrichtung des Kults allgemein, sie galt schon früher als Königspflicht, wurde also auch Aufgabe des Messias-Königs. Dieser repräsentiert als tora-gehorsamer Herrscher in erster Linie die endgültige Verwirklichung des Gotteswillens, und damit wurde das Heiligtum auch auf diese Weise ein Symbol der Macht, nämlich der endgültig durchgesetzten Gottesherrschaft, und in Verbindung mit der kosmologischen Symbolik der Anlage sogar ein Symbol der Allmacht Gottes. Der wiederhergestellte Tempel demonstriert zudem die Versöhnung Gottes mit Israel, indem Gottes kultische Gegenwart wieder inmitten Israels „einwohnt". Die zahlreichen einschlägigen Bitten um die Wiederherstellung der davidischen Herrschaft in diesem Sinne der vollkommenen Gottesherrschaft und des Wiederaufbaus Jerusalems mit der Kultrestauration zeigen auch in der liturgischen Tradition, wie eng diese beiden Aspekte verbunden sind. Am bekanntesten sind wohl die beiden Benediktionen XIVa+b bzw. XV im täglich dreimal zu sprechenden Achtzehngebet.

Seit die Symbolik des Tempels derart in die endzeitliche Hoffnung eingebunden wurde, ist allerdings jeder Versuch eines Wiederaufbaus mit allen den Fragen und Problemen verquickt, die mit einer akuten Endzeiterwartung auftreten. Realistische und utopische Gesichtspunkte, in der eschatologischen Hoffnung verknüpft, fallen in diesem Fall auseinander, denn jeder Versuch der Realisierung tritt in Widerspruch zur utopischen Konzeption und führt sich selbst *ad absurdum*, solange nicht der erhoffte Kairos tatsächlich eintritt. Dieses Wechselspiel zwischen realen, symbolischen und utopischen Aspekten kennzeichnet den ganzen Vorstellungskomplex in seiner Geschichte bis heute.

4. Zwiespältige Aspekte der Tempelzerstörung und des Tempelwiederaufbaus

Die Zerstörung des Zweiten Tempels ist wiederholt Gegenstand von Untersuchungen gewesen, seltener in einem größeren Kontext,[14] häufiger im Blick auf die unmittelbareren Reaktionen in der Folgezeit[15] oder in bestimmten literarischen Dokumenten.[16] In der rabbinischen Literatur verstreut finden sich zudem in zahlreichen Stellen Bezugnahmen auf die Tempelzerstörung.[17]

In der älteren talmudischen Zeit findet man fast durchwegs eine klare Ablehnung jedweder Nachahmung von Tempeleinrichtungen und Tempelkulttraditionen. Synagogenbau und Synagogeneinrichtung z.B. folgten anderen Vorbildern. Dieser Tendenz wirkte ein anderer Trend entgegen, dem es um die Erinnerung an den Tempel ging, und zwar nicht bloß im Rahmen der Gebetsordnung.[18] Allmählich kamen nämlich auch in der Praxis Einzelelemente zum Zweck des „Gedenkens an den Tempel" in Gebrauch,[19] auch Abbildungen von Kultgeräten, Festsymbole wie Etrog und Feststrauß; insbesondere die Menora wurde zu einem verbreiteten Symbol, und optisch ganz prominent wurde der Toraschrein als Bundeslade gestaltet. Wir finden also eine zwiespältige Haltung zum zerstörten Tempel vor, wobei wieder teils konkrete und teils symbolische Gesichtspunkte eine Rolle spielen.

Tempelzerstörung und Tempelwiederaufbau sind in der Tat mit konkreten, realen Folgen von großer Tragweite verbunden. Die Zerstörung des zweiten Tempels am Ende des judäischen Aufstands gegen Rom markierte den Endpunkt einer tragischen innenpolitischen Krisenperiode.[20] Sie führte zu einem völligen Wandel der wirtschaftlichen, sozialen und politischen Ordnung im Lande Israel.[21] Priester und Leviten waren, ihrer kultischen Einkünfte beraubt und ohne wesentliche öffentliche Funktion, nunmehr auch ohne Macht,[22] und so war das vor 70 n. teilweise vorhandene Tauziehen zwischen Priestern und Laiengelehrten[23] durch die Katastrophe zugunsten der Letzteren entschieden worden. Das Verbot, Jerusalem zu bewohnen, nahm der Tempelprovinz ihr Zentrum, neue Zentralinstitutionen etablierten sich auf dem Weg zum „rabbinischen Judentum" nach und nach neu, aber eben unter ganz anderer Ägide. Unter dem Regime des Nasi' bzw. Patriarchen (2.-5. Jh. n. Chr.) saß eine Gelehrtenselbstverwaltung mit dem rabbinischen Sanhedrin an der Spitze fest im Sattel. Priester hatten sich dieser rabbinischen Autorität zu fügen, bloße Zugehörigkeit zur priesterlichen oder levitischen Kaste brachte kaum Prestige oder gar Rechte und Privilegien mit sich, rabbinische Toragelehrsamkeit hingegen sehr wohl. Als geopolitisches Zentrum war Jerusalem allerdings nicht zu ersetzen, das Große Sanhedrin der Rabbinen mit dem Patriarchen residierte während dieser Periode denn auch an verschiedenen Orten.

Ohne Kult war keine rituelle Sühnewirkung möglich, und das hat nach kultischer Auffassung die Akkumulation ungesühnter Schuld zur Folge, was nach damaligem Glauben zu einer negativ wirksamen, objektiv vorhanden geglaubten Anballung unheilvoller Macht mit negativen Folgen auch für die Natur führt. Man versuchte zwar, die Sühnewirkung wenigstens teilweise zu ersetzen, sie auch als Folge von Torafrömmigkeit zu verstehen, und man akzentuierte in diesem Sinne auch die synagogale Liturgie des Großen Versöhnungstages, des Jom Kippûr. Das ergab eine gewisse entspannende Überbrückungshilfe in der kultlosen Übergangsperiode bis zum erhofften Wiederaufbau. Dazu gehört auch, daß der Akzent von den heiligen Bereichen mehr auf die heiligen Zeiten rückte, auch von der kollektiven Kultaufgabe auf die individuelle Torafrömmigkeit, und daher wurden die Feste auch stärker auf die Familie und die jeweilige Einzelgemeinde bezogen, die prinzipiell als „Heilige Gemeinde" die ganze „Gemeinde Israel" im Sinne einer *pars pro toto* repräsentiert.

Dennoch blieb die Lücke fühlbar, zum Teil auch ganz konkret definiert: So war es seit der Tempelzerstörung nicht mehr möglich, das Reinigungswasser aus der Asche der Roten Kuh zu erzeugen, und somit fehlt das rituelle Reinigungsmittel bei Totenunreinheit, ein gewichtiger Gesichtspunkt für die rituelle Weltsicht.[24]

Der Tempel selbst war auch als zentraler jüdischer Orientierungsort nicht zu ersetzen, seine Stätte – Zion/Jerusalem – blieb es aber gleichwohl, wie unter anderem durch die Gebetsrichtung veranschaulicht wird.

Die Tempelzerstörung wirkte auf die folgende Generation und auch auf die Späteren als Symbol der gottverfügten Niederlage bzw. Strafe Gottes, als Symbol eines heilsgeschichtlichen Rückschritts. Auf dieser Basis wurden die Zerstörung des Ersten Tempels durch Babel und die Zerstörung des Zweiten Tempels durch Rom parallelisiert und Rom erschien als zweites Babylon. Beide Tempelzerstörungen setzte man zudem auf den gleichen Kalendertag an, auf den 9. Ab. Die synagogale Liturgie zu diesem bedeutenden Buß- und Fasttag enthält eine Fülle von charakteristischen Zeugnissen für das hier Angedeutete. Gerade auch die einschlägigen Buß- und Klagedichtungen für diesen Tag, die *Selichot* in Babylonien und die *Qinot* (Klagelieder) in anderen Gebieten mit regionalen Varianten bis heute, sprechen eine zwar stark stereotypisierte, aber deutliche Sprache.

Am bemerkenswertesten ist die Vorstellung, daß Gott sich angesichts des Ungehorsams der Israeliten und ihrer internen Fehden *gezwungen* sah, diese Strafe zu verhängen, daß sich Gott gleichsam selber aus seiner Thronstätte verbannte, indem er seine *Schekhîna* abzog. Gott selber bedauert diese unvermeidliche Maßnahme, und daher geht seine *Schekhîna* mit den Israeliten in ihre Exilsländer mit,[25] wobei die kultische Gegenwart durch die Gegenwart des in der Tora offenbarten Gotteswillens ersetzt wird, der Kult repräsentierte ja Tora, folglich konnte die Tora als Ganzes natürlich auch den Kult repräsentieren. Nicht nur Israel klagt folglich über die Tempelzerstörung[26], und liturgisch hat sich dies auf den 9. Ab als Tag der beiden Tempelzerstörungen konzentriert, auch Gott selber trauert und klagt[27] – ebenfalls im Exil, und wahre Freude gibt es seitdem eigentlich nur dank der Tora.[28]

Die Zeit seit dem zerstörten Tempel wird deshalb gern als freudlose Zeit gekennzeichnet, als Zeit der Trauer Gottes, und eine Serie stereotyp formulierter Sätze mit Abwandlungen lautet: „Seit das Heiligtum zerstört wurde, gibt es keine (... xy) mehr." Diese negative Beurteilung der Existenz in der tempellosen Zeit wog sogar die im Judentum relativ positive Einschätzung der Schöpfung teilweise auf und bewirkte in sehr frommen Kreisen ein regelrecht gestörtes Verhältnis zur Natur und eine ausgesprochen asketische Lebensauffassung. Dies gilt noch mehr für mittelalterliche Gruppen, die als „Trauernde von Zion" die Klage über die Tempelzerstörung ganz besonders intensiv pflegten. Im übrigen blieb man freilich durch das Bewußtsein der Verpflichtung zur Wahrung der Kontinuität jüdischer Existenz vor den äußersten Konsequenzen der Weltflucht bewahrt, um den Verpflichtungen der Torafrömmigkeit körperlich einigermaßen gewachsen zu bleiben.

Die christliche Deutung der Tempelzerstörung als Strafe für die Ablehnung Jesu als des Messias/Christus diente als Wahrheitsbeweis für das Christentum – demgemäß mußte ein Wiederaufbau als Infragestellung der christlichen Wahrheit empfunden werden.

Die Parallelität der negativen Deutung in Judentum und Christentum ergab sich also aus unterschiedlichen Motiven und mit widersprechenden, einander ausschließenden Zukunftsperspektiven. Es versteht sich von selbst, daß man im Judentum die Bedeutung des Tempels noch mehr betonte, sobald man diese christliche Einschätzung kennenlernen konnte, und das geschah am Ausgang der Antike und insbesondere im Mittelalter. Kein Wunder also, daß im Mittelalter und auch in der Neuzeit die messianisch-davidische Hoffnung in ihrer Verbindung mit der Hoffnung auf die Restauration Jerusalems und seines Kultes gegenüber den christlichen Ansprüchen und den christlichen Behandlungen der Zerstörung Jerusalems[29] massiv hervorgekehrt wurde[30] und daß dies auch künstlerisch zum Ausdruck kam.[31] Gerade hier aber, in der Konfrontation mit den beiden Tochterreligionen und deren Theologie, ergaben sich auch gegenläufige Gesichtspunkte.

Man stelle sich vor, der Tempel wäre im Jahr 70 n. nicht zerstört und der Tempelkult mit römischer Duldung weiter gepflegt worden. Was hätte dies für das Judentum der ausgehenden Antike und insbesondere des Mittelalters bedeutet, als mit dem Islam eine unzweifelhaft monotheistische Religion den Anspruch erhob, die Prophetie des Mose und Jesu abschließend zu überhöhen? Die Folgen wären sehr weitreichend gewesen, das Ergebnis womöglich ein antikes Relikt wie im Fall der Samaritaner, aber ohne Bedeutung für das aktuelle Selbstverständnis der beiden rivalisierenden Tochterreligionen mit ihrer nun philosophisch verfeinerten Theologie. Moses Maimonides (gest. 1204) hat diese sehr wohl erkannt und dem einstigen Opferkult eine umständebedingte Funktion in der Auseinandersetzung mit dem Götzendienst der Umwelt zugeschrieben; aber das heißt nicht, daß er damit die ganze Kulthalakha für überflüssig erachtet hätte, auch er sah in seinem umfassenden Gesetzeskodex *Mishneh Tôrah* die Kultrestauration als Aufgabe des davidischen Messiaskönigs vor und behandelte den gesamten Stoff der kultgesetzlichen Traditionen. Der Kult hat nach dieser Denkweise eben nicht bloß diese umständebedingte Funktion, es geht um mehr und vor allem um den Willen Gottes, dessen tiefste Beweggründe auch nach dem recht rational urteilenden Maimonides ein Mensch niemals auszuloten vermag. Und die spekulativeren Denker, vor allem aber die Kabbalisten, haben die traditionellen kultsymbolischen Vorstellungen in voller Breite aufgegriffen und spekulativ verwertet. Die Kabbalisten haben die Kult- und Tempelsymbolik insbesondere für ihre *Sefirot*-Symbolistik verwertet und somit die kosmologische Symbolik um eine transkosmische Dimension erweitert.

Ein Zwiespalt in der Einschätzung des konkreten Kults war aber nunmehr doch vorhanden, und dies gilt noch mehr seit Aufklärung und Reform. Für die jüdischen Reformer des 19. Jh. wäre es unerträglich gewesen, hätten Juden in Jerusalem noch irgendwelche konkreten Opferkultakte vollzogen, selbst in so reduzierter Form wie bei den Samaritanern. Das Reformjudentum hätte dann das Judentum schwerlich in der ihm eigenen Art als „Weltreligion" präsentieren können, es hätte sich vom traditionellen Judentum wahrscheinlich trennen müssen und damit wäre das Judentum als geschichtliche Einheit gesprengt worden.

Es ist also durchaus begreiflich, wenn moderne jüdische Richtungen in der Tempelzerstörung eine unverhofft eingetretene Chance für die Ausprägung eines vergeistigten und letztlich modernen Judentums sahen und sehen. Wie oben schon gezeigt, geht es auch im traditionellen Judentum nicht um eine einfache Gegenüberstellung des zerstörten Tempels der Vergangenheit und eines wiederaufgebauten Tempels der Zukunft, weil die Hoffnung auf den Wiederaufbau schon recht früh so stark an die Endzeithoffnung gebunden worden ist, daß ein normaler Wiederaufbauversuch von der Frage nach dem Termin der Erlösung nicht mehr zu trennen und darum mit allen Problemen einer akuten messianischen Naherwartung verquickt war.

Die erste Probe aufs Exempel bot der Beschluß des Kaisers Julian „Apostata", unter anderem auch den Tempel zu Jerusalem restaurieren zu lassen.[32] Wohl mehr den Christen zum Ärger als den Juden zuliebe, denn für die Kirche war die Differenz zur Restauration heidnischer Tempel sogleich deutlich: der Wiederaufbau des Tempels hätte den christlichen heilsgeschichtstheologischen Ansatz, wonach die Tempelzerstörung die Wahrheit der christlichen Botschaft bestätige, demonstrativ *ad absurdum* geführt. Demgemäß heftig reagierte die christliche Seite auf die Pläne und Maßnahmen Kaiser Julians. Über die jüdische Seite sind uns kennzeichnender Weise so gut wie keinerlei Nachrichten oder Hinweise erhalten. Es ist möglich, daß jüdische Priesterkreise daran interessiert waren,[33] denn sie hätten dadurch auch ihre alten Positionen, Funktionen und Einkünfte wiedererlangt. Sie waren dafür auch offenkundig gewappnet, denn sie bewahrten ja bis ins Hochmittelalter hinein auch ihre spezielle Dienstklasseneinteilung und pflegten ihre Traditionen in speziellen Gottesdiensten. Aber das war zahlenmäßig gesehen nur eine kleine Gruppe ohne viel Einfluß im rabbinisch beherrschten Establishment. Für die rabbinischen Autoritäten mußte sich aus Julians Plänen eine tiefreichende Beunruhigung und Verlegenheit ergeben, bedeutete doch ein restaurierter Tempel und Kultbetrieb auch eine zumindest teilweise Restauration der alten hierokratischen Ordnung und folglich eine neue Machtkonstellation. Es wäre die Frage zu klären gewesen, in welchem Verhältnis die Position des Hohepriesters und der Priesterschaft zur Funktion des Patriarchen und des rein rabbinischen Sanhedrins stehen sollte; eine Verfassungskrise und ein Machtkampf wären die Folge gewesen. Die neue, rabbinische Elite war schwerlich an einer solchen Wende interessiert, solang sie nicht überzeugt war, es handle sich um die endzeitliche Restauration, und sie hat sich daher zunächst vorsichtig zurückgehalten und dann das wenig Aufsehen erregende Scheitern der Maßnahme wohl eher mit Erleichterung zur Kenntnis genommen. Und als nach der islamischen Eroberung auf dem Platz des früheren Tempels der Felsendom errichtet wurde, soll dessen Lokalisierung auf Grund jüdischer Lokaltraditionen vorgenommen worden sein.[34]

Dennoch galt weiterhin ungebrochen die traditionelle Hoffnung auf Restitution des Tempels und des Kultes, aber in Verbindung mit der messianisch-davidischen Restauration, als integraler Bestandteil der Endzeiterwartung, und im Blick auf diese wurde nicht nur im talmudischen Schrifttum sondern darüber hinaus in der ganzen späteren Tradition der gesamte kultisch-rituelle Traditionsstoff weiter tradiert und diskutiert.

In der jüdischen Aufklärung und im Reformjudentum gewannen freilich die historischen Gesichtspunkte die Oberhand. Der Opferkult erschien nun vollends als etwas zeitgebunden Vergangenes, dessen man sich nicht selten sogar ganz deutlich schämte. Man war heilfroh, keinen „blutigen Opferkult" mehr zu haben, daher wurde die Funktion des Tempels als „Bethaus" dick herausgestrichen, wie ja auch gerade Reformsynagogen – überraschenderweise – nicht selten die Bezeichnung „Tempel" trugen.

Unmittelbare Illustrationen der Problematik konnte man in unserer Zeit erleben. Als 1967 durch den Sechstagekrieg mit Ostjerusalem auch der Tempelberg erobert wurde, richtete sich zunächst das Augenmerk auf die viele Jahre nicht zugänglich gewesene Westmauer mit ihrer traditionellen, aber für die tempellose Zeit charakteristischen Symbolfunktion als „Klagemauer". Der Tempelberg selbst blieb unter moslemischer Verwaltung, aber seit der Annexion Jerusalems liegt er auf israelischem Hoheitsgebiet, und das ergab eine neue Diskussionsbasis für restaurative Tendenzen und für intensive Überlegungen.[35] Gewisse Gruppen haben seither versucht, auf dem ehemaligen Tempelberg Fuß zu fassen, obwohl die traditionelle Halakah wegen der eingetretenen rituellen Unreinheitssituation das Betreten des heiligen Bereichs nicht gestattet. Dieses Hindernis wiegt aber wenig in den Augen jener, die meinen, nun sei die Stunde der endzeitlichen Erfüllung und somit auch des dritten Tempels gekommen. Spekulationen über den Standort und eventuellen Wiedererrichtungsort setzten ein, konkrete Vorbereitungen für eine Kultrestauration wurden getroffen.[36] Die staatlichen Behörden waren schließlich darüber alarmiert, da manche Aktivitäten kriminelle Züge annahmen und politische Verwicklungen heraufzubeschwören drohten,[37] wobei die Verteidigung auch vor Gericht ganz massiv traditionalistisch-religiös argumentierte.[38] Aber auch die staatlichen Autoritäten mußten gewisse traditionelle Auffassungen respektieren, zum Beispiel die Einschätzung der Heiligkeit des Ortes, was zum Verbot geführt hat, die heilige Stätte zu überfliegen, weil eben auch der Luftraum darüber heilig sei. Und selbst die offiziellen rabbinischen Autoritäten des Landes Israel blieben von diesen messianischen Tendenzen nicht unberührt,[39] eine ganze Serie von Organisationen und Institutionen befaßte sich alsbald offiziell mit der Tempelfrage.[40] Die „Getreuen des Tempelberges" versuchten mit ganz konkreten Maßnahmen auf dem Areal Fuß zu fassen[41] und erhielten prominente Unterstützung. Schon 1978 hatte der aschkenasische Oberrabbiner S. Goren den Zutritt zum Areal bei Beachtung bestimmter Grenzen für erlaubt erklärt.[42] Der sefardische Oberrabbiner M. Elias forderte dann nicht bloß den Bau einer Synagoge in der SO-Ecke des *Haram ash-sharîf*,[43] sondern mahnte auch zur Bereitschaft für die Ankunft des Messias und für den Tempelbau.[44] Und nicht zufällig erlaubte eine Gruppe von 40 Rabbinern bald danach den Eintritt in ein bestimmtes Teilareal.[45] Auch die israelischen Archäologen, die seit 1967 sehr viel zur Aufklärung der historisch-archäologischen und topographischen Verhältnisse und gerade auch zur Beschaffenheit der Tempelanlage selber geleistet haben, gerieten mehr und mehr ins Kreuzfeuer orthodoxer Kritik. Und zwar nicht bloß, wenn sie bei Grabungen gelegentlich auf Gebeine stießen[46], sondern sogar hinsichtlich der Rechtsbasis ihrer Tätigkeit, wobei die Frage der israelisch-staatlichen Territorialhoheit und damit die Forderung nach Anwendung israelischen Rechts auf den vom islamischen *Waqf* verwalteten *Haram al-sharîf* ins Zentrum gerückt wurde. Der Oberste Gerichtshof des Staates Israel nahm dazu in einer Weise Stellung,[47] durch die die radikalen Tendenzen im Grunde bestärkt worden sind.

Nach den Wahlen dieses Jahres ist allerdings die Diskussion über den Dritten Tempel vorläufig wieder in den Hintergrund getreten. Sie hatte in der jüdischen Welt weithin Unbehagen und Besorgnisse hervorgerufen, und daher ging nach den Wahlen diesbezüglich ein Aufatmen durch die Diaspora. Die Verfechter des Dritten Tempels teilen diese Auffassung sicher nicht, aber die jüdische Realität wird nicht in erster Linie durch diese quantitativ-statistisch belanglosen, wenn auch politisch brisanten Aspekte bestimmt.

Die gemäßigten religiösen Richtungen des Judentums hielten sich von ihrer jeweiligen Gegenwart aus immer an zwei Orientierungspunkte: Im Blick auf Vergangenheit und Gegenwart an den zerstörten Tempel als ein im Gedenken der Tempelzerstörung wirksames Integrationssymbol, und im Blick auf Gegenwart und Heilszukunft an den erhofften endzeitlichen Tempel, ohne mit dessen kurzfristiger Errichtung trotz aller einschlägigen Gebetsbitten ernsthaft zu rechnen. Und diese beiden Orientierungspunkte stellen dank ihrer symbolbefrachteten Bedeutung jeden konkreten Versuch eines Wiederaufbaus hinsichtlich der religiösen

Wirksamkeit weit in den Schatten, weil diese Symbolkraft über die Grenzen des traditionellen Judentums hinaus wirksam ist.

5. Zusammenfassung

Der religionsgeschichtliche Beobachter kann als Resumé konstatieren, daß das Gedenken an die beiden Tempelzerstörungen am 9. Ab nach wie vor eine beachtliche integrierende und Solidarität erzeugende Wirkung hat, während die Hoffnung auf einen – nicht näher definierten und nicht als akut aktuell eingeschätzten Wiederaufbau des Tempels den Schmerz über den Verlust gewissermaßen ausbalanciert, und beide, Gedenken und Hoffnung, üben in ihrer symbolisch-abstrakten Bedeutung auch eine integrierende Wirkung im Gesamtjudentum aus.

Anders sieht es im Fall einer akuten Naherwartung und im Fall eines konkreten Verwirklichungsversuchs aus: Obschon der Bau des Dritten Tempels fest in der eschatologischen Hoffnung traditionsbewußter Kreise verankert ist, würde das Thema so im Gesamtjudentum zum Sprengstoff. Die Thematik des 9. Ab und der an ihm angeschlagene Akkord von Emotionen reichen in ihrer Tragweite weit über die Frage des Sinns und der Berechtigung eines Tempels und Opferkults hinaus, und daher trägt der zerstörte Tempel nicht weniger zur Erhaltung und Festigung jüdisch-religiösen Selbstbewußtseins bei als seinerzeit der real existierende, und ganz gewiß mehr als ein Neubau es nach menschlichem Ermessen jemals tun könnte. Das klingt vielleicht überspitzt, ist aber leicht zu beweisen: Denn wer hört und singt nicht gern am Chanukkahfest „Ma'oz tzur jeshu'ati", in dem auch um die Wiederherstellung des Tempels und der Opferpraxis gebetet wird, aber wieviele möchten wirklich, daß dieser Wunsch tatsächlich hier und heute in Erfüllung geht? Es ergibt sich also, daß mit dem Thema Tempel, Tempelkult, Tempelzerstörung und Wiederaufbauhoffnung im Rahmen der jüdischen Religion in ihrer Vielfalt und in ihrer historischen Tiefendimension weit mehr angesprochen wird als nur die Bedeutung des Kultes im engeren Sinn, einer einstens existenten und für eine utopische Zukunft wieder erwarteten Kultanlage. Wie im individuellen Leben die Spannung zwischen Erinnerung an Verlorenes und Hoffnung auf Künftiges die eigentliche Lebenskraft verleiht, so vollzieht sich jüdische Existenz kollektiv ebenfalls zwischen diesen beiden Polen. Und wird diese Spannung aus dem Gleichgewicht gebracht, sei es durch Vergessen des Vergangenen oder durch Vorwegnahme und Veralltäglichung des Utopisch-Künftigen, wird auch das Gleichgewicht des religiösen Bewußtseins gestört und es kommt zu extremen Reaktionen. Es erweist sich somit an diesem nicht unerheblichen Aspekt jüdischer Existenz, daß Symbolik mehr Wirkungskraft beweisen kann als Realität, wie auch im individuellen Dasein „der Stoff, aus dem die Träume sind", mehr bedeuten kann, als ererbte, verlorene, erworbene und erstrebte Realitäten. Wer nur Verlorenem nachtrauert, hat keine Zukunft, wer nichts erhofft, hat kaum eine sinnerfüllte Gegenwart. Wer nur „hat", braucht weder zu trauern noch zu hoffen, er bindet sich an das, was er hat. So erweist sich diese Art der jüdischen Existenz in der Spannung zwischen Verlorenem und Erhofftem im tiefsten Sinn als *conditio humana*, die freilich nie ungefährdet bleibt, und zwar von innen wie von außen her.

Anmerkungen

[1] Dieser Beitrag fusst auf einem Vortrag zu Ehren meines langjährigen Freundes und Kollegen Clemens Thoma aus Anlass einer Feier seines sechzigsten Geburtstages an der Hochschule Luzern im November 1992.

[2] Literatur darüber bei: W. Horbury (ed.), Templum amicitiae. Essays on the Second Temple presented to Ernst Bammel, Sheffield 1990; J. Maier, Zwischen den Testamenten, Würzburg 1990, 218ff.

[3] Vgl. dazu: J. Maier, Die Tempelrolle vom Toten Meer, München 1978; J. N. Lightstone, Society, the Sacred, and Scripture in Ancient Judaism, Waterloo 1988; Isaacs M. E., Sacred Space. An approach to the Theology of the Epistle to the Hebrews, Sheffield (JSNT Suppl. Series 73) 1991; F. H. Gorman jr., The Ideology of Ritual. Space, Time and Status in the Priestly Theology, (JSOT Suppl. 91), Sheffield 1991; Ph.P. Jenson, Graded Holiness. A Key to the Priestly Conception of the World, (JSOT Suppl. 106), Sheffield 1991

[4] Aptowitzer V., The Heavenly Temple according to the Haggadah (hebr.), in: Tarbiz 2,1930/1,137-153.257-287; Halperin D. J., The Faces of the Chariot, Tübingen 1988,80ff.

[5] Newsom C., Songs of the Sabbath Sacrifice, Atlanta 1985.

[6] Vgl. J.Maier, The Architectural History of the Temple in Jerusalem in the Light of the Temple Scroll, in: G. J. Brooke (ed.), Temple Scroll Studies, Sheffield 1989,23-62.

[7] M. Broshi, The Role of the Temple in the Herodian Economy, in: JJS 38,1987,31-37.

[8] Vgl. auch Daniélou J., La symbolique cosmique du Temple de Jérusalem chez Philon et Josèphe, in: Le symbolism cosmique des monuments religieux, Paris 1957,1-65; Böhl F., Über das Verhältnis von Shetija-Stein und Nabel der Welt in der Kosmogonie der Rabbinen, in: ZDMG 124,1974,253-270. Zur Übernahme der Symbolik vgl. Grabar A., Recherches sur les sources juives de l'art paléochrétien, in: Cahiers Archéologiques 09,1960,41-71; 12,1961,115-152.

[9] Kennzeichnenderweise erschien eine Ausgabe in Bne Barak von 1961 sowohl 1982 als auch 1983 wieder und 1967 in Jerusalem ein Nachdruck der Ausgabe Wien 1908.

[10] Hayman P., Some Observations on Sefer Yesira: (2) The Temple in the Centre of the Universe, in: JJS 37,1986,176-182.

[11] Doran R., Temple Propaganda. The purpose and character of 2 Maccabees, Washington 1981.

[12] Muehsam A., Coin and Temple, Leiden 1966; Mildenberg L., The Coinage of the Bar Kokhba War, Aarau 1984.

[13] P. M. Bogaert, Apocalypse de Baruch, I Paris 1969,133ff.330ff.; Ders., La ruine de Jérusalem et les apocalypses juives après 70, in: Apocalypses et théologie de l'espérance, Paris 1977,123-142; R. Kirschner, Apocalyptic and Rabbinic Responses to the Destruction of 70, in: HThR 78,1985,27-46

[14] Siehe v.a.: C. Thoma, Die Zerstörung des jerusalemischen Tempels im Jahre 70 n. Chr., Diss. phil. Wien 1966; La distruzione di Gerusalemme del 70 nei suoi riflessi storico – letterari. Atti del V Congresso biblico francescano, Roma 22-27 Sett. 1969, Assisi 1971 (Mit acht Beiträgen unter verschiedenen Gesichtspunkten). Im jüdischgesamtgeschichtlichen Rahmen behandelt das Thema A. Mintz, Hurban. Responses to Catastrophe in Hebrew Literature, New York 1984.

[15] J. Neusner, Judaism in a Time of Crisis. Four responses to the destruction of the second Temple, in: Jdm 21,1972,313-327; R. Goldenberg, Early Explanations of the Destruction of Jerusalem, in: JJS 33,1982,517-526; Y. Ben-Aharon, Messianism, Redemption, and the Land, in: Shedemot 5,1976,108-134; Gertel E. B., Because of Our Sins?, in: Tradition 15,4,1976,68-82; M. E. Stone, Reactions to the Destruction of the Second Temple, in: JSJ 12,1981,195-204; A. J. Saldarini, Varieties of Rabbinic Response to the Destruction of the Temple, JBL.SP 21,1982,437-458.

[16] L. Gry, La ruine du temple par Titus. Quelques traditions plus anciennes et plus primitives à la base de Pesiqta Rabbati 26, RB 35,1938,215-226; zu diesem Kapitel s. auch: L. Prijs, Die Jeremia-Homilie Pesikta Rabbati Kapitel 26, Stuttgart 1967.

[17] S. C. Thoma a.a.O.

[18] J. Heinemann, Prayer in the Talmud, Berlin 1977, S. 19ff. Hoffman L. A., The Canonization of the Synagogue Service, Notre Dame 1979 (s. Register Temple, Cult).

[19] Vgl. den Artikel „Zekär la-chorban", in: ET 12,226-236.

[20] Schwier H., Tempel und Tempelzerstörung. Untersuchungen zu den theologischen und

ideologischen Faktoren im ersten jüdisch-römischen Krieg (66-74 n. Chr.), NTOA 11, Freiburg 1989.

[21] J. Neusner, Judaism after the Destruction of the Temple, in: J. H. Hayes – J. M. Miller, Israelite and Judaean History, Philadelphia 1977,663-677. Vgl. C. Thoma, Auswirkungen des jüdischen Krieges gegen Rom (66/70/73 n. Chr.) auf das rabbinische Judentum, in: BZ 12,1968,186-210; A. Aderet, The Second Temple's Destruction and its Effects on Religious Practice and Modes of Living (hebr.), Diss. Hebrew Univ. Jerusalem 1984.

[22] A. Vivian, La crisi del sacerdocio aaronita e l'origine della Mishna, in: Atti del V Congresso internazionale dell' AISG, Roma 1987,105-120.

[23] M. Bar Ilan, Polemics between Sages and Priests towards the End of the Days of the Second Temple (hebr.), Diss. Bar Ilan Univ. Ramat Gan 1982.

[24] Goldstein N., 'Abodat ha-qorbanot be-hagut ChZ"L, in: Daat 8,1981/2,29-51.

[25] N. J. Cohen, Shekhinta ba-Galuta. A midrashic Response to the Destruction, in: JSJ 13,1982,147-159.

[26] Umfangreiche Belege-Sammlung: J. Schwartz, 'Abelut ha-chorban, Jerusalem 1984.

[27] Ferner s.: M. Ayali, Gottes und Israels Trauer über die Zerstörung des Tempels, in: Kairos 23,1981,215-231; P. Kuhn, Gottes Trauer und Klage, Leiden 1978, 350ff. (s.auch S. 173ff. 208.213f.267f.); E. Levine, The Aramaic Version of the Bible, Berlin 1988, S.177ff.; M. Fishbane, „This Holy One Sits and Roars": Mythopoesis and the Midrashic Imagination, in: Journal of Jewish Theology and Philosophy 1,1991,1-21.

[28] G. Anderson, The Expression of Joy as a Halakhic Problem in Rabbinic Sources, in: JQR 80,1989/90,221-252 (v.a. S. 230ff.).

[29] Wright S. K., The Vengeance of Our Lord. Medieval Dramatizations of the Destruction of Jerusalem, Toronto 1989; W. Bunte, Die Zerstörung Jerusalems in der mittelniederländischen Literatur (1100-1600), (Judentum und Umwelt 33), Frankfurt/M. 1991.

[30] Vgl. Mose ben Maimon, Mishne Torah, Hilkot Melakim XI,1: „Der Messias-König wird auftreten und die Königsherrschaft <des Hauses> Davids wieder zu ihrer einstigen Herrschaft zurückbringen. Und er baut das Heiligtum (bZeb 45a) und sammelt die Zerstreuten Israels, und alle die Gesetze treten wieder in Kraft, die einst gegolten haben (bSanh 51b). Man bringt Opfer dar, praktiziert das siebte Jahr und die Jobeljahre entsprechend all ihrem Gebot, das in der Torah gesagt wurde." Vgl. Hilkot Shemittah wajobel X,8. Den Tempel und den Opferkult behandelte Maimonides gesondert im Buch VIII: Sefär ha-'Abodah.

[31] J. Gutmann (ed.), The Temple of Solomon. Archaeological Fact and Medieval Tradition in Christian, Islamic and Jewish Art, Missoula 1976; Th. und M. Metzger, Jüdisches Leben im Mittelalter, Fribourg/Würzburg 1982, 282ff; U. und K. Schubert, Jüdische Buchkunst I, Graz 1983,80ff.106.121f.

[32] S. P. Brock, The Rebuilding of the Temple under Julian. A New Source, PEQ 108,1976,103-107; Ders., A Letter Attributed to Cyril of Jerusalem on the Rebuilding of

the Temple, BSOAS 40,1977,267-286. Im Übrigen s. auch Th. A. Busink, Der Tempel von Jerusalem, I, Leiden 1970, S. 4f.

[33] Zu einen möglichen archäologischen Hinweis, einer Inschrift mit Is 66,13f. auf einem Steinquader im Tempelareal, vgl. B. Mazar, Der Berg des Herrn, Bergisch-Gladbach 1979, 88.

[34] Über solche Traditionen siehe H. Busse – G. Kretschmar, Jerusalemer Heiligtumstraditionen in altkirchlicher und frühislamischer Zeit, Wiesbaden 1987; M. Rosen-Ayalon, The Early Islamic Monuments of al-Haram al-Sharîf, Jerusalem 1989.

[35] A. Cohen, Qedushat Bêt ha-miqdash we-kelajw be-chûrbanô, in: 'Or la-Mizrach 30,1981/2,204-216. Vgl. v.a auch die Aufsätze in der Zeitschrift Techumim 5 ,1984/5, sowie in den Sammelbänden: 'Ittûrê kohannîm – ha-miqdash weha-nebû'ah, Jerusalem 1984; Tzippijjah: Me'assef lish'elot ha-sha'ah: Ha-'Arätz weha-miqdash, Jerusalem 1984. Weiter siehe: M. Ilan, Tôrat ha-qodäsh II: 'Abôdat bêt hab-bechîrah, Jerusalem 1949 (o.O. 1985²); Y. Ariel, 'êmataj jibbanäh ha-miqdash?, Tzippijjah 2,1984/5,57-62; Bêt ha-miqdash ha-shelîshî ShJBBB'", Jerusalem 1986 (Nach Malbim und RaSh"J zu Ez 40); Z. Hooverman, Sefär Lächäm chuqqî, I-II Brooklyn 1988 (Einteilung des Landes nach Heiligkeitsbereichen, Königsrecht und Bd. 2: Stadt des Heiligtums und Heiligtum, Hohepriesteramt.)

[36] S. Schaffer, Nätzach tif'artenû, Jerusalem 1968/69; S. Shaffer u.a., Israel's Temple Mount. The Jew's Magnificent Sanctuary, Jerusalem 1975; J. J. Cohen, Ha-be'ajah shäl 'abôdat ha-qôdäsh be-' "J ha-mitchaddäshät, in: Petachim 41-42,1977/8,16-22. M. Cohen, Ha-bajit we-ha-'alijjah, Jerusalem 1978 (Behandelt Tempelplatz-Zugang, eventuelle Opferpraxis); Y. Rofe, Meqôm miqdashenû, Niv ha-Midrashiyah 13,1978/9, 166-188.

[37] M. Zimmermann, Tunnel Exposes New Areas of the Temple Mount, BAR 7,3,1981,34-41; B. Wasserstein, Trouble on the Temple Mount, in: Midstream 38,7,1982,5-9; vgl. ferner D. Oren in: Ha-Aretz, Musaf shabu'i 11.01.1985. Zu Dan Bari, einem Aktivisten der Szenerie, s. Ha-Aretz 5.04.1985. Für später s. Ha-Aretz 2.01.1987. Weiter s. die Berichte von N. Shragai im Ha-Aretz vom 29.09.89 (S.4b), und vom 21.12.1990.

[38] Vgl. die von J. Etzion verbreitete Broschüre „Har HaBajit. Tîq pelîlî 203/84 Medînat Jisra'el nägäd ...", 1985.

[39] 1984 veranstaltete die Jeshibat 'Attärät Kohannîm den 11. Kongress zur Thematik „Hilkôt haq-qôdäsh we-ham-miqdash" unter dem Titel: „Hab-Bajit hash-shelîshî („Der dritte Tempel"); vgl. die Anzeige mit aufschlußreichem Text in: Ha-Aretz 28.03.1983. In derselben Nummer erschien zum Thema ein Aufsatz von M. Shalev; ein anderer von A. Eylon befaßte sich mit einem Versuch junger extremer Orthodoxer, in das Areal einzudringen.

[40] Eine Liste von neun ganz einschlägigen Institutionen findet man in Ha-Aretz vom 29.09.1989.

[41] Ha-Aretz vom 14.07.1988 (S. 2); Ha-Aretz 21.06.1991. Zum Plan, Altarteile ins Areal einzuschmuggeln, vgl. N. Shragai und Y. Torfstein in Ha-Aretz vom 14.04.1992.

[42] Ha-Aretz 18.08.1978.

[43] Vgl. auch Shilat Y., Benijjat Bêt ham-miqdash be-har hab-bajit be-jamênû, in: Techumim 7,1985/6,489-512. Zu Planungen betreffend eines geeigneten Bauplatzes s. Ha-Aretz 21.07.1988.

[44] Ha-Aretz 24.01.1986.

[45] Ha-Aretz 14.02.1986.

[46] Z. und Y. Meshi-Zahav, Môrad Har ha-Bajit -jaman ha-ma'arakah, Jerusalem 1985.

[47] Ha-Aretz 30.06.1989. Vgl.auch Ha-Aretz 21.07.89 (S. 5b)